시민이 만드는 공공병원

성남시의료원

2003 - 2021

설립운동사

건강
미디어
협동조합

시민이 만드는 공공병원
성남시의료원 설립운동사
2003-2021

초판발행 2022년 4월 20일

기획·편찬 성남시의료원 역사편찬위원회
         (김용진, 박재만, 백승우, 신옥희, 정광용, 정인열, 최석곤, 황성현)
집   필 이하나
편   집 최은영
디 자 인 이하나

발   간 공공의료성남시민행동
주   소 경기도 성남시 수정구 수정북로 27-1, 태평유진빌딩 501호
전   화 031-721-0250
전자우편 snhospital@daum.net
홈페이지 www.성남공공의료.org
페이스북 www.facebook.com/phsnsa

발   행 건강미디어협동조합
출판등록 2014년 3월 7일 제2014-23호
주   소 서울특별시 중랑구 사가정로49길 53
전   송 02-6974-1026
전자우편 healthmediacoop@gmail.com

가   격 25,000원
I S B N 979-11-87387-24-4

18년 동안
성남시의료원 설립운동에 함께한 성남시민 여러분께
이 책을 바칩니다

발간사

성남시의료원 설립 시민운동에 대한 역사서 편찬 사업은 2016년 6월, 공공의료성남시민행동 총회 때 '성남시립병원설립운동 사료편찬준비위원회' 구성을 결의하면서부터 기획되었습니다. 성남시의료원은 전국 최초로 주민발의에 의한 조례 제정 운동을 통해 시민들의 힘으로 만든 공공병원으로, 성남시의료원 설립의 역사성과 의의를 이해하고 개원에 이르기까지 시민이 승리한 활동을 정리하여 그 과정을 상세히 기록함으로써, 지역시민운동의 새로운 전형과 사례를 제시함과 동시에 공공병원 설립의 모범적인 사례로 활용하고자 하였습니다.

당시 계획으로는 성남시의료원 준공 및 개원 예정인 2018년에 맞추어 펴내고자 하였으나, 여러 준비 과정이 여의치 않아 편찬이 매년 미루어지고 성남시의료원의 개원마저 미루어지면서 지금에야 이 책자를 발간하게 되었습니다.

'주민발의조례 제정'을 통한 '시민운동으로 공공병원 설립' 두 가지 모두 한국 사회에서는 초유의 일이었습니다. 그간의 역사를 집필하면서, 출판이 다소 늦어지더라도 최대한 객관적으로 서술하여 역사적 사료로서 흠잡을 데 없는 기록이 되도록 노력하였습니다. 성남시 본시가지에 있던 두 개 병원의 동시 폐업부터 성남시의료원 개원에 이르기까지 각 시기마다 시민운동의 활동을 중심으로 서술하였습니다.

1990년대 시작된 지방자치에 2000년대 들어 주민 참여를 구현할 수 있는 제도가 도입되었고, 두 차례 주민발의조례 제정 운동을 거쳐 성남시의료원 설립이 성사되었습니다. 조례 제정 이후 부지 선정, 대학병원 위탁 여부, 예산안 시의회 통과, 병상 수와 병원의 성격, 건설공사 방식과 건설사 선정, 시민참여의 방식과 범위, 의료원장의 사임과 선출, 직원 급여 방식과 비정규직 고용 문제 등 매 시기마다 다양한 어려움과 논쟁, 갈등이 있었습니다. 공공병원에 대한 사회적 인식이 매우 안 좋았던 시기부터 코로나19 감염병 유행으로 공공병원의 중요성이 그 어느 때보다 높은 시기에 이르기까지 사회적 인식도 매우 큰 변화를 겪어 왔습니다.

이 책이 그 시기마다 성남시의료원 설립 시민운동에 참여한 모든 사람들의 생각과 고민을 세세히 담지는 못했습니다. 방대한 분량의 자료들을 찾고 많은 인터뷰와 대담을 했으며, 그 원자료들은 따로 모아 두었습니다. 오프라인과 온라인에 적절한 공간이 마련되면 누구든지 이 자료들을 찾아볼 수 있도록 비치할 것입니다. 성남시의료원 설립 역사관이 마련되면 그곳이 가장 좋겠지요.

또한 성남시의료원은 외부의 도움 없이 성남시의 힘으로, 시민들의 맨손과 맨발로 현대식 공공병원을 건립한 것입니다. 그 과정 하나하나가 백서로 기록되고 여러 지방의료원 설립 시 널리 참고되어야 할 것입니다. 대전과 서부경남 등 공공병원 설립 계획이 확정된 지역은 물론 설립운동이 한창 진행 중인 광주, 울산, 대구, 인천, 단양·제천, 부천 등 지역에서 의료원 설립의 실무적인 부분까지 참고할 수 있도록 성남시와 성남시의료원이 '성남시의료원 설립 백서'를 조속히 제작하길 바랍니다. 그렇게 되면 이 책과 더불어 성남시의료원 설립 역사를 온전히 조망할 수 있을 것입니다.

쓰면 쓸수록 어려운 이 책을 대표 집필하신 이하나 님과 편집을 맡아 주신 최은영 님께 감사드립니다.

모쪼록 이 책이 한국의 공공의료 및 공공병원의 확충과 발전에 도움이 되길 바랍니다.

공공의료성남시민행동 공동대표 김용진·양미화·최석곤

추천사

안녕하십니까. 더불어민주당 제20대 대통령 후보 이재명입니다.

주민발의조례로 설립한 대한민국 최초의 공공병원, 《성남시의료원 설립운동사》의 출간을 진심으로 축하드립니다.

성남시의료원 건립은 '주민자치'와 '공공의료'의 위대한 승리입니다. 2003년 성남시의 의료공백 사태를 공공의료로 해결하고자 했던, 성남시민들의 치열했던 싸움을 여전히 기억하고 있습니다.

성남시의료원 건립은 당시 1차 주민발의조례 청구인 대표를 맡았던 저에게도 특별한 의미를 지닙니다. 제가 성남시장에 출마를 결심하게 된 계기이자 깨어 있는 시민의 조직된 힘을 믿게 해준 정신적 근간이기 때문입니다.

오늘날, 성남시의료원은 누구나 수준 높은 의료 서비스를 제공받을 수 있는 공공병원으로, 경증 환자와 중증 환자를 아우르는 지역의 거점병원으로 성공적으로 자리매김했습니다. 무척 자랑스럽습니다.

주민자치는 시민이 곧 정치의 주인임을 실현하고, 대한민국을 더 나은 사회로 나아가게 하는 원동력입니다. 시민 승리의 역사를 고스란히 담아낸 《성남시의료원 설립운동사》가 '주민자치'와 '공공의료' 강화의 이정표로 널리 회자되기를 바랍니다.

성남시의료원 설립운동의 역사와 정신을 통해 '돈보다 생명을' 최우선의 가치로 삼는 나라, 국민의 생명과 안전을 지키는 든든한 대한민국의 초석이 되길 기원합니다.

성남시의료원 설립 1차 주민발의조례 청구인 대표
더불어민주당 제20대 대통령 후보
이재명 *이 재 명*

시민의 발의에 의해 탄생한 《성남시의료원 설립운동사》의 편찬을 진심으로 축하합니다. 성남시의료원의 건립은 우리나라 보건의료체계의 정상화를 꿈꾸기 위한 중요한 변곡점이었습니다. 만성적자와 비효율이라는 왜곡된 시각으로 공공병원을 매각하고 폐쇄하던 어두운 시절에 성남시민의 소망과 의지가 기적을 만들어 낸 것입니다.

성남시의료원은 그동안 형식적으로 만들어진 공공병원과 전혀 다릅니다. 우리 역사상 최초로 주민발의조례로 설립된 병원입니다. 시민의 필요성에 의해 스스로 쌓은 성남시만의 재정으로 설립한 성남시의료원의 주인은 바로 시민입니다. 또한, 인구 많은 도심의 중심에서도 아픈 분들이 이용하기 편리한 위치에 500병상이 넘는 큰 규모로 세워진 최초의 병원입니다.

우리나라는 외세가 각축하는 격랑의 와중에 근대의료가 도입되고, 그중에서도 가장 공공성 없는 일본의 민간중심 의료제도를 이식받아 공공의료의 토양을 만들지 못했습니다. 해방 후 수립된 정부도 기존 식민지체계에다 미국식 상업적 의료제도를 가미하였고, 경제성장기에 세계적으로 팽배한 신자유주의는 정부의 공공의료에 대한 투자를 더욱 줄여 나가는 근거를 만들어 냈습니다. 1977년에 시작된 국민건강보험제도는 빠르게 정착하여 국민질병치료에 크게 이바지했으나 반대급부로 거대자본의 의료시장 진출을 가속화하여 치료의학 중심, 과잉진료를 정당화하는 상업주의적 의료시장으로 고착화되는 결과를 만들어 냅니다.

이제 세계 10위의 경제대국이 되었지만, 우리 국민의 삶은 그다지 행복하지 않습니다. 스스로 삶을 포기하는 비율이 가장 높은 나라, 결혼과 출산을 포기하는 젊은이들과 가족의 의료비 부담으로 파탄에 이르는 수많은 이웃을 목격합니다. 높은 경제력만으로 국민이 행복해지지는 않습니다. 모두 함께 행복한 나라, 복지국가를 만드는 일이 새 정부의 과제가 되어야 할 것입니다.

보건의료는 행복한 국가공동체의 지속을 위해 가장 중요한 요소입니다. 건강하지 않은 국민이 튼튼한 공동체를 지탱할 수는 없기 때문입니다. 보건의료가 사익 추구를 위한 상업주의에 동원되는 나라에서 미래의 희망은 없습니다. 공공병원은 취약계층의 안전망 역할은 물론 재난적 감염병 대응, 보건의료 정책 실행 등 필수의료서비스 제공을 통해 주민의 건강을 책임지는 공공의료의 중심에 있는, 지역을 책임지는 병원입니다. 지역 공공병원이 제 역할을 하는 것이 공공의료 강화의 출발점이며 이런 면에서 성남시의료원을 바라보는 시선은 남다를 수밖에 없습니다.

성남시의료원은 이런 병원이 되어야 합니다.

첫째, 주인인 시민이 제 역할을 하는 병원입니다. 시민의 의견을 수렴하고 운영에 반영할 체계를 갖추어야 합니다.

둘째, 지역의료체계의 중심이 되어야 합니다. 민간 병의원의 경쟁자가 아니라 협력과 역할 분담을 통한 진료시스템이 필요합니다.

셋째, 표준적정진료를 함으로써 환자중심 의료의 선도자가 되어야 합니다. 질병 발생 전에 예방을 위해 고민하고, 수익보다 환자의 건강을 먼저 생각하는 보건의료 본연의 가치를 추구하는 병원이 되어야 합니다.

넷째, 효율적 운영체계를 갖추어야 합니다. 연공에 의존하는 무사안일의 이미지를 벗고 귀한 세금을 가치 있게 쓰도록 혁신 조직을 만들어야 합니다.

마지막으로, 건전한 직원 문화를 만들어 가야 합니다. 안정된 고용에 상응하는 선의의 경쟁도 즐길 줄 아는 직장 문화를 만들어야 합니다. 공공에 헌신할 사명감을 가진 직원들이 즐겁게 일하는 직장을 만들어야 합니다.

성남시의료원은 많은 공공병원 중 하나가 아닙니다. 공공의료를 국가의료의 중심에 두고자 수십 년간 노력해 온 수많은 이들의 땀방울이 모여 만들어 낸 큰 작품입니다. 어떤 시련이 오더라도 성남시의료원을 주시하는 수많은 눈동자들이 성남시의료원이 대한민국 공공의료 역사의 큰 이정표가 될 수 있도록 한마음으로 기원할 것입니다.

다시 한번 귀중한 《성남시의료원 설립운동사》 편찬을 위해 노력해 주신 분들께 성남시의료원 초대 원장으로서 깊은 감사의 인사를 전합니다. 이 책에 기록된 소중한 역사가 앞으로 세워질 수많은 지역 공공병원의 모델이 되어, 성공한 점을 이어받고 실패한 부분을 거울 삼아 국민 모두 행복한 복지국가 대한민국의 기틀로 쓰이게 되길 소망합니다.

성남시의료원 초대 원장
인천광역시의료원 원장
전국지방의료원연합회 회장
조 승 연

축 사

시민이 이끌어 낸 《성남시의료원 설립운동사》 출간을 축하드립니다.

공공의료를 위한 성남시민의 행동에 깊이 감사드립니다. 먼저 움직인 발걸음이 있었기에 공공어린이재활병원 설립운동도 시작할 수 있었습니다. 다시 한번 주민발의조례운동으로 추진되고 있는 성남공공어린이재활병원 설립도 성남시민의 역사로 기억되길 기원합니다.

– 김동석/ (사)토닥토닥 이사장

반갑습니다. 여러분 곁에서 성남시민의 구강보건 향상을 위해 최선을 다하고 있는 성남시치과의사회 회장 김동수입니다.

먼저 각자의 자리에서 공공의료가 시행될 수 있도록 노력해 오신 모든 분들께 이 자리를 빌려 감사를 전하고 싶습니다. 공공보건의료는 국민에게 최소한의 건강권을 부여함으로써 건강의 격차를 해소하고 삶의 질을 높이는 매우 중요한 분야인 만큼 공공의료 강화, 시민건강권 향상 그리고, 의료원의 경영과 사업 운영에 시민의 참여를 위해 활동하는 공공의료성남시민행동 단체의 《성남시의료원 설립운동사》 발간을 진심으로 축하드립니다.

– 김동수/ 성남시치과의사회 회장

성남시의료원 설립운동은 보건의료노조 인하병원지부 조합원들의 헌신적인 실천과 민주노총의 참여, 성남참여자치시민연대와 성남평화연대 등 시민단체들의 연대, 진보당과 민주당의 연대에 의해 이루어졌습니다. 특히 진보당이 끝까지 책임을 지고 완수한 것에 큰 보람과 자부심을 느낍니다. 소중한 역사를 기록하여 책으로 내주시는 공공의료성남시민행동에 깊이 감사드립니다.

– 김미희/ 제19대 국회의원, 전)성남시립병원설립운동본부 고문

《성남시의료원 설립운동사》 발간을 진심으로 축하합니다. 성남시의료원 조례 제정부터 건립, 개원까지 정말 많은 어려움이 있었지만 결국 성남시민들의 손으로 해냈습니다. 성남시의료원의 설립운동은 그 자체로 우리나라 공공의료의 살아 있는 역사이고 모범입니다. 성남시민의 한 사람으로 너무 자랑스럽습니다.

코로나19 장기화로 많은 의료인들이 여전히 최전선에서 헌신하고 계십니다. 국민들은 진정한 코로나19 영웅들을 잊지 않을 것입니다. 이 자리를 빌려 다시 한번 감사 인사 드립니다.

돈보다 생명이 먼저입니다. 국민의 생명과 건강권보다 중요한 것은 없습니다. 국민의 건강권을 보장하고 생명을 지키기 위해서는 공공의료 확충이 무엇보다 중요하다는 것을 이번에 절실히 깨달은 계기가 되었습니다. 코로나19를 통해 경험했듯이 공공의료는 최후의 보루입니다. 안전하고 건강한 대한민국을 위해 공공의료 확충이 될 수 있도록 국회에서도 지속적으로 노력하겠습니다. 다시 한번 축하인사 드립니다.

- 김병욱/ 더불어민주당 제21대 국회의원

드디어 《성남시의료원 설립운동사》가 발간되는군요. 정말 축하드립니다.

2003년부터 시작되었던 기나긴 세월 동안 온갖 가시밭길을 헤치고 헤쳐 마침내 성남시의료원을 설립해 낸 그 의지는 울산건강연대 회원들에게 많은 용기를 주었습니다.

성남시의료원 개원 준비 과정을 보면서 올바른 공공병원 설립을 바라는 성남시민들이 정말 엄청난 일을 하고 있음을 알게 되었습니다. 그 땀방울들의 역사가 오롯이 담긴 《성남시의료원 설립운동사》는 대한민국 공공병원 설립운동의 이정표가 될 것입니다.

- 김현주/ 울산건강연대 집행위원장

코로나19 시대에 공공의료 확충은 상식이 되었지만 당시 의료기관으로서 공공의료를 대안으로 제시하는 일은 '너무 앞서 나간' 생각이었다. 하지만 성남의 시민들과 활동가들은 정공법을 선택했고 '너무 앞선 생각'은 주민발의조례운동 등 시민들의 자발적 참여를 조직하며 성남시의료원을 탄생시킨 '상식'이 되었다. 무엇보다 많은 좌절과 실패의 순간에서도 포기하지 않은 성남시민운동의 활동가분들에게 존경의 박수를 보낸다.

– 김형성/ 건강사회를위한치과의사회 공동대표

《성남시의료원 설립운동사》 발간을 진심으로 축하드립니다.

성남시의료원은 한국의 공공의료 확충 운동에서 중요한 의미를 가지고 있습니다. 시민이 발의하고 추진하여 만들어진 한국 최초 공공병원이라는 의미도 있지만 크게 보면 무너져 가는 공공병원의 기능과 역할에 일대 전환을 만든 병원 설립이기도 합니다. 이러한 공공병원 설립운동은 공공의료에 무관심한 정부와 정치권에 일침을 놓았고 시민들이 나서서 한국의 무너져 가는 공공의료를 되살리는 주춧돌을 놓은 사건이기 때문입니다.

다시 한번 성남시의료원 설립과 이를 기념하는 책자 발간을 진심으로 축하합니다.

– 나백주/ 서울시립대 도시보건대학원 초빙교수, 좋은공공병원만들기운동본부(준) 정책위원장

시민의 손으로 만든 성남시의료원, 그 기록은 말 그대로 대한민국 공공의료체계의 역사입니다.

시민의 '건강권'만큼은 정쟁거리가 아니라는 사회적 합의의 상징이기도 합니다.

코로나 위기는 공공의료체계의 필요성을 깊게 남겼습니다. 《성남시의료원 설립운동사》를 바탕으로 대한민국의 공공의료가 더욱 확대되도록 저도 힘쓰겠습니다.

– 류호정/ 제21대 국회의원

성남시의료원 설립운동은 모범적인 공공병원 설립운동이었습니다. 시민대중들이 주도적으로 참여하여 조례 제정 운동을 추진하였고, 그 결과 성남시의료원이 설립되었습니다. 이재명 성남시장의 역사적 등장도 시립병원 설립운동의 부수입(?)으로 가시화되었습니다.

공공병원 설립운동 시 어떤 병원을 만들 것인지, 공공병원의 개념과 역할에 대해 충분한 논의와 검토가 이루어진 바탕 위에서 병원 건축을 준비해야 한다는 생생한 교훈을 얻었습니다. 또한 더욱 중요한 점은 "어떤 사람들이 어떻게 공공병원을 운영할 것인지" 공공병원의 주인인 시민들의 실효성 있는 참여하에 그 원칙과 실현 방도가 정해져야 한다는 것입니다.

그런 점에서 현존 성남시의료원은 중요한 한계가 있다는 아쉬움이 있습니다. 즉 여러 어려움 속에서도 훌륭한 병원이 건축되었고, 또 설립 준비 과정에서 공공병원의 개념과 역할은 나름 정확하게 논의되고 정립되었으나, 정작 실제 개원 과정에서는 그 축적된 성과가 유실되어 버리면서, 종전에 정립된 공공병원의 개념이나 역할과는 다소 다른 형태의 개원으로 나타났다는 사실입니다.

이제 성남시의료원 설립운동은 제2단계 운동 단계, 즉 현존 성남시의료원을 명실상부하게 모범적인 공공병원으로 탈바꿈시키는 운동이 시민운동으로 활성화되기를 기대합니다. 건투를 기원드립니다.

– 박석운/ 한국진보연대 상임대표, 녹색병원 상임이사

저는 지금도 그때를 생각하면 아쉬움이 많이 있습니다.

아파트를 건립하도록 병원 부지를 용도변경해 허가를 내어준 당시 성남시장의 무지함으로 인하여 수정·중원구 주민들이 분당이나 서울의 병원을 찾아가야 했던 어려움이 성남시의료원의 개원으로 인하여 해결된 것이 가슴 뭉클합니다.

앞으로도 성남시민을 위하여 공공병원의 선구자가 되어 주기를 기대하여 봅니다.

– 양태경/ (전)민주노총 경기동부지구협의회 의장

성남시의료원 홈페이지에는 "성남시의료원은 우리나라 최초 시민발의로 건립한 시립의료원입니다."라고 되어 있습니다. 이는 성남시의료원의 존재 근거이며, 공공의료성남시민행동의 공공병원 설립운동 역사이기도 합니다. 그러기에 공공의료성남시민행동의 성남시의료원 설립운동은 우리나라 공공의료 운동사에서 시민 스스로 헌법에 보장된 건강권을 쟁취한 승리의 역사인 것입니다.

이런 역사는 반드시 기록으로 남겨져 많은 사람들에게 희망과 길잡이 역할을 해야 합니다. 그런 의미에서 《성남시의료원 설립운동사》 편찬은 무엇보다 중요한 의미를 지니고 있다고 하겠습니다. 공공병원 설립운동 역사에 새로운 장을 연 공공의료성남시민행동에 존경과 감사 인사를 드리며, 운동사 편찬을 축하드립니다.

《성남시의료원 설립운동사》는 반드시 제2, 제3의 공공병원 설립운동사로 이어질 것입니다. 그럴 때만이 국가가 국민의 건강권을 실현해 낼 수 있기 때문입니다. 하여 우리 함께, 《성남시의료원 설립운동사》를 시작으로 공공병원 설립운동사를 써 낼 수 있도록 함께 달려갑시다. 《성남시의료원 설립운동사》 편찬을 진심으로 축하드립니다. 샬롬.

– 원용철/ 목사, 공공병원설립운동연대 상임대표

《성남시의료원 설립운동사》 발간을 진심으로 축하드립니다.

시민사회단체의 목숨을 건 투쟁으로 만들어 낸 시민을 위한, 시민에 의한 의료원을 만드신 성남시민에게 경의를 표합니다.

본도심의 의료공백을 메우기 위해 설립된 의료원이 이제는 성남시민의 건강을 책임지는 중요한 가치를 실현하는 기관으로 자리매김하고 있으며, 특히 코로나 초기 대응 시 거점병원으로서 활약은 공공의료의 목적을 실현시켜 주었습니다. 성남시의료원의 발전과 비전을 응원하며 함께합니다.

– 윤영찬/ 제21대 국회의원(경기 성남시 중원구)

성남시의료원은 대한민국 최초 시민발의 조례로 건립된 성남시 유일의 공공의료 종합병원입니다. 2003년 12월 성남시의료원 건립을 위한 주민발의조례 운동을 시작하여 2020년 7월 정식 개원하기까지 수많은 난관과 우여곡절이 있었지만, 지금은 코로나 전담 공공병원의 역할을 충실히 해내며 공공의료의 중요성을 확실히 보여 주고 있습니다. 누구나 평등하게 치료받을 권리가 있다는 신념으로 끝까지 포기하지 않고 고군분투한 공공의료성남시민행동의 노력이 성남시를 더욱 안전하고 건강한 도시로 만들었다고 생각합니다. 의료 사각지대 없는 성남시를 만들어 가기 위해 최선을 다하는 공공의료성남시민행동 여러분께 아낌없는 박수와 응원을 보냅니다.
– 윤창근/ 제8대 성남시의회 의장

성남시의료원에 대한 시민운동사인《성남시의료원 설립운동사》발간을 축하합니다.
성남시민의 힘으로 성남시의료원이 세워지기까지의 역사를 기록으로 남기는 것은 그 의미가 매우 크다고 생각합니다.
앞으로도 계속 설립 정신이 오롯이 살아 숨 쉬는 의료원이 될 수 있도록 시민들이 주인 될 수 있기를 바랍니다.
– 이덕수/ 전)성남시립병원설립운동본부 공동대표

공공의료성남시민행동의《성남시의료원 설립운동사》발간을 축하드립니다. 성남시의료원은 국내 최초로 시민들의 발의로 시작된 전국 최초의 의료원입니다.
지역주민들의 공공적인 건강과 행복을 위한다는 취지의 초심을 잃지 않고 꾸준히 발전하시기를 성남시의사회 회원들과 함께 응원합니다.
– 이승혁/ 성남시의사회 회장

노동자와 시민, 진보정당 당원의 힘과 지혜를 모아 만든 성남시의료원 역사를 생생하게 담은 책이 발간된다니 너무 반갑습니다.

이 책이 널리 읽혀 공공병원 건립에 머무는 것이 아니라 노동자와 시민을 위한 성남시의료원으로 거듭나길 바랍니다.

노동자와 진보정당 당원의 투쟁 역사가 담긴 이 책을 통해 성남시의료원이 전국 최고의 공공병원의 밑거름이 될 것을 확신합니다.

– 정형주/ 전)성남시립병원설립운동본부 고문, 전)민주노동당 성남시중원구 위원장

성남시의료원 설립은 민중운동의 승리입니다.

한국에서 병원 설립은 식민지 시절 일제에 의한 일본인 정주시설의 역할과 선진산업을 식민지 조선에 선전하기 위한 역할로 설립된 것 외에는 국가와 사회가 주도하는 대상에서 철저하게 배제되어 왔습니다. 아시다시피, 현재 대부분의 지방의료원은 일제가 만든 일본인 대상 '의원'(병원)의 후신입니다. 해방 이후 한국전쟁을 겪으면서도 한국에서 병원은 의사 개인의 성취의 산물이거나, 돈 많은 부자들의 사회공익사업으로만 유지되어 왔습니다. 의사 개개인이 작은 의원 개업에서 성공해 병상을 확대하고 병원과 종합병원으로 팽창하는 과정이 한국에서는 병원 설립의 일반적인 모델로 간주되었습니다.

산업화 이후에는 이에 한술 더 떠 삼성과 현대 같은 재벌들이 재산 보존과 상속 편의를 위해 사회법인을 만들어 대형병원을 설립하거나, 사립학교재단이 수익 수단으로 병원을 건립했습니다. 그 결과 한국은 전 세계에서 공공병원 비율이 가장 적은 나라가 되었고, 공공병원은 저소득 취약 계층과 결핵, 후천성면역결핍 바이러스 감염인처럼 민간병원에서 외면하는 사람들이 마지막으로 기댈 의료시설로 전락했습니다. 우리 사회는 노동자·민중의 건강 문제를 대부분 개개인의 책임으로 돌리고, 병에 걸렸을 때 진료 비용을 할인해 주는 건강보험을 만들었지만, 막상 의료서비스를 제공하는 기관은 철저하게 민간에 맡겨 왔습니다.

그 결과가 작금의 의료 현실입니다. 주요 산업국가로 성장한 상황에서도 막대한 의료비를 지출하지만, 재난적 의료비 비율은 가장 높은 나라, 과잉진료에 노출될까 두려워하면서도 작은 질병에도 대형병원부터 찾는 의료 이용 행태, 특실로 대표되는 지불 능력에 따른 의료서비스의 차등화, 결핵 유병률과 사망률의 상승 등등이 그러합니다. 한국이 자화자찬하는 선진국 한국과는 전혀 관련 없는 후진적인 모습이 한국의 보건의료제도에는 수없이 남아 있습니다. 그리고 그 근본 원인은 뭐니 뭐니 해도 의료공급체계의 시장중심성 때문입니다.

보건의료 분야의 시장 실패는 누구나 공감하는 상식입니다. 이런 상식을 해결하고자 노력하는 사람들은 오랫동안 외면받았습니다. 일부 정치인과 전문가들의 의료공공성 주장은 민간병의원의 이해관계 때문에 항상 후순위 혹은 잔여적인 차원에서만 논의되었습니다. 때문에 한국에서 공공의료는 항상 가난하고 힘없는 사람들에게 시혜적으로 제공되는 보충 서비스로 간주되었습니다. 하지만, 이런 잘못된 인식, 그리고 올바른 상식이 이제 큰 반향을 불러일으키고 있습니다. 국민 대부분이 공공의료를 강화해야 한다고 생각하는 시대가 온 것입니다.

혹자는 공공의료 강화에 대한 대중적 여론이 2015년 메르스 사태와 2020년 코로나 팬데믹 때문이라고 말합니다만, 사실 공공의료 전반에 대한 한국 사회의 인식 변화는 다름 아닌 성남시의료원 설립운동에서 시작되었습니다. 민간병원의 의료공백에 대한 대안을 지역사회에서 끈질기게 토론하고 논쟁하면서 공공병원 설립이 필요하다는 결론을 낸 것인 성남시의료원 설립운동이었습니다. 공공병원 설립의 과정과 그 민주적 운영에 대한 사회적 합의를 도출한 것이 이 운동이었고, 저소득 취약계층만을 위한 것이 아니라 보편적 시민들이 이용하는 공공병원이 설립하도록 한 것도 이 운동이었습니다. 무엇보다 병원 설립을 특정 정치인이나 특정 재벌의 후원 같은 방식이 아니라 오로지 민중의 힘으로 이끌어 내고 이에 저항하는 세력들을 분쇄한 것이 이 운동이었습니다. 그리고 규모 있고 내실 있는 병원을 건립하는 과정까지 함께한 것도 운동의 힘이었습니다.

그래서 사실 지금 공공병원에 대한 사회적 호의, 그리고 공공병원 설립의 역사적 당위성, 무엇보다 의료공급은 공공적이어야 한다는 대의를 한국 사회 전반에 확산시킨 시발점에는 성남시의료원 설립운동이 있었다고 평가해야 마땅합니다. 이제 앞으로 한국에서 지역마다, 동네마다 공공병원이 있고, 공공병원이 중심이 되는 보건의료체계가 필요합니다. 그 필요를 말할 때마다, 그리고 병원 설립의 어려움을 거론하는 장벽이 존재할 때마다 우리는 성남시의료원 설립운동의 경험을 되돌아 볼 것입니다. 그리고 그 과정과 결과에 고무되고 더 나은 결과를 도출할 것입니다.

성남시의료원 설립은 무엇보다 민중운동의 결과이고 민중운동이 이루어 낸 성과였기 때문에, 앞으로 민중운동이 단결하고 끈질기게 나아간다면 전국 방방곡곡에 공공병원 설립은 물론이고 의료공공성을 확대할 수 있다는 자신감의 근거이기도 합니다. 민중운동사의 입장에서도 이런 기록이 나올 수 있어 감개무량합니다. 출간을 축하드리고, 앞으로 써 나갈 공공의료 확대와 국가가 책임지는 보건의료 시대에 함께할 모든 분들이 이 자료를 통해 큰 교훈과 자신감을 얻기를 기원합니다.

– 정형준/ 좋은공공병원만들기운동본부(준) 공동집행위원장, 보건의료단체연합 정책위원장

《성남시의료원 설립운동사》 출간을 진심으로 축하합니다.

2003년 병원폐업 범시민대책위를 구성한 이후 주민발의조례 제정 운동, 구속과 수배 등 정치적 탄압, 당시 이재명 1차 주민발의조례 청구인 대표가 성남시장에 당선되어 10년 만에 기공식을 하고, 2020년 6월 개원까지 기나긴 성남시의료원 설립운동을 기록하신 노고에 존경과 감사를 드립니다.

《성남시의료원 설립운동사》는 성남시민들의 투쟁의 역사이자, 정치적 탄압과 좌절을 뚫고 시립병원을 설립한 성공의 역사입니다. 성남시의료원 설립운동은 보건의료의 공공성과 민주성을 실현하기 위해 노력한 시민정치운동의 역사입니다. 성남시의료원 설립운동은 이제 전국 각지로 확산되고 있습니다.

코로나19 재난 속에서 성남시민의 안전과 건강을 지키고 있는 성남시의료원이 앞으로도 자랑스러운 시민의 병원으로 우뚝 서길 바랍니다.

– 조경애/ 건강세상네트워크 고문

《성남시의료원 설립운동사》발간을 진심으로 축하합니다. 적어도 한국에서는 유일무이한 주민에 의한 공공병원의 설립 모델은 역사 기술 자체로 큰 의미를 지닌다고 하겠습니다. 성남시의료원은 설립을 완성한 상태가 아니고, 설립을 향해 먼 길을 시작한 단계일 뿐이라고 생각합니다. 이 운동사가 시립의료원의 지향점과 실천 전략에 대한 참고서로 잘 활용될 수 있을 것이라 기대합니다. 그동안 애써 주신 공공의료성남시민행동에 감사의 말씀을 드리고 싶습니다.
– 하동근/ 전)성남시립병원설립운동본부 공동대표, 성남시의료원 1, 2기 이사

공공의료시민행동의《성남시의료원 설립운동사》발간을 진심으로 축하드립니다.
성남시의료원은 성남지역 본시가지의 의료공백 사태와 공공의료의 필요성에 의해, 전국 최초 주민발의에 의해 설립된 역사적 기록을 갖고 있습니다. 이에《성남시의료원 설립운동사》는 성남시민의 공공의료에 대한 열망과 신념, 관심과 애정이 고스란히 배어 있는 만큼 사료적 가치 또한 매우 크다 할 것입니다.
부디, 성남시의료원이 공공성 강화를 통한 시민건강권 보호의 모범이 되어 주기를 간절히 바라봅니다. 아울러, 성남시의료원 공공성 강화의 초석은 특정 제약사의 품목을 지명하지 않고, 성분명으로 처방하는 '성분명 처방' 실시에서부터 시작될 수 있음을 강조드리며, 성남시의료원이 다시 한번 그 역사적 발걸음을 내딛길 희망합니다.
– 한동원/ 성남시약사회 회장

성남시의료원의 의의와 임무

김용익/ 서울대학교 의과대학 명예교수, 전 국회의원

성남시의료원의 의의

성남시의료원은 기초지방자치단체가 설치한 극히 드문 공공병원이다. 설립 주체가 시군구로 되어 있는 병원은 성남, 진안, 목포, 울진의 4군데가 있을 뿐이다. 지역의료를 담당할 지방의료 원 형태의 병원이 설립된 것은 대부분이 일제강점기 중이었고 해방 후부터 1960년대 초까지 9 개가 신설되었을 뿐이다. 1964년 제주의료원의 서귀포 분원 설치가 그 흐름의 끝이었다. 그 이 후에는 울진(2003)과 진안(2015)에 소규모 농촌형 병원이 지어졌을 뿐이다. 그 길고 지루한 잠을 깨운 것이 2020년 509병상의 번듯한 병원으로 출범한 성남시의료원이었다.

성남시의료원은 시민이 주도해서 설립한 특별한 공공병원이다. 시민이 조례를 발의하고 시가 수용해서 갖은 난관을 무릅쓰고 17년 만에 설립에 성공했다. 시민운동으로 공공병원을 세울 수 있다는 것은 새롭고 신선한 경험이었다. 그 이후 전국 도처에서 공공병원 설립운동이 전개되고 있다. 이것만으로도 성남시의료원은 한국병원사에 뚜렷한 족적을 남긴 것이다.

성남시의료원의 사명

출발이 역사적이었다고 해서 그 가치가 다 구현되는 것은 아니다. 주민들에게 진짜로 도움이 되는 병원이 되어야 할 텐데, 의료원의 자료를 보면 이미 이를 충분히 이해하고 있는 것 같아 안 심이 된다.

질적으로 우수한 의료를 제공해야 한다. 좋은 질의 의료란 현대식 의료기기를 많이 쓰는 것만 은 아니다. 과잉진료도 과소진료로 없는 표준적인 진료를 제공하는 것이다. 이 병원에 가면 의사 들이 나의 병에 가장 적합한 치료 방식을 선택해 줄 것이라는 믿음이 있어야 한다.

성남시 주민 전체의 건강에 대해 책임의식이 확실한 병원이 되었으면 좋겠다. 질병의 예방과 관리에 적극 나서는 병원, 진료실을 찾아오는 환자만 보는 것이 아니라 주민들 속으로 찾아가는 병원이 되어야 한다. 성남의 보건소, 민간병원, 복지기관과 함께 '지역사회 돌봄'의 새로운 모형을 만들고 적극 참여하면 될 것이다.

주민들에게 열려 있는 병원, 환자가 주인으로서 떳떳한 병원이 되어 병원이 주민을 사랑하듯 주민들도 병원을 사랑할 수 있으면 좋겠다. 의료인들이 환자를 진심으로 걱정하고 그로써 의료진이 자부심을 느낄 수 있는 병원, 그래서 환자들이 의사를 존경할 수 있는 병원이 되기를 바란다.

직원들에게 자랑스러운 직장, 좋은 고용자, 좋은 일자리가 되어 주는 병원, 다양한 직종과 충분한 인력이 좋은 조건으로 하나의 팀이 되어 일할 수 있는 병원, 회계가 정확하고 투명한 병원, 모든 거래가 공정하고 합리적인 병원, 정직하고 공개적인 경영을 하는 병원이라야 긴 호흡으로 발전해 나갈 수 있을 것이다.

공공병원의 가장 무서운 함정은 관료주의에 빠지는 것이다. 늘 새롭게 혁신해 나가는 경영진, 그리고 충분한 지원을 해 주되 경영의 자율성은 확실히 보장해 주는 성남시를 기대한다. 시와 의료원의 관계는 '팔 길이 원칙(arm's length principle)'이 적용되는 것이라야 한다.

당부의 말씀

최근 공공병원이 새로운 주목을 받고 있다. 코로나19 때문이다. 긴 산고를 거쳐 태어난 성남시의료원이 출범과 동시에 코로나19에 고생을 하고, 다른 한편 그 코로나 때문에 공공병원이 새로이 주목받게 된 것은 운명적이라고 할 수 있을 것 같다. 힘들겠지만 고비를 잘 넘기기 바란다.

성남시의료원이 "좋은 공공병원"의 모범이 되어 주었으면 좋겠다. "현대식, 우수한, 능력 있는, 깨끗한, 친절한, 믿을 수 있는" 등등의 수식어를 모두 다 들을 수 있고, 공공병원도 이렇게 잘 운영된다는 모범을 성남의료원이 보여 줄 수 있기를 바란다. 전국에서 공공병원을 추진하는 모든 사람들이 견학을 오는 병원이 되어 주기를 바란다.

성남시의료원이 출범에 어려움은 많았지만 미래에는 큰 발전이 있기를 기대한다.

공공보건의료와 공적 돌봄 강화는 피할 수 없는 길

김창엽/ 서울대학교 보건대학원 교수, (사)시민건강연구소 소장

'공공의료 강화론'이 새로운 시대로 접어든 느낌이다. 가장 중요한 이유는 건강과 의료 환경이 근본적으로 바뀌고 있다는 점이다. 한국은 지금 엄청나게 빠른 속도로 출생이 줄고 일부 지역에서는 인구가 감소하는 '축소 사회'로 진입했다. 가장 인구가 적은 군은 총인구가 2만 명에도 미치지 못하고, 많은 농촌 지역에서 노인 인구 비율이 30%를 넘는다. 인구가 계속 줄어들어 조만간 '소멸'할 것으로 예상하는 곳도 여러 군데다.

이런 인구와 지역 사정은 '의료 시장'과 '의료 경제'에 직접 영향을 미친다. 한국 의료가 시장 원리를 따르는 것은 의료기관 대부분을 민간이 세우고 운영하기 때문이다. 기관 수인지 병상 수인지에 따라 다르지만, 결과적으로 공공의료 비중이 전체의 5~10%에도 미치지 못한다. 한국 의료는 거의 전적으로 '시장형' 의료체계라 불러야 하며, 보건소와 보건지소, 보건진료소를 제외하면 모두가 시장에서 '살아남아야' 하는 경제 주체이다.

인구가 적은 지역에 왜 병원이 없고 있더라도 이름값을 못하는 병원, 병원답지 않은 병원이 그리 많을까? 병원이 있어도 전문의 구하기가 어렵다고 난리다. 이런 현상은 우연이라 할 수 없으니, 인구 축소와 시장 원리를 연결해 보라. 영화관, 프랜차이즈 커피집, 서점, 대형 마트가 없는 것과 꼭 같은 이유다. 수요가 적고 매출이 떨어지며 경영 수지를 맞출 수 없으면 시장이 성립하지 않는다.

인구가 더 줄면 이런 의료 시장은 더 위축될 것이다. 일부 지역에서는 병원이 존립할 수 없는 상황이라고 하지만, 앞으로는 의원 수까지 줄어들지 모른다. 작은 규모의 의원 또한 어느 정도 규모로 환자를 진료해야 수지를 맞출 수 있기 때문이다. 노인 환자가 많으니 의료기관을 더 많이 찾을 것 아니냐고 하지만, 전체 인구가 줄어들면 결국 의료 이용이 줄어들게 마련이다.

또 다른 문제는 급격한 고령화이다. 그 추세에 대해서는 더 설명할 필요가 없을 것이다. 문제는 노인 인구가 늘면서 과거 의료 모형, 즉 병원과 (급성기) 치료 중심의 보건의료 체제가 근본적 모순에 직면했다는 사실이다. 돌봄 위기는 중요하지만 한 가지 징후에 지나지 않는다. 의료 인력

수급, 의료기관의 경영, 건강보험 재정 수입과 지출, 관련 산업의 수익성 등이 모두 달라지고, 자본주의 시장체제에 조응했던 과거 의료체제는 위기를 피하기 어렵다.

이러한 위기에 대응하는 길은 크게 두 갈래로 나뉜다. 첫째는 계속 시장 원리에 맡기는 방법인데, 하던 대로 하자는 이야기니 사실 대안이라 할 수도 없다. 의료와 돌봄, 노인에 대한 서비스의 기본 원리는 그대로 유지된다. 주민들은 영화관이나 컴퓨터 가게를 찾아가듯 인근 대도시 의료기관을 찾아가야 하고, 그 결과 시장이 돌아가는 도시에는 병·의원과 의사가 몰린다. 공적 보장으로 의료와 돌봄 체제를 유지할 수 없으므로 개인과 민간보험에 대한 의존도가 커지고, 돌봄과 노인에 대한 서비스는 극심한 불평등을 맞게 될 것이다.

지금 중앙정부와 많은 지방정부는 알게 모르게 이 시장 원리에 따르는 것으로 보인다. 드러내 말은 하지 않지만, 가장 기본적인 보건의료 기반을 포기하는 듯한 태도도 적지 않다. 병원, 요양원, 공장, 대학 그 무엇이든 경제 논리를 따르는 법이라 생각하면, 인구 감소와 경제 위축에는 백약이 무효라고 생각하는 것이 당연하다. 회사와 학교는 생활 기반이 있어야 한다고 하고, 생활 기반을 마련하자니 인구가 적고 경제 역량이 미치지 못하는 악순환. 지역의 '경쟁력'을 말하는 한, 비수도권 인구 감소 지역이 전국적 시장 경쟁에서 이길 가능성은 크지 않은 것이 딜레마다.

나는 두 번째 대안, 즉 공공 기관과 공적 서비스를 대폭 늘리는 것만 가능하다고 생각한다. 선거 때마다 방방곡곡에서 의과대학을 신설하느니 대형병원을 유치하느니 하는 공약이 난무하지만, 시장 원리의 연장선에서는 다 불가능한 꿈이다. 커뮤니티 서비스 체계를 구축한다고 하지만, 민간의 수익 모델에 포함되는 한 재정을 감당하는 것은 불가능하다. 시장체제가 지속되는 한 모든 주체는 시장에서 살아남고 이겨야 생존할 수 있으나, 시장이 시장답게 존재하지 않는 한 시장 원리는 작동하지 않는다. 인구 2만, 3만의 군 지역에 얼마나 큰 시장이 만들어지겠는가? 발전국가 시절의 지역 성장 모델은 잊어야 한다.

민간을 활용하자거나 '공공민간협력' 모델을 말하는 이도 있으나, 이 또한 어느 정도는 시장이 있어야 가능하다. 운영 중인 민간 공급자에 돈을 지원하고 인력을 구해 주는 것으로 얼마나 견딜 수 있을까? 작동하지 않는 시장을 두고 시장 원리를 말하는 것은 자가당착에 지나지 않는다. 상당한 재정을 공적으로 지원해야 하면, 차라리 공공부문이 직접 운영하고 책임을 지는 것이 더 효율적이다.

공공기관을 늘리는 일이 더 쉬워서 '공적 서비스 강화'를 주장하는 것이 아니다. 운영이 부실한 민간병원을 인수하면 된다느니 도가 운영하는 지방의료원을 유치하자든지 하는 구체적 방안은 생략한다. 다만, 어떤 형태와 방법이든 국가가 책임을 지는 것이 첫 번째고 중앙정부와 지방자치단체가 함께 책임을 지는 것이 가장 중요하다는 점을 강조한다.

공공의료를 병원과 병원 중심의 서비스로 좁혀 생각하는 것도 근본적으로 바꿔야 한다. 더 적극적으로는 병원 모델 자체를 개혁해야 할 것이다. 입원, 급성기 치료, 기술 중심, 시설 등의 모델을 만성질환과 지속성, 지역과 돌봄, 휴면 서비스 중심으로 전환하는 것이 시급하다. 이제 '공공병원 확대'를 넘어 '공공보건의료와 돌봄 강화'가 필요하다.

다시 말하지만, 현재 상태를 그대로 두고 보든지 공공이 나서든지 양자택일 외에는 다른 길이 없다. 유감스러운 일은 이대로는 전자의 길이 굳어질 가능성이 더 커 보인다는 점이다. 공공의료 확충에 많은 돈이 들고 따라서 국가 차원의 정치적 의지가 뒷받침되어야 한다면, 지금 새로운 체제에 대한 '국가 이성'은 소극적이고 고통의 당사자와 지역의 정치적 힘은 모든 측면에서 불리하다. 이 관계를 역전시키려면 '공공의료 강화'를 위한 넓고 깊은 운동(들)을 다시 세워야 한다.

우리나라 공공의료 발전 과제

나순자/ 전국보건의료산업노동조합 위원장

성남시의료원 설립이 우리나라 공공의료 확충 운동과 공공의료 발전 역사에서 차지하는 의미는 매우 크다.

첫째는 정부가 공공병원 확충을 포기하고 되레 축소하려는 가운데 노동·시민사회가 나서서 자신들의 힘으로 공공병원을 설립했다는 점이다. 정부는 턱없이 부족한 공공병원을 확충하기보다는 적자를 이유로 민간 매각하거나 민간 위탁하려 했고, 기능 축소와 수익 추구 경영을 강요했다. 성남시의료원 설립은 이런 흐름을 뒤집어 공공병원을 확충하는 새로운 흐름을 만들어 냈다.

둘째는 지방자치단체와 지방의회의 극심한 무책임과 방해를 뚫고 주민조례운동을 통해 공공병원을 설립했다는 점이다. 노동·시민사회는 지역주민의 건강과 생명을 지키기 위해 경제적·정치적 이해타산을 뛰어넘고 법·제도와 예산의 장벽을 뛰어넘어 그야말로 아무것도 없는 황무지에서 실제로 공공병원을 설립하는 역사를 만들어 냈다.

셋째는 민간병원 폐업으로 발생한 의료공백 사태와 의료격차를 해결하기 위한 대안으로 공공병원을 설립했다는 점이다. 민간병원이 90%가 넘고 과잉공급과 과잉경쟁으로 왜곡되어 있는 우리나라 의료체계에서 민간병원의 폐업으로 발생할 수밖에 없는 의료공백과 의료격차를 공공병원 설립을 통해 해소할 수 있는 가능성과 선례를 만들어 낸 것이다.

이런 점에서 성남의 인하병원·성남병원 폐업에서부터 성남시의료원 설립·운영까지 걸린 18년은 우리나라 공공의료 확충·발전에 큰 획을 긋는 중대한 전환기였다.

코로나19 사태는 취약한 우리나라 공공의료의 민낯을 그대로 보여 주었고, 공공의료 확충이야말로 의료재난으로부터 국민의 건강과 생명을 지키는 보검이고, 경제재난과 사회재난을 해결하는 열쇠이며, 건강하고 안전한 미래사회를 보장하는 확고한 담보물이라는 것을 증명했다.

따라서 공공의료 확충은 더 늦출 수 없는 시대적 과제이다.

필수의료 국가책임제를 실현하기 위해 70개 중진료권마다 지역책임의료기관을 지정·운영하는 과제를 핵심에 놓고 2025년까지 100% 완성하는 기적을 만들어 내야 한다. 공공병원이 없는 진료권에는 공공병원을 만들어야 하고, 민간병원이 많아 과잉공급과 과잉경쟁이 우려되는 진료권에는 민간병원을 공공 인수하거나 공익참여형 병원으로 전환해야 한다. 공공병원이 있지만 양질의 필수의료서비스를 제공하기 어려운 진료권에는 공공병원 시설 확충과 기능 강화 프로젝트를 추진해야 한다. 예비타당성조사, 과도한 지방비 부담, 운영비 적자 등 공공병원 확충의 걸림돌은 과감히 제거해야 하고, 법·제도, 예산 등 공공병원 확충의 디딤돌은 야무지게 확보해야 한다.

해답은 성남시의료원 설립의 사례 속에 모두 들어 있다. 노동·시민사회가 나서야 하고, 정부와 지방자치단체·지방의회가 나서야 한다. 정부가 내놓은 공공의료 확충 계획이 말뿐인 계획이 아니라 실질적으로 추진되고, 2021년 9월 2일 보건의료노조와 보건복지부가 체결한 공공의료 확충 노정합의가 실질적으로 이행되도록 국민이 움직이고 여론이 움직이게 만들어야 한다.

성남시의료원 설립을 출발점으로 모든 국민이 자기가 사는 지역에서 양질의 필수의료서비스를 제공받을 수 있는 날이 빨리 오기를 기대한다.

시민이 운영에 참여해야 공공의료

문정주/ 의사, 공공의료연구자

시민운동으로 성사된 성남시의료원

성남시의료원 개원을 축하합니다. 많은 이들이 이 의료원을 주목하는 것은 시민사회가 만든 씨앗이 개원의 동력이 되었기 때문입니다. 시민의 긴 투쟁으로 공공병원을 탄생시킨 첫 사례이기 때문입니다.

성남시의료원은 그 자체로 희망입니다. 우리나라에 공공병원이 없는 지역이나 지역 안에 의료 불평등이 심한 곳이 많지만, 병원 설립을 위한 시민운동이 오랜 기간 유지되고 참여의 폭을 넓혀 개원에 성공한 데는 지금껏 없었습니다. 어렵사리 힘을 모은 시민들을 기다리는 것은 숱한 난관이었고 지방의회와 지방자치단체도 넘기 힘든 벽이 되곤 했습니다. 그런 중에 성남시의료원의 개원 성공은 많은 지역에 희망이 됩니다.

영리적 경향이 심해지는 우리나라 의료

우리나라 의료는 지난 수십 년간 눈부시게 발전했습니다. 과거에 비해 의사 수가 크게 늘었고, 건강보험이 국민 모두에게 제공되며, 주요 도시마다 대학병원이 있어 첨단의료를 제공합니다. 의료 이용도 매우 활발해 인구당 외래진료 횟수가 OECD 회원국 중 첫째로 많고, 인구당 입원 병상 수가 많은 것이나 입원환자가 병원에 머무는 기간이 긴 것도 첫째나 둘째 자리를 다툽니다.

그러나 한편으로 우리는 안타깝게도 건강에 대해 불안해합니다. 자신의 건강 상태가 나쁘다고 생각하는 사람이 국민 중 거의 70%로, 이는 OECD 회원국 중 가장 높습니다. 처음부터 그랬던 것이 아닙니다. 2000년대 초에는 건강이 나쁘다고 응답하는 사람이 50% 정도였는데 2014년부터 거의 70%로 많아졌고 몇 년째 줄지 않고 있습니다. 의료 이용이 세계 최고로 활발하다는 통계에 비추면 납득할 수 없는 부조화로 우리나라 의료에 문제가 있음을 드러냅니다.

문제는 바로 의료의 영리적 경향입니다. 이는 국가가 국민 건강에 대한 책임을 소홀히 한 채 의료를 사립병원과 시장에 맡겨 둔 데서 비롯됩니다. 사립병원이 커지고 발전하였으나 동시에 거기서 생기는 문제도 커졌습니다. 사립병원은 수익을 절대시합니다. 수익을 위해 비급여 의료

상품을 개발해 건강보험의 통제를 벗어나고 과잉 의료, 의료 남용을 부추기기까지 합니다. 환자의 건강보다 의료기관의 이해를 앞세우고 돈 되는 척추와 관절 수술, 심장병 치료, 성형, 건강검진 등에는 투자하지만 돈 안 되는 응급, 분만, 신생아 진료, 감염병 진료, 재활치료에 관해서는 줄이거나 폐쇄합니다.

영리적 의료 문제는 해가 갈수록 심각해집니다. 무엇보다 의료기관의 지역적 쏠림이 심해져 전국의 시군 중 60곳에 산모가 분만할 의료기관이 없고(2016년 기준), 돈이 없어 건강보험료를 내지 못해 병의원 출입을 아예 못하거나 제한받는 사람도 400만 명에 달합니다(2015년). 상업적인 의료는 널리 퍼져 비싼 검사, 비싼 시술, 과잉 시술이 더 우수한 것처럼 여겨집니다. 게다가 모든 의료기관이 경쟁 관계에 있어 역할 분담이나 기능 조정이 어렵고 서로 협력하지 않는 데서 오는 비효율이 큽니다. 이와 같은 영리적 의료에 대해 비난은 많지만, 이를 견제해 변화를 이끌 방안은 잘 보이지 않습니다.

계획과 운영 전반에 시민이 참여해야

성남시의료원은 시립 공공병원입니다. 시민의 기대에 응답하고 지역의 요구를 충족해야 합니다. 성남 시민사회가 시립병원 설립에 10년을 넘겨 가며 힘을 모았던 것은 수익 논리에 따르는 의료가 아닌 필수의료에 충실한 병원, 경제적 타산보다 시민의 건강을 더 중요하게 여기는 병원을 만들려는 바람 때문일 것입니다. 성남시 또한 2000억 원이 넘는 예산을 들여 시립병원을 건립한 데에는 지역 내 의료 불평등을 해소하고 시민의 건강 수준을 높이려는 큰 목표가 있기 때문일 것입니다.

그와 같은 바람과 목표를 이루는 데는 시민이 함께해야 합니다. 사업 계획과 운영 전반에 시민이 참여해야 합니다. 시민참여는 민주사회의 기본이지만, 특히 보건의료 분야에서 절실합니다. 보건의료는 누구에게나 삶의 필수 조건이어서 나이, 주거, 소득, 고립, 장애 등 삶의 다양한 양상에 맞춰 제공돼야 하기 때문입니다. 이를 위해 당사자인 시민의 제안, 협력, 전파, 감시, 평가가 있어야 합니다.

유럽의 복지국가에는 시민이 참여하는 자치 활동이 활발합니다. 지역 행정의 자치뿐 아니라 의료 분야에도 시민참여는 당연한 권리로 여겨집니다. 이에 따라 중앙정부, 주 정부, 지역, 병원 등 각 단계에 시민 대표로 위원회가 구성되어 있고, 의료사업 계획 수립, 결과 평가, 민원 관리 등에 참여합니다. 우리나라에도 전통적으로 향약과 두레 등 마을 자치가 있었습니다. 그러나 일제강점기에 대부분 파괴되었고 해방 뒤에는 군사독재정권이 가로막아 민주화를 이룬 뒤에야 지방자치가 시작되었습니다. 오랜 단절 때문인지 아직도 지역에서 풀뿌리 민주주의의 구현은 제한적이며, 이런 환경이 공공병원 설립도 어렵게 하고 병원 운영에 시민참여도 쉽지 않게 합니다. 다만 다행인 것은 지방의료원에는 시민참여의 발판이 있다는 점입니다.

시민이 지방의료원 운영에 참여할 길은 첫 번째로 이사회입니다. 이사회는 법인체에 정관을 정하고 기관장을 추천하며 사업 계획을 승인하고 재산 취득과 조직 변경을 심의해 의결하는 최고 단계의 의사결정 구조입니다. '지방의료원의 설립 및 운영에 관한 법률'에 시민을 대표하는 이사를 정하게 함에 따라(제8조) 모든 지방의료원 이사회에 비영리 민간단체와 소비자단체가 추천하는 이사가 1인 이상, 지역주민 대표 이사가 1인 이상 있습니다. 이는 공공병원 중에 가장 큰 기관인 국립대학병원에는 없는, 지금으로서는 지방의료원에만 있는 중요한 참여 제도입니다.

두 번째는 시민위원회입니다. 지역의 시민사회단체 대표들이 다수 참여해 구성하는 회의체로, 보건복지부의 방침에 따라 지방의료원마다 이 위원회를 둡니다. 병원이 운영에 관한 정보를 시민에게 공개하고 이에 관한 의견을 받는 통로가 되며 시민 대표들이 병원의 연간 계획과 그 결과, 외부 기관이 시행한 평가 결과, 주요 민원 등을 보고받고 심의하는 기회가 됩니다.

앞으로는 이에 더해 감사(위원회)에도 시민이 참여하게 되기를 바랍니다. 감사는 공공기관의 궁극적 주인인 시민을 대리하는 활동(또는 기구)으로, 재무의 투명성을 감독하고 윤리 경영을 지원하며 부패를 방지해 공직자의 청렴을 북돋웁니다. 국립대학병원에 상임감사와 감사실이 있고 지방의료원에는 비상임 감사와 감사팀이 있지만, 시민의 참여 기회는 거의 없습니다. 지방의료원의 이사회, 시민위원회, 나아가 감사 활동에 시민참여가 활발하게 펼쳐져야 할 것입니다.

성남시민 공동체의 건강을 위해

누구에게나 생명과 건강은 삶의 필수 조건입니다. 그러나 누구도 자기 혼자 건강할 수 없어 공동으로 지켜야 하는 것이 건강입니다. 공공병원 운영에 시민이 참여할 때 의료의 공공성을 강화하고 수익 논리에 지배되는 현실을 바꿀 수 있습니다. 성남시의료원이 시민참여를 받아들이는 운영체계를 튼튼히 하기를, 이를 통해 공동체의 건강을 지키는 보루가 되기를 기대합니다.

공공의료는 시민의 힘으로

백재중/ 신천연합병원 원장, 전)인도주의실천의사협의회 대표

성남시의료원 설립을 위한 지난 시간을 되돌아보면 말 그대로 다사다난한 과정이었습니다. 시민 발의로 조례를 만들고 병원의 방향을 잡아 나가면서 개원에 이르기까지 시민들은 그 중심에서 역할을 다했습니다. 개원 후에도 시민들의 역할은 멈추지 않고 지속되어야 할 이유입니다.

우리 사회에서 '의료공공성'은 그동안 관심 밖의 의제였습니다. 우리나라 공공의료의 빈약함에서 이유를 찾을 수 있을 듯한데, 결국 정부와 국민들의 무관심에서 비롯되었습니다. 이런 현실에서 '주민발의에 의한 성남시의료원 설립'이라는 일대 사건이 발생합니다. 성남시민들은 온전히 시민의 힘으로 성남시의료원 설립이라는 큰일을 이루어 냈습니다. 공공의료 확대, 강화를 위해 무엇을 해야 하는지 깨닫게 합니다.

정부나 의회 모두 공공의료에 대한 관심과 의지는 기대 이하입니다. 공공의료의 개념도 부실하고 공공의료 확대, 강화를 향한 열정도 보이지 않습니다. 그동안 다양한 공공의료 정책들이 나왔지만 제대로 기능하지 못했고 그 결과는 참담한 상황입니다. 이 국면을 어떻게 근본적으로 바꿔 낼 수 있는지를 고민해 봐야 할 것 같습니다. 결국 주민운동, 시민사회운동이 전면에 나서야 할 것 같습니다.

성남시민들이 이루어 낸 성과를 보면서 전국 각지에서 공공병원 설립을 위한 움직임이 활발해지고 있습니다. 공공어린이재활병원 설립을 위한 시민들의 노력도 모아지고 있습니다. 공공의료 확대, 강화를 위해 주민들이, 시민들이 직접 나설 수밖에 없도록 한 절박함의 결과이기도 합니다.

아래서부터 끓어오르는 공공의료에 대한 주민들의 열망을 받아 중앙정부와 지방자치단체는 제대로 된 전망 속에서 공공의료에 대한 과감한 지원과 투자를 결단해야 할 때입니다.

우리나라 의료공급체계는 총체적 혼란에 빠져 있습니다. 문재인케어 이후 본인부담이 감소하면서 빅5 병원 환자 집중이 가속화되고 있습니다. 주치의는 없고, 의료전달체계는 마비 상태이며, 1,2차 의료기관에 대한 불신 속에 초대형 병원으로 환자들이 몰리고 있습니다. 지방의 의료는 붕괴된 지 오래고, 공공의료는 존재감이 없습니다. 거대 민간의료 영역은 수익만 쫓고 있습니다. 더 큰 문제는 상황을 인식하고 이를 극복하기 위한 동력이 보이지 않는다는 것입니다.

이 문제 해결도 결국 주민들이, 시민들이 직접 나서는 게 답이라는 생각을 합니다. 정부와 의료계에 기대할 게 별로 없습니다. 의지가 있다면 진작에 뭔가 움직임이 있었겠지요.

의료공급체계 개선에서 가장 핵심적인 내용은 공공성의 회복입니다. 공공병원을 확충하여 지역에서 신뢰받는 주민 친화적인 병원으로 거듭난다면 초대형 병원 집중을 완화시킬 수 있는 단초가 마련된다고 봅니다. 주치의제 도입과 의료전달 시스템 정비도 병행되어야 할 과제입니다.

성남시민들의 의지와 노력으로 성남시의료원이 출발하였지만 어떤 공공병원을 만들어 나가야 할지에 대해 진지하게 고민할 필요가 있습니다. 지방자치단체나 병원 경영자에게만 맡겨 놓거나 과거 공공병원을 따라갈 수도 없습니다. 이제 진화와 혁신을 마다하지 않아야 합니다.

과거에 공공병원은 대학병원이나 민간병원에 갈 수 없는 가난한 사람, 노숙자 같은 취약계층이 이용하는 병원 정도로 인식되었습니다. 우중충하고 어두운 이미지의 병원이었습니다. 여기서 조금 나간 게 과잉진료를 하지 않고 적정진료를 실행하는, 수익성이 없어 민간에서 하기 어려운 필수의료 담당하는, 사스·메르스·코로나 등 전염병 유행과 같은 공중보건 위기에 대응하는 병원 정도로 자기 역할들이 확대되었습니다. 그러나 여기에 그쳐서는 안 될 이유가 있습니다. 주민들의 요구, 시민들의 요구가 넘쳐나고 있기 때문입니다.

무엇보다 성남시의료원이 비정규직 없는 병원, 성평등한 병원, 직장 민주주의를 실현하는 병원이 되기를 소망합니다. 그리고 지역사회 친화적인 병원, 시민 친화적인 병원을 기대하는 마음 또한 큽니다. 그러기 위해서는 지금까지 성남시의료원을 설립하기 위해 노력해 온 시민들이 병원 운영에 어떤 방식으로든 참여하여 건강한 역할을 담당할 수 있기를 바랍니다. 아마 시민들의 참여는 병원의 전망을 만들어 가는 데 큰 힘이 될 것입니다.

인권의 문제를 병원 시스템 안에서 수용하고 최근의 젠더 관련 건강 이슈들도 병원 틀 안에서 담아낼 수 있는 진일보한 병원을 꿈꿔 봅니다. 노동하는 사람들의 건강을 챙기고 소수자, 약자들의 건강 문제를 외면하지 않는 병원이라면 아마 새로운 공공병원으로서 더할 나위 없을 듯합니다. 멋진 공공병원으로 거듭난다면 우리나라 공공의료의 새로운 희망이 될 것입니다. 성남시의료원은 충분히 그 역할을 할 수 있으리라고 봅니다. 그만큼 기대가 큽니다.

성남시의료원 설립에 뜻을 모으고, 조례 발의를 하고, 설립 과정을 온전히 함께한 성남시민들이 성남시의료원의 주인입니다. 병원의 주인으로서 앞으로 역할에 대해서도 기대합니다. 성남시의료원의 처음도 시민이요, 마지막도 시민입니다.

차례

프롤로그

성남시의료원은 우리에게 어떤 의미인가?

성남시의료원은 대한민국 최초로 주민발의조례로 설립된 시민의 공공병원이다. 2003년 경기도 성남시 수정구, 중원구 의료공백 사태 때 주민들은 시립병원 설립으로 자신의 건강문제를 해결하고자 했다. OECD 국가들 중 공공의료 최하위인 우리나라에서 공공병원을 사회적 이슈로 떠오르게 한, 매우 특별한 병원이다. 2003년부터 시작해 2020년 개원한 성남시의료원은 우리나라 공공의료의 희망으로 새로운 가능성을 보여 주고 있다.

우리는 왜 성남시의료원 설립 역사를 기록하는가?

성남시의료원 설립 과정은 공공병원 설립과 관련한 모든 과정을 거쳐 왔으며, 개원까지 걸린 18년의 시간만큼이나 험난했다. 성남시의료원 설립에는 설립의 주역, 수많은 시민들이 있었고 우리는 그 시민들을 주인공으로 한 설립 역사를 기록하는 것이 병원 개원과 더불어 성남시의료원의 완전한 설립이라고 생각한다.

우리는 성남시의료원에 스며 있는 시민 투쟁의 역사를 있는 그대로 기록하고 공유하고자 노력했다. 600여 명 인하병원 노동자들, 병원폐업반대 서명 13만여 명, 걷기대회 참가자 7천여 명, 1차 주민발의조례 청구인 서명 18,595명, 2차 주민발의조례 청구인 서명 18,845명, 조례 개정 서명 1천여 명 등 성남시의료원 설립에 동참했던 수많은 시민들을 기억하고자 한다. 우리나라에 이렇게 많은 사람들의 요구가 담긴 공공병원, 아니 공공건축물이 있을까 싶다. 성남시의료원은 시민이 만들어 낸 기념비적인 공공건축물이고, 우리는 그 설립 역사를 시민 승리의 대서사시라고 부르고 싶다.

《성남시의료원 설립운동사》가 담고 있는 것

성남시민들은 건강권을 지키기 위해 시립병원을 건립하였고, 자신의 문제를 스스로 해결하는 주민자치를 실현하였다. 성남시의료원은 시민들의 공공의료와 주민자치에 대한 강한 열망으로 지어졌으며,《성남시의료원 설립운동사》는 그러한 시민 승리의 역사를 고스란히 담고 있다.

우리는 성남시의료원 설립 역사를 통해 공공의료 강화, 시민건강권 확보라는 시대적 과제를 제시하고 싶다. 누구나 건강하게 살아갈 권리는 우리 스스로 쟁취하는 것이며, 우리 사회는 더 나은 사회로 한걸음씩 나아갈 것이다.

공공의료성남시민행동

1984. 한미병원 개원
1985. 한진그룹에서 한미병원 인수, 인하병원 개원

2003. 3. 인하병원 소유권 소송에서 예일의료재단 승소
2003. 6. 인하병원 폐업 소식 알려짐
2003. 7. 10. 인하병원 폐업신고 및 진료 중단
2003. 7. 10. 시민건강권 확보를 위한 인하·성남병원폐업 범시민대책위원회 출범
2003. 7. 22. 인하병원 폐업신고서 수리

제1장

성남시 수정·중원구 의료공백 사태의 시작

2003

폐업 이전 인하병원 전경_출처: 성남일보

폐업반대 농성 중인 인하병원노조 조합원들_출처: 성남일보

이대엽 시장과 면담 중인 범대위
_출처: 성남일보

'폐업철회' 현수막이 걸린 인하병원
_출처: 민중의소리

2003년, 성남시 수정구에 위치한 인하병원, 성남병원 두 개 종합병원이 동시에 폐업하면서 수정구, 중원구 일대 의료공백 사태가 발생한다. 주민들은 응급환자가 생기면 서울이나 성남 분당구에 있는 병원으로 가야 했고, 자신의 건강을 돌봐줄 병원들의 폐업에 우려했다.

인하병원 소유권 분쟁에서 패소한 한진그룹은 폐업을 강행했고, 인하병원노조는 폐업반대, 고용보장을 요구했으며, 성남시민사회와 연대하여 '시민건강권확보를 위한 인하·성남병원폐업 범시민대책위원회'를 구성하였다.

의료공백 사태 이전의 성남 ●───────

　성남. 성의 남쪽. 윤흥길의 〈아홉 켤레의 구두로 남은 사내〉 등의 1970~80년대 소설에서 가난한 사람들이 모여 사는 곳으로 묘사되던 성남은, 대한민국 도시 개발의 역사를 고스란히 안고 있다. 1971년 광주대단지사건*에서 성남시민들이 보여 준 자기 문제를 스스로 해결해 가려는 저항과 자치 정신은 성남시의료원 설립운동의 역사적 뿌리가 된다.

　1984년 4월 23일 《경향신문》은 "성남합종시, 서울병 씻는가"라는 기획기사를 싣는다. 이 기사에서는 대봉로를 묘사하며 시청, 시민회관의 위치를 명시하고 한미병원과 상도빌딩의 신축 공사 현장을 언급한다. 이 한미병원이 바로 성남시의료원 설립운동의 시발점이다. 1985년 8월 17일 개원한 한미병원은 1년 만에 경영난을 이유로 한진그룹에 매각된다**.

　한미병원을 인수한 한진그룹은 인하병원으로 이름을 바꾸고 운영을 시작하였다. 그러나, 한미병원의 전 이사 두 명이 1990년대 들어 이사회결의 부존재 확인 소송을 제기하면서 인하병원 소유권 분쟁이 시작되었다. 소송인들은 당시 정치적 이유로 한미병원을 매각했는데, 그 절차가 합법적이지 않아 **빼앗긴** 것과 다름없다고 주장하였다. 오랜 법정 공방 끝에 2003년 3월, 대법원은 원고의 손을 들어주었고, 한진그룹은 인하병원의 건물과 대지를 반환하라는 판결을 받았다. 이때 원고 측의 정식 명칭은 예일의료재단***으로, 한미병원 당시의 소유주들이 만든 의료재단이다. 한진그룹은 이 소유권 분쟁으로 약 550억 원의 적자가 발생했다고 주장하며, 더 이상 병원을 운영할 수 없어 폐업을 결정한다고 발표하였다.

*1971년 8월 10일 경기도 광주대단지(지금의 경기도 성남시) 주민 수만여 명이 정부의 무계획적인 도시 정책과 졸속행정에 반발하며 도시를 점거했던 사건(한국민족문화대백과사전 참고)

**한진그룹이 한미병원 바로 앞에 있는 한림쇼핑도 함께 인수해 학교법인 인하학원의 병원을 개원할 것이라고 알려졌다. 1987년부터 한국에는 대기업과 대학이 종합병원을 짓는 붐이 일었다. 이화여대, 경희대, 한양대, 중앙대를 비롯해 현대그룹 아산재단, 대우그룹, 한국화학, 롯데, 럭키금성도 병원 개원을 준비하고 있었다.

***예일의료재단은 2003년 들어서야 인하병원 소송 관련 기사에 이름이 등장한다. 그 이전에는 존재를 확인할 수 없다.

당시 수정구와 중원구에는 인하병원, 성남병원, 성남중앙병원 3개의 종합병원이 있었는데, 450병상의 인하병원에 비해 성남병원은 250병상, 성남중앙병원은 292병상으로 그 규모가 작았다. 반면에 인하병원은 응급실과 중환자실은 물론 장례식장도 갖추고 있어, 인하병원이 문을 닫으면 성남시 수정·중원구민들이 이용할 종합병원이 사라지는 셈이었다. 또 인하병원 직원들 대다수가 성남시민이라, **지역의 의료공백 사태와 더불어 지역주민들의 대량 실업 사태가 예상되었다.**

인하병원 폐업의 전말 •────────

인하병원, 문을 닫다

인하병원이 있던 태평동은 1980~90년대 민주화운동의 중심지였으며, 성남시청이 있어 명실공히 성남의 중심지였다. 분당신도시 개발 이전, 수정구와 중원구 상대원동까지 인구밀도가 높았고 광주대단지사건이 정리되면서 태평동을 중심으로 시가지가 형성되었다. **인하병원은 지역거점병원으로 응급의료센터의 역할을 수행했으며, 당시 인근에 성남공단이 있어 산재지정병원이기도 했다.**

1988년 1기 신도시 건설 계획이 발표된 이후 1992년부터 분당, 중동, 일산, 평촌 신도시가 건설되었고, 1~2년 사이 신도시의 기반시설이 마련되었다. 분당은 성남시 중원구에서 분리되어 본 시가지의 위상을 모조리 흡수했다. 2003년 당시 분당에는 분당제생병원(1995년 개원)과 분당차병원(1995년 개

2003년 당시의 인하병원 전경_출처: 우리뉴스

원)이 있었고, 2003년 3월 1일에는 분당서울대학교병원이 문을 열었다. 인하병원은 분당의 대형병원 개원으로 경영이 악화되었다고 주장하였으나, 수정·중원구민들의 말은 다르다.

"인하병원 주변에서 그 병원을 이용하는 사람들은 응급 상황에 분

당까지 택시를 타고 달려가기 어려웠습니다. 거리도 멀거니와 그만큼 경제적 여유도 없었습니다. 아이가 아프면 안고 뛰어가는 게 구시가지의 사람들이었죠."

　　- 정종삼 전 시의원 인터뷰 중

*성남은 노동운동, 시민운동, 청년운동, 정당활동 등의 지역운동이 활발하였고, 평소 연대활동이 원활해서 시민건강권 확보, 폐업반대 연대체 구성이 신속하게 이루어질 수 있었다.

이런 인하병원의 폐업 소식이 외부에 알려진 것은 2003년 3월경이다. 예일의료재단과의 소유권 분쟁 소송 경과를 알고 있던 전국민주노동조합총연맹 전국보건의료산업노동조합 인하병원지부(이하 인하병원노조)와 성남의 시민단체 활동가들은 병원 폐업을 예상하고 있었다. 곧이어 인하병원노조의 파업을 지원할 시민대책위원회를 꾸리자는 움직임이 일었고, 인하병원의 폐업이 가시화되자, **시민의 건강권 확보를 위해 인하병원노조와 시민사회단체는 빠르게 연대하였다***.

인하병원노조의 대응

**2003년 6월 9일에는 성남병원이 축소 이전을 확정하고 당시 부지에 아파트 사업 승인을 받았다.

공식적으로 인하병원 폐업 소식이 전해진 것은 2003년 6월**이다. 6월 10일, 인하병원 폐업신고가 이루어질 것을 예측한 인하병원노조는 긴급 전현직 간부회의를 열었다. 6월 11일, 노조는 인하병원 폐업 방침 철회와 대책 등에 대해 인하중앙의료원장과 이대엽 성남시장에게 면담을 요청하는 공문을 발송하고, '민주노총 보건의료노조 경기본부 인하병원지부' 이름으로 투쟁을 선포하였다. 한진그룹과 인하병원에 제안한 노조의 요구는 다음과 같다.

1. 인하병원에 대한 폐업 기도를 즉각 중단하라.
2. 인하병원에 대한 소유권을 인수하고 투자를 확대하라.

3. 인하병원 전 직원에 대한 고용을 보장하라.

6월 12일, 인하병원노조는 확대간부회의를 열어 비상대책위원회를 구성하였고, 이후 6월 한 달간 노조의 투쟁은 하루도 쉬는 날 없이 이어졌다. 당시의 상황은 2004년 '전국보건의료산업노동조합 인하의료원지부'와 '성남시립병원설립을 위한 범시민추진위원회'에서 펴낸 《인하병원 폐업철회 투쟁 성남시립병원 설립을 위한 투쟁 활동보고》에서 확인할 수 있다.

인하병원노조에서 펴낸 활동보고

노조는 조양호 한진그룹 회장에게 호소문을 보내며 "한진의 한가족"임을 강조했던 고 조중훈 회장을 언급하기도 했다. 분당신도시 건설 이후 본시가지에서 가장 규모가 큰 종합병원인 인하병원에 경영 적자가 있다 해도 회복하기 어렵지 않으며, 병원은 수익만을 위해 존재할 수 없다고 강조했다.

2003년 6월 13일에 발표된 결의문***을 보면 인하병원 직원들의 요구는 다음과 같다.

하나. 한진그룹과 인하중앙의료원은 폐업 방침을 즉각 철회하라.
하나. 한진그룹은 인하병원에 대한 소유권을 인수하고 투자를 확대하라.

***이 결의문은 《인하병원 폐업철회 투쟁 성남시립병원 설립을 위한 투쟁 활동보고》 1권에 수록되어 있으며, 주체가 "성남시민 건강권 무시하고 직원 생존권 말살하는 인하병원 폐업 방침 철회를 위한 전직원 결의대회 참가자 일동"으로 되어 있다.

하나. 한진그룹과 인하중앙의료원은 인하병원 전 직원의 고용안정을 보장하라.

하나. 성남시는 인하병원 폐업에 대한 대책을 책임지고 강구하라.

인하병원 정상화를 위한 노력

파업에 돌입한 인하병원노조

한진그룹은 1996년에 인천 인하대병원을 개원했는데, 소유권 분쟁에 시달리는 성남 인하병원보다 인하대병원에 투자를 집중했다는 평가가 있었다. 인하병원노조에서는 인하대병원의 설립 비용과 의료진 투입을 인하병원에서 부담했다고 주장했다. 병원 사정을 아는 사람들이나 지역주민들 역시 비슷한 관점으로 인하병원의 경영 부실을 보고 있었다.

인하병원은 수년간 적자를 이유로 임금이 거의 오르지 않았고 인력도 축소되어 직원들은 격무에 시달렸다. 그럼에도 인하병원 직원들은 하루 빨리 병원이 정상화되어, 한진그룹과 인하대학교에서 인하병원을 더욱 발전적으로 운영해 나가길 바랐다.

6월 13일, 인하병원노조는 '성남시민에게 드리는 글'을 띄웠다. 직원 600여 명과 가족 수천 명의 생존권을 짓밟는 폐업이라 주장하며, 한진그룹은 인하병원을 돈벌이 수단으로 운영하지 말고 성남시민의 건강권, 더 나아가 생존권을 보장하기 위한 병원으로 거듭날 수 있도록 보장해 달라고 요구하였다. 노조는 또 인하병원은 성장 가능성이 충분한데도 경영진이 아무것도 하지 않는다고 호소하며, 인하병원을 인하대학교 부속병원으로 만들면 대학 발전에도 도움이 될 것이라고 했다.

노조는 병원 소유권 분쟁에서 승소한 예일의료재단에도 요구했다. 예일의료재단이 병원을 운영할 생각 없이 그저 소유권만 되찾으려 한다고 비판하면서, 합법적 절차를 밟아 한진그룹에 소유권을 다시 넘기고 병원 정상화에 기여하라고 촉구했다.

하지만 인하병원은 언론을 통해 7월 10일 폐업신고를 할 것이라고 밝혔다. 그간 진료과목 축소 및 폐쇄, 의료진의 명예퇴직, 조직 개편, 병상 축소 등 강도 높은 경영 개선 노력을 해 왔고, 2002년과 2003년에는 한진그룹으로부터 100억 원에 달하는 자금을 지원받았으나, 적자를 벗어날 수 없었다는 이유를 내세웠다.

노조는 우선 인하병원의 폐업을 막는 데 집중했으나, 폐업철회가 불가능하다면 고용승계라도 이끌어 내야 했다. 대량 실직 사태를 막는 게 우선이었기 때문이다. 인천에 인하대병원이 있으니 그쪽으로 고용승계를 하는 방법도 제시되었으나, 인하대병원과 인하병원은 각각 학교법인과 의료재단으로 법인격이 달랐고 출퇴근이 불가능한 거리라서 이 역시 쉽지 않았다.

인하병원노조는 수차례 성명서를 내어 호소했다. 돈벌이에 급급한 한진그룹이 하루아침에 인하병원을 폐업했다고 성토하며, 성남 시민들의 건강권을 지켜야 한다고 주장했다. 41개 시민단체가 노조와 연대하기 위해 나섰고, 국회의원과 정치권도 움직였다. 이대엽

몇 달 후 의료전문매체 《청년의사》는 이 상황을 다음과 같이 적었다. "성남 인하병원이 병원을 살리기 위해 시도한 노력들은 현재 중소병원들이 처한 현실을 그대로 반영하고 있다. 성남 인하병원은 경영 개선을 위해 2000년 비수익 진료과목을 대상으로 5개 과를 폐쇄하고, 병동 84개 및 3개 과를 축소했으며, 안과 및 이비인후과는 개방병원제를 도입했다. 또한 97년 737명에 이르던 직원을 구조조정, 명예퇴직 등을 통해 2003년 447명으로 축소하는 한편, 98년과 2000년에는 무급휴직제를 시행하기도 했다."(《청년의사》 2003. 9. 15.)

2003년 7월 4일, 공식 발족 전의 대책위원회는 한미병원을 대변하는 예일의료재단 이사를 면담했는데, 이사는 다음과 같이 말했다.

"인하병원이 진짜로 폐업할 줄 몰랐고 인수하려고 한 것은 아니다. 우리는 한진그룹이 인하병원을 계속 하길 바라고 만약 한진그룹에서 접촉해 오면 언제든지 응할 생각이다. 노조의 뜻에 동의하며 잘되어 고용 안정이 이뤄지길 바란다. 돈을 모으고 있지만 KAL 빌딩을 포함하여 한진그룹에 100억 이상을 주어야 소유권을 넘겨받는다. 아직 돈이 없어서 이자를 물어야 하는 상황이다. 인하병원을 넘겨받아 무엇을 할 것인가 논의조차 한 바 없다."

요컨대 예일의료재단은 소유권에 대한 보상을 받을 생각이었지, 병원을 인수할 생각은 없었던 것이다.

당시 기초의회는 정당공천제가 아니었기 때문에 당명을 표기하지 않는다. 대한민국 지방의회는 1991년에 복원되었는데, 2002년까지는 정당공천도 없었고 의원들은 무급이었다. 기초의회에 정당공천제가 도입된 것은 2006년이며, 보수성 급여를 지급한 것은 2006년 1월부터이다. 2003년은 성남시의회의 제4대 의회로 임기는 2002년부터 2006년까지였다.

*"주민조례청구운동의 정치적 동학과 효과 : '성남시립병원설립조례제정운동'을 중심으로"(박현희, 서울대학교 대학원, 2007.) 참고

성남시장은 조양호 회장을 시장 자격으로 만나겠다고 했으며, 수정구의 이윤수 국회의원도 조 회장과 노조 대표의 만남을 주선하겠다고 했다. 성남시의회는 "성남시인하병원 폐업철회 및 구시가지 의료시설 대책 촉구 결의안"을 냈다.

7월이 되자 인하병원노조는 예일의료재단에 인하병원 폐업의 책임을 물었다. 병원을 운영할 의지도 없으면서 한진그룹과 소유권 분쟁을 일으켜 결국 인하병원을 폐업에 이르게 했다는 것이었다. 이때까지만 해도 대책위원회는 정식 출범하지 않았고 기획단 형태로 운영되었다. **당시 시민사회는 인하병원노조의 "직장폐쇄반대" 투쟁을 지원하는 역할을 수행하였다***.

예일의료재단이 인하병원 부지를 되찾아 주상복합아파트를 짓는다는 소문이 돌았다. 노조와 시민사회단체들은 그러려면 부지의 용도변경이 필요한데 성남시가 이를 승인해 주지 않는다면 아파트 건

2003년 7월 10일까지 인하병원과 성남병원의 상황은 다양한 관점에서 볼 수 있다.

먼저 병원 폐업으로 인한 정리해고이다. 인하병원 폐업 당시 인천의 인하대병원으로 자리를 옮긴 사람들도 있으나 이는 소수에 불과했으며, 성남에 거주하며 일하던 사람들은 일터와 삶터를 잃을 위기에 놓였다.

또한 일방적인 폐원 결정으로 입원환자들이 "치료받을 권리"를 상실한 채 다른 병원으로 옮겨 가야 했다. 비슷한 시기에 부지의 용도변경과 매각을 결정한 성남병원까지, 동시에 700여 병상이 증발해 버렸다. 700명의 환자들이 한꺼번에 292병상의 성남중앙병원으로 옮겨 갈 수는 없었다. 게다가 성남중앙병원은 성남의 동쪽 끝에 위치하고 있어 두 병원에 비해 접근성도 떨어졌다.

성남병원 부지의 용도변경과 매각은 결정 난 뒤 노조에 알려졌고, 인하병원의 경우에도 소유권 분쟁에 대한 재판 결과가 뒤늦게 알려졌다. 두 병원 모두 보건의료노조의 지부가 있었으나 경영진은 회사의 중대 결정을 노조에 공개하지 않았다.

두 병원은 모두 적자 때문에 운영이 어렵다고 했으나 인하병원은 별다른 시설 투자를 하지 않은 상태로 오랫동안 운영해 왔다. 성남병원도 축소 이전하고 부지를 매각해 차익을 얻을 계획을 마련했다. 이 두 병원의 폐업은 의료기관이 이익에 따라 문을 닫을 수 있는 현실을 보여 주었는데, 결국 의료기관의 공공성이 부족해서 벌어진 일이다.

축은 불가능하며, 정치권과 시민들이 한목소리로 병원 유지를 말하고 있으니 병원 운영이 가능한 누구든지 나서면 인하병원을 운영할 수 있을 것이라고 판단했다.

범시민대책위원회 출범하다

인하병원노조와 시민사회의 연대

폐업을 앞둔 인하병원은 희망퇴직자를 모집한다며, 5년 미만 근무자는 6개월치 급여를, 5~10년 근무자는 7개월치, 10년 이상 근무자에게는 8개월치 급여와 중·고·대학생 자녀의 2학기 학자금을 지급하겠다고 선언했다. 병원 측이 던진 미끼에 조합원들은 갈등할 수밖에 없었다.

인하병원노조는 7월 7일 병동 복도에서 임시총회를 개최했다. 성남시민의모임, 성남환경운동연합, 터사랑청년회, 성남함께하는 주부모임, 성남청년대학, 성남청년회, 김기명 시의원, 김미라 시의원, 민주노동당 수정·중원지구당이 연대를 천명했고, 정식으로 시민대책위원회를 꾸리면 지역 향우회와 학교 동문회에도 동참을 요청할 계획이었다.

관계자들은 당시 연대체가 빠르게 조직되고 시민 서명운동이 활발히 이루어진 것은 민중연대의 힘이며, 이전부터 성남 수정·중원 지역 시민들의 결집력은 상당히 높았다고 평가한다. 광주대단지사건이 그 기원이라고 평가하기도 한다. 청년 모임을 하다가 취업을 하면 자연스럽게 노조에 들어가 서로 소통하는 일이 많았다. 각종 시민단체가 활성화되어 있어 폐업반대 투쟁에도 쉽게 결합할 수 있었다.

보건의료노조와 지역 시민단체가 결합하여 곧바로 폐업반대 서명운동을 벌였다. 6월부터 시작하여 7월 9일까지 9만여 시민의 서명을 받아 냈는데, 인하병원노조의 힘이 컸다.

2003년 6월 중순, 성남병원이 폐원을 결정하고 191세대 아파트 사업 승인을 받아 놓은 것으로 알려졌다. 성남병원 부지는 본래 2종 근린상가 지역이었는데, 6월 9일 갑자기 용도가 변경되어 아파트를 지을 수 있게 되었다. 성남병원은 폐업이 아니라 야탑동으로 축소 이전한다고 밝혔고, 노조는 고용승계를 촉구하는 투쟁을 펼쳐 나갔다.

범시민대책위원회 발족

당시 이 연대체, "시민건강권확보를 위한 인하·성남병원폐업 범시민대책위원회"(이하 범대위)의 집행위원장은 이재명 성남참여자치시민연대 집행위원장, 김경자 보건의료노조 경기본부장 두 사람이 공동으로 맡았다.

범대위의 설립에 대해 백승우 당시 범대위 사무국장은 다음과 같이 기억하고 있다.

"범시민대책위는 3월부터 꾸려진 것으로 기억합니다. 집행위원장이 김경자, 이재명으로 한 명이 노조를 대표하고 한 명이 시민사회를 대표한 거죠. 제가 사무국장을 맡았고 김현지 씨(당시 성남시민모임 사무국장)가 차장을 맡았습니다. 저는 당시 민주노동당 수정구 지역위원장이었습니다. 재야 민중단체들이 하나로 결합했던 민중연대가 있었는데 그 민중연대에 민주노총도 들어와 있었습니다. 그러니 쉽게 결합할 수 있었던 거고요. 공동대표 체제는 아니었으니까 폐업반대 시민대책위원회로 조직 구성을 새로 한 거죠. 주로 노조 사무실, 노조 앞, 병원 앞, 이재명 변호사 사무실에서 기획단 회의를 했죠."

범대위는 7월 10일 이전에 이대엽 성남시장을 만나 인하병원과 성남병원 부지를 병원 외 다른 용도로 사용하지 않겠다는 약속을 받아 냈다. 다른 병원이 들어올 수 있도록 하여, 해고노동자들의 직장을 되찾고 시민들의 의료공백도 해결할 수 있는 장치를 만든 것이다. 또한 이 시장에게 조양호 한진그룹 회장을 만나 병원 유지를 약속받을 것, 성남시와 성남시 보건소들에는 응급상황 대책을 마련할 것을 요청했다.

인하병원의 폐업신고 예정일인 7월 10일에 범대위 발족식을 갖고, 세이브존 광상에서 항의집회를 열었다. 삭발 투쟁을 강행한 인하병원노조와 범대위는 거리행진을 펼치고, 성남시청을 방문해 이 대엽 시장에게 폐업철회 건의서를 전달했다. 폐업신고가 끝나지 않았는데도 인하병원이 진료를 중단한 것은 현행법 위반이라 하며, 병원 측에 법적 대응을 예고했다.

이 시장은 10일 한진그룹의 이원영 사장과 임원 세 명을 만나 폐업을 연기하고 시민들이 공감할 수 있는 대책을 순리적으로 풀어 나가자고 했으며, 병원 부지의 용도변경은 절대 불가하다는 의견을 전달했다.

인하병원 폐업, 대량 실업 사태 발생

인하병원은 7월 10일 폐업신고를 예고했다. 7월 9일에는 박승림 인하병원 원장이 수정구보건소를 찾아가 폐업 이후의 행정 절차 협조를 요청했다. 하지만 보건소는 폐업신고서를 제출할 경우 반려하겠다는 의사를 표명했다*. 이대엽 시장은 인하병원장에게 조양회 회장 면담 후 폐업신고를 할 것을 요구했으나, 이 시장의 회장 면담 시도는 불발되었다. 성남시는 당시 인하병원이 가지고 있던 시민들의 의료 기록을 보건소로 이관하는 등의 행정 절차를 놓고 협상을 시도한 것으로 보인다.

그러나 폐업신고 예정일 직전까지도 인하병원은 전혀 흔들림이 없었다. 예고한 대로 **7월 10일 수정구보건소에 폐업신고서를 제출하고, 그날 오후부터 진료를 중단했다.**

2003년 인하병원에는 100여 명의 비정규직과 450명의 정규직원이 근무하고 있었다. 고용승계를 해 줄 병원이 나타날 가능성은 희박했고, 폐업 이후 이들에 대한 대책이 전무했다. **성남시민들의 가족과 친구, 이웃이 직장을 잃을 위기에 직면하게 되었다.**

*수정구보건소에서 폐업신고 반려의 이유로 내세운 것은 200만여 명 분량의 인하병원 진료기록부 보관 문제였다. 병원이 폐업하면 환자들의 진료기록부는 관할 보건소로 이관된다. 수정구보건소는 인하병원의 진료기록부를 보관하려면 인력과 공간이 더 필요한데, 보건소에서 감당할 수 없는 수준이라고 했다. 당시 수정·중원구의 인구는 56만 명이었다.

김경자 범대위 공동집행위원장은 2013년 《노동사회》에 기고한 글에서 2003년 7월 10일을 이렇게 회고했다.

"2003년 7월 10일은 잊을 수 없는 날입니다. 안타깝게도 제가 다니던 인하병원이 폐업했던 날이기 때문입니다. 1989년, 학교를 졸업한 바로 그해 입사하여 평생 다닐 줄 알았던 곳, 한진그룹의 계열사라 중

2003년 들어 두 개의 병원이 동시 폐업하게 된 것은 성남의 도시발전사와 무관하지 않다. 비행안전구역 고도제한 완화조치 발표 이후 2001년 12월 20일 성남시는 건설교통부로부터 '성남시 도시재개발 기본계획'을 승인받았다(《동아일보》 2002. 1. 13. 참고). 2002년 1월부터는 공고를 내고 주민열람, 주민설명회를 열고 있었다.

당시 발표된 성남시의 기본계획*은 구시가지인 수정구와 중원구의 20개 구역 73만 평과 구시가지 전체 가구의 39%를 2016년까지 순차적으로 재개발하는 것이었다. 이 재개발 계획은 개발계획 지역을 완전히 철거한 뒤 아파트를 짓는 "철거재개발"과 지방자치단체가 공공재원을 투입해 도시기반시설을 조성하고 토지 소유주의 재개발을 유도하는 "수복재개발**" 방식을 병행한다고 알려졌다. 사업성이 없는 지역도 있을 것으로 예상해, 주민들이 스스로 재개발을 결정하면 토지 소유주들이 수익을 가져갈 수 있는 형태도 검토했다. 사업 방식은 시와 협의해서 재개발이 가능하도록 유도하는 것이 공고의 골자였다.

중앙일간지에 "성남구도심 아파트 건설 가능하다"라는 제목의 기사가 났고, 판교 지역도 개발될 것이라는 분위기가 조성되었다. 고도제한이 풀리고 재개발이 가능해지면서 땅을 가진 사람들은 수익을 최대로 올릴 수 있도록 재개발 방식을 선정할 테고 "수복재개발"을 주도할 민간개발 비율이 높을수록 시의 부담이 줄어들 수밖에 없는 구조다.

*이 발표가 난 이후 2002년 6월에는 전국동시 지방선거가 있었다. 제4대 성남시의회가 꾸려지고 이대엽 성남시장이 54%의 득표율로 재선에 성공하면서, 도시개발계획 등이 전 정부와 연이어 갈 수 있는 조건이 마련되었다.

**수복재개발은 관리상 부실로 인하여 도시환경이 악화될 우려가 예견되거나 이미 악화된 지역에 대하여 기존 시설을 보존하면서 노후 및 불량화 요인만을 제거하는, 즉 부분적인 철거재개발 형식으로 구역 전체의 기능과 환경을 회복하거나 개선시키는 소극적인 개발 방식이다. 회복시키는 조치로서는 건물의 개보수, 하부기반시설의 보완, 공공부문에 의한 공공시설 설치, 자발적인 청소 및 도색 등을 들 수 있다. (《한국민족문화대백과》참고)

학교에서 대학교까지 자녀 학자금을 지급하고 병원이라 진료비도 감면되는 등 근무조건이 괜찮은 직장이었습니다. 경로당을 지어서 정년퇴직하고 만나자는 농담을 노조 간부들과 주고받기도 했습니다.

그런 인하병원이 폐업을 하고 6백여 직원들이 직장을 잃어버렸습니다. 입원환자를 다른 병원으로 이송하고 외래진료는 중단하고, 용역인 청소·경비직원들과 임시직 등은 2003년 7월 말일로 해고 통보를 받았습니다. 정규직을 위로금과 함께 희망퇴직 형식으로 내보냈고 희망퇴직을 거부한 170명은 정리해고란 이름으로 해고되었습니다."

- 《노동사회》 제84호 "폐업철회 투쟁에서 공공병원 설립투쟁으로" 중에서

성남시 의료공백의 시작 ●

인하병원 폐업을 신고하다

이대엽 성남시장이 밝힌 대로 7월 10일 인하병원의 폐업신고서
는 반려되었다. 범대위는 폐업신고가 받아들여지지 않은 이상 진료
를 거부하는 것은 불법이라며 진료 정상화를 요구했다. 그러나 인하
병원은 이에 대한 불복 의사를 공식적으로 밝히며 다음과 같은 유인
물을 만들어 공지하였다.

폐업신고가 반려됐지만 인하병원은 어쨌든 진료를 중단해 버린

폐업신고는 적법하게 완료되었습니다.

본원이 2003년 7월 10일부로 성남시에 접수한 폐업신고에 대하여 성남시에서 수리하지 아
니한다는 통보를 받은 바 의료기관의 폐업신고는 행정청에 신고서를 제출함과 동시에 그 효력
을 발휘하며, 성남시에서 수리하지 아니하는 사유인 진료기록의 이관은 폐업신고와 하등의 상관
이 없음으로 성남시 공문 "폐업신고 불수리 통보(2003년 7월 11일, 수보 65330-1567)"는 아무
런 의미를 갖지 못할 뿐만 아니라 본원이 폐업신고서를 제출함에 있어 진료기록 이관 통보 및 자
체기록보관허가신청을 하였음에도 불구하고 진료기록부의 이관 및 자체보관 허가신청이 없다는
이유로 신고수리를 하지 않겠다는 것은 불법적인 조치로서 당연무효이며 본원의 폐업신고의무
는 2003년 7월 10일부로 이행되었음을 성남시에 통보하였음을 알려드리며, 당연무효인 성남시
의 불수리 통보에 현혹되어 그릇된 판단을 함으로써 직원여러분들이 불이익을 받는 일이 없도록
유념하시기 바랍니다.

인하병원장 박승림

상태였다. 인하병원의 환자와 직원들은 하루아침에 길바닥으로 쫓겨났다. 병원 직원들은 투쟁을 계속하면서 입원환자들을 퇴원시켜야 했다. 고용의 문제를 떠나 환자들을 내보내야 하는 심정은 이루 말할 수 없었다. 환자들은 성남중앙병원이나 분당 또는 서울의 병원으로 이동할 수밖에 없었다. 정종삼 전 시의원은 "그때 수정·중원구의 사람들은 택시를 타는 것도 부담스러운 서민들이 많았다."라고 회상하였다.

의료공백 사태 발생

《인하병원 폐업철회 투쟁 성남시립병원 설립을 위한 투쟁 활동보고》에 기록된 시민들의 목소리에서 당시의 상황을 엿볼 수 있다. 시민들은 대부분 병원 폐업에 대하여 반대하는 입장이었다.

"폐업 결정 소식을 듣고 환자 입장에서 기분이 좋지 않다. 같은 병실 환자들의 의견을 들어 봐도 대다수가 폐업에 반대하는 입장이다. 인하병원은 시설이 노후하긴 했어도 병원이 구시가지의 중심에 있어 수정구나 중원구 시민들이 자주 이용해 왔다. 무엇보다 이 지역에서 유일한 대학병원이다. 당장 폐업을 하게 되면 분당까지 가야 한다. 이후 시설 투자를 해서 병원 이용 환자를 늘리는 방향으로 추진되었으면 한다."
  - 인하병원에 입원 중인 김○○ 씨

"지난번 응급실을 이용했는데 4시간 기다렸다. 너무 화가 났다. 이전에는 그 정도는 아니었는데 병원 인력이 줄어서 그런지 몰라도 기다리는 시간이 너무 길다. 그런 점은 개선해야 지역주민들이 편하게 병원을 이용할 수 있다. 시설이 노후하지만 구시가지의 병원이 속속 문을 닫는 것은 큰 문제라고 생각한다."

　－ 지역주민 정○○ 씨

"95년부터 96년까지 8개월 동안 인하병원에 입원해 있었다. 이번에 집사람이 아파서 집이 시흥인데도 이곳 인하병원까지 왔다. 그러나 시설이 이전에 비해 별로 향상한 것이 없어서 안타깝다. 우리 처제가 이 근방에 사는데 그래도 타 병원에 비해 인하병원을 주로 이용하는 편이다. 근처에 인하병원만큼 큰 대학병원이 없는 상태에서 병원이 폐업하면 많이 불편할 것 같다."

　－ 환자 보호자 정○○ 씨

"119구급대원들이 응급처치를 제대로 하기 위해서는 단거리 이송이 중요하다. 이동시간이 많이 걸릴수록 회생 가능성이 낮다. 인하병원과 성남병원이 없어지는 것은 응급처치를 위해 성남 구시가지 조건이 그만큼 열악해지는 것을 말한다. 인하병원이 사라지면 동쪽에 위치한 성남중앙병원으로 가든지 서쪽에 위치한 분당으로 갈 수밖에 없는데, 서쪽으로 이동하면 응급환자를 태우고도 꼬박 15분이 걸린다. 출동대기 상태에서 환자에게 가는 시간과 응급차로 이송시간 등을 감안하면 대략 25분이나 30분 정도 걸린다고 보면 된다. 이 시간이면 경각을 다투는 외상환자의 경우 목숨이 위험해질 수도 있다. 분당의 경우 4개의 큰 병원이 있어 응급환자 이송에 큰 문제가 되지 않는다. 폐업은 시민들의 목숨과 직결되는 문제이다."

　－ 수정구 성남소방서 119구급대원

범대위는 성남시와 한진그룹의 협상을 기다릴 수밖에 없었다. 일단 7월 10일의 폐업신고는 반려된 상태였으나 조양호 회장과의 면담은 차일피일 미뤄지고 있었다*. 그 와중에 성남병원이 축소 이전을 결정하고 기존 부지를 용도변경하여 매각했다는 사실이 뒤늦게 알려졌다. 범대위는 인하병원도 성남병원의 전철을 밟아 다시 병원이 들어

*이대엽 시장이 조양호 회장과 면담하겠다고 했으나 두 사람이 만났다는 기록은 없다.

서지 못할까 우려했다.

한진그룹은 인하병원의 소유권을 잃은 상태였으나, 애초에 적법하지 않은 절차로 한미병원을 인수한 것이라면 그에 대한 대가를 치르고 병원 운영을 계속할 수도 있었다. 성남병원도, 용도변경하지 않고 병원 부지로 매각하여 다른 병원이 들어섰다면 의료공백 사태까지 벌어지진 않았을 것이다. **본시가지의 중심에 있던 인하병원은 걸어서 오가는 환자들과 취약계층의 의료보호 역할도 했던 지역거점병원이었기 때문에 그 타격이 더욱 컸다.**

성남병원과 인하병원 모두 노조가 있었으나 경영진은 노조와 이 문제를 협의한 바 없었고, 이렇다 할 대책을 세울 시간도 없었다. 부지 용도변경이나 소유권 이전 소송 등 관리·감독의 책임이 있는 **성남시는 조만간 불어닥칠 의료공백에 대해 전혀 대책이 없었다.**

폐업신고서 수리되다

2003년 7월 22일, 성남시는 인하병원의 폐업신고서를 수리하였다. 이대엽 시장은 휴가 중이었다.

성남시는 범대위를 비롯한 시민들의 반대와 의료공백 사태를 우려해 인하병원의 폐업신고를 반려하겠다고 밝혔지만, "지역주민들이 반대하니"라는 명분은 행정적으로나 법적으로나 폐업 연기 또는 철회를 요구하기에 부족했다. 인하병원은 엄연히 한진그룹에서 운영하는 것이었고 성남시에서는 딱히 민간병원의 폐업에 대하여 권한을 행사하기 어려웠다.

수정구보건소는 7월 22일 인하병원에서 진료기록부 이관에 대한 대책을 제시했다며 폐업신고서를 받았다. 인하병원은 8월 20일까지 진료기록부 일체를 성남 인하병원에 보관했다가 이후에는 인천 인하대병원으로 옮기겠다고 약속했다. 수정구보건소는 폐업신고 처리를 미룰 근거가 없어 폐업신고서를 수리한다고 밝혔다.

범대위는 "그럼 환자가 열람하거나 자료를 찾으려면, 인천까지 오라는 겁니까?"라며 성남시민의 진료기록을 다른 시에서 보관한다는 것 자체가 말이 안 된다고 했다.

인하병원은 "보건소를 통해 팩스로 받아 보실 수 있습니다."라고 답했다.

보건소는 "병원 폐업 시 보건복지부령으로 정하는 바에 따라 진료기록부 등의 보관 계획서를 제출해 관할 보건소장의 허가를 받는 경우 이를 직접 보관할 수 있다는 조항이 있으니 의료법상으로 문제되진 않는다."고 답했다.

범대위는 23일 성남시청을 방문해 항의시위를 벌였다. 이제 인하병원의 폐업은 돌이킬 수 없는 일이 되었다. 인하병원은 성남의 역사 속으로 사라질 준비를 다 마친 셈이다.

2003년 3월, 의료법이 개정되었다. 개정된 의료법에는 진료기록부 이관에 관한 조항이 있다. "의료기관의 개설자는 폐업 또는 휴업의 신고를 하는 경우, 기록·보존하고 있는 진료기록부 등을 관할 보건소장에게 이관하여야 한다"는 내용과 "의료기관 개설자는 보건복지부령으로 정하는 바에 따라 진료기록부 등의 보관 계획서를 제출해 관할 보건소장의 허가를 받는 경우 이를 직접 보관할 수 있다"는 보완 대책이 있었다. 하지만 인하병원과 수정구보건소처럼 "비용이 감당 안 되어 받아줄 수 없다"는 사례에 대한 대책은 없었다.

2002년에 폐업한 서울 광진구 방지거병원의 경우 보건소장의 허가를 받고 병원 내에 자체 보관했다.

한미병원과 인하병원의 관계

　1983년 예일의료법인의 금옥례 이사장이 사임하고, 구희수 이사가 신임 이사장으로 선임되었다. 1986년 9월 17일, 구희수 이사장은 예일의료법인 임원진을 전원 사퇴시킨 후 한진그룹이 지정한 인사들로 이사진을 재구성하고, 예일의료법인의 경영권을 한진그룹에 양도하는 절차를 밟았다. 경영권을 넘겨준 뒤 구희수 이사장을 포함한 이사들이 모두 사임했으며, 한진그룹에서 추천한 사람들이 이사와 감사로 취임하였다.

　1987년 3월 3일, 예일의료법인 이사회는 한미병원을 의료법인 인하병원으로 변경하고 정관도 바꾸었다. 같은 해 8월 25일 한미병원 이사회는 법인을 해산하고 모든 자산과 부채를 한진그룹에 양도하였다. 1987년 12월 5일, 정식으로 의료법인 예일의료재단을 해산, 잔여재산 처분허가를 받고(보건사회부 관할), 1988년 4월 11일 문교부로부터 한미병원 소유의 자산 승계, 부채 인수에 대한 허가를 받았다. 1988년 5월 1일, 한미병원은 인하병원에 증여되면서 소유권이전 등기가 완료되었다.

　이후 금옥례 전 이사장은 구희수 씨를 상대로 '이사회결의부존재확인의 소'를 제기하였고, 구희수 씨에게 이사장 자리를 넘겨준 것이 무효라는 판결을 받아내었다. 재판부는 구희수 씨가 이사회의 적법한 절차를 거치지 않고 취임했으므로 이사장의 권한이 없다고 본 것이다. 1996년에 구희수 씨의 남편 임두빈 씨가 예일의료법인 이사장으로 취임하였다. 1999년에 구희수 씨는 병원의 소유권을 되찾겠다며, 임두빈 씨를 법정대리인으로 하여 소송을 시작했다.

　인하병원노조는 이 부부가 인하병원에 소송을 제기하여 폐업에 이르게 만들었다고 판단하였다.

　수년간의 공방 끝에 2003년 2월 11일 재판부는 "한미병원의 대표 자격이 없는 구희수와 거래를 체결한 것으로 볼 수 있기 때문에 이 등기계약은 무효"라고 판결하였다. 예일의료재단의 소유권을 인정하면서, 1999년 이후 한진그룹이 인하병원을 운영한 것은 "선의의 점유"라 볼 수 없으므로, 한진그룹이 그동안 납부한 세금이나 기부금은 물론, 당시 부채에 대한 책임도 예일의료법인이 지는 것이 맞다고 판단했다. 따라서 예일의료재단이 해당 금액을 반환하고 소유권을 찾아가라고 판결한 것이다(당시 언론들은 한미병원이 그간의 사용료를 한진그룹에 반환해야 한다고 보도했는데, 여기서 사용료란 재판부가 명시한 세금이나 기부금 등을 포함한다).

예일의료법인은 병원의 소유권을 되찾았으나 한진그룹에 갚아야 할 돈이 생겼고, 한진그룹은 누적 적자가 550억 원에 이른다고 공표하면서 둘 다 병원을 포기해 버리는 상황이 발생하였다.

정리하자면, 한미병원을 설립한 금옥례 이사장 등은 정치적 이유로 한미병원의 실소유권을 빼앗겨 한진그룹에 병원이 넘어갔으나 원 소유주는 예일의료법인이므로, 이후 이사장으로 취임한 임두빈 씨나 구희수 씨가 대표 자격으로 소유권을 주장할 수 있게 된 것이다.

금옥례 씨는 구희수 씨가 대표하고 임두빈 씨가 법정대리인이 된 예일의료법인과의 소송에서 이사회결의부존재확인의 소를 통해 1992년 상고기각으로 등기권을 회복하였고, 1996년 임두빈 씨가 이사장으로 취임한 것은 법적으로 인정되었다.

*헌법제정 70주년 반(反)헌법행위자열전 편찬 1차 보고회 자료에 구희수 씨의 이름이 등장하는데 10.26과 12.12를 거치며 전두환의 두터운 신임을 바탕으로 국내 모든 사건에 관여하는 '무서운 실세'였던 이학봉 편에 짧게 언급된다. "이학봉은 전두환의 처남 이창석이 '(주)동일'을 설립하는 과정에서 직권 남용을 통해 개입한 것으로 알려져 있다. 또한 전두환과 사돈간이던 윤광순(전 자유한국당 국회의원 윤상현의 부)의 처 박혜숙과 인척(이종제 임두빈 전 민정당 국회의원 및 그 부인 구희수)이 설립에 참여한 성남 한미병원의 부실을 처리하는 과정에도 관여한 것으로 알려져 있다."

성남병원 폐업 과정

성남병원(250여 병상)은 1980년대 의료 사각지대였던 성남시의 원도심인 수정·중원구(지금의 가천대학교 부근)에 개원하였다.

2003년 7월 들어 인하병원 폐업 소식과 함께 성남병원 부지의 용도변경 승인 사실이 외부로 알려졌다(성남병원 부지는 원래 2종 근린상가지역이었는데 갑자기 부지의 용도가 변경되어 아파트를 지을 수 있게 되었다). 성남병원이 폐업을 결정하고 아파트 사업 승인을 받아 놓았다는 소문이 돌았다. 성남병원은 폐업이 아니라 야탑으로 축소 이전한다고 밝혔고, 성남병원노조는 고용승계를 촉구하는 투쟁을 펼쳐 나갔다. 노조는 컨테이너에 사무국을 꾸리고 천막투쟁과 농성을 벌였으며, 인하병원 폐업 문제가 불거져 성남병원의 노조원들은 당사자 투쟁과 연대투쟁을 동시에 진행했다.

7월 4일자로 성남병원은 종합병원에서 한 단계 내린 형태인 병원으로 변경 허가를 얻었고, 8월 들어 성남병원 부지는 쌍용건설로 넘어갔다. 시는 토지 소유주가 건축허가나 용도변경을 신청할 경우 강제로 불승인할 방법은 없다고 밝혔다. 수정·중원구의 60만 인구를 책임질 수 있는 종합병원은 292병상의 성남중앙병원만 남게 되었다.

그런데 6월 9일, 성남병원은 휴업도 안 하고, 매매 계약도 체결하지 않은 채로 성남시에 아파트 신축 사업 계획을 제출했다. 즉 성남시는 성남병원 부지에 아파트가 들어설 것을 알면서 용도변경을 승인한 것이다. 이 사실은 9월 말에야 알려졌다. 부지를 매입한 쌍용건설이 분양 승인도 받지 않은 채 지하철 분당선에 분양 광고를 시작한 것이었다. 성남시민들은 이 광고를 보고서야 알게 되었다.

성남병원노조는 노사 합의사항인 축소 이전에 따른 구체적인 장소와 방법이 결정되지 않았는데도 시에서 조건부 사업 승인을 해 준 것을 이해할 수 없다고 했다. 이 사건에 대해서는 2006년 지방선거 즈음하여 이대엽 시장이 비자금을 조성한 것이 아니냐는 의혹이 제기되었다.

또한 성남병원은 1983년에 개원해 인하병원(1986년 개원)보다 더 많은 진료기록부를 가지고 있었는데, 이에 대하여 성남병원과 성남시는 침묵하고 있었다. 시민들의 수술기록부, 방사선사진 등의 진료기록 관리에 대해 성남시는 '진료기록보관계획서'만 받았고 아무 조치를 취하지 않은 것으로 드러났다.

9월 20일과 27일에 쌍용건설이 공사를 시행하려고 진입하자 성남병원노조는 성남병원 로비 근처에 둔 컨테이너박스를 정문 앞으로 옮기며 농성을 벌였다. 부적절한 건설승인과 용도변경에 대한 책임을 묻고 성남병원 임직원들의 고용승계 문제를 해결하기 위한 투쟁을 벌여 일부 고용승계를 얻어 내는 성과를 거두었지만 전원 고용승계는 아니었다.

성남병원은 2004년 1월 17일 의료법인 진성으로 법인명을 변경하고 야탑으로 이전하여 연세모두클리닉으로 개원하였다. 연세모두클리닉은 중소병원으로 이전에 성남병원이 해 왔던 의료기관의 역할을 수행하기에는 역부족으로 보이는 규모로 축소했다. 종합검진센터, 산업의학센터와 인공신장실, 내과, 산부인과, 영상의학과 등 4개의 진료과목만이 남았고, 의료진은 3명이었다.

당시 병원의 재개원 허가 조건이 30병상이었는데, 연세모두클리닉으로 이전하면서 이 규정을 지키긴 했다. 병원이 축소 이전하면서 고용승계는 형식적으로 이루어졌다. 성남병원 직원 19명이 일하게 되었으나 8명의 임상병리사, 방사선과, 간호사 등이 고유 업무를 승계했고, 나머지 11명은 잡무를 보며 본래 업무를 수행하지 못하니 실질적인 고용승계가 아니었다.

*2021년 현재 연세모두클리닉은 연세모두의원으로 명칭을 변경해 같은 장소에서 영업 중이다. 성남병원 자리에는 191세대의 쌍용아파트가 들어서 있다.

제2장

시민건강권확보를 위한
인하·성남병원폐업 범시민대책위원회

2003

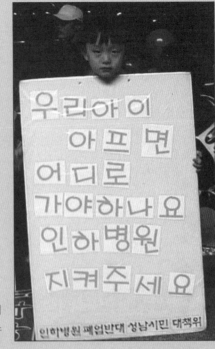

인하병원 폐업반대 피켓시위에 나선 어린이
_출처: 우리뉴스

인하병원 폐업반대 시위를 벌이는 시민들

성남시내 거리에 내걸린 현수막_출처: 우리뉴스

회의 중인 범대위(2003. 9. 24.)_출처: 우리뉴스

● 인하·성남병원폐업 범시민대책위원회는 인하병원노조의 의견대로 성남시 또는 대학병원이 인하병원을 인수하여 재개원하고, 공공병원 전환을 추진하라고 요구하였다. 이것은 '고용승계'와 '공공병원 전환'을 결합한 의료공백 사태 해결 방안이었다.

시민사회는 공공병원 설립을 검토해 가고 있었던 반면, 성남시는 수정구에 충분한 의료시설이 있다는 논리로 의료공백을 인정하지 않았으며, 인하병원 폐업에 대해 대학병원을 유치하겠다는 입장이었다.

본격화한 범시민운동 ●——————————————

병원 폐업을 바라보는 시각

인하병원 폐업신고서 수리 직후 성남의 지역 언론은 "어딜 가도 삶의 활력을 얻기 어렵다"며 "인하병원의 폐업 문제는 단순히 경영상의 이유로 지역사회를 도망치듯 빠져나가는 개별 기업의 경영상 문제가 아니다."라고 일갈하였다*. 본시가지 시민들의 생존권과 건강권이 걸려 있고 "인하병원을 거친 적잖은 시민들의 삶의 애환이 서려 있다는 점, 지역 삶 전체의 문제로 시장의 시정 수행 능력을 의심할 수밖에 없다."라며 거침없이 쓴소리를 했다.

*《성남뉴스넷》기자수첩, 2003. 7. 23.

김선우 보건의료노조 인하병원지부장은 지역 언론과의 인터뷰에서 성남시의 탁상행정을 강하게 비판했고, 인하병원에 이어 성남병원까지 폐업하여 시민들의 의료공백 문제가 심각하게 대두되는데도 시에서 별다른 조치를 취하지 않는 것에 실망했다고 밝혔다**.

**《성남뉴스넷》2003. 7. 24.

김선우 지부장은 인하병원에 대해 성남시가 방관해 온 것이 문제라고 지적했다. 또 폐업신고 반려 한 번으로 소임을 다했다는 태도는 직무유기나 마찬가지이며, 범대위가 공인회계사를 통해 인하병원의 운영 분석을 하고 있는데 이 결과로 한진그룹과 협상을 벌여 병원 운영을 다시 제안하겠다고 했다. 청와대에 민원을 넣고 인하병원의 진료거부 행위에 대해 고발하겠다는 의견도 밝혔다. 덧붙여, 바로 전날(2003년 7월 23일) 김경자 범대위 공동집행위원장이 과로로 성남중앙병원을 찾았으나 병원이 포화 상태라 입원실을 구할 수 없었다며, 촌각을 다투는 응급상황이 발생하면 심각한 일이 벌어지지 않겠냐고 말했다.

폐업 이후 병원이 문 닫은 줄 모르는 시민들이 인하병원을 찾았다가 발길을 돌리기도 했으며 고령의 시민들은 이제 아파도 갈 데가 없다고 호소했다. 지역에서 가장 큰 대형병원 두 개가 연이어 문을 닫는데도 성남시는 대책이 없었다. **수정·중원구 주민들은 똑같은 세금을 내고도 분당구 주민들과 의료 혜택을 다르게 누릴 수밖에 없는 상황이었다. 시민들은 이제 "불평등"의 관점에서 이 사태를 바라봤다.**

인하병원 폐업철회 서명운동

범대위가 정식 출범한 후 이에 합류하는 단체들이 더욱 늘어났다. 의료공백 사태는 지역불균형을 초래한다는 것, 그동안의 지역차별에 대한 불만도 함께 터져 나왔다.

인하병원 정리해고 노동자 170여 명은 아침 9시에 병원으로 모여 출근 투쟁을 벌였다. 노동자들은 매일 행사와 교육 활동을 하고 거리로 나가 인하병원 폐업반대 시민 서명을 받았다. 인천과 김포, 한진그룹 본사, 조양호 회장의 집 앞까지 찾아가 시위를 벌이기도 했다.

이들은 7월부터 두 달간 "인하병원폐업반대 구역별 전 직원 서명전"을 벌이면서 노조 조끼를 입고 성남시 수정·중원구 일대의 악명 높은 언덕배기 골목을 샅샅이 훑고 다녔다. 2003년 7월 25일, 인하병원노조와 범대위가 받은 서명부의 숫자는 13만 명이 넘어갔다. 성남시에 이 서명부를 전달한 인하병원노조와 범대위는, 쉬지 않고 폐업반대 서명운동을 펼치며 본격적인 시민운동을 계획했다.

60여 개 단체, 13만 명의 시민, 5명의 국회의원과 40여 명의 시의원들이 폐업철회를 요구했으나 한진그룹은 움직임이 없었다. 기업의 결정은 재산권으로 인정받았고 행정은 이 일에 개입할 의지가 없어 보였다.

자꾸 의료공백이라고 우기면 어떡합니까

7월 29일에는 범대위와 이대엽 성남시장의 면담이 있었다.

"이게 제가 출장 중에 일어난 일이라 할 말이 없어요. 7월 14일에 보건복지부에 제가 국립병원 신설을 건의해 놓은 상태예요. 그러니까 회신을 받으려면 시간이 걸리겠죠? 좀 기다리십시다. 그리고 수정구에 개업 의사 많지 않아요? 개인병원들 충분하게 있는데 자꾸 의료공백이라고 우기면 어떡합니까?"

이 자리에 참석한 양태경 민주노총 경기본부 성남광주하남지구 협의회 의장은 "그중 응급실이 어디 있느냐"고 항의했다.

"의료공백에 대해서는 성남시 책임도 있잖습니까. 인하병원 부지는 용도변경해 주시면 안 돼요. 저희는 일단 인하병원 재개원을 목표로 투쟁할 거니까 시장님은 용도변경 안 해 준다고 약속을 해 주세요."

이 시장이 답했다.

"하이고, 상업지역을 법적으로 내가 어떻게 묶습니까? 그거 다 법적으로 해야 되는 거 아니에요. 나 혼자 할 수 있는 일이 아니라고요. 국회의원들도, 우리 시의원들도, 그리고 여러분도 다 같이 도와주셔야지. 나도 답답해서 자살하고 싶은 심정이라니까!!"

8월 21일, 범대위는 성남시 부시장과 수정구보건소장 등 2명을 행정 공백에 대한 책임을 물어 징계하라고 요구했다. 이대엽 시장이 휴가 중이던 7월 22일, 시장 직무대행 중인 부시장과 수정구보건소장이 인하병원의 폐업신고 수리를 한 것에 대한 항의였다. 7월 9일

8월 22일에는 성남병원이 아파트 시공사와 부지 매각 계약을 마쳤다. 인하병원은 폐업을 철회할 의사가 없다는 것을 분명히 했다.

에 이 시장이 폐업신고를 수리하지 않겠다고 밝혔음에도, 시장 부재 중에 시장의 승인 없이 폐업신고를 받아들인 것은 "시장과 시민의 약속을 기만한 행위이며 명령 불복종"이라 판단했다.

범대위는 이에 대한 징계를 요구하며 이대엽 성남시장과 손학규 경기도지사에게 항의서한을 보냈다.

의료공백 사태 해결을 위한 두 가지 대책

인하병원노조와 시민사회가 결합하여 폐업반대 투쟁을 시작했으나, 인하병원은 완전 폐업으로 귀결될 전망이었고 고용승계와 복직, 또는 강제 해직에 관한 분쟁도 한두 달 안에 끝날 싸움은 아니었다. 인하병원의 강경한 태도와 성남병원의 폐업이 맞물리면서 사태는 "의료공백"으로 전환되었다. 시민들의 연대를 이끌어 내고 지역의 의료공백 문제를 해결할 방안이 필요했다.

범대위는 각계의 의견을 모아 논의를 계속했다. 이 과정에서 도출된 대책은 **첫 번째, 성남시가 인하병원을 인수하고 재개원하여 공공병원으로 전환하는 방법과 두 번째, 인하병원이 폐업을 고집한다면 부지와 병원 건물을 그대로 두고 다른 사업자를 찾는 방법***이었다.

병원 건물과 부지를 유지하고 다른 사업자가 바로 인수한다면 의료공백을 메울 수 있다. 이 사업자는 대학병원이 될 수도 있고, 의료 재단이 될 수도 있다. 그러나 새 사업자가 지역 특성상 수익성이 낮다고 판단하면 의료의 질도 낮아질 것이고, 또다시 인하병원 폐업과 같은 사태가 벌어질지도 모를 일이다. 그러니 공공, 즉 정부가 이 병원을 인수하는 방법이 가장 이상적이었다. **공공병원이 설립되면 적자를 이유로 폐업하지 않을 것이고, 협상을 통해 바로 고용승계를 추진할 수 있다.**

*두 번째 안은 인하병원 재개업이 불가능해 보이자 범대위가 찾은 방법이다.

두 번째 안이 받아들여진다면, 인하병원과 비슷한 규모와 시설을 갖추고 중증환자와 산재환자를 치료할 수 있으며, 시민들이 편하게 이용할 수 있는 종합병원이 필요했다. 범대위와 성남시민들은 그저 아무 병원이라도 좋으니 들어와 달라고 요청한 것이 아니라, 대학병원과 공공병원 두 가지 선택지를 놓고 의견을 나눴다. 그리고 인하병원을 인수하여 공공병원으로 전환을 추진하자는 쪽으로 가닥을 잡아 갔다.

범대위는 인하병원노조의 의견이 중요하다고 판단했다. 애초 노조가 앞서 나가고 범시민단체가 연대하는 형태로 투쟁이 시작되었다. **인하병원노조는 노동조합 이상의 의미를 갖는다. 그들은 대부분 성남시민이었고, 수정·중원구의 주민이었다.**

공공의료기관 설립 제안

8월 22일 이윤수·조성준 국회의원 보좌관과 시·도의원들, 범대위는 함께 모여 인하·성남병원 폐업에 대한 대책을 논의하였다. 이 자리에서 범대위는 인하병원 부지에 공공의료기관을 설립하자는 의견을 내놓았다.

시립병원을 누가 먼저 제안했는지에 대한 의견은 조금씩 다르다**. 아이디어 도출 단계에서 제안된 것으로 보여, 누가 최초 제안자라고 명확하게 규정하기 어려운 면이 있다. '공공병원'이라는 용어도 통일되지 않았던 터라, 당시 성남의 지역 언론에서는 이 내용을 언급하며 "공립의료기관"이라고 칭하기도 했다.

8월 22일의 간담회에서 공공병원 설립 추진을 공식적으로 표명하기까지 여러 의견들이 오고 갔다. 공공병원 설립을 제시하는 건 너무 이르지 않느냐는 의견도 있었다. 그러나, **해고 노동자들의 고**

**2002년 전국동시 지방선거 당시 이대엽 시장이 "수정·중원구 구시가지의 의료공백을 해소하겠다"며 시립병원 건립을 공약으로 내걸었다. 이 시장이 당선되자 지역사회에는 시립병원 건립을 기정사실화했다. 그때는 인하병원과 성남병원 폐업이 예고된 상태가 아니었다.

*이때까지의 '공공병원 설립'은 '성남시가 인하병원을 인수하여 공공병원으로 운영'하는 것이었다.

용 문제와 시민들의 불편을 동시에 해결하고 지속가능한 경영을 위해서는 공공병원 설립*이 가장 좋은 대안이었다.

간담회 이틀 전인 8월 20일에 인하병원노조 조합원 130명이 병원에서 쫓겨났다. 인하병원이 노조 조합원들을 상대로 병원 출입금지 가처분 신청을 낸 것이 법원에서 받아들여진 것이다. 병원에 들어갈 수 없게 된 노조원들은 병원 앞 컨테이너로 노동조합 사무실을 옮기고 매일 아침 9시에 시청 앞 광장으로 나가 집회를 가졌다.

시민건강권 확보를 위한 성남시민 걷기대회

시민걷기대회 행사를 기록한 영상은 유튜브에서 볼 수 있다.

8월 31일 "시민건강권 확보를 위한 성남시민 걷기대회"가 열렸다. 이 행사는 성남의 시민운동 역사에 기록될 만한 일이다. 걷기대회 직전까지 범대위는 대시민 홍보전에 총력을 기울였다.

행사를 위해 "돈보다 생명을"이라고 적은 티셔츠를 3천 장 마련했는데, 시작하자마자 이 티셔츠가 모두 동이 났고, 접수번호는 4천 명을 넘어섰다. 오후 2시에 남한산성 놀이마당 앞에서 시작한 걷기대회는 행사장을 출발해 중앙로를 거쳐 시청 앞까지 5km를 걸어온

병원 폐업 반대에서 공공병원 설립으로 전환

2003년 여름의 집중 투쟁 기간 동안 인하병원과 성남병원의 폐업이 확실해졌다. 범대위는 의료행위를 이어받을 공공병원 설립을 추진하는 것으로 운동의 방향을 전환했다. 더불어 인하병원 해고노동자들의 고용승계도 보장되어야 했다.

8월 22일의 간담회에서 60여개 단체가 모여 논의한 끝에 도달한 결론은 광범위하게 "지역의 의료공백 해소"였다. 당장 응급상황에 발생했을 때 시민들의 생명이 위협받는다는 것, 분당이나 서울의 병원을 이용할 수 없는 시민들이 의료 사각지대에 놓이는 것을 우선으로 생각했다. 의료공백 해소라는 목표에 도달할 수 있는 구체적 방법은 곧 병원 설립이었고, 공공병원이 설립되면 인하병원 해고노동자들의 고용승계도 해결의 실마리를 찾을 수 있으리라 판단했다.

다음 뒤이어 문화행사를 곁들였다. 행사 집행부는 이날 행사에 7천여 명의 시민들이 참가한 것으로 파악했다**. 일요일 저녁임에도 기대 이상으로 많은 시민들이 참가한 데에, 걷기대회에 참가하지 않은 시민들도 놀라워했다.

**당시 참가 인원에 대한 논란이 있었는데, 5~7천 명 정도로 추산된다.

돈보다 생명을

범대위와 인하병원노조는 "돈보다 생명을"이라고 적은 깃발을 제작하여 수정구와 중원구의 집집마다 게양했다. 이들은 주머니를 털어 기금을 마련해서 버스를 구입했다. 이 버스를 타고 수정·중원구의 가장 높은 언덕에 올라가서 골목으로 내려오며 수만 장의 선전물을 뿌렸다. 거리에 현수막을 내걸었으며, 택시기사들에게는 차량에 꽂을 수 있는 작은 깃발을 나누어 주었다. 회사택시 노조에서 먼저 깃발을 꽂았고, 점차 개인택시들도 합류했다.

이들이 여름 내내 언덕을 오르내리는 동안 관심이 없던 시민들도 성남시의 의료공백에 대해 인식하게 되었고, 그 성과가 13만 시민들의 폐업반대 서명, 5천 명 이상의 걷기대회 참가로 이어졌다. 수정·중원구 주민들은 "돈보다 생명을"이라는 슬로건을 내걸고 시민의 생명을 중시하는 의료기관을 설립하라고 촉구했다. 의료권을 확보하기 위한 성남시민들의 연대가 한여름의 햇살보다 뜨거웠다.

시민건강권 확보를 위한 성남시민 걷기대회(2003. 8. 31.)_출처: 우리뉴스

시립병원을 설립하라

성남시의 대응, 대학병원 유치

수정구에 있던 성남시청사(현 성남시의료원 소재지)가 여수동으로 옮겨가고, 법원과 세무서도 함께 이전해 행정타운을 건설한다는 성남시의 계획이 있었다. 종합병원이 사라진 마당에, 시청과 공공기관 모두 수정구를 빠져나갈 판이었다.

성남시 공공기관 이동 예정지

걷기대회 이후 민중의 힘을 확인한 성남시와 성남시의회가 움직이기 시작했다. 인하병원 폐업철회보다는 공공병원 설립 쪽으로 의견이 모였다.

9월 16일에는 의과대학이 인하병원 건물과 부지를 인수하여 병원을 개업할 수 있도록 수정구보건소에서 행정적으로 돕고 있다며, 이미 2~3개 의과대학이 적극적인 태도를 보였다고 공식 발표*하였다. 수정구보건소는 지난 9월 4일에 각 의과대학에 공문을 보냈다고 했다.

의료공백에 대한 책임을 묻는 시민들과 정치권의 질타가 이어지자, 성남시는 수정구 신흥동 시유지(신흥동 산38-4, 24,853㎡)를 의료시설용지로 지정하고 이를 유상임대하는 식으로 병원을 설립하겠다고 밝혔다. 구체적인 운영 방식은 정해지지 않았다. 그러나 범대위는 시유지 유상임대 방식으로는 병원 건립까지 3~5년의 기간이 걸리며, 그동안 의료공백에 대한 대책이 없다고 비판했다. 또한 무엇보다 인하병원 정리해고자에 대한 대책도 세워지지 않은 상태였다.

9월 22일 제4대 성남시의회 제109회 제2차 본회의에서는 의료공백에 대한 시정질의가 있었다. 성남병원과 인하병원의 폐업 이후 성남중앙병원에 응급환자가 1일 평균 12명 증가했고, 분당차병원도 마찬가지라는 것이다. 성남소방서의 119 응급환자 수송차량은 6대였다. 수정구 단대동 윤춘모 시의원은 수정·중원구민의 의료서비스 문제 해결, 지역의 균형발전을 위해 이대엽 시장의 공약인 시립병원 설립을 수정구에 유치하면 좋겠다고 하며, 수정·중원구지역종합병원유치위원회 구성과 관계 공무원으로 태스크포스 구성을 제안하였다.

*7월 10일 인하병원 폐업 직후 이대엽 시장이 보건복지부에 국립의료기관 설립을 건의하고, 의료기관 유치를 위해 전국 37개 의과대학에 공문을 발송한 것은 사실이었다. 그러나 공문을 보낸다고 해서 누군가 선뜻 나서 병원을 운영할 리 만무했다.

수정구에 의료시설이 충분하다고?

수정구보건소는 수정구에 충분한 의료시설이 있다고 항변해 왔다. 앰뷸런스는 소방서에 6대, 정병원에 1대, 성남중앙병원에 2대, 관내 다른 의원에 4대가 있고, 정병원은 전문의 3인이 밤 11시까지 응급진료, 관내 산부인과 8개소가 24시간 야간진료를 운영한다는 거였다.

수정구보건소장은 시정질의에서 "인하병원 폐업 이후에도 사실 우리 시에 응급환자는 별로 위중하지 않습니다. 만취자나, 행려병자, 상해환자 정도고요. 일반 시민들은 분당 종합병원 응급실 가고 싶어 합니다."라며 의료공백을 부정했다.

성남시는 정병원에 응급실을 운영하도록 권유하고, 2003년 9월

2003년 당시 인구 50만 이상 도시의 의료자원 현황

| 구분 | | 병상수 (개) | | | | | | | | | 의료기관 종사자수 | |
| | | 총계 | | | 종합병원 및 병원 | | | | | | | |
		병상수 (개)	10,000 인당 병상수 (개)	1㎢당 병상수 (개)	소계(개) (종합병원+병원)	1㎢당 종합병원병상수 및 병원병상수 (개)	종합병원 (개)	1㎢당 종합병원병상수 (개)	병원 (개)	1㎢당 병원병상수 (개)	의료기관 종사인력	10,000 인당 의료기관 종사자수
인구 100 만명 이상	소계	68,953	109	105.01	48,659	75.26	37,210	58.08	11,449	17.18	82,998	114.69
	서울	54,522	52.56	90.04	40,359	66.65	31,729	52.40	8,630	14,25	71,197	68.64
	인천	14,431	56.32	14.96	8,300	8.61	5,481	5.68	2,819	2,92	11,801	46.06
인구 50만 ~ 100 만명	소계	21,776	300	27.66	13,113	16.66	10,096	12.83	3,017	3.83	24,647	323.93
	수원	5,347	56.63	44.14	3,461	28.57	2,190	18.08	1,271	10.49	6,653	70.46
	성남	2,996	32.84	51.20	2,203	37.65	2,074	35.44	129	2.20	4,791	52.52
	고양	3,232	42.38	60.48	2,359	44.14	1,935	36.21	424	7.93	3,725	48.85
	부천	2,712	35.79	18.71	1,614	11.14	1,259	8.69	355	2.45	3,382	44.63
	안양	3,956	68.34	14.80	1,901	7.11	1,598	5.98	303	1.13	3,177	54.89
	안산	3,533	63.66	24.91	1,575	11.10	1,040	7.33	535	3.77	2,919	52.59

2003년 성남 구·신시가지 병원 비교

구분	구시가지			신시가지		
병원명	인하	성남	성남 중앙	분당제생	분당차	분당서울대
허가 병상수	474	310	300	407	573	812 (일반병상 514 노인센터 398)
설립연도	1987	1982	1977	1988	1995	2003
주소	수정구 태평4동	수정구 태평1동	중원구 금광2동	분당구 서현동	분당구 야탑동	분당구 구미동

2003년 성남 구·신시가지 인구 비교

구분		면적	세대수	인구		
구별	동별	(㎢)	(가구)	계	남	여
계 (3개구 44개동)		141.85	329,107	940,974	472,757	468,217
구시가지 수정구(16개동)	소계	45.98	96,698	259,763	131,857	127,906
중원구(10개동)	소계	26.38	96,040	273,671	139,363	134,308
신시가지 분당구(18개동)	소계	69.49	134,369	407,540	201,229	206,311

자료출처 : 이창수(경원대학교 도시계획학과)
시민건강권 확보를 위한 인하·성남병원폐업 범시민대책위원회 대공청회 발표 자료 (2003. 9. 26.)

재개원하는 소망병원에 응급의료기관을 준비하도록 행정지도를 하
겠다고 밝혔다. 윤춘모 시의원이 제안한 태스크포스 구성은 당장 무
리이니 일단 대학병원 유치부터 알아보겠다며, 대학병원이 선호할
부지도 의논해 봐야 한다고 즉답을 피했다.

공공병원, 우리가 만듭시다

범대위는 2003년 9월 26일에 "수정구·중원구 의료공백 사태 해
결을 위한 성남시민공청회"를 개최하였다. 시민 500여 명이 참석한

당시 공청회 영상은 유튜브에서 확
인할 수 있다.

공청회에 참가한 서울대 김용익 교수는 "공공병원을 확충하기 위해서는 소규모 민간병원을 요양병원으로 전환해야 하며, 300병상 이상 중대형 민간병원에 정부에서 질 향상 자금을 지원해 공공성 강화를 이끌어 내고, 동네의원의 병상은 48~72시간 이내의 관찰 병상으로만 인정해 진료비를 지불해야 한다"는 의견도 제시했다(《데일리메디》 2003. 9. 29. 참고).

가운데 **범대위는 성남시 지방공사의료원을 개원해 운영하거나, 성남시가 대학병원을 유치해 진료 개시 전까지는 인하병원 건물을 임대해서 성남시립병원으로 즉시 진료하는 것, 두 가지 방안을 제시했다.** 성남시에서 공공병원을 새로 짓든 대학병원을 유치하든, 건물을 올리는 데에는 시간이 걸린다. 그러니, 기존의 인하병원 부지에 건물과 의료장비까지 임대해서 하루빨리 진료를 재개하라는 것이다. 그러면 정리해고된 직원들도 다시 취업할 수 있다. 당시로서는 가장 이상적인 제안으로 보였다. 공청회 중 한 시민이 손을 번쩍 들고 소리 높여 외쳤다.

"50만 시민이 매달 만 원씩만 걷어도 병원 하나 못 만들겠습니까! 서명운동만으로 안 됩니다. 이제 기금도 걸고 구체적으로 추진합시다. 우리가 합시다!"

우리나라의 공공의료기관 설립운동

참여정부의 의료정책 중 하나가 공공의료를 30%까지 늘린다는 것이었다. 이전에 10%에 불과했던 공공의료의 영역이 확장되는 것은 국가 정책에 부합하는 일이었다.

2003년에 공공의료기관 설립운동이 일어난 곳은 진주, 여수, 서울 광진구였다. 진주에서는 진주의료재단이 시민대책위원회와 합의하여 늘빛정신병원 부지를 진주시에 기부하고 공공노인전문요양원 설립을 추진했다. 여수는 "지방공사여수의료원설치조례" 제정 운동이 한창이었다. 서울 광진구의 경우 적자 누적으로 폐업한 방지거병원을 공공병원으로 되살리기 위한 지역주민들의 투쟁이 오래 지속되었으나, 2003년 건설업체에 경매로 넘어가면서 공공병원 전환이 불투명해진 상태였다.

성남의 시립병원 설립 조례 제정 운동은 이 모든 운동 가운데 가장 앞서 있었다. 시민들의 힘으로 6개월의 투쟁을 거쳐 20일 만에 조례 제정 청구에 필요한 연서명을 확보하고 주민발의로 시립병원 설립 조례 제정 운동이 일어난 것은 전국 최초였다. 이 일은 우리나라 주민조례청구운동의 역사적 사건으로 기록되었다. 이를 주제로 서울대학교 박현희 씨는 "주민조례청구운동의 정치적 동학과 효과"라는 제목으로 논문을 발표했고, 아주대학교 박승진 씨는 "주민조례청구제도의 성공요인 연구 : 성남시립병원사례"라는 논문을 발표했다.

참석한 시민들이 모두 크게 호응하며 박수를 쳤다.

성남의 상황이 전국에 알려졌다. 민주노총 보건의료노조 관계자는 **참여정부의 공약 중 하나가 공공의료 30% 확대***인데, 의료공공성 강화와 건강보험 보장성 80% 이상 확대가 필요하다고 말했다. 당시 목포가톨릭병원과 진주늘빛정신병원도 공공병원 전환 운동 중이었다.

9월 26일을 전후해 나온 제안들은 공청회 이후 새로운 공공병원 설립으로 귀결되었다. 인하·성남병원폐업 범시민대책위원회는 "(가칭)성남시립병원범시민추진위원회"로 확대 재편하기로 결의하고, 1만 인 선언운동과 시민기금모금운동을 벌이기로 결정했다.

*노무현 대통령은 취임 2주년 국회 연설에서 "공공의료 30% 공약은 반드시 이행하겠습니다. 공공의료 서비스의 수준을 더욱 높여 나가겠습니다."라고 말했다.

공공병원 설립 논의 본격화

공공병원 설립에 대한 논의가 계속되었다. 이에 관해서는 대학병원을 유치하느냐 성남시가 직접 운영하느냐 하는 문제와 부지 문제가 있었는데, 윤춘모 시의원을 비롯해 몇몇은 성남산업단지 제1공단 자리를, 성남시는 신흥동의 시유지**를 제안했다. 범대위는 즉시

**성남시에서 후보지로 올린 신흥동 시유지는 이전에 행정소송에 진 적이 있어서 시의회 의결로 재매입한 땅이다.

범대위 초기 인하병원 폐업철회 결의안을 발의했던 성남시의회 한선상·김기명·김미라 시의원을 포함한 10여 명은 "수정·중원지역의료공백해결을위한특별위원회구성결의안"을 공동발의 하였다. 9월 29일 제4대 성남시의회 제109회 제3차 본회의에서 김기명 시의원이 낭독하고 발의안을 상정했다*. 시의회에서 의료공백 해결을 위한 현실적 대안을 함께 고민하고 조사하여 인하병원, 성남병원 폐업과 같은 사태가 다시 일어나지 않도록 하자는 내용이었다. 표결에 부친 결과, 찬성이 9표였다. 10명의 발의자 가운데 한 명의 이탈자가 있다는 뜻이었다. 절반 이상의 의원들이 반대하여 시의회 내 특별위원회 구성안은 부결되었다**.

*성남시의회 회의록 참고
**재적 41명, 출석·투표 37명, 찬성 9, 반대 25, 무효 3

신흥동부지

인하병원

성남시청

1공단부지

수정구

중원구

구) 인하병원과 공공병원 설립 시 제안 부지 위치

인하병원을 임대하여 의료공백을 해소하라고 요구했다.

신흥동 시유지는 현재 성남여중과 수정구청 뒤쪽으로, 후에 이 부지에 대한 논란이 재점화한다. 윤춘모 시의원이 제안한 제1공단 자리는 2004년에 철거가 이루어질 예정이었다.

2003년 10월 2일 수정구 보건소는 포천중문의과대학교(현 차의과학대학교)가 의대 부속병원 건립 신청서를 제출했다고 발표하였다. 포천중문의대는 성남시에서 제안한 신흥동 시유지에 병원을 건립하겠다고 밝혔다.

의료공백 사태 해결에 대한 입장

제안자	병원 운영 형태	공공병원 설립 시 부지
범대위	- 공공병원 건립 -인하병원 인수하여 공공병원으로 운영, 고용승계	(구)인하병원
성남시	대학병원 유치	신흥동 시유지
윤춘모 시의원	공공병원 건립	성남산업단지 제1공단

하지만 범대위는 이 발표를 환영할 수 없었다. 병원 건립은 서두른다고 좋을 일이 아니기 때문에, 아무리 빨라도 3년은 걸릴 것이다. 그동안의 의료공백은 오롯이 시민들이 감당해야 한다. 범대위는 10월 3일, 긴급성명서를 내고 시장 퇴진 운동을 전개하겠다고 선언했다.

성명서에서 인하병원 폐업 과정에서 보여 준 성남시장의 무책임한 태도를 규탄하고 성남병원 부지의 용도변경을 승인해 준 시를 비판했다. 또한 인하병원 부지를 용도변경하여 매각하려 한다는 소문을 언급하며, 의료공백에 대한 책임을 지라고 강하게 비판했다.

2003년 여름의 인하병원노조 투쟁일지

7월 1~2일 성남시민 인하병원 폐업반대 구역별 전 직원 서명전
7월 3일 확대간부회의(3층 교육장), 성남시민 인하병원 폐업반대 구역별 전 직원 서명전
7월 4일 성남시장 면담, 성남시민 인하병원 폐업반대 구역별 전 직원 서명전
7월 5일 이윤수 국회의원 면담(예결위원장실), 성남시청 앞 집회(범대위 주최)
7월 7일 인하병원노조 임시총회, 성남시의회 인하병원 폐업철회 결의안 통과
7월 8~9일 성남시민 인하병원 폐업반대 구역별 전 직원 서명전
7월 10일 인하·성남병원폐업 범시민대책위원회 출범식, 인천 인하대병원 앞 집회
7월 11일 인하병원 폐업신고 반려
7월 14일 인하병원 폐업철회와 환자불편 해소 대책 마련 요청 공문 발송
7월 15일 인천 인하대병원 앞 집회

7월 16일 인하병원 폐업철회 및 진료재개 촉구 공문 발송
7월 17일 성남시청 앞 집회
7월 18일 외래 및 응급실 진료를 위한 인력배치 공문 발송
7월 23일 보건의료노조 주최 집회(세이브존과 인천 인하대병원)
7월 25일 폐업철회 촉구 성남시민 10만 명 서명부를 성남시에 전달
7월 26~31일 성남시민 인하병원 폐업반대 구역별 전 직원 서명전
8월 1일 소공동 해운센터 앞 집회
8월 4~7일 보건의료노조 구역별 집회(인천 인하대병원, 김포공항, 인천공항, 예일의료재단,
　　　　　성남시청, 보건복지부, 대한항공 본사)
8월 8일 성남·인하병원 폐업반대 서명 10만 명 달성, 성남시민걷기운동 선전전, 확대간부회의
8월 9일 세이브존 집회(가두행진: 세이브존~종합시장~시청)
8월 11일 구역별 집회
8월 14일 성남시민걷기대회 선전전, 인천공항 및 OC빌딩 1인 시위
8월 19일 진료기록부 인천이관중지 요청 공문 발송, 인천 인하대병원 신규 채용 준비와 인하병
　　　　　원 직원 고용승계 공문 발송(성남시장), 확대간부회의
8월 20일 노동조합 사무실 이전(컨테이너)
8월 21일 성남시청 집회, 성남시민걷기대회 선전전
8월 31일 폐업철회 및 시민건강권 확보를 위한 시민걷기대회

출처:《인하병원 폐업철회 투쟁 성남시립병원 설립을 위한 투쟁 활동보고》

2003년의 의료계 현황

2003년 인하병원과 성남병원이 폐업에 이를 만한 시대적 배경이 있었다. 대한민국에 불어닥친 부동산 광풍과, 종합병원 쇠퇴의 잠재적 요인으로 볼 수 있는 의료제도의 개혁이었다.

1987년 전국민의료보험제도가 시행되면서 병원의 이윤 추구가 시작되었다. 1993년부터 논의된 의약분업도 2000년부터 본격 실시되었다. IMF 금융위기에 건강보험공단도 재정위기를 맞았고, 이 위기를 타개하기 위하여 몇 차례 의료수가를 조정했다.

2000년대 들어 수가가 다시 내려가고 여러 조건이 달라지면서 종합병원들은 경영 압박에 직면했으며, 내부 경쟁체제를 도입하고 의료진의 급여를 동결하는 등 이전과 다른 기업식 경영을 꾀하기 시작했다. 신도시가 확장되고 의과대학 졸업생들도 늘어나면서 종합병원 의사들이 개인병원을 개업해 종합병원을 빠져나간다는 이야기가 돌았는데, 실제 통계상으로도 개업의가 증가하기 시작했다.

2003년 인하병원과 성남병원이 폐업하기 전에 이미 성남지역에서는 인하병원 의사들이 병원을 그만두고 서울 번화가에 개원하며 의료진 공백이 발생한다는 언론보도가 있었다*. 성형외과, 피부과, 치과 등에서 결원이 생기기도 했다.

정부에서도 이 사실을 인지했는지 중소형 병원 지원책을 내놓았으나 녹록지 않았다. 성남시뿐 아니라 국가 전체적으로 의료행위가 개인의 희생과 양보를 담보로 하여 공공성을 유지하기 어려운 시기가 도래한 것이다. IMF 금융위기를 지나 경기가 어느 정도 회복세로 돌아선 2002년을 기점으로 한국사회는 자본 중심으로 재편되고 있었다.

*2002년 10월 31일 《성남일보》는 인하병원의 의료진 공백을 보도하며 성남시의사회 관계자의 말을 인용하였다. "종합병원에서 연봉 6천만 원을 받던 의사가 개업의 밑에서 연봉 1억 5천만 원을 받는 게 현실이다."

제3장

시립병원 설립을 위한 주민발의조례 제정 운동

2003 - 2005

성남시립병원설립 범시민추진위원회 발족식(2003. 11. 7.)_출처: 우리뉴스

주민발의조례 제정 청구인 대표 수임인 신고(2003. 12. 4.)_출처: 우리뉴스

시립병원 설립 촉구 및 주민조례 발의를 위한 성남시민한마당(2003. 12. 13)_출처: 우리뉴스

거리에서 시립병원 설립 조례 발의를 위한 시민 서명을 받고 있다_출처: 우리뉴스

인하·성남병원폐업 범시민대책위원회는 '성남시립병원설립 범시민추진위원회'로 확대·개편하며 의료공백 사태 해결 방안 역시 새로운 시립병원 설립운동으로 전환한다. 범시민추진위원회는 시립병원 설립을 위한 주민발의조례 제정 운동을 전개하였으며, 18,595명의 시민들이 조례 청구에 참여하였다(청구인 대표: 이재명). 1차 주민발의 조례안은 성남시의회 자치행정위원회에서 심사 보류, 부결되어 본회의에 상정도 되지 못하고 폐기된다.

　　성남시는 시립병원 설립을 위한 주민발의조례 제정 운동을 방해하고, 성남시의회 역시 다수당의 왜곡과 반대가 계속되었다. 적자 운영, 의료의 질 저하 등 공공병원에 대한 부정적 주장이 끊이지 않았고, 성남시는 여전히 대학병원 유치에 치중하였다.

성남시립병원설립 범시민추진위원회 구성 •————————

시립병원설립을 위한 범시민추진위원회

범대위가 조직을 개편한 데에는 크게 두 가지 이유가 있었다. 먼저, 운동의 방향이 바뀌었다. **처음 인하병원 폐업반대 운동으로 시작하였다가, 병원의 폐업이 확실시되어 인하병원 인수 후 공공병원 전환으로 전략을 수정**했었다. 그러다가 이마저도 여의치 않아 새로운 공공병원 설립으로 운동 방향을 전환하게 되었으니, 이에 따라 조직의 변화가 불가피했다. 또 하나는 조직 구성의 변화이다. **초기 형태는 인하병원노조에 시민사회단체가 연대했던 것인데, 이제 시의원과 국회의원 등 정치권을 포함하여 운동의 외연이 확대**되었다.

2003년 10월 31일, '시민건강권확보를 위한 인하·성남병원폐업 범시민대책위원회'는 '성남시립병원설립 범시민추진위원회'(이하 범추위)로 확대 재편하기로 하고, 본격적인 시립병원 추진 운동을 벌이겠다고 공표했다. 2003년 11월 7일 오후 7시, 수진2동 주민자치센터 2층 강당에서 범추위 발족식을 열었다. 범추위는 한나라당 소속의 김상현 성남시의회 의장과 새천년민주당 소속의 이윤수 국회의원, 이재명 성남사회단체연대회의 운영위원장이 공동대표를 맡고, 조성준 국회의원은 고문을 맡았다. 백승우 범대위 사무국장이 집행위원장을 맡았다.

예일의료재단의 의료 분양 계획

소유권을 되찾은 예일의료재단은 고용승계는커녕 병원을 운영할 생각도 없었다. 소유권을 돌려받으면서 지난 20여 년간 인하병원이 납부했던 세금 등을 물어내야 하는 상황이라, 자금이 없어 아무것도 할 수 없다고 했다. 그런데 돌연 150~200억 원을 대출받아 인하병원 건물을 인수한 뒤에 각 진료과별로 임대를 하고, 이 건물을 담보로 2차 대출을 받아 병원을 운영하겠다는 계획을 세웠다. 즉 의료 분양을 하겠다는 것이다*. 성남시는 예일의료재단이 대출을 받을 수 있도록 농협에 협조를 요청했다.

11월 14일, 범추위는 이에 강력 항의하며 긴급 성명을 냈다. '성남시는 예일병원 대출협조 중단하고, 시립병원을 설립하라'는 내용의 성명서에서, 성남시가 융자를 받게 해 주고 병원은 의료 쇼핑몰을 운영한다면 이게 과연 누구를 위한 병원인지 물었다. 범추위는 성남시에서 대출협조 요청까지 하며 예일병원의 개원을 돕는다 해도 의료 공백을 해소하기 어려울 것이라고 판단했다. 따라서 지방의료원 설립만이 해답이며 이대엽 시장의 공약이기도 하니 예일병원의 편의를 봐주며 세금을 낭비하지 말고 당장 시립병원 건립을 약속하라고 촉구했다.

*응급실 운영과 중증환자 치료는 종합병원 체제에서만 가능한데, 각 과를 쪼개서 임대하겠다니 의료 쇼핑몰을 만들겠다는 발상이었다. 어찌 보면 대단히 참신하고 놀라운 아이디어. 시민들에게 필요한 의료기관을 운영하는 것이 아닌 오로지 예일의료재단의 수익을 추구하는 방식이었다.

포천중문의과대학교의 개입

성남시는 포천중문의과대학교(학교법인 성광학원)가 신흥동 시유지에 병원을 지을 것이라고 발표했으나 확정된 것은 아니었다. 성남시는 2003년 9월 3일 의료기관(대학교 부속병원) 유치 계획을 세우고 이화여자대학교 의과대학을 비롯한 37개 대학에 의견조회서를 보냈는데 2003년 11월 24일 포천중문의대가 성광의료재단 이름으로 성남시에 기본계획서를 제출하였다. 성남시립병원 운영에 지원한 곳은 포천중문의대 하나뿐이었다. 시에서는 신흥동 시유지를 제안했

는데, 이를 포천중문의대에 매각하고 거기에 병원을 짓도록 허가한
다는 내용이었다.

포천중문의대의 계획에 따르면 건축 기간이 5년 이상 걸릴 것이

시립병원은 빈민병원?

11월 7일, 시의회 제111회 본회의에서 김미라 시의원의 시정질의에 대한 서효원 부시장의 답변은 당시 성남시의 공공의료에 관한 인식을 잘 보여 준다.

"대학병원 유치는 보건소장이 감당하기는 사실 어렵고요, 복합적으로 해야 합니다. 현재 일부 단체에서 시립병원을 설립해 달라고 하는 것에 대해서는, 시립병원은 적합지 않다고 봅니다. 시립병원은 진짜 의료공백에 필요한 건데, 의료공백은 뭐냐 하면 의료원이 전혀 없다 이겁니다, 의료시설이. 오지인 경우처럼 의료시설이 전혀 없는 경우에는 의료공백 상태이기 때문에 지방자치단체에서 여러 가지 적자를 무릅쓰고 하는 것이 시립병원입니다. 현재는 시립병원을 새로 구성한 게 전국에 한 군데도 없어요. 저는 인하병원이 폐업이 됨으로써 의료불편이 있다, 그렇게 생각을 합니다. 그러나 의료공백이 있는 것은 아닙니다. 그래서 일부 단체에서 의료공백이기 때문에 시립병원을 설립해 달라, 여기에 대해서는 저는 적합지 않다고 생각합니다."

김미라 시의원이 12만 명이 서명을 했으며 성남시민들의 숙원이라고 말하자, 부시장은 다음과 같이 답변하였다.

"12만 명이 서명을 하셨다고 말씀하셨는데, 그 시민들이 시립병원이 가져올 적자를 무릅쓰고, 이렇게 시립병원의 문제점이 많은 것을 알면서도 서명을 했다고는 생각 안 합니다. 그리고 시립병원은 아까도 말씀드렸지만 의료시설이 전혀 없는 때, 옛날 50년대, 60년대에 했던 게 시립병원이에요. 현재 우리 시 같은 경우에는 인하병원이 없어짐으로써 그 근처에 사는 사람은 불편이 있습니다. 그렇기 때문에 분당서울대병원이나 분당차병원으로 버스노선도 조정했고, 의료불편을 해소하기 위해서 최선을 다하고 있어요. 시립병원으로 한다면, 물론 그 지역에 있는 사람은 편하겠지만 시의 예산, 다 우리 시민들이 낸 세금입니다. 시의 예산이 필요한 부분을 예를 들어서, 물론 본 안건하고는 상관없지만, 제2공단 전부 다 공원화하면 얼마나 좋습니까. 3만 평 구입하는 데 2000억 원이에요. 구미동 주민들은 송전선 지중화사업 2000억 원을 시에서 다 부담해서 해 달라고 합니다. 시에서는 다 부담해서 할 수가 없습니다. 시립병원 많이 만들면 좋지요. 중원구에도 만들고 수정구에도 만들고. 그렇지만 현재 의료공백이 없는데 단지 의료불편 때문에 50년대에 하다가 지금 다 없어진 시립병원을 우리 시에서 하는 것에 대해서는 저는 행정가로서 반대합니다."

서 부시장은 의료공백이 아닌 의료불편이며, 50~60년대 빈민구제용 시립병원을 지을 필요가 없다고 못박았다. 부시장은 덧붙여 "그리고, 대학병원 유치도 추진하고, 예일병원도 다시 개업할 겁니다. 시에서 융자라도 받아서 도울 거예요."라고 말했다.

*규정에 따라 시유지 매각대금은 일시불로 지급해야 하는데, 포천중문의대는 사업성이 떨어진다며 난색을 표했고, 분할 납부라면 고려해 볼 만하다는 의사를 전달했다. 성남시는 매각대금 분할 지급에 대한 조례 개정안을 만들어 시의회에 제출하였다.

라는데, 이대엽 시장이 이에 동의했다는 사실이 알려졌다*. 게다가 성남병원 부지의 용도변경과 건축승인 문제도 불거지며, 시민들은 이대엽 시장이 성남병원 부지 용도변경과 건축 기간이 5년이나 걸리는 포천중문의대와의 계약 체결 예정으로 의료공백 사태를 심화시킨다고 비판했다. 범추위는 시장이 이 모든 사태에 책임을 지고 성남시에서 인하병원을 인수해 성남시립병원을 설립하라고 요구했다.

시립병원 설립에 관한 동상이몽 ●———————————

시립병원 건립은 시장의 공약

2003년 11월 27일, 시의회에서 지관근 의원은 이대엽 시장의 공약 중 하나가 시립병원 건립이었는데 왜 이것이 구체적으로 진행된 바 없는지 부시장에게 물었다. 부시장은 대학병원 유치를 구체적으로 논의 중이라고 답변했고, 지관근 의원은 대학병원으로 한정하지 말고 공공성을 강조해 달라고 말했다.

성남시는 공공의료나 지방의료원 설립을 위한 예산안을 편성하지 않은 채, 예산이 없어 시립병원을 지을 수 없다고 주장해 왔다. 그러나 당시 시는 이런저런 공사에 상당한 비용을 지출하고 있었다. 가장 질타를 받았던 것은 1조 4천억 원이 들어간다고 알려진 프레타포르테 패션타운 조성 사업**이다. 또 성남대로 지하차도 건설에 350억 원, 분당구 구미동 송전선 지중화에 2천억 원을 쓰고, 한국토지공사가 소유한 야탑동 부지를 703억 원에 매입해 주차장을 건설했다.

범추위는 시가 이렇게 예산을 쓰면서도 300억 원이면 지을 수 있는 병원 건립은 고의적으로 질질 끈다고 비판했다.

**2003년 8월 20일, 연면적 22만 평 규모의 '프레타포르테 성남시티' 건립에 대한 기본계획을 확정하였고, 10월 14일 프랑스 파리에서 프레타포르테 연합회와 건립 계약을 체결했다고 밝혔다. 그러나 초기부터 특혜 논란에 휘말렸다가 2004년 들어서 사실상 무산되었다.

시유지 분할 매각을 위한 조례 개정안

11월 28일 제4대 시의회 제112회 제1차 경제환경위원회에서는 신흥동 시유지 매각 후 시립병원 설립에 대한 공방이 이어졌다.

이 시유지는 당시 부지의 종목이 불분명했다. 시의원들과 회계과장은 여기에 병원을 지을 수 있는지 판단하려고 임야냐 잡종지냐를 놓고 설전을 벌였다. 일반적으로는 시의 잡종재산은 일반경쟁입찰 방식으로 매각해야 하지만, 수의계약으로 할 수 있도록 조례를 개정 할지 결정하기 위해서였다.

대학병원을 유치하려면 먼저 도시계획을 세워 사업자를 공모한 다음, 시에서 사업자로 선정된 법인, 즉 도시계획 시행자에게 땅을 매각한다. 이때 사업자는 규정상 대금을 일시납으로 지급해야 하는 데, 성남시는 분할 납부할 수 있도록 조례를 개정해 달라고 시의회 에 요청했다. '시민들의 편의를 위해 어떻게든 빨리 유치를 해서 시 립병원을 짓도록 시에서 최대한 방법을 찾는 중'이며, 그 방법 중 하 나가 매각 절차에 대한 조례 개정이라는 것이다. 사업자가 포천중문 의대로 결정된 것은 아니지만, 누구든 새로 들어오는 의료법인의 부 담을 줄여 주어야 했다.

조례 개정안에 대한 논란이 격해졌다. 홍양일 시의원(분당구 수내 1동)은 개정안은 "특정 단체(포천중문의대)에 특정 목적으로 1회에 한 해 사용하기 위한 것"이라며, 어떤 의료법인이든 병원을 짓는다고 했다가 팔아 치우고 다른 용도로 사용할 때 대책이 있는지, 수의계 약이나 마찬가지인데 법까지 바꿔 가면서 특혜를 주며 대학병원을

성남시와 성남시의회가 법적 문제를 놓고 갈팡질팡하는 사이, 인하병원 폐업 시 퇴원했던 환자가 사망하 는 일이 발생했다. 이 환자는 인하병원에서 수술을 받고 통원과 입원치료를 반복하다가 인하병원 폐업 후 개인병원과 분당의 종합병원을 전전했으며, 10월 19일 지병이 악화돼 성남중앙병원으로 긴급 후송되던 중 구급차 안에서 사망했다.

11월 25일, 성남 지역신문 《우리뉴스》는 한 시민의 사연을 소개한다. 태평동에 살던 65세의 이 시민은 20년 동안 인하병원에서 치료를 받았다. 인하병원 폐업 후 분당제생병원에서 치료를 받다가 약물부작용으 로 10일간 입원했고, 이후 왕복 4시간이 걸리는 분당서울대학교병원에서 통원치료를 받았다. 그는 "돈 없 고 늙은 것이 죄지요. 제발 빨리 병원 문제를 해결해 주세요."라고 호소했다.

유치해야 하는지 의문을 제기하면서, 성남시에 조례 개정을 재고하라고 요구했다. 또한 '의료공백'이라는 표현에 대해 종합병원이 없는 지자체도 허다하다면서, 고용승계와 의료공백을 해결하려면 인하병원을 사들이는 방법도 있을 텐데 왜 굳이 특정 업체에 특혜를 주느냐며 이 조례 개정안은 받아들일 수 없다고 강하게 반발하였다.

이날 회의에서 문길만 시의원(수정구 신흥1동)은 "지금 성남시 시민단체에서나 앞에서 데모하는 이유가 종합병원을 꼭 해야 된다는 원칙이 아니에요. 이 양반들 얘기를 구체적으로 들어 보십시오. 이 사람들은 인하병원이나 성남병원에 근무했던 분들이 지금 자리를 다 잃고 이러다 보니까 실질적으로 시립병원 메디컬센터를 원하고 있는 겁니다. 포천중문의대나 대학병원에서 하는 것을 원하지 않습니다. 저 사람들이 원하는 것을 빨리 파악하셔야 됩니다. 저 양반들 그거 들어온다고 하면 또 반대해요."라고 발언하였다. 문 의원은 범추위의 목표가 고용승계와 의료공백 해소 두 가지라는 것을 파악하고 있었던 것이다.

결국 이 조례 개정안*의 의결은 보류되었다.

*집종재산을 매각 시에 매각 대금의 분할 납부가 가능하도록 공유재산 관리에 대한 범위를 조정하는 "성남시공유재산관리조례중개정조례안"은 2004년 2월 18일 성남시의회 본회의에서 원안 가결되었다.

● 주민발의조례 제정 운동

시립병원 설립을 위한 주민발의조례 제정 운동 개막

성남병원과 인하병원의 폐업 후 성남시는 의료공백을 해결하기 위한 어떠한 방안도 내놓지 않았고, 6개월이 지나도록 이렇다 할 명쾌한 대안을 내놓지 못했다.

여름에 시작된 인하·성남병원 폐업반대 운동은 성남·중원구 의료공백 해소를 위한 대책 수립으로 전환했다가 시립병원 설립 추진으로 구체화되었다. 시립병원 설립운동은 더욱 조직적이고 체계적으로 움직이게 되었다.

한겨울이 시작된 수정구와 중원구에는 시립병원 설립 1만 인 추진위원을 모집하는 서명대가 설치되었다. 장갑과 모자에 목도리를 두른 추진위원들이 오가는 시민들에게 서명을 받았다. 이 서명은 시민 1만 명이 시립병원설립 추진위원회를 구성하여 직접 논의하고 결정하는, 새로운 형태의 병원을 구상하는 과정이었다. 또한 **주민발**

'조례의 제정 및 개폐 청구권'은 2000년에 시행되었다. 2003년 개정된 지방자치법에 따라, 해당 지방자치단체의 20세 이상 주민 총수의 20분의 1 이상의 연대서명을 청구 요건으로 한다(법률 제6927호, 2003. 7. 18., 일부개정). 성남시립병원 설립 조례 제정 운동을 주제로 한 논문*을 참고하면 2003년 11월 이전에 청구된 주민발의 조례안이 몇 건 있으나, 요건에 부합하지 않아 청구가 제대로 이루어지지 않았고 최종까지 갔다가도 부결되거나 자동 폐기되는 경우가 많았다. 2003년 8월은 각 지역에서 학교급식지원조례가 청구되기 시작해 주민조례청구운동의 새 장을 연 시점이기도 하다.

* "주민조례청구운동의 정치적 동학과 효과: '성남시립병원설립조례제정운동'을 중심으로", 박현희, 서울대학교, 2007.

의에 의한 "성남시립병원 설립 조례(지방공사성남의료원설치조례)"
제정 운동을 벌이기로 하고 본격적으로 주민조례 청구안을 제출할
방법을 찾아나섰다.

범추위는 2003년 12월 1일부터 2004년 2월 28일까지 석 달 동
안 주민조례를 통한 시립병원(지방공사성남의료원) 설립운동을 펼치기
로 했다. 범추위는 주민발의로 조례를 제정하여 시립병원 설립에 강
제성을 부여하는 방안을 택했다. 또한 12월 13일에 시민한마당을
열 계획을 공지하고 인하병원 폐업 후 의료사고나 병원 접근이 어려
운 점에 대한 제보도 함께 받았다.

내 아이가 고열에 시달릴 때, 부모님이 갑자기 쓰러졌을 때, 교통
사고로 의식을 잃은 환자가 발생했을 때, 급하게 달려갈 곳이 없다
는 것은 수정·중원구 주민들의 지지를 끌어내기에 충분한 조건이었
다. 범추위는 선전물을 만들어 시민들에게 배포하고 거리에 붙였다.
당시의 공고문에서 주민발의조례의 의의와 취지에 대하여 확인할
수 있다.

성남시립병원(지방공사성남의료원) 설립 안내

* 시립병원이란?

대한민국 헌법 제36조 제3항에는 "모든 국민은 보건에 관하여 국가의 보호를 받는다."라고 규
정하고 있습니다.

시립병원은 "국민의 건강할 권리를 보호하기 위해 국가와 지방자치단체가 설립·운영하고 있
는 의료기관"입니다. 그러므로 그 설립 목적 자체가 돈벌이 추구를 목적으로 하는 민간병원과는
근본적으로 차이가 있으며 상대적으로 의료보호 환자, 지역시민들을 포함한 진료 소외계층, 무
의탁 환자를 포함한 저소득 시민에 대한 의료보장과 지역사회 공공의료의 중추적 기능을 수행함

으로써 의료복지 증진에 기여하는 공공의 의료기관입니다.

* 성남시립병원 설립의 필요성과 목적

"모든 국민은 보건에 관하여 국가의 보호를 받는다."라는 헌법 제36조 제3항 규정에 의거하여 "국민의 건강할 권리를 보호하기 위해 국가와 지방자치단체가 설립·운영하고 있는 의료기관" 즉 시립병원(지방공사의료원)을 설립하려 하는 것입니다.

1. 그러나 상주인구 96만 명인 성남시에는 지자체가 운영하는 종합병원급의 공공의료기관이 한 곳도 없으며, 모든 의료시설은 민간에게 내맡겨진 상황에서 이대엽 성남시장은 선거공약으로 성남시립병원 설립을 약속했었습니다.

2. 그나마 지역의 중추의료기관 역할을 하였던 인하병원, 성남병원의 폐업으로 인하여 수정·중원구 지역의 의료공백 상황은 특히 심각할 뿐만 아니라 당장 시급한 응급상황에 대한 대처는 이미 한계를 넘어서 시민의 건강권은 물론이려니와 생명까지도 위급한 상황에 놓여 있는 상태입니다.

3. 현재, 성남시는 이렇게 심각한 의료공백 사태에 대하여 다만 의료의 "불편일 뿐 공백의 상태는 아니다"라고 하며 오히려 "국립의료기관 유치 공문 발송", "차병원 등 대학병원 유치론", "예일병원 개원을 위한 불법대출 협조" 등 비현실적이고 즉흥적인 책임회피성 방안들을 흘리면서 그동안 성남시민들이 보여 준 10만여 서명, 건강권 확보를 위한 7천 명 이상이 참석한 시민걷기대회, 그리고 공청회에서 보여 준 시민들의 뜨거운 관심과 열망을 외면하고 시민들을 기만하고 있습니다. 또한 성남시의회도 뚜렷한 방향성 없이 시장의 눈치만 보면서 수수방관하고 있는 상태입니다.

4. 이는 지역시민들의 건강권 및 생존의 문제를 책임져야 할 성남시가 그 책임을 방기하고 있는 것이며 보건의료분야의 사회적 안전망 부재 현상, 분당구와의 지역적 불균형발전 즉 지역의 슬럼화에 따른 대책 마련을 회피하고 있는 것입니다.

5. 따라서 시민들은 스스로의 권리를 찾아야 할 것이며 e-푸른 복지 성남시의 일원으로, 시민의 권리로서, 그리고 성남시에 세금을 내고 있는 납세자로서 시민들은 건강의 위협과 불안정한 의료공백의 상황에서 벗어나기 위해 성남시 및 성남시장에게 시립병원 설립을 요구할 권리가 있으며, 이러한 의료의 공백 사태를 해결하기 위한 유일한 대안이 수정·중원구에

성남시립병원을 설립하는 것입니다.

*성남시립병원을 설립하면 이런 혜택을 볼 수 있습니다.

1. 진료비가 민간병원에 비해 상대적으로 저렴합니다. 특히 지방공사의료원의 경우 비슷한 규모의 민간병원과 비교하여 80% 수준밖에 안 되는 것으로 나타났습니다.

2. 돈벌이에 급급한 민간병원과 달리 돈벌이를 목적으로 하지 않고 시민의 건강증진에 최선을 다할 수 있으며 사회적 공익성을 강화, 기여하는 사업을 많이 할 수 있습니다.

3. 의료 소외계층 즉 의료보호 환자, 빈민층에 대한 진료를 흡수, 확대할 수 있습니다. 다시 말해 돈이 없어 병원을 찾지 못하거나 치료를 받지 못하는 일은 없습니다.

4. 믿을 수 있는 병원에서 정확한 진단, 적정의 진료, 보호자들에게 간병·간호의 부담을 주지 않을 수 있습니다.

5. 보건소와 연계·협력하여 주민을 찾아나서는 병원, 건강증진, 질병예방, 재활, 교육과 상담이 충분한 병원을 이용할 수 있습니다.

6. 가장 중요한 수정·중원 지역의 응급의료 문제 등 의료공백의 해소로 인한 건강권 확보와 진정한 복지성남의 시민으로서의 권리를 확보할 수 있습니다.

* 성남시립병원(지방공사성남의료원) 설립의 3가지 방법-조례제정을 통한

1. 지방자치단체장의 발의: 시장의 발의에 의한 조례 제정과 예산의 확보. 대부분의 조례들이 자치단체장의 발의에 의해 이루어진다. 성남시의 경우 이대엽 시장이 시장 출마 당시 시립병원 건립을 공약한 바 있다.

2. 지방의원의 발의: 재적의원 1/5 이상 또는 10인 이상의 연서. 성남시의 경우 대부분의 시의원들이 "나 몰라라" 하는 실정임.

3. 주민발의(시민발의): 지방자치법에 명시된 조례제정 또는 개폐청구권을 행사. 성남시의 경우 선거권을 갖는 20세 이상의 주민 1만 1천 명 이상의 연서로서 이를 청구할 수 있다.

참고- 주민발의에 의한 조례제정 성공 사례
a. 인천광역시 부평구 – 미군부대이전에 관한 주민의견 조사조례 주민발의청구 이후 의원

발의

　　b. 전라남도 학교급식 식재료 사용 및 지원에 관한 조례 주민발의

　　c. 과천시 보육 조례 주민발의

　　d. 안산시 판공비 조례 주민발의

* 주민조례를 통한 성남시립병원(지방공사성남의료원) 설립운동

-주체: 시립병원설립을 위한 범시민추진위원회

-기간: 2003년 12월 1일 ~ 2004년 2월 28일 (3개월)

-관련근거: 지방자치법 제13조의 3 제1항

-방법: 선거권이 있는 20세 이상 성남시 거주자 11,000명 이상의 청구(단 주민등록상 주소지가 성남시인 자)

　　현재 성남시는 인하병원 폐업 사태에 따른 의료공백 사태의 해결을 위한 가장 현실적이고 빠른 방법인 성남시립병원 설립에 대해 운영 적자가 날 것이라는 이유 아닌 핑계를 대며 아주 부정적인 상태입니다.

　　"국립의료기관 유치 공문 발송", "차병원 등 대학병원 유치", "예일병원 개원을 위한 대출 협조" 등 비현실적이고 즉흥적인 대안 제시로 시 행정이 신뢰를 잃어 가고 있음에도 이대엽 시장의 공약인 시립병원 설립 의지를 보이고 있지 않고 있으며 시의회 역시 시장과의 서로 눈치 보기로 또한 의지를 보이고 있지 않습니다.

　　시립병원 설립을 위한 시민 여러분의 힘이 필요한 때입니다. 시민 스스로가 나서서 "주민조례" 발의를 통한 시립병원 설립이 유일한 대안입니다. 시민이 나서면 시립병원 설립은 가능합니다. "성남 시민의, 성남 시민에 의한, 성남 시민을 위한 성남시립병원 설립"에 적극적인 참여와 실천을 부탁드립니다.

　　"주민조례 참여" 및 "12월 13일 시민한마당" 참가 신청을 접수 중입니다. 또한 인하병원 폐업 이후 의료사고 및 어려운 점 있으신 시민 여러분도 연락 바랍니다.

시 립 병 원 설 립 을 위 한 범 시 민 추 진 위 원 회

조례 제정 청구를 위한 시민 서명과 시민한마당

*당시 언론보도에 따르면, 이 행사에는 김을동 한나라당 수정구위원장, 김재갑 남한산성포럼 대표, 김태년 동북아연구소장, 구동수 한민족미래연구소 이사장, 김미희 민주노동당 수정구위원장, 정형주 민주노동당 중원구위원장, 김경수 성남발전연구소장, 김현욱 도의원 등 각 정당의 유력인사들이 참석했다. 2004년 4월에는 제17대 국회의원 선거가 예정되어 있었다.

12월 4일, 범추위는 1252명의 시민 서명을 확보해 시립병원 설립을 위한 '지방공사시립병원설치조례'를 제정하기 위한 '조례 제정 청구인 대표 및 수임인 신고'를 마쳤다. 조례 제정 청구인 대표는 범추위 공동대표인 이재명 변호사가 맡았다.

예고한 대로 12월 13일, 성남시청 앞 광장에서는 시립병원 설립 촉구 및 주민조례 발의를 위한 성남시민한마당 행사가 열렸다*. 6백여 명의 시민이 모였고, 주제는 "돈보다 생명을"이었다. 노인들은 이제 어느 병원을 다녀야 할지 모르겠다고 호소했고, 보건의료노조의 간호사는 수정구와 중원구 곳곳 안 돌아다닌 동네가 없다고 했다. 일터를 잃은 인하병원 노동자들은 이날 행사에서 간호사 유니폼이 아닌 사복을 입고 무료 건강검진을 펼쳤다.

성남시립병원 설립 촉구 및 주민조례 발의를 위한 성남시민한마당_출처: 우리뉴스

이 시기 성남시 주요 인물들의 발언은 이후에도 오랫동안 성남시의료원 설립 근거를 주장할 때 쓰였기 때문에 여기에서 소개한다.

김경자 범대위 공동집행위원장은 《성남뉴스》 논평을 통해 "돈 없어도 치료받을 수 있는 건강한 권리를 시민의 힘으로 만들자"는 국민건강권, 시민의 행복권 추구, 무상의료와 공공의료의 지평을 제시했다.

이재명 범추위 공동대표는 공원과 종합운동장은 수익이 없어도 막대한 예산을 들여 짓는 것처럼 공공시설은 건강증진과 복리증진을 위해 만들어야 하므로, 공공의료시설은 정부가 당연히 부담해야 하는 부분이라고 강조했다.

지관근 시의원(중원구 상대원3동)은 성남시와 시의회에 성남시민들의 저력을 피력하며 "주민발의조례 청구에 필요한 1만 1천 명의 서명은 시간문제"라고 말하기도 했다.

행사는 촛불 행진으로 마무리되었다.

12월 19일에는 범추위가 손학규 경기도지사를 만나 간담회를 가졌다. 하동근 고문, 이재명 공동대표, 백승우 집행위원장, 김경자 추진위원, 이상락·김현욱·임정복·임봉규·장정은 도의원이 배석했다. 손 지사는 시민의 손으로 공공병원을 짓는다는 데에 찬성하며 방안을 찾아보겠다고 답했다. 또 보건복지부 장관을 지낸 만큼 공공의료시설에 대해서 관심이 많다고도 했다. 손 지사가 병원을 재정의 문제로만 봐서는 안 된다는 의견도 피력한 것으로 전해진다.

전국 최초! 시립병원 설립 주민발의조례 제정 청구

*2003년 기준 성남시의 인구는 총 962,048명, 그 가운데 20세 이상의 인구의 704,612명이었다. (2004년 성남통계연보 참고)

조례 제정을 위한 청구인 서명을 받기 시작한 지 일주일 만에 서명 인원 6천 명을 넘어섰다. 20일이 지나자 서명 인원은 1만 5천 명이 되었다. 주민발의조례 제정 청구의 기본 요건인 성남시 20세 이상 인구의 20분의 1을 훌쩍 넘긴 것이다*. 12월 29일까지 이어진 청구 인원은 18,595명이었다.

12월 29일, 범추위는 "지방공사성남의료원설치조례 제정안"을 성남시청 민원실에 제출했다. **공공병원 설립을 위해 전국 최초로 이루어진 주민발의조례 제정 청구였다.** 이제 성남시장은 청구일로부터 60일 이내에 조례

주민발의조례 제정 청구서를 제출하는 범추위_출처: 우리뉴스

제정안을 시의회에 상정해야 한다.

조례 제정 청구 내용과 서명 명부는 일주일간 시민들이 열람할 수 있으며, 서명에 이의가 있는 사람은 서면으로 이의신청을 할 수 있다. 이의신청 기간을 거쳐 청구가 수리되면 조례안이 지방의회에 부의된다.

범추위는 성남시청에서 기자회견을 열었고, 이후 '아름다운 공공의료를 실행할 시립병원을 만들어 달라'는 의미로 환자복을 입고 장미꽃을 든 채로 퍼포먼스를 벌였다. 시장실을 방문하려 했으나 시장은 만나지 못했다**.

정신없이 달렸던 2003년이 저물고 있었다. 성남시민들에겐 잊을 수 없는 한 해가 되었다.

**지역 언론《우리뉴스》는 "이 시장이 기자회견 하는 사이에 시청을 빠져나갔다"라고 보도했다.

성남시립병원 설립을 위한 주민발의조례 제정 운동에 참가한 단체들

강원도민회, 건강사회를위한약사회, 경기도민회, 경기도장애인정보화협회성남시지회, 경원대총학생회, 대한성공회성남교회, 모란상인회, 민족통일성남시협의회, 민주노동당 성남 수정·수정·중원지구당, 민주노총성남광주하남지구협의회, 보건의료노조경기지역본부, 분당청년회, 분당환경시민의모임, (사)민족예술인연합성남지부, 서고총동문회, 성남KYC, 성남NCC인권위원회, 성남경기도의원연합, 성남동성당, 성남문화연구소, 성남민중교회연합, 성남분당구사암회, 성남새정치연구소, 성남참여자치시민연대, 성남시약사회, 성남시영남향우회, 성남여성의전화, 성남YMCA, 성남외국인노동자의집, 성남청년대학, 성남청년정보문화센터, 성남청년회, 성남청년회의소, 성남환경운동연합, 성일남고, 성일남중학교, 성일여고, 성일정보고등학교, 성일중학교, 성일고총동문회, 성남특전사동지회, 성남미래포럼, 성남미래연구소, 소비자문제를연구하는시민의모임, 신구대학총동문회, 우리마당, 원불교성남교당, 이우학교, 이분5도민회, 전국건설산업연맹수도권협의회, 자주여성회, 주민교회, 주민신용협동조합, 충청향우회, 터사랑청년회, 푸른학교, 풍생고총동문회, 한국노총성남광주하남지역본부, 함께하는 주부모임, 호남향우회, 환경살리기실천중앙연합, 전교조성남지회, 참교육학부모회, 참사랑복지회, 성남문화연대, 주민생협

– "주민발의조례 제정을 통한 공공병원(성남시립병원) 설립운동"에서 발췌

2004년 1월 7일 김경자 범대위 공동집행위원장은 지역 언론에 다음과 같은 글을 기고하였다.

인하병원 폐업을 한 당사자는 딴 곳에 있는 데 왜 시장님을 찾냐고 답답해하실 수도 있고 어쩌면 저희에게 역정이 날 수도 있을 것입니다. 그러나 저나 대부분의 인하병원 직원들은 성남시민입니다. 그리고 인하병원 폐업 이후 성남시민들을 만나면서 인하병원 폐업 문제는 성남시민 전체 문제라는 것을 느끼고 있습니다. 그래서 이렇게 호소 드립니다.

인하병원 직원들은 성남시를 사랑하고 정말 열심히 일할 수 있는 사람입니다. 작년 인하병원이 폐업한다고 했을 때 시장님이 폐업신고를 수리하지 않겠다고 약속하였습니다. 그 이유는 구시가지에 인하병원이 없어지면 안 된다고 판단하셨기 때문이라고 봅니다. 그 후 범시민대책위에서 시장님을 만났을 때도 시장님은 2003년 연말까지 인하병원 문제를 해결하겠다고 하셨습니다. 이 역시 인하병원 폐업이 대단히 큰 문제라고 판단하셨기 때문일 것입니다.

그러나 시장님이 휴가 간 사이에 폐업신고는 수리되었고 2003년이 저물었습니다. 그토록 믿었는데 폐업신고는 어떻게 수리된 것인지 새해인데 인하병원 문제는 어떻게 하시려는지 묻고 싶습니다.

인하병원 직원들에게 미리 임금 반납하여 병원 살리지 왜 이제 와서 이러느냐고 질타하는 분이 있습니다. 달게 받겠습니다. 만약 임금을 반납해서 병원이 살았더라면 그렇게 했을 것이지만 직원들에게 그런 기회도 주지 않고 병원을 폐업했습니다. 인하병원 직원들은 이미 임금 반납한 사실도 있고 최근 5년간 임금은 사실상 동결이었습니다. 그래도 받아야 할 비판은 기꺼이 받겠습니다.

인하병원 직원으로서 직장을 잃은 후 거리에서 더위를 이기고 추위와 싸운 지 반년입니다. 그동안 다른 곳에 취직을 한 많은 동료들이 있습니다. 저희들은 처음에는 '인하병원폐업철회'로 시작하였지만 이제는 '시립병원설립'을 위해 노력하고 있습니다. 저희의 일자리를 찾는 것이 더불어 성남시민이 살고 싶은 성남시를 만든다는 신념도 있습니다. 그렇지 않다면 각자 일자리를 찾아 떠났을 것입니다.

인하병원 직원들의 고용승계 때문에 시립병원을 못 세우겠다는 사람들이 있습니다. 인하병원 직원 입장에서야 당연히 저희를 고용승계하기를 염원하지만 일단 그 문제를 떠나서 성남시에 시립병원의 필요성을 검토하는 것이 맞다고 봅니다.

시장님의 공약이기에 누구보다 시장님께서 시립병원의 필요성은 잘 아시리라 믿습니다. 인하병원 직원들의 고용 문제 때문에 시립병원 설립의 필요성이 평가절하되어서는 안 됩니다. 성남시민들의 절박함을 거리를 다니면서 뼈저리게 느낍니다. 인하병원 직원들은 시장님의 사랑을 기원합니다.

인하병원 폐업 범시민대책위 공동집행위원장

성남시립병원 설립을 향한 힘겨운 싸움의 시작 ●

조례 제정 청구 수리와 성남시의 방해 공작

2004년 1월, 성남시립병원설립 범시민추진위원회가 제출한 조례 제정 청구를 심의하기 위한 조례규칙심의회가 개최되었다. 총 서명 청구인은 18,595명, 이 중 중복되거나 불일치한 인원을 제외해도 13,696명이었으므로, **조례 제정 청구의 기본 요건(1만 1천명)이 충족되어 조례규칙심의회를 통과**했다.

1월 말 범추위는 시립병원설립 동별 추진단 발족 준비모임을 갖고 동별 실무 간사를 뽑아 10문 10답의 교육을 가졌다. 이후 2월 내내 날마다 시립병원설립 동별 추진단에 대한 주민간담회를 열기로 했다. 주민들을 만나서 그동안 범추위가 펼쳐 온 활동의 의도와 수정·중원구의 의료공백 사태를 해결하기 위해서는 특정 병원의 폐업 철회를 넘어 시립병원의 설립이 필요하다는 것을 알리고, 주민들이 직접 느끼는 의료공백에 대한 이야기도 듣는 자리였다.

주민간담회 중 성남시와 범추위의 갈등이 시작되었다. 간담회 장소로 예정된 곳은 각 동의 경로당 등이었는데, 시립병원설립 관련 조례 제정과 설립 추진 운동을 설명한다고 하자 시청 공무원들이 압박을 해 왔다*. 범추위는 지역 언론을 통해 이대엽 시장에게 공개서한을 보내며 시의 방해에도 아랑곳하지 않고 주민간담회를 이어 나갔다.

공무원들의 방문에 지레 겁먹고 회피하거나 장소를 쉽게 내주지 않는 동도 있었다**. 이런 곳에서는 범추위 구성원이나 지역주민의 집에 모여 설명회를 갖기도 했다. 시민들의 자발적인 협조가 큰 힘이 되었다. 주민간담회를 진행하는 동안 성남의 대부분 시민사회단

*이에 관해서는 당시 범추위 구성원들의 일관된 증언이 있는데, 특히 경로당에는 난방비를 삭감할 수 있다는 등 협박성 발언을 했다고 한다.

**어느 지역에서는 노조가 주도해 자기들 일자리 찾기에 시민들을 끌어들인다는 오해도 있었고, 시립병원은 '수준 이하의 극빈자 병원'이라는 폄하도 있었다.

체들이 합류했다. 평소 지지 정당이 다르거나 활동범위와 철학이 달라 잘 연대하지 않았던 단체들과 지방 향우회도 모두 한뜻으로 움직였다.

범추위와 갈등이 심화되자 성남시는 본격적으로 반대 공세를 펼쳤다. 중원구 내 사회단체, 주민자치위원, 통반장, 새마을지도자협의회원, 새마을부녀회원, 자율방범대원, 방위협의회원, 체육회원, 바르게살기위원, 경로당 회장단, 교통질서위원, 사회복지시설 운영자, 기타 동 기관·단체 등을 대상으로 예일병원 재개원과 대학병원 유치 홍보전에 나선 것이다. 이에 대한 언론보도를 복사해 돌리고, 각 동의 노인회장단을 직접 방문해 형광펜으로 줄까지 그어 가며 설명했다.

범추위가 집집마다 방문해서 서명을 받아 주민발의 조례안을 제출하고, 각 동을 돌며 "시립병원설립을 위한 동별 추진단"을 꾸리려고 하는데 시가 전면에서 막아선 셈이다. 성남시는 시립병원을 설립할 경우 막대한 예산이 들어가니, 그럴듯한 대학병원을 들이는 것이 낫지 않겠냐며 주민들을 설득했다.

범추위가 동마다 붙여 놓은 "시립병원설립 동별 추진단 발족식 및 간담회 포스터"를, 이대엽 시장이 직접 떼면서 공무원들에게 "내가 직접 이걸 떼고 다녀야겠냐?"라고 말했다는 정황도 포착되었다. 주민들이 시청을 방문해 시장 면담을 요청하면 "시립병원 문제는 다 해결되었다"며 돌려보냈고, 월드비전사회복지관은 "범추위에 장소를 빌려주지 말라"는 시 공무원의 전화를 받았다고 했다.

성남시의회의 어깃장

2003년 말 몇몇 중앙언론의 보도를 보면 앞뒤가 맞지 않는 내용이 발견된다. 한 일간지는 성남시에 따르면 예일병원이 인하병원과 같은 규모로 재개원을 할 예정이라, 포천중문의대의 대학병원 건립이 무산될 것이라고 전했다*.

또 다른 일간지에서는 주민조례 청구 내용을 다루며 '서효원 부시장은 "포천중문의대에서 수정구 신흥동에 차병원을 짓겠다고 하는데 군이 시립병원을 세울 이유가 없다"며 "시의회도 연간 수십억의

*《중앙일보》 2003. 11. 1.

적자가 날 게 뻔한 시립병원 설립에 찬성하지 않을 것"이라고 말했다.'라고 보도했다**.

**《경향신문》 2003. 12. 26.

성남시의회는 주민발의조례 제정 청구를 의회의 입법권에 대한 도전이라고 판단했으며, 지속적인 시민들의 압박을 의정활동 방해라고 봤다. 시의원들은 주민조례 청구에 관해 "시민단체가 시의회를 충분히 설득하지 못했고 순수하지 못하다"라고 폄하했다.

2004년 2월 11일, 김상현 시의장은 시의회 공식발언에서 시민단체들이 조례 제정 운동을 하면서 일부 시의원들을 매도하고 있다고 말했다.

"성남시의회 의원은 법에서 정한 양심과 청렴의 의무로 품위를 유지하며 공공의 이익을 위하여 의정활동에 최선을 다하고 있습니다. 그럼에도 불구하고 시립병원설립 추진 행사에 참석하지 않았다 하여 반대의사를 표시한 것으로 호도하거나 성남대로 지하차도 공사 반대 건과 관련하여 공개질의서에 답변이 없을 시 찬성으로 간주하고 해당 시의원 명단을 발표하겠다고 한 것은 시민을 대표하는 대의기관인 의원들의 의정활동을 위축시키고 의회를 경시하는 처사로 보여질 수 있는 만큼, 공정성을 해할 수 있는 행동에 대하여는 자제하여 주실 것을 촉구하는 바입니다."

범추위와 틀어질 수밖에 없는 입장 표명이었다. 시의회에서 이런 이야기가 나온 것은, 범추위가 주민간담회를 진행할 때 성남시의 방해가 있었으며 일부 시의원들이 이를 거들었다는 증언도 있었기 때문이다. 범추위는 언급된 시의원들의 자택 앞에서 1인 시위를 벌이기도 했는데, 의원들은 이를 의정압박이라 해석했다.

신흥동 부지의 용도변경 밀실합의

2004년 2월 12일 성남시의회 도시건설위원회에서 성남시장이 제출한 신흥동 부지의 용도변경을 승인하였다. 취재기자, 집행부, 속기사까지 전부 내보내고 20분간의 비공개 회의를 통해 결정했다. 당시 도시건설위원회의 심의 기록은 찾을 수 없다. 한선상·홍준기·전이만 시의원을 비롯한 다수의 도시건설위원회 위원들이 찬성했고, 유일하게 김유석 의원이 용도변경에 반대한 것으로 알려졌다.

성남시는 시립병원을 설립하는 것보다 대학병원을 유치하는 쪽이 부담이 덜하다고 판단하여, 대학병원 유치와 예일병원 재개원으로 방향을 잡은 것이다*. 신흥동 산 38-4번지 일원은 애초 시에서 사들일 때는 임야였고, 이전까지 1종 일반주거지역이었다. 이 부지가 2종 일반주거지역으로 용도변경되었고, 시 담당자는 연이율 4%에 10년간 분할 납부하는 방식으로 매각하겠다고 말했다.

밀실합의가 이루어진 다음 날, 지역 언론은 "이 시장의 반격"이라는 표현을 사용하며 성남시의회와 성남시가 시민들과 등을 돌렸다고 논평했다. 범추위는 시의회와 시가 주민조례 제정 청구에 대해 반격했다고 해석하고 이대엽 시장 규탄 성명을 냈다. 이 성명에 시장실, 부시장실, 문화복지국장, 수정구와 중원구의 보건소의 전화

성남도시관리계획(용도지역)결정에관한의견제시안·참조9)

성남도시관리계획(용도지역) 결정에 관한 의견제시안

의안 번호	1351

제출년월일 : 2004. 2.
제 출 자 : 성 남 시 장

1. 제안사유
- 경영난의 악화로 인하여 기존시가지에 위치한 종합병원 2개소가 지난 7월과 9월 휴·폐업으로 인하여 시민 의료불편을 초래하고 있어 수정구 신흥동 지역에 종합의료시설 건립을 위하여 용도지역을 변경하고 도시계획시설(종합의료시설)을 결정하여 시민 의료불편을 해소하고자 함

2. 주요골자
- 용도지역 변경결정조서

구분	위 치	용도지역		면 적(㎡)	비고
		기정	변경		
변경	수정구 신흥동 산 38-4번지 일원	제1종일반주거	제2종일반주거	23,303	

- 종합의료시설 결정조서

구분	시설명	시설의 세분	위 치	면 적(㎡)			비고
				기정	변경	변경후	
신설	종합의료시설	종합병원	신흥동 산38-4번지 일원	-	증)23,303	23,303	

- 주차장 결정조서

구분	시설명	시설의 세분	위 치	면 적(㎡)			비고
				기정	변경	변경후	
폐지	주차장	노외주차장	신흥동 산38-4번지	2,250	감)2,250	-	

3. 효 과
- 종합의료시설 입지로 구시가지 의료공백 해소
- 합리적이고 효율적인 토지이용 도모

4. 제안근거
- 국토의계획및이용에관한법률 제28조 및 동법시행령 제22조
- 국토의계획및이용에관한법률 제36조 및 동법시행령 제30조

2004년 2월 12일 도시건설위원회에 상정된 의견제시안. 시의회 회의록에는 관련 논의가 기록되어 있지 않다.

번호를 실어 시민들에게 '항의전화를 걸어 달라'고 촉구했고, 성남시와 농협에는 예일병원에 대한 대출 지원을 중단하라고 요구했다.

성남시에서 내세운 시립병원 설립 불가 이유

용도변경 승인이 밀실에서 이루어진 것은 성남시가 시의원들을 설득했기 때문이다. 성남시는 다음 세 가지 이유를 들어 시립병원 설립이 불가하다고 주장했다.

첫 번째, 설립 절차상의 문제를 들었다. 수정·중원구에 여러 개인병원이 개원 중인데, 대형 시립병원이 들어오면 이 개인병원들이 피해를 입을 수 있어서 지역사회의 동의를 얻을 수 없기 때문에 시립병원 설립을 추진할 수 없다는 것이었다. 두 번째로는 재정 문제를 지적하였다. 독립법인인 공기업을 세우고 병원을 새로 지을 경우 건축비, 의료장비 구입비, 운영비 등 180억 원 정도가 필요한데, 시는 이를 "손실"이라고 명시했다. 또한 시립병원의 경우 의료복지 측면에서 접근해야 하기 때문에 매년 15~30억 원의 손실이 발생할 것이라고 했다. 마지막은 진료상의 문제로, 시립병원은 진료환경이 열악해 의사 인력을 확보하기 어렵고 예방의료 분야에 있어서 보건소와 기능이 중복된다는 것이다.

이 주장을 살펴보면 **당시 성남시는 시립병원 설립을 "손실"로 규정하고 있으며, 시립병원이 "보건소" 수준으로 운영될 것이라 예견**한 것이다.

범추위의 입장, 왜 시립병원인가

범추위는 2월 17일 오전에 긴급 기자회견을 열고 이대엽 시장과 성남시의 행태를 비판했다. 성남시의회에서 주민발의조례 제정안을 표결할 때 기명투표로 하여 공개할 것을 요청하고, 부결될 경우 반대한 시의원에게 책임을 묻겠다는 입장도 공식화했다.

범추위에서 예일병원 재개원이나 대학병원 유치와 무관하게 시립병원 설립을 주장하는 이유는 간명하다.

첫째, **대학병원이나 민간병원 유치는 실현 가능성이 없다고 판단**했다. 실현된다 해도 병원 건립까지 5~7년의 기간이 필요하다. 100개 병상의 소형병원이 응급의료센터를 운영하는 것도 불가능하다. 둘째, **적자에도 폐업하지 않을 공공병원이 필요**했다. 어떤 병원이든 건립에 시간이 걸리는 이상, 일단 시에서 응급의료센터를 포함한 의료시설을 운영하고 이후에 시립병원을 지어 통합·운영하는 방안도 있다. 셋째, **공공병원 30% 확보라는 정부 방침에 일치**하고, 이대엽 시장의 선거 공약이기도 하니 이를 지켜야 한다는 것과 여타 사업과 견주어 볼 때 시 재정에 큰 부담이 되지 않는다는 것이다.

성남시와 범추위의 입장 차이

쟁점	성남시	범추위
의료불편, 의료공백?	성남시에 종합병원 4군데, 병원 12군데, 의원 920군데(치과 270, 한의원 148) 등 병·의원이 많고, 인하·성남병원 휴폐업 이후 어느 한 곳도 병상이 부족했던 사례가 없다. 따라서 성남에 의료공백은 없다.	이 같은 시의 주장은 사실상 시가 의료공백을 인정하여 특혜를 주면서까지 대학병원 유치를 시도하고, 기채승인을 해 주면서 적자인 예일병원 응급실을 운영하게 하는 등 계획을 세운 시의 태도를 스스로 부인하는 것이다.
시립병원 설립 결정 전 타당성 검토 실시?	시립병원은 지방공기업법(제49조)에 따라 설립 결정 전, 설립 타당성 검토 및 타당성 용역을 먼저 실시해야 한다.	인하·성남 휴폐업 이후 8개월이라는 시간이 흐르는 동안 시는 한 것이 없다. 타당성 검토를 먼저 실시해야 된다면, 지난 해 12월 29일 조례제정청구 접수 뒤라도 시의회에 넘길 예정인 3월 15일 안에 타당성 검토를 했거나 해야 한다.

쟁점	성남시	범추위
시립병원은 민간경제 위축?	시립병원 설립은 민간경제를 위축시킬 우려가 있다. 시는 지방공기업법(제3조2항)에 따라 민간경제를 위축시키거나 공정하고 자유로운 경제질서를 저해하거나 환경을 훼손시키지 않도록 노력해야 한다.	시립병원 설립이 민간경제를 위축시킨다는 것은 사실이 아니다. 민간병원이 적자로 문을 닫아서 생긴 의료문제를 시립병원 건립으로 해결하자는 것이기 때문이다. 시의 주장은 헌법과 응급의료법상의 의료 공공성에 대한 기본적인 이해가 없는 발상이다.
예산 규모는?	300~400병상 규모의 시립병원 설립 시 5년간 추정 예산은 794억 원.	600병상 이상의 시립병원 설립을 추진하며, 소요 예산은 1,000억 원 정도 예상.
전액 시비 투자?	(시는 이에 대해 명쾌한 입장을 표명한 적이 없다. 그러나 소요 예산 과다, 운영적자를 강조해 온 점으로 미루어 전액 시비가 투자된다는 뉘앙스가 다분하다.)	보조금예산법상 시립병원은 건축비 50%가 지원되며, 광역지자체도 나머지의 50%를 지원할 것으로 추정된다. 또 공공의료 30% 확보는 정부 방침이며, 국무총리도 작년 국회에서 시립병원 설립 지원을 약속한 바 있다. 시의 자부담은 300~400원 정도로 추정된다. 문제가 되고 있는 성남대로 지하차도 건설비의 2/3, 분당구 야탑동 주차장부지 매입비 정도다.
시립병원은 적자운영 불가피?	① 시립병원 설립 시 5년간 180억 원의 적자가 예상된다. 연간 적자는 1차년도 75억 원(첫해 운영비 90억 원을 합하면 165억 원), 2차년도 15억 원, 3차년도 30억 원, 4차년도 30억 원, 5차년도 30억 원이다. ② 경기도 내 의료원 6개소도 현재 적자운영을 하고 있으며 매년 적자폭이 늘어나는 추세다.	① 충주, 대구, 포항, 마산, 울산은 흑자이고 원주, 영월, 서산, 진주는 적자가 5억 원 미만이다. 성남시립병원의 적자가 10억 원이라 해도, 성남문화재단 운영비의 1/10, 수정구보건소 운영비의 1/4이면 된다. ② 지방의료원이 매년 적자폭이 늘어난다는 것은 거짓말이다. 민간병원 규모의 투자를 하고 전문가를 채용해 제대로 운영하면, 예산의 특성상 연간 100억 원대의 이자부담이 없어 오히려 경제성, 효율성에서 우위를 차지한다. 민간병원 적자의 주원인은 성남병원의 경우처럼 건립 비용에 대한 이자부담 때문이다.
시립병원은 진료의 질이 낮다?	시립병원은 진료환경이 열악하고, 의사인력 확보가 매우 어렵고, 예방의료분야가 보건소의 기능과 중복되어 예산 낭비 요인이 발생한다. 현재 지방의료원들은 요양시설 등 특화된 시설로 기능 전환을 검토하고 있는 중이다.	진료환경 열악, 의사인력 확보 곤란은 소규모의 질 낮은 시립병원을 전제한 것이다. 지방의료원이 요양시설로 전환하고 있다는 것은 민간의료가 활성화된 지역의 경우이며, 민간종합병원이 없는 곳은 오히려 종합의료시설의 기능을 하고 있다.

쟁점	성남시	범추위
민간대학 병원 유치?	인하·성남병원 폐업에 따른 의료불편을 해소하고 지역의 균형발전을 위해 수정구 신흥2동 산38-4, 산38-13 지역 시유지를 의료시설부지로 지정해 종합병원(민간대학병원)을 유치해야 한다.	① 대학병원인 인하병원도 구시가지 특성으로 인해 적자로 폐업했다. 차병원이라고 다를 것이 없다. ② 차병원이 시유지 7천 평을 공시지가에 10년 분할 납부라는 특혜를 요구하고 이를 시가 받아들이는 것은 정상적인 방법으로 대학병원 설립이 어려움을 인정하는 것이다. 시가 작년 9월 3일 37개 의과대학에 공문을 보내 대학부속병원 유치에 따른 의견 조회를 한 결과, 차병원 외에 아무도 지원하지 않았고, 차병원은 이사회 결의도 없이 단 2페이지의 부실한 계획서를 제출, 병원 개설 의사를 통보한 것을 봐도 실현가능성이 적다. ③ 차병원이 대학병원 부지 매수 뒤 병원 건립을 않거나, 적자를 이유로 폐업하면 시유지만 빼앗기게 되고, 시민들이 피해를 입게 된다. ④ 2009년까지의 의료공백에 대한 대안이 될 수 없다.
예일병원이 응급 의료센터?	① 인하·성남병원 폐업에 따른 구시가지 시민들의 의료불편을 해소하기 위해 옛 인하병원에 예일병원을 개설해 응급의료센터 설립을 추진한다. 2004년 3월에 100병상 개원. ② 진료과목은 내과, 외과, 소아과, 산부인과, 진단방사선과, 마취통증의학과, 병리과, 정신과, 치과 9개 과.	① 100병상의 초미니 종합병원이 응급의료센터를 운영한다는 것은 허구다. 응급의료센터는 법령이 정한 시설 및 인력을 갖추어야 한다. 300병상의 중앙병원은 만성적자로 인해 응급의료센터를 운영하지 않으며, 그보다 큰 성남병원도 응급의료센터를 취소 반납하였다. ② 신경외과, 흉부외과, 심장내과도 없이 구시가지 의료문제를 해결할 수 없다. ③ 예일병원은 개원을 하더라도 제 기능을 하지 못하며 조기 폐업할 것이다. ④ 시의 예일병원 유치는 주민 여론을 호도하려는 시와 시의 기채승인을 받아 기존 부채를 해결하고 유동성을 확보하려는 예일의료재단의 이해가 일치한 것으로 보인다.
노인보건센터, 노인전문 요양시설이 의료불편 해소 대책?	노인들의 삶의 질 향상과 건강 수준 향상을 위해 중원구 상대원1동 소재 시설관리공단 청사를 리모델링하여 노인전문 의료기관인 노인보건센터 설립을 추진하며 치매, 중풍 등 노인성질환자 관리 및 보호를 위해 노인전문 요양시설을 건립한다.	노인보건센터, 노인전문 요양시설은 구시가지 의료공백의 대안이 아니다.

정치적으로 이용하지 마라 ●————————

성남, 국립병원 유치 성공?

2004년 2월 24일, 성남 중원구 조성준 국회의원(새천년민주당)이 보도자료를 배포하고 기자회견을 열었다. 성남이 국립병원 유치에 성공*했다며, 본인이 "수정·중원 지역 의료공백 사태 해결을 위해 산업자원위원회에서 보건복지위원회로 상임위를 옮겨 보건복지부 장관과 수차례 협의를 통해 국공립병원을 유치하기 위한 노력의 결실을 맺은 것"이라고 했다**. 또 4월 총선 이후 성남시, 범추위와 함께 3자 연대회의 틀을 만들자고 제안하며, "국립병원 설립 추진으로 의료공백 사태 해결의 실마리가 풀렸다"라고 적은 유인물을 지역구에 배포하기도 했다.

범추위는 다음 날, 조성준 의원이 다가올 총선을 염두에 두고 시립병원 설립을 위한 시민들의 노력을 정치적으로 이용했다며 비난했다.

이틀 뒤인 27일에 새천년민주당 소속의 성남시의원들은 보도자료를 통해 "지방공사 성남의료원 설립 및 운영 조례안에 대한 입장"을 발표하였다. 염동준·신현갑·김민자·강태식·최화영·김유석 시의원은 현재 입법 예고한 주민발의 시립병원설립 조례안에 대해 응급진료체계를 중심으로 해서 찬성으로 가결될 수 있도록 힘을 모으겠다고 밝혔다. 김유석 시의원은 "국립병원이 들어서더라도 단기간 내에 의료공백 문제를 해결하기 어렵다는 데 공감대를 형성해 응급의료센터 운영을 중심으로 한 시립병원설립 조례를 제정하는 것이 타당하다고 판단했다."라고 했다. 이들은 범추위의 문제제기에 대한 답변 없이, 시립병원설립 조례를 지지한다며 방향을 틀었다.

*2월 13일 염동준 성남시의원이 "오는 20일 경기도 시장군수회의 때 국립병원 유치 발표가 있을 것"이라는 발언을 했고, 최화영 시의원도 같은 말을 했다고 한다.

**범추위가 보건복지부로부터 들은 공식 답변에 따르면, "국립대학교 병원이 없는 지역에 국립병원 설립을 검토 중"이었고 그 후보지는 경기도, 인천, 울산 세 곳이었다. 그럼에도 조성준 의원은 성남시에 국립병원을 짓는 것이 확정된 것인 양 기자회견을 한 것이다. 조 의원은 이전에도 인상된 담배세의 수입으로 성남 구시가지에 암센터를 짓겠다는 공약을 내건 적이 있었다.

의원들의 지지 성명과 시민단체의 연대 선언

성남시의 주민발의조례 제정 청구가 알려지자 전국의 의료운동단체, 노동단체, 시민단체에서 성남의 "주민조례 청구 시립병원 설립" 운동에 연대하겠다는 의사를 밝혀 왔다.

범추위와 전국보건의료산업노동조합, 인도주의실천의사협의회 등이 3월 8일 합동기자회견을 열어 우리나라 역사상 최초로 진행되는 시립병원설립 주민발의 조례안을 통과시키기 위해 연대투쟁에 나서겠다고 밝히며, 보편적 건강권 확보를 위해 지역주민이 직접 나서 보건의료운동의 새로운 길을 열었다고 평가하였다. 3월 11일에는 참여연대가, 12일에는 건강권실현을위한보건의료단체연합이, 16일에는 건강세상네트워크가, 22일에는 녹색소비자연대가 연대의사를 밝히는 입장과 성명을 발표했다.

성남시의회 시의원들도 지지 성명을 냈다. 시의원 41명 중 18명이 찬성 의사를 밝혔다. 의사 표시를 하지 않은 이들은 수정·중원구의 한나라당 소속 전원, 새천년민주당 소속 3명과 다수의 분당구 시의원들이었다.

조례 제정을 위한 실천

범추위는 총선에 출마하는 각 정당의 후보들을 만나 조례 제정안 통과를 호소할 것을 결의했다. 또 행정자치부에 공공의료 확대 강화로서 시립병원 설립운동을 적극 지원할 것을 요청했다. 3월 중에 시립병원설립 조례 제정안 심의가 예정되어 있었다.

3월 6일 "성남시립병원설립 범시민추진위원회 후원의 밤"이 개최되었고, 7일 신흥동 종합시장에서 열린 "성남시립병원 설립을 위한 촛불문화한마당"에서는 시의회의 시립병원설립 조례 제정을 촉구했다. 3월 10일부터 날마다 촛불시위가 이어졌다.

3월 9일에는 성남시청 앞에서 "의료공공성 강화와 조례 제정 쟁취, 시민건강권 확보를 위한 성남시립병원 설립을 위한 보건의료 노동자 1차 결의대회"가 보건의료노조 주관으로 열렸다. 이날 대회에서 윤영규 보건의료노조 위원장은 "의료공공성 강화 운동"을 몸으로 실천하자고 발언하며, 공공의료 30% 확충은 참여정부의 공약인데 아직도 관계 부처의 구체적인 실행안이 나오지 않았다고 개탄했다.

3월 15일 범추위는 성남시청 앞에서 기자회견을 갖고 릴레이 단식농성을 시작했다. 첫 단식농성자는 이재명 공동대표였다. 그는 한나라당 시의원들이 입장을 밝히지 않은 것을 언급하며, 조례가 부결될 경우 한나라당과 소속 의원들에게 책임을 묻겠다고 발언했다.

3월 16일에는 시립병원설립 동별 추진단 전체 회의가 열렸다. **24개의 동 대표는 "주민발의 시립병원설립 조례안 통과를 위한 24개 동 대표 결의문"을 발표**하였다. 여기서도 **조례 제정안 처리 과정에 기명 투표를 할 것을 요구**하며, 만일 **무기명 투표로 부결시킨다면 주민소환운동을 전개할 것이라고 시의회에 경고**했다.

22일에는 이대엽 시장과 면담이 있었다. 동별 추진단 대표들은 시장에게 24일 자치행정위원회의 조례안 심의 전에 협조를 당부하는 시의회 연설을 부탁했다. 이 시장은 난색을 표했다. 성남시 공무원들이 시립병원 설립을 부정적으로 보고 있으며, 분당구 시의원들이 많이 반대하고 있어서 난처하다는 것이다. 예일병원도 개원하고 시설관리공단건물에 노인보건센터도 열 예정이며 대학병원도 유치할 테니 기다려 달라는 입장을 고수했다.

합동연설회가 된 시민한마당

3월 20일에 성남시청 앞에서 "시립병원설립추진시민한마당"이 열렸다. 500여 명이 참석한 이날 행사에는 수정구·중원구의 국회의원 출마 예정인 이윤수, 김미희, 김을동, 서병선, 정형주, 이영성, 이상락, 김태년 후보가 참석했다는 기록이 남아 있다. 2분 발언에서 이들은 모두 시립병원 설립에 최선을 다하겠다고 말했다.

무대 아래에서 시민들의 불평이 들려왔다. "뭔 합동연설회 하나?" "여태 가만히 있다가 선거만 되면 이 난리지." "냅둬. 선거에서 이기려면 우리 편 들어야지 어쩌겠어? 좋은 기회일 수도 있잖아?"

시민 발언 중에 "시립병원 설립을 계속 방해해 온 한나라당은 각성하고!!"라는 말이 나오자 김을동 후보가 강력하게 반발했다. 그는 바로 단상으로 뛰어올라가 "시민운동이 특정 정당의 선거운동이 되어서는 안 됩니다! 이게 다 민주노동당이 만든 겁니까?"라고 소리쳤다.

같은 무대에 김경자 범대위* 공동집행위원장이 올라 김상현 성남시의회 의장의 발언을 폭로했다.

"오늘 오전에 김상현 성남시의장이, 시민들이 제출한 주민조례 청구안에 대해서 무슨 표결까지 가겠느냐고 했답니다. 여러분. 이게 말이 됩니까?!"

이후 김상현 시의장은 "표결을 미루려는 게 아니라 분당 주민들은 공감을 못 하고 있으니 의견을 더 모아야 한다."라고 해명했으나, 범추위는 조례안 심의를 연기하겠다는 의도로 해석된다며 분명한 입장 표명을 요구했다.

*범대위는 2003년 7월 10일에 발족, 범추위는 2003년 11월 7일에 발족하였다. 범추위 출범 이후 기존의 범대위가 완전히 사라진 것은 아니고, 두 조직은 이후 몇 개월간 병존하였다.

2004년 3월 9일에 노무현 대통령 탄핵안이 발의되었고, 12일에 탄핵소추안이 국회에서 가결되어 고건 국무총리가 대통령 권한을 대행하였다. 또 4월 15일에는 총선이 예정되어 그 어느 때보다도 정국이 어수선했다.

전국 최초 공공병원 설립 주민발의조례 ●————————————

주민발의조례 의회 첫 심의

3월 16일, 제4대 성남시의회 제113회 제2차 의회운영위원회 회의가 열렸다**. 회의가 시작되자마자 간사인 유철식 의원이 일정을 바꾸자고 제안하였다.

**이하의 대화는 의회 속기록을 기반으로 가독성을 살펴 기술하였다.

"우리 1년 회기가 80일인데요. 이번 하반기 의장단 선출도 있어서 일정이 빠듯해요. 이번 임시회는 3일 다 하지 말고 2일 동안 해결하면 어떻겠습니까?"

"그러지 뭐. 주민조례 청구안 해결해야 되니까, 시정질의도 절반으로 줄여서 이틀 내에 해결합시다."

이때 시청 담당공무원이 개입했다.

"주민조례 청구안은 일찍 결정해 버리면 어디서든 민원이 들어오지 않겠습니까? 차라리 임시회 맨 마지막 안건으로 상정하시는 게 어떨까요?"

"그런데 23일에는 한나라당 전당대회가 있어요. 23일 빼고, 24일, 25일 양일간에 합시다."

의회의 결정대로, 13,696명의 서명으로 만들어진 "지방공사 성남의료원 설립 및 운영 조례 제정 청구"는 3월 25일 오후에 심의하게 되었다.

제4대 성남시의회 전반기 의장: 김
상현, 부의장 이수영
자치행정위원회 위원: 방익환, 정
응섭, 이상호, 표진형, 김완창, 홍경
표, 박광봉, 강태식, 최진섭, 민동익

*범추위 이재명 공동대표를 비롯해
지운근 공동집행위원장, 성남여성의
전화 이시정 대표, 태평3동과 수진
1동 동 대표 등 5명이 방청할 예정
이었으나 모두 무산되었다. 2022년
현재는 여러 지방의회가 상임위원회
회의도 온라인 생중계하며, 유튜브
업로드까지 하고 있다.

3월 24일, 성남시의회 제114회 임시회 제1차 본회의가 오전 10시에 개회하였다. 100여 명의 시민들이 방청을 신청했고, 범추위 위원 30여 명이 방청석에 앉았다. 지역 언론은 이날 아침부터 실시간으로 속보를 내보내며 시의회의 결정을 중계했다.

오후 1시 30분 자치행정위원회는 비공개 회의를 진행하였다. 방익환 자치행정위원장은 상임위원회 회의를 일반 시민에게 공개하는 경우는 없다며 일부 기자들의 출입만 허락했다*.

오후 1시 35분. 성남시청 행정국장이 조례안에 관해 설명했다. 의원들은 시민들이 만 명 이상 들고일어났는데 여태 시청에서는 사전 조사도 안 하고 뭘 했느냐고 질책했다.

"아니 7천 평 부지에 대학병원을 유치한다면서 왜 내용이 없습니까? 집행부는 대체 뭘 한 거예요?"

기획예산과장이 대답했다.

"오늘은 조례 제정을 결정하시면 되고, 타당성 조사나 설립 준비에 필요한 것들은 이 조례가 제정되면 그때 시작해야 됩니다. 의원님, 그 부분은 지방공기업법을 제정하고 거기 맞춰서 하면 됩니다. 다른 사안이에요."

여기저기서 의원들이 의견을 쏟아냈다.

"그러니까 이 조례를 제정하면 병원을 지어야 한다는 거 아닙니까. 병원을 짓는 게 타당한지 여부를 알아야 이걸 제정하든가 말든가 할 거 아니에요?"

"아니, 조례 제정하고 병원 짓는 게 타당치 않으면 누가 책임질 거냐고요! 집행부가 해결합니까?"

"시립병원 설립하면 중앙에서 돈 받아 올 수 있습니까? 집행부, 얘기해 보세요."

"뭔 자료가 있어야 이걸 의결을 하든지 말든지 할 거 아냐."

"자자, 그러지 말고, 지금 이거는 조례를 받아들이는 문제니까 설립하고 말고는 나중의 문제니까 일단 주민조례 청구안을 봅시다."

"아니 그게 아니고, 이게 통과되면 무조건 지어야 되는 거 아니냐고요!"

"그건 나중 문제라니까요. 지방공사 설립할 수 있다 해 놓고, 조사도 해 보고 용역도 줘 봤는데 도저히 안 되면 못 하는 거잖아요. 이거는 주민발의조례를 먼저 결정하고…."

"조례 통과시켜 놓고 못 짓는다고 하면 그때는 어떻게 저 사람들을 볼 거예요!"

지방공기업법 제49조 제1항에 "지방자치단체가 공사를 설립하고자 하는 때에는 대통령령이 정하는 바에 의하여 주민복리 및 지역경제에 미치는 효과·사업성 등 지방공기업으로서의 타당성 여부를 사전에 검토하여야 한다."라는 규정이 있으나, 이 경우는 시립병원 설립에 관한 조례를 제정하는 것이 관건이므로 타당성 검토를 하지 않았다.

의원들은 똑같은 얘기를 반복하며 안건에 대한 논쟁을 이어 나갔다. 시 담당자는 조례 제정은 시립병원 설립이 가능한 법적 장치를 만드는 것이고, 구체적 운영안은 그 다음에 결정해야 한다고 여러 번 설명했다. 그러나 의원들은 주민발의조례의 본질을 이해하지 못

지방공기업법과 지방자치법

2004년 당시 시립병원을 설립하려면 지방공기업법에 의거한 지방공기업을 먼저 설립해야 했다. 이전에는 지방자치단체가 공사를 설립할 때 행정자치부 장관의 설립 허가를 받았으나, 1999년 1월에 지방공기업 설립에 관한 규제 완화를 목적으로 장관 승인 절차를 빼고 지방자치단체가 책임지는 형태로 바뀐 것이다. 그런데 지방자치단체에서 공기업을 설립하려면 타당성 조사를 하는 것으로 바뀌면서, 상하위 법의 위계 관계에 대한 논란이 발생하였다.

당시 범추위의 공동대표였던 이재명 변호사는, 지방공기업법에 의한 타당성 조사는 조례 의결 이전에 해도 되고 이후에 해도 된다고 법적 의견을 밝혔다. 지방공기업법과 지방자치법의 상하위를 따지기 전에, 일단 주민발의조례가 제정되면 그다음에 지방공기업법에 따라 절차를 밟아 나가면 된다는 게 범추위의 해석이었다. 반면에 시의원들은 타당성 조사를 통해 병원을 설립하는 게 마땅한 일이냐를 먼저 결정하고 나서 조례를 제정하자는 것이었다. 무엇이 중요한지 바라보는 관점에 따라 일의 우선 순서가 달랐던 것이다.

한 채, 성남시에서 아무것도 준비하지 않았다, 타당성 조사가 되지 않았다, 시립병원을 설립하는 것이 옳으냐 등 다음 단계에서 해도 될 논의를 세 시간쯤 하다가 의결을 보류하기로 했다.

> 위원장 방익환: 토의 결과를 말씀드리겠습니다. 지방자치법, 지방공기업법 의료 제반 여건 등을 종합적으로 검토한 후 다시 심의하는 것으로 하고자 하는데 다른 의견 없으십니까?
> ("없습니다." 하는 위원 있음.)
> 없으시면 향후 지방자치법, 지방공기업법, 의료 제반 여건 등을 종합적으로 검토한 후 다시 심의하는 것으로 심사보류 되었음을 선포하고자 하는데 다른 의견 있으십니까?
> ("없습니다." 하는 위원 있음.)
> 없으시면 향후 지방자치법, 지방공기업법 의료 제반 여건 등을 종합적으로 검토한 후 다시 심의하는 것으로 심사보류 되었음을 선포합니다.

심사 보류 선포 그 후

시민들은 오후부터 시의회 회의실 앞에서 침묵시위와 연좌농성을 하고 있었다. 이날 오전에는 열린우리당의 김태년·이상락 국회의원 후보들과 민주노동당 김미희 후보가 반드시 이 조례안을 통과시켜야 한다고 촉구했다. 시의회는 비상사태가 발생할 수 있다고 판단했는지, 본회의장에서 소란스러운 일이 발생할 경우 경호권을 발동하겠다고 고지하였다.

방익환 위원장이 심사를 보류한다고 선포하자 범추위는 구호를 외치며 강하게 반발했다. 회의장을 빠져나가려던 방 위원장이 시민들에게 붙잡혔고, 시민들과 의원들 사이에 몸싸움이 일어났다*.

*당시 현장에 있던 관계자의 증언이 있었다. 자리를 피하려는 의원들과 그들을 잡으려는 범추위 구성원들이 옷자락을 잡아 끌다가 넘어지거나 화분이 깨지기도 하여 회의장은 아수라장이 되었다. 누군가 싸우지 말라고 소리를 질렀다. 폭력은 안 된다는 외침과 육두문자가 쏟아졌다.

의원들이 모두 회의장을 빠져나간 뒤에 범추위는 성남시의회 의장실로 찾아갔다.

"재심의하세요!"

"그걸 제가 어떻게 맘대로 합니까?"

김상현 시의장은 상임위 의견을 무시할 수 없다고 답했다. 방익환 상임위원장도 마찬가지였다.

"거참. 애걸복걸해도 들어줄까 말까 한 참에 시의원 상대로 지금 위협하는 겁니까?!!"

박광봉 의원이었다. 정응섭 의원은 재심의를 하는 게 좋겠다고 의견을 냈다.

날이 저물자 자치행정위원회 시의원들이 야탑동 모처에서 긴급 회동 중이라는 소식이 들려왔고, 범추위 관계자들은 이수영 부의장실에서 결과를 기다리며 향후 대책을 논의했다. 몇 시간 후 상임위 의원들은 다음 날 재심의하겠다는 의사를 밝혔다.

심사 보류가 결정될 때 분당구의 민동익·최진섭(이상 한나라당) 의원, 수정구의 김완창·박광봉(이상 한나라당) 의원이 앞장섰다는 사실이 알려졌다. 여기에 수정구의 표진형(민주당)·홍경표(새천년민주당) 의원이 보조를 맞췄으니, 다음 날의 의결 결과도 낙관하기 어려웠다. 범추위는 무기명으로 투표하면 분명 이탈 표가 나올 것이라 판단하고, 다음 날의 표결은 기명으로 해야 한다고 강하게 주장하며 밤을 지새웠다.

시청사 현관이 봉쇄되었고, 시청으로 몰려온 시민들은 시청사 현

관 앞에서 항의규탄 촛불시위를 열었다. 안에는 농성 중인 사람들이 있었는데, 현관이 봉쇄된 탓에 오도 가도 못하는 상황이 되었다. 시에서 경찰 병력을 요청해 주민들의 진입을 막았고 물품 반입도 금지했다.

재심의

3월 25일 오전 9시, 열 명으로 구성된 자치행정위원회에 재심의를 하러 나온 시의원은 방익환 위원장, 정응섭, 표진형, 강태식 의원뿐이었다*. 정족수 미달로 재심의가 불가능해졌다.

*이상호 의원은 연락두절, 최진섭 의원은 병원 치료, 박광봉 의원은 출석 거부, 김완창 의원은 재심의에 관해 연락받은 바 없음, 홍경표 의원은 아파서, 민동익 의원은 조문차 지방 출장이라는 갖가지 이유가 있었다.

시민들은 본회의 연기와 자치행정위원회 재심의 속개를 요구하며 본회의장 앞에서 농성을 시작했다. 부결시켜도 좋으니 본회의에 상정해 달라고 김상현 시의장에게 요구했지만 묵묵부답이었다. 출입증을 받은 범추위 구성원 30여 명은 본회의장 앞 복도에서 기다리고 있었다. 회의장 앞을 지나가던 이대엽 시장에게 시민들이 "약속을 지켜라!" 하고 소리치니, 이 시장은 손나팔을 만들어 "약속을 지키겠습니다!"라고 답했다.

오전 10시가 되어도 시민들의 농성 때문에 회의를 열지 못한다며, 시의회 사무국은 경호권을 발동하겠다고 경고했다. 이미 성남중부경찰서(현 수정경찰서)에 경찰 병력을 요청해 놓았다.

본회의는 오후 2시 37분에 개의되었다. 이날의 속기록은 매우 간단하다.

의장 김상현: 좌석을 정돈하여 주시기 바랍니다.

성원이 되었으므로 제114회 임시회 제2차 본회의를 개회하겠습니다.

("물러가라" 하는 이 있음)

("빨리 들어와요" 하는 이 있음)

("시민을 알기를 강아지로 알아" 하는 이 있음)

("뭐 하는 거야" 하는 의원 있음)

("지금 뭐 하는지 몰라서 물어보는 거예요?" 하는 이 있음)

(장내소란)

("쾅" 하는 소리 남)

자제를 해 주세요.

("의장님! 하세요!" 하는 의원 있음)

행동으로 산회코자 하는데 다른 의견 있습니까?

("없습니다" 하는 의원 있음)

("뭐 하는 거예요!" 하는 이 있음)

(장내소란)

없으시면, 제114회에 상정된 모든 의안은 차기 회기로 넘기도록 하고 산회를 선포합니다.

(장내소란)

이재명 변호사의 정치 인생 시작을 시사하는 상징적인 장면이 되었다.

김미라 시의원이 이의를 제기했으나 김상현 시의장은 서둘러 자리를 떴다. 시의원들이 재빠르게 빠져나가는 바람에, 범추위는 전날과 다르게 시의원을 한 명도 붙잡지 못했다. 이 자리에서 이재명 공동대표가 눈물을 흘리는 장면이 지역 언론에 포착되었다.

시민 여러분, 의회 경호권 발동합니다

범추위가 항의하는 동안 경찰 50명이 의회에 진입했다. 한선상 의원은 경찰과 공무원은 뭐하고 있냐며 언성을 높였고, 이대엽 시장의 비서 이희백 씨는 "빨리 경찰 불러 진압해!"라고 외쳤다. 범추위는 경찰과 합의해 자진 해산하겠다며 건물 밖으로 나와 시청 정문으로 갔다. 본회의장 앞에서 계속 싸울 경우 경찰의 진압을 피할 수 없을 테니, 시청 앞에서 농성을 벌이기로 한 것이다.

그러나 출동한 경찰들은 밖으로 나온 범추위 관계자들의 양팔을 걸고 둘러싸 곧바로 연행했다. 경찰에 붙들린 백승우 집행위원장은 거세게 항의했다. 현장에 있던 시민들이 "지금 대체 뭐하는 거냐"라고 소리쳤지만 경찰은 이들을 경찰 버스에 태웠다.

성남시의회 청사에서 나온 시민들이 시위를 시작했다.

"에. 시민 여러분, 의회 경호권 발동에 의한 것입니다. 전원 연행합니다."

백승우 범추위 집행위원장과 김경자 범대위 공동집행위원장, 김미라 시의원을 비롯해 36명의 범추위 구성원들이 강제 연행되어 중부경찰서, 남부경찰서(현 중원경찰서), 분당경찰서에 분산 수용되었다. 범추위는 시청 정문 앞에서 농성을 이어 갔다. 고령의 시민들은 경찰 버스 앞 맨바닥에 드러누워 길을 막기도 했다.

성남시의회는 이날 농성을 벌인 사람들에 대한 강력한 처벌을 요구했고, 경찰 관계자는 물건을 집어던진 사람을 CCTV로 찾아내어 처벌하겠다고 밝혔다. 경찰서로 끌려간 시민들 가운데 임철수 씨를 제외한 35명은 새벽에 풀려났다. 범추위는 중부경찰서 앞에서 항의 규탄 시위를 벌였다. **지역의 시민단체들은 "시립병원 조례 심의 보류 결**

정과 성남시의회 본회의장에서 날치기 산회 결정은 의회민주주의를 가장한 폭거"라고 규탄했다.

성남시와 시의회의 강력 대응

경찰에 연행되어 경찰 버스 안에 1시간 넘게 감금되었던 김미라 시의원은 경찰서를 나와 김기명 시의원과 함께 기자회견을 가졌다.

경찰에 연행되는 백승우 집행위원장

"성남시민 여러분, 성남시민의 대변자로서, 시의원으로서, 반민주적인 시의회 운영을 막지 못한 것에 대해 죄송합니다. 저는 오늘 바로 김상현 의장에게 항의서한을 보내고자 합니다. 조속한 시일 내에 임시회를 다시 열고 성남의료원 설치 조례를 재심의할 것을 요청합니다. 동료 시의원의 이의 제기를 묵살하고, 안건을 기습 통과시킨 비민주적인 행위에 대해 김상현 의장은 공개사과 해야 할 것입니다!"

시청 직원으로 인해 상해를 입은 범추위 구성원도 있었다. 하지만 경찰은 회의장에서 명패를 집어던진 임철수 씨를 구속했고, 오영선, 백승우, 김현지 세 명은 불구속 입건하였다.

건강권실현을위한보건의료단체연합은 성남시의회의 시립병원 설립 조례 상정 거부를 규탄하는 성명서를 냈다. 총선을 앞둔 한나라당과 민주당 인사들이 '시립병원 설립에 아무 공헌이 없다는 점이 부각될 것을 두려워한 정략적 조치'라고 의심하면서, 이대엽 시장이 본인의 선거 공약임에도 불구하고 약속을 지키지 않았다고 비판했다.

범추위는 이재명 공동대표가 체포당하지 않도록 애썼다. 전면에 나선 공동대표일 뿐 아니라, 변호사로서 법률 대리인의 역할도 하고 있었기 때문이다. 만일 이재명 공동대표가 실형을 받으면 변호사 자격도 위태로워질 수 있는데, 그렇게 되면 범추위의 향후 행보도 많이 달라질 것이라 판단했다. 이재명 공동대표는 당시 성남 민주화운동의 성지나 다름없던 주민교회 지하에 며칠간 은신했고, 그동안 범추위 구성원들은 향후 투쟁 방향에 대해 논의했다.

3월 29일, 성남시와 성남시의회는 본회의장 점거 사태에 대해 강력 대응한다는 방침을 냈다. 시의원들은 진단서를 끊어와 의장단에 제출했다. 시청 공무원 중에도 상해를 입었다며 범추위를 고소하겠다고 나섰다. 이재명 공동대표는 성남 중부경찰서에 자진 출두하여 A4용지 27쪽에 이르는 자술서를 제출하고 귀가했다.

성남시의회는 3월 30일에 폭행, 공무집행방해, 기물손괴 등으로 범추위를 고소했고, 김상현 시의장은 지난 임시회에서 발생한 사태에 대해 범추위에 네 가지 이행 사항을 공식적으로 요구했다. 범추위는 시의회에 공개사과 할 것, 민형사상의 보상과 책임, 의정활동 위축 행위를 중단할 것, 의회의 결정 사항을 겸허히 수용하는 시민 의식을 가질 것.

경찰과 성남시와 시의회의 태도를 보아하니, 분명 누구 하나는 구속될 것 같았다. 특히 시의회의 처벌 의지가 강했다. 범추위는 시민들의 피해를 최소한으로 줄이는 방법을 모색했다.

4월 1일, 이재명 변호사가 공동대표를 사임하고, 범추위는 조직을 개편하기로 결정했다. 총선 이후 4월 21일에는 공동대표였던 김상현 시의장을 제명 처리했다.

범추위는 출범 당시 정치와 분야를 아우르는 공동대표단을 임명했으나, 이제는 상황이 달라졌다. 각자의 노선이 명확해진 것이다. 범추위의 목표와 상반되는 이들과 결별을 선언했다.

2004년 4월 15일 실시된 제17대 국회의원 선거에서 열린우리당이 152석을 확보해 제1당이 되었다. 한나라당이 121석을 차지했고, 민주노동당이 10석을 확보해 제3당이 되었다. 성남은 수정구에 김태년(열린우리당), 중원구에 이상락(열린우리당), 분당구갑에 고흥길(한나라당), 분당구을에 임태희(한나라당)가 당선되었다.

이어지는 고소·고발과 조직 정비

5월 4일 김기명·김미라 시의원은 성남시의회와 김상현 시의장을 상대로 '성남시의회날치기산회처분취소 및 손해배상청구소송'을 냈다. 범추위는 의회 방청권 행사를 방해했다며 김상현 시의장을 고소했고, 헌법소원도 준비하고 있었다.

2004년 5월 7일 제4대 성남시의회 제115회 본회의 개회식에서 김상현 시의장은 범추위가 집단행동으로 물의를 일으켰으며, 의회의 의결사항을 왜곡한 유인물을 배포하는 행위가 의정활동 압박, 의회민주주의를 저해하는 행동이라고 발언했다. 범추위는 공무원과 시의원들에게 폭언·폭행을 저질렀고 의원들 사이에 갈등을 조장했다며, 이 사태를 묵시하지 않겠다고 공언했다.

공동대표와 조직을 정비*하면서 범추위는 싸움의 방식을 바꿔 보기로 했다. 주민발의조례 제정을 우선 목표로 삼고, 2004년 5월 10일 성남시청에서 성남시립병원 설립을 위한 기자회견을 가졌다. 기자회견문은 원적정사의 운하스님이 읽었다. 시립병원 설립 조례안을 다시 상정해야 하니 시의회에서 조례안을 잘 처리해 줄 것을 촉구했다.

5월 14일에는 범추위가 성남시의회와 관련된 모든 고소·고발을

*5월에 개편된 범추위 공동대표는 운하스님(원적정사), 도휴스님(불이선원), 김덕광 교무(원불교 성남교당), 김승호 신부(수진동 성당), 이용원(성남YMCA 사무총장), 정병준(분당환경시민의모임 공동대표), 김해숙(주민생활협동조합 이사장), 하동근(성남문화연구소장) 등이었다. 정치인들은 제외되었고, 종교단체 인사들이 대거 합류했다.

취하했다. 하지만 시의회는 여전히 강경 입장을 고수했다. 범추위의 고소·고발에 대해서는, 오죽하면 의회가 시민들을 고발했겠느냐고 반문하면서 감정이 풀리지 않은 내색을 했다. 시의회는 "새로 바뀐 범추위 공동대표단이 성남시의회의 결정에 수용할 수 있다면 종합병원이든 시립병원이든 함께 논의할 용의는 있지만, 그렇지 않다면 대화할 수 없다."라고 으름장을 놓았다.

6월 18일 수원지방법원 성남지원은 3월의 주민발의조례 상정 과정에서 시의회를 점거하고 폭력을 행사했다며 백승우 범추위 집행위원장과 임철수 씨에게 구속영장을 발부했다*. 영장 발부 전에 이 소식을 들은 범추위는 15일 "시의회 사건 관련 시민들에 대한 구속영장 청구에 대한 입장"이라는 성명서를 발표하고 "시민의 건강과 안전을 위한 노력이 결과적으로 인신이 구속되는 사태로까지 발전하는 것은 매우 불행한 일이 아닐 수 없다"며 "성남시의회가 빠른 시일 내에 관련자들에 대한 고발을 즉각 취하할 것"을 요구했다. 이후 백승우 씨는 25일에 풀려났으나 임철수 씨는 실형을 선고받았다.

6월 24일, 김기명·김미라 시의원이 시의회를 상대로 제기한 고소를 취하하고 본회의장에서 공개사과를 했다. 그럼에도 불구하고, 성남시립병원 설립을 위한 주민발의 조례안은 본회의에 상정되지도 못한 채 여름을 맞이하게 되었다.

*임철수 씨는 시의회 상임위원회와 본회의를 방해한 혐의로 3월 27일에 구속영장이 청구되었으나 기각된 바 있다.

2004년 7월 6일, MBC 〈심야스페셜〉에서 성남의 의료공백과 시민운동에 관한 르포를 편성해 보도하였다. 2003년 겨울부터 시작한 시민 서명운동과 조례발의 과정, 의회충돌까지 다루었다. 성남병원이 이전한 연세모두클리닉의 전경을 보여주고 이승영 전 성남병원장 인터뷰, 이재명 공동대표의 인터뷰도 담았다. 이 인터뷰에서 이재명 공동대표는 주민발의, 주민투표를 통해 강제적으로 시립병원을 설립하도록 조례를 제정하는 방법을 제안하였다.

2004년 7월 1일, 이대엽 시장은 성남시민의 날 기념행사를 앞두고 수정·중원구를 전면철거 방식으로 재개발하겠다는 뜻을 밝혔다. 2003년 성남 구시가지 재개발계획이 발표될 때만 해도 수복재개발 11개 구역, 철거재개발 9개 구역으로 나누어 진행할 예정이었는데 원안이 갑자기 바뀐 것이다. 이미 한두 차례 재개발 방식 변경이 있었다. 이 시장은 2004년 7월 12일 시의회 제117회 제2차 본회의에서, 수복재개발지구에 대한 민원 제기로 이주 단지 확보가 어렵고 토지 소유자 간의 합의가 지연되면 장기적인 슬럼화가 예상된다고 우려했다. 또 군용항공기법이 바뀌어 고도제한이 완화되면서 사업 여건이 나아졌으니, 사업 방식을 변경하고 2010년까지 성남시 도시 및 주거환경 정비 기본계획을 수립하겠다고 했다.

조례안 상정 투표와 대학병원 유치 시도 ●

주민발의 조례안 상정 전야

성남시의 주민발의조례 제정 청구에 전국적으로 이목이 집중되었다. 조례 제정을 거부할 경우, 성남시와 성남시의회는 시민들의 요구를 무시했다는 비난을 면하기 어려울 것이고, 조례가 제정되어 시립병원 설립이 진행된다면 시의 재정 악화를 초래했다는 비판을 받을 수도 있는 상황이었다.

성남시와 성남시의회가 시립병원 설립은 절대 안 된다고 못 박은 것은 아니었다. 시의회는 부산의료원 등 4개 의료원을 방문하며 구체적인 연구조사에 착수했고, 성남시는 시립병원 설립 타당성 조사에 관한 의견을 들었다.

그러나 성남시와 성남시의회 모두 시립병원이 '적자를 볼 것'이라는 대전제에서 한 치도 벗어나지 않았다. 시는 '노인보건센터도 설립하고 예일병원이 응급의료센터 기능을 갖추도록 할 테니 시립병원까지는 안 해도 된다'며 범추위를 설득하려 했다. 시의원들은 수가로 봤을 때 도저히 수익이 날 수 없고 훌륭한 의료진을 영입할 수 없을 것이며, 가끔 '노조가 말썽을 피우기도 해서'** 국공립의료원은 경영이 매우 힘들다고 일관되게 주장했다. 또한 성남에 시립병원을 건립하면 인근의 용인·이천·여주 등지에서도 이 시립병원을 이용할 수 있는데, 이렇게 되면 타 지역의 의료문제까지 성남이 떠안아야 한다는 우려도 표했다.

조례안을 상정해야 하는 시일이 다가오자 시의회는 일단 조례안 상정 여부를 결정하기로 했다. 그 3일 전인 9월 10일, 범추위의 하동근, 운하스님 공동대표, 지운근 사무국장, 이재명 전 공동대표와 시

**김완창 의원의 발언.(119회 자치행정위원회 의회속기록)

의회의 홍양일 의장, 3월 부의 사건 때의 김상현 전 의장, 이수영 전 부의장, 방익환 전 자치행정위원장이 모여 그간의 일을 사과하고 앞으로의 대책을 협의하기로 했다*.

*이 자리는 유철식 시의원(수정구 신흥3동)이 중재한 것으로 알려졌다.

성남시의회와 범추위가 공동입장문을 발표했는데, 범추위는 물리적 충돌을 일으킨 것에 대해 시의회에 사과하고, 시의회는 시민의 건강권 확보를 위해 노력하겠다는 내용이었다.

조례안 상정 찬반 비밀투표

2004년 9월 13일 제4대 성남시의회 제119회 제1차 자치행정위원회에서는 "지방공사성남의료원 설립 및 운영 조례안"에 대한 논의가 본격화되었다. 성남시 행정기획국장, 보건환경국장, 중원구청장, 투자심사팀장 등이 나와 의회의 질문에 답했다. 1시간 넘게 설전이 오가다가, 방익환 의원의 제안으로 시립병원설립 조례안 본회의 상정에 대한 찬반투표를 비밀투표로 진행하기로 했다. 정응섭 의원은 성남시 재정이 1조 7천억 원이 넘는 데다 시에서 얼마나 시민의 소리에 귀를 기울였는지 의심이 된다고 발언하였으나, 의원 다수가 조례안 상정에 관한 찬반투표를 진행하기로 결의하였다.

재적의원 10명 가운데 과반수인 9명이 출석**, 그중 찬성 1표, 반대 8표로 **출석의원 과반수의 찬성을 얻지 못하였으므로 조례안 상정은 부결**되었다.

**박광봉(위원장, 양지동), 이상호(태평1동), 정응섭(수진2동), 표진형(태평2동), 김완창(태평3동), 홍경표(수진1동), 강태식(성남동), 방익환(상대원1동), 최진섭(정자1동) 의원이 참석하였고, 민동익(야탑1동) 의원은 불참했다.

"상정안을 부결시켜 버렸다는 거야?!!! 본회의 가지도 못하게? 그것도 비밀투표로?!!"

불과 3일 전에 공동입장문까지 낸 의원들이 비밀투표를 주장했다니, 시민들은 다시 한번 분노에 휩싸였다. 지역 언론은 전국 최초로 시민들이 직접 의료원 설립에 대한 조례를 발의한 뜻을 저버렸다고 비판***했으며, 범추위는 성명서를 발표하고 본격적인 행동을 준비했다.

성명서에서 범추위는 '주민발의 시립병원 조례안이 의회에 의해 사망선고를 받았다'며 격분했고, 오늘의 피눈물과 울분을 모아 반드시 시립병원을 설립하겠다는 결의를 다졌다. 예일병원을 개원하여 의료공백을 해소하겠다고 하더니, 예일병원이 제대로 운영되지 않자 대학병원 유치라는 대안을 들고 나온 이대엽 시장도 강하게 비판했다.

***시의회는 같은 회기에 시의회 청사 이전에 관한 예산안을 부드럽게 통과시켜 주민 대의기구로서의 위상을 실추시켰다는 비난도 받았다.

3월 31일, 폐업한 인하병원 자리에 200병상 규모의 예일병원이 개원하였다. 소아과와 산부인과가 먼저 진료를 시작했고, 응급의료센터는 지정 신청도 하지 않았다. 응급의학과 의사도 없었다. 개원 당시 진료과는 임상병리과, 방사선과, 마취과, 내과, 외과, 소아과, 산부인과, 치과, 정신과의 9개였고, 의사 12명, 간호사 12명, 의료기사 5명, 약사 1명, 기타 58명이었다.

시립병원 말고 대학병원?

성남시는 시민들의 시립병원 설립 요구에 대해 일관되게 대학병원 유치로 대응해 왔다. 2003년 두 개 종합병원 동시 폐업으로 인한 의료공백 사태 때도 성남시는 대학병원 유치를 들고 나왔지만 마땅히 나서는 대학이 없었다. **1차 주민발의 조례안의 본회의 상정이 부결되었지만 시민들은 여전히 시립병원 설립을 요구하고 있었고, 성남시는 여전히 대학병원 유치를 추진하겠다는 입장을 고수했다.** 이것은 성남시가 공공병원 설립과 운영 책임에 대해 크게 부담을 느끼고 있다는 방증이었고, 선뜻 나서는 대학이 없음에도 대학병원 유치를 고수하는 것은 시립병원을 요구하는 시민들의 요구를 비껴가려는 정치적 의도였다.

2004년 7월, 성남시는 다시 수정·중원 지역의 대학병원 건립 사업자를 공개 모집했다. 신흥동 산38-4 일원에 진료과목 20개 이상, 500병상 이상 규모의 종합병원을 조건으로 내걸었다.

포천중문의대와 가천대가 건립 의사를 밝혔으나 이후 구체적으로 추진된 일은 없었다. 포천중문의대는 사업자 선정 전 단계에서, 가천대는 사업자 선정 후 손을 뗐다.

성남시는 공고를 내고 곧바로 대학병원유치 추진위원회를 구성했다. 범추위와 시민들은 계속해서 시립병원 설립을 요구하고 있는데, 시는 대학병원을 유치해 시민들과 합의해 나가겠다는 계획*이었다.

전국의 지방공사의료원 운영 실태를 알아보니 만성적자에 시달리고 의료인력 수급에 어려움이 있다며, 의료원 건립은 부적절하다는 의견을 고수했다. 시민들이 원하는 것은 의료공백 해소이지 시립병원 설립이 주목적은 아니지 않느냐는 것이 성남시의 의견이었고, 시민들 사이에서는 대학병원이 들어선다면 그 또한 반대할 일은 아니라는 의견도 나오고 있었다.

대학병원 사업자 선정 취소, 2년째 이어지는 의료공백

조례안이 부결된 지 얼마 지나지 않은 2004년 10월, 성남시는 가천학원(가천의과학대학교)을 대학병원 건립 사업자로 선정했다.

10월 6일, 시는 대학병원유치 추진위원회를 열어 대학병원 건립 사업자에 관한 선정 기준을 심의했다. 같은 날 대학병원 건립 신청을 접수했는데 가천학원이 단독 신청했다. 10월 7일에 가천학원을 대학병원 건립 사업자로 결정하고, 10월 8일에 결정 통지하며 협약 체결은 2004년 11월 10일까지 마감하기로 했다. 협약 체결 이후에 도시계획시설 시행자 지정 신청 등의 업무가 줄줄이 기다리고 있었다.

성남시는 대학병원 유치가 성사되었다며 가천학원의 답을 기다렸다. 하지만 가천학원에서는 11월이 되도록 계약을 미루고 있었다. 10월 15일, 시정조정위원회의 심의를 거쳐 대학병원건립 협약서를 수정 가결했고, 성남시는 답 없는 가천학원에 5차례에 걸쳐 '협약 체결 촉구' 공문을 보냈다. 그러나 가천학원은 수천만 원의 지체보상금을 물더라도 꼼꼼하게 검토하겠다는 입장이었고 성남시는 시민들에게 "곧 된다, 곧 된다"라며 시간만 끌고 있을 뿐이었다.

인하병원 폐업 이후 성남시 수정·중원구의 의료공백이 2년째 이어지고 있었다. 주민발의 조례안은 상정도 못 하고 휴지 조각이 되었고, 시는 대학병원으로 의료공백을 해소한다더니 계약도 못 하고 있었다.

2005년 2월 3일 범추위는 성남시청 앞에서 성남시립병원 설립 촉구대회를 열었다. 시의 주먹구구식 행정을 비판했고, 이대엽 시장의 공약 이행을 촉구했다. 또한 공공의료를 30% 이상 확충하겠다고 한 참여정부도 책임에서 자유롭지 않다는 것을 강조했다.

범추위는 오는 2005년 5월 성남시의회 임시회에서 시의원 발의로 시립병원설립 조례 제정을 추진하겠다고 밝혔다. 그래도 조례가 제정되지 않는다면 다시 한번 주민발의조례 제정 운동을 펼치겠다고 했다.

성남시와 가천학원은 2005년 4월부터 건립 부지 매각 가격에 대한 청문, 감정평가 등에 대한 논의를 거쳤다. 하지만 가천학원은 시 유지 매입비용을 분할 지급한다 해도 너무 비싸다면서, 계속 미뤄오던 계약을 포기하겠다고 밝혔다. 사유는 간단했다. "대학병원설립 의사 없음". 성남시는 가천학원의 확답을 들은 뒤에야, 6월 2일 대학병원유치 추진위원회를 개최하여 그간의 상황을 보고하고 6월 7일에 대학병원 건립 사업자 선정을 취소하였다.

성남시는 협약 지연과 사업자 취소에 따른 손해배상 청구를 하겠다고 나섰다. 그 사이 성남병원 자리에는 아파트가 지어졌고, 예일병원은 사실상 폐업하였다.

공공의료기관 설립에 관한 의회 공방_조례 제정과 타당성 검토

2003년 당시 조례 제정과 타당성 조사를 두고 성남시의회에서는 지리한 공방이 되풀이되었다.

자치행정위원회에서 최준웅 전문위원의 검토 보고서가 제출되었는데, 보고서에는 몇몇 전문가의 의견이 담겨 있다.

먼저 행정자치부 담당자의 입장은 다음과 같다. "지방자치법상으로 봤을 때 주민발의조례 제정 의결은 청구 후 60일 이내에 한다. 이 사례는 60일 이내에 지방의회 부의를 위해, 즉 회의에 올려 조례 제정을 결정하는 것이 관건이므로 조례 내용에 관한 타당성 검토를 하지 않았다. 지방자치법상의 절차 규정인 60일 이내 상정 규칙을 지키기 위한 것이라 위법은 아니다. 하지만, 다른 법인 지방공기업법에서는 지방공기업을 설립할 때 타당성 검토가 선행되도록 규정하였으므로 타당성 검토를 거쳐야 한다."

성남시의회의 고문변호사는 "지방공기업법에 의한 지방공사 설립 시 전문기관 타당성 조사가 선행되어야 한다. 절차가 갖춰지지 않았다고 해서 절차 미이행으로 부결하기보다는, 타당성 조사 결과를 의회에 제출할 때까지 심사보류하는 것이 바람직하다."는 의견을 냈다.

다른 전문위원은 "60일 이내에 의회에 부의하도록 한 규정은 조례 제정을 위한 의무사항이다. 공기업 설립의 타당성 여부를 사전에 검토하도록 집행부에 고지하여 이행하도록 한 후 재심사하여야 한다."라고 의견을 냈다.

최준웅 전문위원은 이 의견들을 종합했을 때, 타당성 검토에 관한 선행 규정이 없는 다른 조례라면 그냥 상정해도 되지만, 시립병원 설립에 관한 조례이므로 반드시 타당성 검토를 거쳐야 한다고 본 것이다.

범추위는 "지방공기업을 설립하려면 조례 제정과 타당성 조사를 거쳐야 하지만, 조례 제정과 타당성 조사 사이의 선후관계를 정해야 한다는 근거는 없다"고 판단했다.

성남시의 주장대로 타당성 조사가 조례 제정에 선행되어야 할 기본조건이라면 조례를 제정하는 일 자체가 불가능해진다. 집행기관이 아닌 시의회는 자체적으로 타당성 조사를 할 수가 없기 때문이다. 시 집행부가 조례를 부의하기 전에 미리 타당성 조사를 하지 않는다면 그 어떤 지방공기업 설치 조례도 제정할 수 없다. 그런데 타당성 조사를 하려면 시의회에서 예산을 승인받아야 한다. 지방공기업법이 지방자치법에 우선한다면, 시 집행부가 시의회 승인 없이 예산을 편성해 타당성 조사를 할 수 없으니 어떠한 경우에도 지방공기업을 설립할 수 없게 된다. 만일, 시에서 타당성 조사 용역을 맡기지 않고 자체적으로 수행하거나, 시의회의 승인 없이 타당성 조사에 관한 예산을 수립할 수 있다면 예외가 된다.

이는 헌법 제117조 제1항에서 보장하고 있는 "지방의회의 조례 제정권"을 본질적으로 침해한다는 것이 범추위의 해석이었다. 이 의견은 법무법인 한울의 김평호 변호사가 작성했는데 심사 이전에 자치행정위원회에 전달되었지만, 정응섭 시의원만 이에 대해 거론했다.

2003년 당시와 현재의 법령 비교

	당시	2021년 현행
지방자치법 조례 제정 관련	제13조의3(조례의 제정 및 개폐 청구) ⑦지방자치단체의 장은 제6항의 규정에 의하여 청구를 수리한 날부터 60일 이내에 조례 제정 또는 개폐안을 작성하여 지방의회에 부의하여야 하며, 그 결과를 청구인의 대표자에게 통지하여야 한다. [시행 2003. 7. 18] [법률 제6927호, 2003. 7. 18, 일부개정]	제 15조 ⑦ 지방자치단체의 장은 제5항에 따른 이의신청이 없는 경우 또는 제5항에 따라 제기된 모든 이의신청에 대하여 제6항에 따른 결정이 끝난 경우 제1항 및 제2항에 따른 요건을 갖춘 때에는 청구를 수리하고, 그러하지 아니한 때에는 청구를 각하하되, 수리 또는 각하 사실을 청구인의 대표자에게 알려야 한다.
지방공기업법 제49조	제49조(설립) ③지방자치단체가 공사를 설립하고자 하는 때에는 대통령령이 정하는 바에 의하여 주민복리 및 지역경제에 미치는 효과 · 사업성 등 지방공기업으로서의 타당성 여부를 사전에 검토하여야 한다. [시행 2002. 6. 1] [법률 제6665호, 2002. 3. 25, 일부개정]	제49조(설립) ③ 지방자치단체는 공사를 설립하는 경우 대통령령으로 정하는 바에 따라 주민복리 및 지역경제에 미치는 효과, 사업성 등 지방공기업으로서의 타당성을 미리 검토하고 그 결과를 공개하여야 한다. 〈개정 2013. 6. 4.〉 ④ 제3항에 따른 타당성 검토는 전문 인력 및 조사 · 연구 능력 등 대통령령으로 정하는 요건을 갖춘 전문기관으로서 행정안전부장관이 지정 · 고시하는 기관에 의뢰하여 실시하여야 한다. 〈신설 2015. 12. 29., 2017. 7. 26.〉 [전문개정 2011. 8. 4.]

2005. 6. 8. 의료공백해결을위한 성남시립병원설립운동본부 발족
2005. 7. 13. "지방의료원의 설립 및 운영에 관한 법률" 제정
2005. 7. 14. 지관근 등 시의원 20인 공동발의 조례안 제출
2005. 7. 15. 성남시 대학병원 건립 사업자 공모 재공고
2005. 7. 23. 시립병원설립을 촉구하는 성남시민걷기대회 개최
2005. 8. 29. 운동본부 주민발의조례 대표 청구인 선임, 주민 서명 시작
2005. 10. 25. 의원 공동발의 조례안 상임위 통과, 본회의 상정
2005. 10. 31. 의원 공동발의 조례안 일부 수정 번안동의 재심의 통과
2005. 11. 3. 본회의에서 의원 공동발의 조례안 부결
2005. 11. 15. 두 번째 주민발의 조례안 청구인 명부 제출
2006. 3. 15. 주민발의 "성남시의료원 설립 및 운영에 관한 조례안" 본회의 통과
2006. 3. 31. "성남시의료원 설립 및 운영에 관한 조례" 제정

제4장

다시 한번, 주민발의조례 제정 운동

2005 - 2006

상대원3동 시립병원설립추진단 발족식(2004. 2. 2.)_출처: 우리뉴스

성남시립병원 설립을 위한 주민간담회(2005. 10. 21.)_출처: 성남투데이

시립병원 설립을 촉구하는 범추위 집회(2005. 2. 3.)_출처: 성남투데이

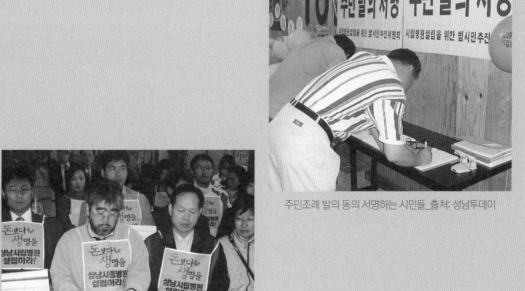

주민조례 발의 동의 서명하는 시민들_출처: 성남투데이

주민발의 조례안 서명부 접수(2005. 11. 15.)_출처: 성남투데이

1차 주민발의 조례안이 폐기된 후 성남시립병원설립 범시민추진위원회는 '의료공백해결을위한 성남시립병원설립운동본부'로 개편하고 2차 주민발의조례 청구를 추진한다. 성남시립병원 설립 투 트랙 전략으로 의원발의 조례안과 주민발의 조례안이 동시 추진되었는데, 의원발의 조례안은 본회의 부결되었고, 18,845명의 시민들이 참여한 2차 주민발의 조례안(청구인 대표: 하동근)은 결국 본회의에서 만장일치로 통과되었다. 전국 최초 주민발의조례로 공공병원 설립을 성공시킨 성남시민들의 승리였다.

두 번째 주민발의조례 제정 운동 ●

성남시립병원설립운동본부 출범

주민발의 조례안은 상정되지도 못하고 시의회와의 갈등도 해결될 조짐이 보이지 않자, 범추위는 다음 단계로 운동을 전환했다. 범추위와 뜻을 같이 하는 시의원들의 발의로 조례 제정에 다시 도전하면 어떻겠느냐는 의견이 나왔다.

"아직 주민발의조례에 대한 인식이 없어서 그래요. 이번엔 의원발의로 한번 해 봅시다. 주민발의조례가 의의가 있지만, 원안 그대로 제출자만 바뀌는 거니까 그게 나을 거 같습니다. 의원들이 자기들의 입법 권한을 침범했다고 여기는 거 같아요. 어떻게든 병원은 지어야 하잖아요."

2005년 5월 16일, 정응섭, 지관근, 김유석, 김기명, 김미라 등 10여 명의 시의원들이 공동 발의하는 조례안을 만들어 상정하기로 결정했다. 또한 범추위는 100여 명의 추진위원으로 확대 재편하여 '의료공백해결을위한 성남시립병원설립운동본부(이하 운동본부)'로 이름을 바꾸고 6월 8일 성남문화의집에서 발족식을 가졌다*. **운동본부는 의원 발의로 다시 조례 제정을 추진하되, 이마저도 무산될 경우 다시 한번 주민발의조례를 청구하기로 했다.**

2005년 7월 4일, 운동본부는 기자회견을 가지고, 성남시에서 운영하는 '대학병원유치 추진위원회'를 '시립병원건립 추진위원회'로 전환해 시청과 의회, 시민사회단체, 의료전문가로 이루어진 민관정 기구를 구성하자고 제안했다. 공공의료 30% 확충 정책의 큰 방향이

운동본부는 의원발의 조례 제정과 주민발의조례 재청구를 함께 준비하였다. 이른바 투 트랙(two track) 전략을 펼친 것이다.

*발족식에서 지한규 은행2동 대표가 구미동 고압 송전선을 지중화하는 데 2천억 원 이상을 들이면서 연간 20억 원 내외의 시립병원 지원비를 아까워하는 성남시와 이대엽 시장을 강하게 비판했다.

의료제도 개선이니, 중앙정부와 광역자치단체의 지원을 끌어내기 위해서는 민관정 기구가 필요하다는 전략이었다. 또한 공청회 개최를 제안하며, 성남시의 재정 규모로 보아 시립병원 설립과 지원이 불가능한 일이 아니라는 것도 재차 강조했다.

운동본부와 연대한 지관근 의원 등 20명의 시의원들*은 7월 14일 "성남시 지방공사성남의료원 설립 및 운영에 관한 조례안"을 발의했다. 시의회는 2005년 9월 제126회 임시회의 자치행정위원회에서 이를 심의하기로 했다.

그런데 바로 하루 전인 7월 13일에 '지방의료원의 설립 및 운영에 관한 법률**'(약칭 지방의료원법)이 제정되어, 시의회에서는 상위법과의 충돌 여부를 검토할 필요가 있다는 주장이 제기되었다.

의원 공동발의 조례안 서명부

*김기명, 김미라, 김유석, 문길만, 박권종, 신현갑, 오인창, 유철식, 윤광열, 윤춘호, 이상호, 이영희, 이형만, 정응섭, 지관근, 지수식, 최화영, 한선상, 홍경표, 홍용기 (이상 가나다순)

**이 법률이 제정됨으로써 지방공기업법 일부가 개정되었다. 지방공기업법 제2조(적용범위) 제9항에 "의료사업"이 명시되어 있는데, 이 법의 제정으로 의료사업을 별도 독립시킨 것으로 볼 수 있다.

전열을 가다듬고, 시민걷기대회

유튜브에서 시민걷기대회의 영상을 찾아볼 수 있다.

운동본부는 시에서 갑자기 구체적인 안을 내고 운영 방식까지 정리해 시립병원 설립을 적극적으로 추진하는 것이 마뜩잖았다. 운동본부가 주장하는 것은 성남시에서 운영하는 공공의료 제공 병원이었다. 운동본부는 시민들의 의지와 역량을 보여 주고 연대의식을 높이기 위하여 7월 23일 '시립병원설립을 촉구하는 성남시민걷기대회'를 개최하였다.

35도가 넘는 날씨에도, 3백여 명의 시민들이 남산산성 입구에서
부터 수정구 세이브존 앞까지 거리행진을 펼쳤다. 이날 행사에서 운
동본부는 이대엽 시장의 공약 이행을 촉구하고 시의회의 외면과 시
집행부의 안일한 태도를 비판하며, 이번 의원발의 조례안이 상정되
지 않을 경우 또다시 주민조례청구운동을 재개하겠다고 선언했다.

　　이날 행사에서 최석곤 성남참여자치시민연대 공동대표는 이대엽
시장이 본인의 공약임에도 불구하고 지난 2년간의 의료공백을 외면
하고 있다고 비판하면서 시 집행부와 시의회의 반시민적 태도를 규
탄했다. 이 시민걷기대회가 시장과 시의원들을 향한 엄중한 경고라
고도 했다.

시립병원 설립을 촉구하는 성남시민 걷기대회_출처: 성남투데이

이재명 성남사회단체연대회의 운영위원장은 성남시와 한나라당 일부에서 시립병원 설립을 검토한다고 하지만, 2년 동안 허송세월한 것을 돌이켜 봤을 때 이들이 과연 진정성 있게 시민을 위한 병원을 설립할 것인지 의심이 든다고 말했다.

한선상 시의원은 단상에 올라 "의회 내에서 힘에 밀려 적극적으로 조례 상정을 밀어붙이지 못했습니다! 죄송합니다! 하지만 성남시도 이제 입장을 바꾸고 있습니다!"라고 다소 희망적인 이야기를 덧붙였다.

시민걷기대회에 이어 8월 29일부터 운동본부는 주민발의조례 제정 청구인 대표*를 선임하고 주민 서명을 받기 시작했다. 주민들의 동의는 이미 받아 놓은 상태나 다름없고 이를 다시 확인하는 절차라 볼 수 있어, 서명을 받는 행동만으로도 성남시와 성남시의회를 압박할 수 있었다. 2년 전에 추진했던 서명운동을 동력으로, 1주일 만에 5천 명의 조례 제정 청구인 서명을 받았다**.

이 서명운동은 서명운동대로 진행하면서, 시의회와 공동으로 '시립병원설립을 위한 성남시민 공청회'를 개최했다. 시의회 의장단과 면담을 추진하고, 수정·중원 지역의 각 동별 주민간담회를 여는 등 여러 방법을 동시다발적으로 진행했다. 지난날의 실패가 촘촘한 전략을 세우는 데 도움이 되었다.

신상진 의원의 제안, 대학병원 위탁운영

2005년 보궐선거로 당선된 신상진*** 국회의원(성남시 중원구, 한나라당)의 행보를 주목할 필요가 있다. 신상진 의원의 당선은 성남시의료원 설립에서 중요한 의미를 가진다. 신 의원은 '성남시립병원 설립은 추진하되, 대학병원에 위탁운영해야 한다'는 입장을 당선 이후부터 일관되게 주장했다.

1차 주민발의 조례안(2003년)이 성남시의회 자치행정위원회에서 부결되어 본회의에 상정도 되지 못한 채 사라졌던 것은 시의회의 다수를 차지한 한나라당 시의원들의 시립병원에 대한 부정적 입장 때문인 데 반해, 신상진 의원은 시립병원 설립에는 동의하는 입장이었고, 이것이 이후 시의회 입장 변화에 많은 영향을 주게 되었다. 시립병원 설립을 주장하는 시민들과, 시립병원 설립을 반대하거나 운동본부와 시민들의 설립운동을 방해하려는 성남시와 한나라당 시의원들 간의 팽팽한 대립 속에서, 신상진 의원은 설립하는 쪽으로 힘을 실으면서 시립병원 설립에 중요한 변화를 가져왔다.

신상진 의원은 시립병원의 대학병원 위탁운영을 선거공약으로 내걸고 당선 직후에 '성남시민 의료불편 해소, 어떻게 할 것인가'라는 제목으로 토론회를 열었다. 신 의원의 주장은 성남시의 입장과 궤를 같이하는 지점이 있었다.

조례안 발의 다음 날 성남시는 대학병원 건립 사업자 공모를 재공고했고, 가천의대를 비롯한 41개 대학에 공문을 보냈다. 시에서 산정한 예산 소요액은 1500억 원이고, 규모는 300병상, 위치는 수정구 신흥동 시유지였다.

성남시는 다음의 3단계 플랜을 준비하고 있었는데, 1단계는 대학병원 유치 재공모, 2단계는 대학병원이 부지를 매입해 건물을 짓고 성남시에 기부채납 후 무상사용 허가, 3단계는 부지 매입비 보조 특별조례 제정이었다.

한편, **신상진 의원의 대학병원 위탁운영 주장은 이후 주민발의조례 폐지와 대학병원 위탁운영을 강제하는 새로운 조례안 제정으로 이어진다.**

의원 공동발의 조례안

추경예산안과 의원발의 조례안 심의

2005년 9월 27일에 열린 제128회 제1차 본회의(임시회)에서 홍양일 시의장이 20명의 시의원들이 공동 발의한 '성남시의료원 설립 및 운영에 관한 조례안'의 심의 일정을 알렸다. 2005년의 두 번째 추가경정예산 심의에서는 '성남 종합병원 건립 및 운영에 대한 타당성 조사 용역' 예산 5천만 원이 요청되었다*. 보건위생과는 예산안을 올리며 10월 중에 예산이 확정되면 공모 후 11월이 지나서야 용역이 시작될 것이라고 했다. 김미라 시의원은 다음과 같이 말했다.

*성남시 보건위생과에서 요청하였다. 성남시에서 시립병원 타당성 조사 용역 예산을 책정했다는 것은 시립병원을 건립하는 방향으로 선회하고 있다는 증거라 할 수 있다.

"성남시에서 위탁운영권을 주겠다고 해도 의료법인이 선정되지 않은 이유가 뭔지 생각해 보시기 바랍니다. 여기 우리가 원하는 병원은 영리추구가 불가능하다고 판단하는 것입니다. 이번 용역조사에서도 영리나 수익을 우선해서 타당성을 검토하지 마시길 강력히 요청합니다."

2005년 9월 14일자로 '지방의료원의 설립 및 운영에 관한 법률'(약칭 지방의료원법)이 시행되었다. 그러나 성남시와 성남시의회는 이 법의 시행령 공포 이후에나 조례안 상정이 가능하다고 주장했다**. 법률은 시행령이 발효되어야 현장에서 실질적으로 효력을 발휘한다고 볼 수 있으니, 이 시행령이 내려올 때까지 의원발의 조례안 상정을 미루자는 것이 시의원 다수의 의견이었다. 결국 10월 25일 **사회복지위원회 심의에서 지관근 의원 등이 공동 발의한 조례안을 상정**하였다.

**운동본부가 이에 관해 보건복지부 보건정책과 담당자에게 확인한 결과 '지방의료원 설립에 관한 법률을 제정·공포했으므로 시행 여부와 무관하게 조례를 제정할 수 있다'는 답을 들었음에도, 주장을 굽히지 않았다.

이날 심의에서는 오전 11시부터 1시간의 토론을 거친 뒤 오후에 재개회하여 무기명투표로 조례안 심의 표결을 진행하였다. 재적의원 10명, 출석의원 10명, 총 투표수 10표 중 찬성 7표, 반대 3표로 조례안은 사회복지위원회 심의를 통과하였다.

10월 31일 시의회는 **의원발의 조례안이 지방의료원법에 부합하도록 일부 수정하기로 하고, '성남시의료원 설립 및 운영에 관한 조례안 변안동의'*****의 건은 재심의를 통과했다. 이제 본회의 상정과 표결만이 남았다.

이 시점의 진행 상황은 다음과 같다. 의원들의 조례안 발의→상임위 심의→지방의료원법 제정으로 수정안 제출→상임위 재심의 통과. 남은 과제는 본회의 통과→조례 공포와 시행→의료원 설립.

***수정동의라고도 하며, 당초 공고된 안건의 내용을 변경하여 의안을 제출하는 것을 이른다.

지방의료원법 시행 (2005년 9월 14일) 전후 비교

구분	시행령 이전	시행령 이후
형태	지방공기업법에 의한 지방공사	지방의료원
관할부처	행정자치부	보건복지부
법적 근거	지방공기업법	지방의료원법

의원발의 조례안 본회의 상정

2005년 11월 1일, 정부는 지방의료원법 시행령을 공포하였다. 운동본부는 정부의 정책 목표와 상응하도록 시의회가 꼭 조례안을 통과시켜야 한다는 의견을 표명했다.

11월 3일, 성남시의회 앞에는 운동본부 구성원들이 늘어서 있었다. 이들은 시의원들의 차량이 들어갈 때마다 조례안 통과를 촉구했다. 지난해의 의회 충돌을 의식한 시청 직원들도 의회 복도에 줄지어 서 있었다. 오전 11시에 개회한 제129회 제2차 본회의에서 '성남시의료원 설립 및 운영에 관한 조례안'을 상정했고, 사회복지위원회

위원장인 윤광열 의원이 심사 결과를 발표했다.

"다양한 계층들의 주민이 살고 있는 수정·중원 지역이 그동안 의료 공백으로 인해 자신들에게 필요한 의료서비스를 적절하게 받지 못하고 있어 이로 인한 지역적 비형평성 논란으로, 공공의료 시설 설립을 수없이 요구하여 오고 있는 바, 지난 7월 13일자 지방의료원 설립 및 운영에 관한 특별법이 제정·시행됨에 따라 공공의료 체계의 틀 속에서 성남시의료원 설립 및 운영에 관한 조례를 제정, 지역주민들의 보건의료 향상과 지역 균형발전을 도모하기 위한 조례로서 상위 법령의 범위 안에서 우리 시 실정에 맞도록 일부 조문을 수정·보완하는 것으로 하여 수정 가결하였습니다."

홍양일 시의장이 바로 가결하고자 하는데 다른 의견이 있냐고 물으니, 김완창 의원이 나서서 반대 의견을 펼쳤다. 수정구 4개 병원에 306병상, 중원구의 한 병원에 292병상이 있는데 과연 의료공백인지 현장을 확인하고 진행하자는 의견을 냈다*. 또 지난해 자치행정위원회에서 심도 있는 토론을 거쳐 9대 1로 부결시킨 바 있기 때문에 반대한다는 의사를 명확히 밝혔다.

토론이 길어질 것 같자 홍양일 의장은 찬성 2인, 반대 2인의 의견을 듣겠다고 결정했다. 지관근 의원이 먼저 찬성 의견을 제시했는데, 수정·중원구뿐 아니라 분당에도 저렴한 진료를 요구하는 주민들이 있으며 경영하기에 따라 적자 논쟁은 정리할 수 있다고 말했다. 김철홍 의원은 적자에 시달리는 타 지방의료원의 사례를 들면서 반대 의견을 펼쳤다. 사회복지위원회 위원장인 윤광열 의원은 찬성을 독려했다.

"시립병원 설립해서 연평균 적자가 17억 정도라고 나왔는데, 그렇다고 칩시다. 그런데, 성남아트센터 하나에 들어가는 예산이 연 210억 원

*김완창 의원이 가져온 자료에는 분당구에 17개 병원 2,773병상이 있다는 통계도 있었다.
《성남뉴스》에서는 시립병원 설립에 반대 의견을 낸 김완창 시의원(태평3동)을 인터뷰했다. 그는 '수정·중원구의 의료공백이 아니며, 종합병원이 없으므로 대학병원이나 종합병원 유치는 가능하지만, 예산이 투입되는 시립병원을 설립하는 것은 여전히 반대'라는 입장을 고수했다. 김완창 의원은 조례안 부결에 힘을 실었다는 이유로 운동본부로부터 강력한 항의를 받았다.

이라면, 우리 성남시에서 연 17억 정도 감당 못하겠습니까? 문화예술공간처럼, 시립병원도 시민들을 위해 필요한 일입니다. 존경하는 의원 여러분들의 찬성을 기대합니다."

이후에 누가 발언하느냐를 놓고 장내가 소란스러웠다. 발언자가 사전에 정해진 것 아니냐는 고성도 오갔다. 방익환 의원은 집행부에서 뭐라고 하더냐고 반문했고, 김미라·김기명·김유석 의원 등 찬성 의원들이 의회 절차를 무시했다고 반발했다. 김미라 의원은 가부 결정을 할 거면 기명투표로 하자고 제안했으나 장대훈 의원이 무기명 투표를 주장했다. 김미라 의원은 거수로 하자, 유철식 의원은 전자투표로 하자고 제안했는데, 기명과 무기명을 놓고 옥신각신하다가 무기명 전자투표로 결정되었다**.

투표 방식이 정해지자 곧바로 조례안 통과 여부에 대한 투표를 실시했다. 출석의원 39명 중 찬성 12표, 반대 26표, 기권 1표. 이렇게, **20명의 의원들이 공동 발의한 "성남시의료원 설립 및 운영에 관한 조례안"은 부결**되었다.

"성남시의회는 죽었다!" 운동본부는 사망선고를 내리겠다고 선포했다. 하동근 공동대표는 회의장을 나와 시청 앞에서 "민의를 도적질한 사람들을 철저히 응징합시다!"라고 단호하게 규탄했다. 시민들은 차분하고 엄숙하게 규탄 집회를 이어 갔다.

이날 방청석에서 하동근, 효관 공동대표가 이 모습을 지켜보고 있었다. 시청 앞에 모여 있던 시민들 가운데 시의원의 이름이 적힌 종이피켓을 찢거나 우는 사람도 있었다.

**기명/무기명의 투표 방식을 정하는 전자투표를 하여, 총 투표수 39표 중 기명투표에 찬성 10표, 반대 25표, 기권 4표가 나와서 무기명 전자투표를 하게 되었다.

의원 공동발의 조례안 부결에 대한 항의 집회(2005. 11. 3.)_출처: 성남투데이

두 번째 주민발의조례 제정 청구

주민발의 조례안 재청구

2005년 11월 3일, 시의회에서 의원 공동발의 조례안이 부결되었지만, 시립병원설립 주민발의조례를 재청구하기로 한 계획은 차질 없이 진행되었다.

2005년 11월 15일, 운동본부는 세이브존 앞에서 주민발의조례 재청구를 위한 집회를 열고, 성남시청까지 거리행진을 한 뒤 성남시청 민원실에 18,845명분의 주민발의조례 청구인 명부를 제출했다. **같은 사안으로 지역주민들이 두 번씩이나 직접 일어나 조례 제정에 나선 것은 한국 지방자치 역사에서 처음 있는 일이었다***.

운동본부에서 제출한 서명 청구인 18,845명 중 2,762명의 부적격자가 무효 처리되고 최종적으로 16,083명의 청구인이 확정되어 주민조례 청구가 수리되었다. 성남시 인구에 비추어 주민발의조례 청구에는 1만 1천 명 이상의 서명이 필요한데 그 수를 채우고도 남았다. 이제 청구일로부터 60일 안에 조례안을 상정해야 하니, 늦어도 2006년 2월 15일 이전에 조례안은 시의회로 넘어간다.

> *2022년 현재까지도 이런 일은 없다. 당시 성남시에서는 학교급식 개선에 관한 조례 제정 운동도 있었는데, 2000년대 초 전국적으로 일어난 주민발의조례 제정 운동의 기폭제가 된 것은 학교급식과 관련한 것이었다.

신상진 의원 등 정치권과의 갈등

운동본부는 2005년 11월 21일 신상진 국회의원 사무실 앞에서 규탄 집회를 가졌다. 신 의원은 지방공사의료원 형태의 시 직영 병원을 반대한다는 의견을 밝혔으며, 현실적으로도 의료공백을 해소하려면 대학병원 위탁운영이 불가피하다고 주장해 왔다. 운동본부는 신상진 의원이 시립병원 설립을 방해하고 있다고 판단했다. 또한 같은 당(한나라당) 소속 시의원들이 지속적으로 시립병원 설립을 방해하는 것에 그의 입김이 작용했다고 보았다.

운동본부는 신상진 의원실에 항의서한을 전달했다. 신 의원은 시립병원 설립에 순수한 노력을 기울이고 있다고 주장하며, 일부 단체의 정치적 행위를 통한 왜곡이라고 반박했다. 신상진 의원 외에도 다수의 성남시의원들이 '일부 단체의 정치적 행위'라며 운동본부의 시립병원 설립 추진을 폄하하였다**.

해를 넘겨 2006년이 되었다. 2006년 1월 1일 《성남일보》는 신상진 의원의 신년사를 실었다. 신년사에서 신 의원은 세 가지 새해 중점 과제를 밝혔는데, 그중 첫 번째가 시립병원 설립 문제 해결이었다. 두 번째로는 성남시의 주거 문제를 해결하기 위해 재개발을 추진할 것이라 공언하였다.

**시민운동의 본질과 집행 방식은 항상 기득권 정치인들의 공격을 받아 왔다. 기득권에서는 시민들 스스로 일어나 대표자를 세우는 방식을 일부 단체와 개인이 시민들을 규합하는 것으로 치부하곤 한다. 아래로부터의 운동이 아닌 톱다운 방식에 익숙한 경우 시민들이 스스로 저항하는 것을 이해하지 못하는 경우는 늘 있었다.

신상진 의원은 2005년 주민들의 항의에도 불구하고 서울대병원 위탁운영을 고집하고 있었고, 또 재개발 문제를 거론한 것을 기억할 필요가 있다. 계속되는 구시가지의 재개발 시도는 성남시의료원 설립에 영향을 끼치게 된다.

두 번째 주민발의 조례안 통과되다

두 번째 주민발의 조례안의 심의를 앞두고, 운동본부는 2월 22일부터 매주 화요일마다 촛불집회를 열어 시립병원 설립을 촉구하였다.

3월 14일, 성남시의회에서는 몇 가지 조례안 심의를 놓고 제133회 제1차 본회의가 열렸다. 김기명 의원은 5분 발언에서 이번에도 시립병원 설립에 관한 주민발의조례가 통과되지 않으면 성남시민들이 용납하지 않을 것이라고 말했다. 뒤이어 성남시 보건환경국장이 시의 입장을 발표하고, 2004년부터 진행된 시립병원 설립 추진 경과를 보고하였다.

2006년 3월 15일, 이전의 시의회에서 볼 수 없었던 풍경이 펼쳐

진다. 이수영 시의장이 13건의 조례안을 일괄 상정하는데, 그중 첫 번째 의안이 '성남시의료원 설립 및 운영에 관한 조례'였다. **아무도 덧붙이는 발언을 하지 않아 순조롭게 심의를 마치고 상정 직후 아무 일 없었다는 듯이 조례가 통과되었다.**

의회 속기록에도 별다른 내용이 없다. 《성남뉴스》는 이에 대하여 "한편 이번에 재상정된 조례안에 대해 사회복지위원회 의원들의 찬반 논의가 벌어질 것으로 예상됐으나 조례안 상정 30여 초 만에 시 집행부 측의 제안 설명도 듣지 않고 곧바로 원안가결 처리했다."라는 기사를 내보냈다.

운동본부는 2006년 5월에 있을 전국동시 지방선거 때문이라고 판단했다. 비록 방향과 운영 방식에 차이가 있지만 병원 설립 자체에 대해서는 신상진 국회의원이 동의하고 있었으며, 기초의회 의원들은 지역구 국회의원의 공천권과 입김을 무시할 수 없었다*. 시민들이 수년간 싸워도 쉽게 이루어지지 않던 일이 권력에 의해 일거에 해결되는 듯했다. 시장과 의원이 바뀌면 추진하는 일이 수월하게 풀려 나갈 것이라는 답을 들은 셈이었다.

*2006년 지방선거부터 정당공천제가 시작되었다. 지방의회 부활 이후 처음으로 실시되는 정당공천제였다.

2006년 3월 14일 성남시의회 본회의에서 보고된 시립병원 설립 추진 경과

'일부 시민단체와 일부 의원들의 시립병원 설립 요구'로 인해, 2004년 4월 7일부터 13일까지 지방의료원 6개소에 대한 실태조사를 했고, 시의회에서도 같은 해 8월 16일부터 19일까지 지방의료원 4개소에 대한 실태조사를 했다.

시장 지시로 "병상당 3억여 원, 500병상 이상의 병원 설립 시 1500억 원 이상의 막대한 시 예산이 소요되는" 시립병원보다 높은 의료서비스를 제공할 수 있는 대학병원 설립을 추진하였으나, 건립 사업자 공모를 거쳐 선정된 가천학원이 사업을 포기하여 2005년 6월 7일 사업자 선정을 취소하였다.

2005년 7월 18일 가천대학교를 포함한 41개 대학에 '성남에서 대학병원을 운영할 주체를 찾는다'는 공문을 보낸 이후, 여러 차례 대학병원유치위원회를 개최했으나 성남에 들어오겠다는 대학은 단 한 곳도 없었다.

시립병원 설립 타당성 조사 용역 보고

성남시는 2005년 8월에 시립병원 설립 타당성 조사 용역 계획을 수립해 5천만 원의 용역비를 확보하였다. 성남시의회, 종합병원유치추진위원회의 검토를 거쳐 '성남종합병원 건립 및 운영에 관한 타당성 조사용역'을 한국보건산업진흥원에 의뢰했고, 2005년 12월 20일 착수, 4개월의 조사 연구를 끝내고 2006년 4월 17일 완료 예정이라 밝혔다.

2006년 2월 23일, 이 용역에 대한 중간보고와 전문가 토론회가 있었다. 용역 결과를 보면 2005년 말에 성남시 전체의 종합병원은 4개소, 병원은 8개소가 있으며 병상은 총 3,233병상으로 인구 1000명당 3.3병상이었다. 종합병원의 병상 공급은 전국 평균보다 약간 높은 수준이고, 병원급의 병상 공급은 약간 낮았다. 2004년, 이용현황 구별 자체 충족율 분석에서는 분당구 55.1%, 수정구 6.2%, 중원구 15.2%로 분당과 수정·중원구의 격차가 크게 드러났다. 또한 수정·중원구 주민들 중, 의료시설 이용이 불편하다는 주민은 71.6%, 시립병원 선호도는 78.4%로 나타났으며, 시립병원 설립 희망 이유는 의료비와 진료비가 저렴해서 좋다는 의견이 77.8%였다.

이날 토론회에는 2005년 신상진 국회의원이 개최한 토론회에 참석했던 경기도의료원 수원병원의 박찬병 원장이 참석했는데, 조사 내용 중 노인층에 대한 조사가 누락된 점을 지적했다. 성남의 인구 구성으로 봤을 때, 500병상 규모의 종합병원이 필요하며 공공의료기관의 의료서비스가 필요하다고 말했다. 박 원장은 여러 측면에서 적자가 예상되지만 우수 의료진을 영입해 잘 운영하면 영구적으로 적자가 발생한다고 보기 어렵다며 긍정적인 의견을 냈다. 연세대학교 양동현 교수는 공공병원으로 설립하고 운영은 민간위탁이 좋겠다는 의견을 냈다. 성남시는 이날 토론회에서 나온 의견들을 바탕으로 2월 28일, 성남시민회관 소극장에서 주민설명회를 가질 예정이며, 주민설명회에서의 의견도 반영해 용역결과를 정리하겠다고 밝혔다. 또한 4월 중순 최종보고, 보고서 발간을 마치고 성남시 병원 정책 수립을 위한 기본 자료로 활용하겠다고 했는데, 이 말은 3월 중순에 있을 성남시의회에서 조례가 통과될 것이라는 내용을 암시한 셈이다. 이전에는 타당성 조사 용역이나 설립에 관해 '확정된 것이 없다', '노력하고 있다', '알아보고 있다'라며 시종일관 회피하거나 소극적인 자세를 취하다가, 아직 타당성 조사도 끝나지 않았고 시의회에서 조례를 통과시킨 것도 아닌데 이런 발언을 했다는 것은 주목할 필요가 있다.

2005년 10월 26일에도 이대엽 시장은 하동근 운동본부 공동대표와 면담에서 '나 혼자 하는 일이 아니다. 걱정 말고 기다려 달라'고 강조한 바 있다.

성남시 의료원 설립 및 운영에 관한 조례

(제정) 2006.03.31 조례 제2044호

(폐지) 2012.02.20 조례 제2541호

제1조(목적) 이 조례는 「지방의료원의 설립 및 운영에 관한 법률」(이하 "법"이라 한다)에 따라 성남시(이하 "시"라 한다)가 설립하는 의료원의 설립·운영 및 지원에 관하여 필요한 사항을 규정함을 목적으로 한다.

제2조(명칭과 위치) ①시가 설립하는 의료원의 명칭은 성남시 의료원(이하 "의료원"이라 한다)이라 한다.

②의료원의 위치는 시 관할 구역 내에 둔다.

제3조(사업) ①의료원은 다음 각 호의 사업을 행한다.

1. 지역주민의 진료사업

2. 전염병 및 주요 질병의 관리 및 예방사업

3. 민간 의료기관이 담당하기 곤란한 보건의료사업

4. 의료인·의료기사 및 지역주민의 보건교육사업

5. 의료지식과 치료기술의 보급 등에 관한 사항

6. 국가 또는 시의 공공보건의료 시책의 수행

7. 성남시장(이하 "시장"이라 한다)이 필요하다고 인정하는 보건의료사업의 수행 및 관리

②제1항에 의한 사업을 법 제7조제2항의 규정에 의한 의료기관·대학 또는 연구기관과 공동으로 수행하거나 인력·기술의 지원에 관한 협약을 체결하고자 할 경우에는 시장의 승인을 받아야 한다.

제4조(임원) ①법 제8조제4항제1호에 의한 이사로 추천될 수 있는 공무원은 의료원 소재지 관할 보건소장과 시의 업무 담당국장으로 한다.

②법 제8조제6항의 규정에 의한 상근이사는 이사장을 포함한 3인 이내로 한다.

제5조(원장) 원장 임용 후보자는 다음 각 호의 어느 하나의 자격을 갖추어야 한다.

1. 전공의 수련병원급 이상의 의료기관에서 진료과장 이상의 직위로 4년이상 근무한 사람

2. 종합병원급 이상의 의료기관에서 원장으로 3년 이상 근무한 사람

3. 지방의료원에서 원장으로 3년 이상 근무한 사람

4. 보건·의료 분야의 4급 이상 공무원으로 보건소장의 경력이 3년 이상인 사람

5. 의학 분야에서 박사학위를 취득한 후 국내·외 연구기관, 병원 또는 대학에서 5년 이상의 연구 또는 임상 경력이 있는 사람

6. 병원 경영의 전문가 또는 경영 분야의 전문가로서 탁월한 실적이 있는 사람

제6조(수가 및 수수료 등) 제3조의 사업을 수행함에 있어 의료원이 환자 등으로부터 징수하는 의료 수가 및 각종 수수료는 시장의 승인을 받아 원장이 정한다.

제7조(임원추천위원회 수당) 「지방의료원의 설립 및 운영에 관한 법률시행령」(이하 "시행령"이 라 한다) 제9조의 규정에 의한 임원추천위원회 회의에 참석하는 위원들에게 「성남시 각종 위원회 실비변상 조례」에서 정하는 바에 따라 수당을 지급할 수 있다.

제8조(보조금 등) ①시장은 의료원의 설립 및 운영에 소요되는 경비를 현금 또는 현물로 출연하 거나 보조할 수 있고 그 시기와 방법은 시장이 따로 정한다.

②시장은 필요한 경우 공유재산을 현물로 출연할 수 있다.

제9조(지도·감독) 의료원은 다음 각 호의 사항에 대하여는 시장의 승인을 받아야 하며, 시장은 승인사항에 대하여 지도·감독 하여야 한다.

1. 기구의 증설 및 정원의 증원

2. 인사 규정, 임직원의 보수 규정(복리후생기준 포함) 및 퇴직금 규정(명예퇴직 규정 포함)에 관한 규정의 제·개정 및 폐지에 관한 사항

제10조(운영의 위탁) ①시장은 법 제26조제3항에 따라 보건복지부장관의 승인을 얻어 의료원 운영 의 전부 또는 일부를 대학병원 이나 공공의료기관에 위탁 운영할 수 있다.

②위탁에 관한 기타 필요한 세부적인 사항은 시장이 따로 정한다.

제11조(과태료) ①법 제29조제2항의 규정에 의하여 과태료를 부과하는 때에는 당해 위반행위를 조사·확인한 후 위반사실, 과태료 금액 등을 서면으로 명시하여 이를 납부할 것을 과태료 처분 대상자에게 통지하여야 한다.

②제1항의 규정에 의하여 과태료를 부과하고자 하는 때에는 10일 이상의 기간을 정하여 과태료 처분 대상자에게 구술 또는 서면(전자 문서를 포함한다)에 의한 의견 제출의 기회를 주어야 한다. 이 경우 지정된 기일까지 의견 제출이 없는 때에는 의견이 없는 것으로 본다.

③과태료의 금액을 정함에 있어서는 당해 위반행위의 동기와 그 결과 등을 참작하여야 한다.

④기타 과태료의 징수 절차는 「성남시 재무회계 규칙」을 준용 한다.

제12조(시행규칙) 기타 의료원 운영에 관하여 필요한 사항은 규칙으로 정할 수 있다.

부 칙〈제정 2006.03.31 조례 제2044호〉

①〈시행일〉 이 조례는 공포한 날부터 시행한다.

②〈사업개시〉 이 조례에 의한 사업은 의료원 설립이 완료된 날부터 개시한다.

부 칙〈폐지 2012. 02. 20 조례 제2541호〉

이 조례는 공포한 날부터 시행한다.

제5장

부지 선정을 둘러싼 갈등

2006 - 2009

성남시의료원설립추진위원회 1차 회의
(2006. 8. 25.)_출처: 성남투데이

신흥동 시유지 인근 부지 추가 매입 현황
설명(2006. 9. 19.)_출처: 성남투데이

성남시의료원 설립 촉구를 위한 노상
단식농성(2007. 1. 17.)_출처: 성남투데이

성남시청사 이전 저지 삼보일배
(2006. 12. 31.)_출처: 성남투데이

성남시의료원 설립 촉구 캠페인
(2007. 1. 23.)_출처: 성남투데이

시청사 이전 저지와 의료원 설립 촉구
기자회견(2007. 2. 5.)
_출처: 성남투데이

성남시의료원 설립 촉구 기자회견
(2007. 1. 17.)_출처: 성남투데이

수정구청 앞 피켓시위(2008. 10. 24.)_출처: 성남투데이

성남시의료원 설립과
이대엽 시장 공약 이행 촉구
삼보일배 행진
(2009. 9. 2.)_출처: 성남투데이

"성남시의료원 설립 및 운영에 관한 조례" 통과 후 성남시 타당성조사 보고서는 병원 부지로 수정구 신흥동 시유지를 제안했으나, 성남시가 시청사 이전을 추진하면서 병원 부지 선정 문제가 불거진다. 성남시는 시청사를 이전하고, 구시청사 부지에 병원 건립을 주장한 반면, 성남시립병원설립운동본부는 조속한 병원 건립을 위해 신흥동 부지를 주장했지만 결국 구시청사 부지(지금의 성남시의료원 위치)로 확정된다.

성남시의회 시립병원설립 특별위원회는 병원 부지를 구시청사 부지로 하고, 500병상 규모로 건립한다는 것을 결정하였지만 운영 방식은 대학병원 위탁운영과 건립 후 결정하자는 의견이 대립한 채 확정되지 못하였다.

2006년 지방선거, 민선 4기 출범 ●———————

주민발의조례 제정 이후

2006년 4월 7일, 운동본부는 기자회견을 갖고 성남시의료원* 설립이 가시화되었으니 이를 위한 민관정 기구 구성과 운영 방안에 관한 공개 토론회를 제안**했다.

4월 18일에는 남한산성 입구에서 "성남시의료원 설립 및 운영에 관한 조례" 통과를 축하하는 성남시민 축하한마당을 개최했다. 보건의료노조에서도 참석해 성남시의료원 설립에 힘을 모을 것을 다짐했다.

이재명 변호사는 성남시와 성남시의회를 맹비난하며 두 번의 좌절, 그리고 업무방해로 고소당하고 체포영장까지 발부되었던 울분을 토해냈다. 또한 직접 행정에 나서야겠다고 결심한 계기가 범추위 활동이었다며, 2006년 지방선거 출마의 변을 대신하였다. 김미희 민주노동당 최고위원은 의료원의 시 직영이 필요하며 성남시로부터 고소당한 민주노동당 당원들은 사면도 받지 못했다고 외쳤다.

5월 12일, 운동본부는 성남시로부터 고소당한 당사자들의 기자회견을 열었다.

"이대엽 시장은 지난 과오에 대한 반성을 먼저 해야 시장 후보의 자격을 갖출 수 있습니다. 재선에 도전할 거면 사과부터 하십시오. 시민들의 염원을 모아 제출한 주민발의 조례안을 내팽개치고 시민들의 뜻을 전달한 운동본부 관계자 고소를 취하하기 바랍니다. 성남시는 계속해서 의료공백이 없다고 거짓말로 혹세무민해 왔습니다. 지역 현실을 외면한 것은 성남시뿐 아니라 의회도 마찬가지입니다!"

*조례 제정(2006. 3. 31.) 이후 '성남시의료원'으로 통칭함.

**이 제안은 지난해 '대학병원유치위원회'를 민관정 기구로 전환하자는 구상과 맞닿아 있다.

전국동시 지방선거

노무현 대통령 탄핵 직후 창당한 열린우리당이 집권여당으로 기호 1번을 가졌다. 한나라당이 기호 2번, 새천년민주당에서 당명을 변경한 민주당이 기호 3번이었고, 민주노동당이 기호 4번을 받았다. 그 외 군소정당으로 국민중심당, 시민당 등이 있었는데, 성남은 한나라당과 열린우리당, 민주노동당에서 고르게 기초의원 후보를 냈다. 다른 지역에 비해 민주노동당의 인기가 높은 편이었고, 민주노동당은 각 선거구에 후보를 낼 수 있을 정도로 세력이 있었다.

2006년 5월 31일에 전국동시 지방선거가 예정되어 있었다. 그해 성남의 지방선거는 성남시의료원 설립운동사와 긴밀하게 연결되어 있다. 이재명 변호사는 열린우리당 후보로 성남시장 선거에 출마했고, 이대엽 시장은 한나라당 후보로 재선에 도전했다.

이재명 후보는 부정부패를 뿌리 뽑겠다며 재개발 특혜, 특히 제1공단 부지 문제, 여수동 신청사 건립 문제, 성남시의료원 설립 추진에 대하여 정견을 밝혔다.

김미희 후보는 성남시의료원 설립에 대해 구체적안 안을 내놓았다. 7개 진료과 이상을 운영하는 응급의료센터를 우선 설치하고, 기존 건물을 물색해 진행하는 것이 좋겠다는 의견을 냈다. 김미희 후보를 비롯해 민주노동당 예비후보들은 "시립병원조례안 통과에 대한 기자 회견"을 갖고 성남시의료원 설립과 구체적 실행을 촉구했다. 또한 "지방선거를 몇 달 앞둔 시점에 갑자기 만장일치로 통과시

2006년 전국동시 지방선거로 구성된 제5대 성남시의회

지역	한나라당		열린우리당		민주노동당	민주당
수정구	남용삼 이상호 이재호	정용한 이수영	문길만 최만식	윤창근 정종삼	최성은	
중원구	유근주 김재노	한성심 황영승	지관근 김유석	고희영 김시중		
분당구	박영애 장대훈 김대진 안계일 박권종	이영희 남상욱 최윤길 홍석환 이형만	박문석 윤광열 정기영 김해숙			
비례대표	강한구		이순복		김현경	정채진
인원수	20		13		2	1

킨 것은 성남시장과 성남시의회 의원들의 진정성을 의심케 하는 대목"이라며 "시립병원건립추진위원회"를 구성하라고 요구했다.

선거운동에서 성남시의료원 설립에 관한 소견은 빠지지 않았다. 5월 19일에는 열린우리당과 민주노동당 기초의원 후보들이 공동기자회견을 열어 '성남시의료원 설립에 적극적으로 나서겠다'는 의지를 표명했다. 이들은 그간의 의료공백 사태에 대해 한나라당과 이대엽 시장의 책임을 묻고, 성남시가 시민들의 의견을 무시한 채 일방적으로 대학병원 유치를 추진하고 있다고 비난하며 위탁운영 방식을 재고하라고 요구하였다. 또한 '제5대 시의회가 시작되는 대로 성남시의료원 건립에 착수하겠다'고 말했다.

지난 3년간 성남시의료원 설립을 두고 공방을 벌인 탓에, 성남의 시민사회단체는 이대엽 후보에게 호의적일 수 없었다. 범대위에서 운동본부에 이르기까지 세 차례 조직 개편을 하고 조례 제정이 두 번 무산되는 동안 이대엽 시장은 "잘하려고 하는데 OO가 도와주지 않아서"라거나 "나는 하려고 하는데 OO가 강력히 반대해서", "나는 열심히 하고 있으니 당신도 열심히 하라"는 식의 떠넘기기 발언을 계속해 왔다.

이대엽 후보는 '시민단체의 주장은 선거 기간만 되면 특혜나 비리 의혹을 제기해 유권자의 판단을 흐리게 하는 터무니없는 흑색선전에 불과하다'고 몰아붙였다.

제4회 전국동시 지방선거에서 이대엽 후보는 54.01%의 표를 얻어 압도적인 승리를 거두며 재선에 성공했다*. 취임사에서 이대엽 시장은 민선 4기의 계획도 발표했는데, 그중 '성남의료원 500병상 규모로 건립'이 있었다. 기초지방자치단체 지방의료원으로서 500병상이라는 적지 않은 규모의 공공병원 설립을 구상한 것이다.

* 이대엽 후보는 분당구에서 64.25%, 수정구 43.34%, 중원구 44.55%로 고른 득표율을 보였다.

BTL(Build Transfer Lease) 방식

제5대 성남시의회와 민선 4기 지방자치단체의 출범 이후, 성남시는 성남시의료원 설립을 본격 논의하기 시작했다. 6월 20일 민선 3기 공약 실행과 업무보고 자리에서 보건환경국은 'BTL(Build Transfer Lease, 임대형 민간투자사업)* 방식'으로 2011년 9월까지 성남시의료원 건립을 완료하겠다고 했다. 처음으로 성남시의료원 개원 시기를 공식화한 것이다. 그러나 예비타당성 조사가 시행되지 않고 중기지방재정계획에 반영되지 않아, 2007년에 기획예산처에서 예산이 편성되지 않을 가능성도 있다고 했다.

이때 성남시는 수천억 원이 소요될(당시 사업비 5천억 원 예상) 돔야구장 건설을 추진하겠다고 밝힌 상태였으며, 시청사와 시의회 청사의 신축 이전도 이미 추진 중이었다.

8월 25일, 성남시의료원 설립추진위원회의 토론회가 열렸다.

*BTL(Build Transfer Lease)은 민간 사업자가 자본과 경영기법을 투입하여 공공시설을 건설한 뒤 국가나 지방자치단체에 소유권을 이전하고, 일정 기간 임대료 명목으로 공사비와 수익을 분할 상환받는 민자 유치 방식이다. BTL로 진행할 경우, 예비타당성 조사를 실시하고 중기지방재정계획에 반영해야 보건복지부와 기획예산처에서 예산이 편성될 수 있다.

성남시립병원 vs 성남시의료원

성남시립병원	성남시 자체에서 건립하는 병원으로, 중앙정부나 경기도로부터 승인받지 않고 지원금이 없다.
성남시의료원	지방의료원법에 근거한 공공병원으로, 중앙정부로부터 승인받기 때문에 건립비용 등의 사업비를 지원받을 수 있다.

2005년 7월 "지방의료원의 설립 및 운영에 관한 법률"이 제정되면서, '의료원'이라는 명칭을 아무데나 쓰지 못하게 되었다.

성남시립병원의 명칭은 '성남시의료원'이라고 했지만 박근혜 정부 때까지 보건복지부로부터 승인받지 않은 채 성남시 자체에서 건립하였다. 그래서 국비·도비 지원이 없었으며, 이를 위한 예비타당성 조사도 없었다. 박근혜 정부는 지방자치단체가 별도의 사회복지사업을 할 경우 중앙정부와 협의해야 한다고 했는데, 성남시립병원에 대해서는 협의 자체를 해 주지 않았고, 지방자치단체에서 알아서 하라는 식이었다. 성남시의료원은 문재인 정부 이후 지방의료원 지위를 획득한 것이다.

2006년 제정된 주민발의조례에 따라 만들어진 추진위원회의 구성원은 총 44명으로 공동위원장은 이대엽 성남시장, 이수영 성남시의회 의장, 신상진 국회의원이었다.

이 토론회에서 이수영 시의장은 "노력하겠다"고 했으며, 신상진 의원은 민간투자 방식에 반대하고 "성남시 건립, 대학병원 위탁"을 다시 강조했다. 추진위원 37명이 3년 내 개원에 동의하고, 성남시 전액 투자 건립에 몰표를 주어 민간투자 방식을 파기하고 100% 성남시 재정투자 방식으로 결정되었다.

토론회가 있던 날, 《성남일보》는 다음과 같이 언급했다.**

'지난 24일 성남시의료원 설립추진위원회에서 그동안 민간투자 방식을 추진했던 것과 달리, 마치 언제 그랬냐는 듯 몇몇 위원들이 시급성을 내세워 시민혈세 전액으로 투자해야 한다고 말하자, 기다렸다는 듯 자신도 민간투자 방식이 탐탁지 않게 생각했다며 1900억 이상이 소요되는 설립비용 방식을 순식간에 결정해 버렸다.

이렇게 시가 결정할 거면 지난 2003년 시민단체들이 시립병원을 주장할 때 받아들였어야 했다는 것이 중론이다. 그러면 그동안 소요됐던 예산들이 낭비가 되지 않았기 때문이다. 이제 와서 당연한 듯 빨리 건립하기 위해서는 시 재정으로 하겠다고 강조하는 것은 앞뒤가 맞지 않다는 게 한 참석자의 곱지 않은 시선이다.'

타당성 조사 용역과 부지 문제

지방선거 전인 3월 22일에 '성남시 종합병원 건립 및 운영에 관한 타당성 조사 용역' 최종보고가 있었다. 이 보고서***에는 신흥동 시유지가 가장 적합하다고 적시되어 있었다. 그리고 **개원 시점을 2012년으로 내다봤는데, 성남시의료원 설립운동 이후 처음으로 구**

**"이대엽 시장, 화합은 말로만 하나?" 《성남일보》 2006. 8. 25.
http://www.snilbo.co.kr/14274

***운동본부는 '시립병원 위탁운영에 끼워 맞춘 듯한 보고서'라 비판하면서 구체적 내용을 함께 정하자고 제안하였다. 일단 땅을 사고 병원을 짓기 시작한 다음에 운영 방식을 정해도 늦지 않다는 것이 운동본부의 의견이었다.

성남시는 시청을 방문한 김문수 경기도지사에게 성남시의료원 건립에 도비 50%를 지원해 달라고 건의했다. 김 지사는 도울 방법을 찾아보겠다고 했다.

체적인 개원 시기가 제시된 문건이다.

8월 성남시는 조사 결과에 따라 신흥동 시유지 인근의 사유지를 추가로 매입하기 위해 시의회에 공유재산관리계획 제2차 변경계획안을 제출했다. 그러나 9월 19일 시의회 경제환경위원회에서 이를 심사 보류하였다.

시의회에서는 도비 지원이 확실하지 않은 상황에서 매입 여부부터 결정할 필요는 없다고 했다. 또한 재건축을 희망하는 통보아파트 주민들과 토지 소유주와의 민원과 송사*도 생각해야 하고 부지 적합성도 아직 결정되지 않았다는 것이다. 부지 자체가 접근성이 떨어지고, 경사도 높아 병원 자리로 적합지 않다는 의견도 있었다.

신흥동 부지에 대한 논란이 이어졌고, 9월 26일 회의에서 다시 심의 보류 결정이 났다. 시의회에서는 이 안건을 다음 회기로 넘기기로 했다. 다음 회기는 10월 말이었는데, 성남시의료원 설립에 필요한 재원을 조달하기 위한 경기도의 투융자 심사는 9월 30일이었다.

*시유지 인근 통보아파트 재건축 민원이 3차까지 이어져 성남시에서 난감해하던 중이었다. 인근 토지의 소유주는 4년간 소송 끝에 소유권을 확보했는데, 사업 시행이 안 될 경우 행정소송을 불사하겠다고 경고하기도 했다.

2006년 성남시 종합병원 건립 및 운영 타당성 조사 용역 (수행기관: 한국보건산업진흥원)

항목	건축비	의료장비 구입	전산시스템 구축	건립 소요 기간	개원 예정
비용	1,500여억 원	340억 원	80억 원	6년	2012년

성남시 종합병원 건립 및 운영 타당성 조사 용역에서 각 추천 부지 평가

후보지	장점	단점	2022년 현 위치
신흥동 시유지	바로 착공 가능	부지가 좁아 주변 매입 필요 (1만 평)	성남복정2공공주택지구 예정지 (성남여중과 통보8차아파트 사이)
성남제1공단 부지	부지가 넓고 교통 접근성 좋음	토지 매입 비용 감당 불가	단대오거리역 세이브존 옆, 성남제1공단 근린공원
성남시청 부지	지역의 중심 부지 면적 적정	시청 이전 후 공사 시작, 기간 문제	현 성남시의료원

10월 23일, 제5대 성남시의회 제140회 경제환경위원회에서 성남시 보건위생과장이 대체 부지 검토 내용을 보고했다.

신흥동 시유지 7000평으로는 부족하다. 첫째, 100년을 사용할 건물이면 양지바른 곳에 남향으로 반듯하게 잘 지어야 한다. 둘째, 통보아파트와의 이격거리 문제로, 향후 통보아파트의 재개발에 침해되지 않도록 진입로 등을 확보해야 한다. 셋째, 노령사회가 되면 병상도 늘어나고 바이오센터나 다른 부속 건물도 지어야 한다.

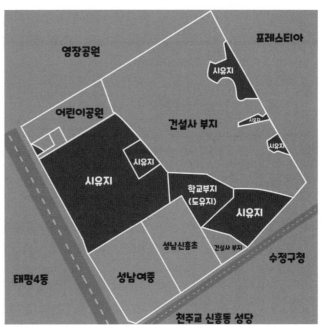

신흥동 시유지와 인근 토지의 소유 문제

성남시에서 검토한 대체 부지

대체 부지	대지 면적	면적 조건	추진 방법	문제점
성남벤처빌딩	1424평	부지 협소		부지 협소
신흥동 문화의 집	956평	부지 협소		부지 협소
성남기능대학	1만 2629평	면적 충족	기능대학 이전 후 사업 추진	장기화
희망대공원	1만 1516평	면적 충족	도시기본계획 변경 필요	용도변경 어려움
성남 여성회관 성남법원, 검찰청	8193평	양호	성남법원, 검찰청 이전 선행	사업 장기화
제1공단 부지	3만 2216평	면적 충족	지구단위계획 진행 중 경기도와 협의 필요	사업 장기화, 토지보상비 1464억 원
수정구청사	642평	부지 협소	구청사 이전 이후	
성남시청사	7510평	부지 적합	구시청사 이전(2010년) 이후	2013년 개원 불가

윤광열 의원과 정종삼 의원은 일단 신흥동 부지에 의료원을 짓고, 그 사이에 추가 부지 매입 건을 조정하자는 협상안을 내놓았다. 일부 의원들은 성남시의 계획이 무리한 사업 추진이라며 맹공을 퍼부었고, 타당성 조사 용역비를 5000만 원이나 썼는데 용역을 또 주겠다는 말이냐며 일을 한꺼번에 다 하지 말라고 일침을 가했다. 이 안건은 또 다음으로 넘어가게 되었다.

경기도의 투융자심사도 물 건너갔고, 무리한 사업 추진이라는 비난을 받은 데다가 신흥동 시유지에 병원 부지 1만 평을 확보하기 어려워진 성남시는 다른 대체 부지를 찾겠다고 나섰고, 이듬해 1월 성남시의료원 설립추진위원회에 올려 논의하겠다고 밝혔다.

시의회에서는 "하기 싫으면 하기 싫다고 말해라"라는 말까지 오갔다. 시의회 속기록을 보면 시 집행부는 신흥동 부지에 추가 매입을 하려는 부지가 적합한지 알아보지도 않은 상태로 시의회에 안을 올렸고, 시의회에서 문제를 제기하자 공사하다가 문제가 생길 수 있

"2006 풀뿌리시민운동사례공모사업"에서 풀잎상 수상

이 와중에 '의료공백해결을위한 성남시립병원설립운동본부'가 9월 14일 제6회 전국시민운동가대회 '2006 풀뿌리시민운동사례공모사업'에 '주민발의조례 제정을 통한 공공병원(성남시립병원) 설립운동' 사례를 제출해 '풀잎상'을 받았다. 또한 전국시민운동가대회에 참석한 활동가들의 직접 투표에서 '인기상'을 수상했다.

시민사회단체연대회의가 주최하고 아름다운재단, 한국여성재단, 환경재단 등이 후원하는 이 사업은, 전국에서 진행되는 풀뿌리시민운동의 창의적인 사례들을 발굴하는 사업이다.

최석곤 공동대표와 김현지 사무국장의 수상 장면

전국 최초로 주민발의에 의해 시립병원을 세울 수 있는 조례를 제정시킨 사례로 상을 수상한 운동본부는, '광범위한 주민 참여에도 성공하기 힘든 시립병원 설립운동을 다양하고 기발한 아이디어로 성공시켜 시민운동의 큰 성과를 거뒀다'는 평가를 받았다.

다는 둥 해 보긴 하는데 어떻게 될지는 모른다는 식의 무책임한 태도를 보였다.

시민들은 성남시에 의료원 설립 의지가 없다고 비판했다. 운동본부는 10월 23일 "성남시민은 시립병원의 조속한 설립을 원합니다"라는 현수막을 들고 시위를 벌였으며, 공식 입장을 표명하고 BTL 방식 반대, 행정절차 최소화를 촉구했다.

10월 31일에도, 운동본부는 성남시청 앞에서 기자회견을 열고 성남시의료원의 조속한 설립을 촉구했다. 운동본부는 준비되지 않은 집행부의 우왕좌왕하는 사업 추진으로 예견된 보류를 이끌어 냈다며 비판했고, 시의회도 자꾸 대안 없는 회피만 하고 있다며 비판했다. 이날 이대엽 시장을 만나 촉구 서한을 전달하려 했으나 이 시장은 행사 참석차 자리를 비웠다.

시청사 이전 계획

시청사 신축 이전 계획과 밀실회의

2006년 말, 이대엽 시장은 시청사 신축 이전 계획을 공식적으로 추진하기 시작했다. 여수동 국민임대주택 부지에 2만 평의 시청사와 시의회 청사를 건립하겠다는 소문은 이전부터 있었다. 성남시의료원 설립 예산과 적자 논란 속에, 돔 구장이니 시청사 신축까지 추진한다니 시민들의 반발은 당연한 수순이었다.

민주노동당은 시청사 신축에 대하여 반박 성명을 내고 시장이 추진하더라도 시의회가 막아야 한다고 강조했다. 시민들은 수정구 태평동*에서 오랫동안 원도심의 중추 역할을 해 온 시청사가 이전하면, 가뜩이나 의료공백으로 3년 동안 고통받은 수정·중원구 원도심의 공동화는 불 보듯 뻔하다고 우려했다. 또한 2006년 시의회에 제

*현 성남시의료원 자리

2016년 윤창근 시의원은 〈광진포럼〉에 참가하여 당시 사건을 언급했다.

"성남은 20년 단위로 신도시를 건설한 도시. 40년 전 철거민을 수용하기 위해 도시를 급조했고 20년이 지나 분당이라는 계획도시를, 20년이 또 지나 판교·위례신도시로 마무리되고 있다. 기존의 청사는 1983년에 인구 40만을 기준으로 지어졌는데 2006년 이대엽 전 시장의 주도로 '비좁고 낡고 중심으로 가야 한다'는 명분으로 청사 이전을 확정했다. 2006년 시의회 승인 과정에서 야당은 본회의장 점거 단식, 시민들의 청사 이전 반대 서명, 삼보일배 등을 벌이며 반대했지만 소수의 한계로 막아 내질 못했다. 당시 반대 이유는 '청사 이전에 따른 구도심 공동화와 대형유통점 입점 추진에 따른 상권붕괴, 분당신도시로 대부분의 관공서가 이전함에 따른 도시균형발전 저해, 구청사가 지은 지 20년밖에 되질 않았고 주변 부지 매입을 통한 확장 등의 대안이 있음에도 3200억 원이라는 천문학적인 예산으로 이전 신축을 강행했기 때문이다."

원도심의 공동화를 초래하는 성남시청사 이전 문제는 이후 전국적 이슈로 확대되었으며, 이후 도시계획 관련된 여러 자리에서 두고두고 사례로 회자되었다.

안한 예산은 300억여 원이었으나 실제로 2만 평의 시청사를 짓는 데 5000억 원이 소요될 것으로 알려지면서 시민들의 우려가 더욱 커졌다.

2006년 12월 20일 저녁, 한나라당 소속 시의원들과 열린우리당 이순복 의원만 참석한 제141회 본회의가 본회의장이 아닌 시의회 자료실에서 열렸다**. 30분간의 회의에서 상정된 16개 안건을 모두 통과시켰고, 시청사 이전 건립 예산 271억 원을 부활시켰다. 이날의 회의록을 보면 상세한 보고 내용은 모두 인쇄물로 대체하였으며, 밖에서 문 두드리는 소리도 나고 장내가 혼란스러웠던 것을 알 수 있다. 이 밀실회의는 의회를 벗어나 의결을 했다는 것이 문제가 되었다. 다른 기초의회에서도 유사한 사건이 일어나 2009년 4월 1일 일부 개정된 지방자치법에 "표결한 안건의 제목과 표결 결과를 의장석에서 선포해야 한다"는 내용이 신설되었다.

**당시 참석 인원은 박권종, 남용삼, 정용한, 이상호, 이재호, 유근주, 한성심, 김재노, 황영승, 박영애, 이영희, 장대훈, 남상욱, 김대진, 최윤길, 안계일, 홍석환, 이형만, 강한구, 이순복 시의원이다. 한나라당 의원 중 이수영 의원이 빠졌고, 열린우리당에서는 이순복 의원이 참석했다.

시청사 부지에 의료원을?

해를 넘겨 2007년이 되었으나, 명확하게 정리된 것이 단 하나도 없었다. 성남시는 신흥동 부지의 소송과 주민 갈등을 부각하면서 그 일대의 암반 발파가 어렵다는 이야기까지 추가하며 성남시의료원 건립이 불가능할 것 같다는 의견을 내었고, 시의회는 부지 매입 관련 안을 부결시켰다. 시는 신흥동에 성남시의료원을 건립하면 공사 기간이 늘어나서 2013년 12월에 개원할 수 있으나, 시청사 부지를 활용하면 2013년 7월에 개원이 가능하다며 6개월의 기간을 두고 흥정을 시작했다.

성남시는 시청사가 이전하고 그 자리에 성남시의료원을 지으면 원도심 공동화를 막고 수정·중원구에 공공기관이 들어서는 이점이

여수동 신청사 건립은 3년으로 사업 계획이 정해져 있었다. 열린우리당과 민주노동당에서 시청사 이전에 반대하고 있어 사업비 확보가 불투명했고, 시청사 예정 부지의 토지 매입과 보상 문제도 있었다. 그러나 《성남투데이》의 보도에 따르면, 성남시는 시청사 이전은 시민들의 반발이나 시 재정상의 문제가 없이 순탄하게 추진될 것으로 보는 반면, 성남시의료원 설립은 민원 발생, 법적 분쟁, 암반 발파를 들어 어렵다고 보고 있었다.

성남시청사 이전 예정지

있다는 논리로 시청사 이전을 반대하는 시민들을 설득하려 했다. 하루 빨리 성남시의료원을 건립하려고 한다면 시청사 이전에 대한 반발이 줄어들 것으로 예상한 듯 보였다. 그러나 시청사 부지에 지으려면 청사를 철거한 후에 공사를 시작해야 하므로 2010년 이후에나 건립이 가능하다. 시에서는 성남시의료원을 짓는 데 애초 1만 평이 적당하다는 용역조사 결과를 토대로 추진하다가 부속시설을 짓는다며 2만 평을 주장했고, 그 때문에 추가 예산과 시간이 더 들어가게 되었다. 시의 의도와 다르게 시민들은 "성남시청이전저지를 위한 시민대책위원회"를 꾸려 활동하기 시작했다.

시청사 이전 저지 1

성남시와 성남시의회의 움직임으로 보아 시청사 이전 후 시청사 부지에 성남시의료원을 짓는 것으로 확정될 조짐이 있었다. 그와 함께 **원도심의 시청사를 이전하기 위해 의료원 부지 선정을 연기하고 도구화했다는 비판도 거세졌다.**

성남 수정구의 김태년 국회의원(열린우리당)은 2007년 1월, 지역 언론과의 기자회견에서 '시청 이전을 정당화하기 위해 시립병원 설립을 도구화한다'고 비판했다. 또한 '교육청, 상공회의소, 노동사무소에 이어 시청사까지 분당구로 이전하면, 구시가지에는 소각장, 하수처리장 등의 기피시설만 남게 되어 지역상권이 붕괴될 수 있다'고 주장했다.

2007년 1월 17일, 운동본부는 성남시청 앞에서 기자회견을 열었고, 열린우리당 정종삼 시의원, 민주노동당 김현경·최성은 시의원을 시작으로 릴레이 노숙 단식농성에 돌입했다*. 정종삼 의원뿐 아니라 다른 열린우리당 의원들도 성남시청 건립 예산안 날치기 통과에 항의하는 릴레이 단식농성을 벌였다.

운동본부는 성남시가 시민들에게 시청 이전을 설득할 방법이 없으니, 신흥동 부지의 부적절성을 강조하면서 구시청사 자리에 의료원을 지어야 하므로 "어쩔 수 없이 시청사를 새로 지어 이전해야 한다"는 주장을 펼치고 있다며 맹공을 퍼부었다.

하동근 운동본부 공동대표는 《성남투데이》 기고문에서, 신흥동 부지 심사 보류는 원부지 7300평의 세 배가 넘는 2만 2000평을 설정하면서 비롯된 일이라고 지적했다. 이때 운동본부는 신흥동 부지만이 의료원 공사를 바로 시작할 수 있는 유일한 안으로 판단하고 있었으며, 기고문을 통해 이 입장을 명확히 했다.

한편 민주노동당 성남시 수정구 위원회(위원장 김미희)는 2007년 1월 2일부터 신청사 건립의 부당함과 신흥동 부지 포기 이유를 시민들에게 알리는 길거리 정책설명회를 진행해 왔다. 이 설명회에서 시민들의 서명을 받아, 1월 23일에는 성남시의료원 건립 염원을 담은 시민 620명의 서명부를 성남시에 제출했다.

*정종삼 시의원은 단식 13일째인 1월 29일, 병원에 실려 갔다. 한겨울 노숙 단식농성으로 간과 신장에 무리가 갔다는 의료진의 진단에도, 정의원은 단식을 지속하겠다며 강경한 태도를 보였다. 정종삼 의원은 병원에서 나와 31일 다시 시청 앞 단식농성장으로 자리를 옮겼다가 주변의 만류로 병원으로 되돌아갔다.

시청 이전 저지 2

시의회에서는 신청사 건립을 두고 찬성하는 한나라당 시의원들과 반대하는 열린우리당·민주노동당 시의원들이 대립했다. 열린우리당은 시청사 건립에 민의를 반영할 수 있는 성남시청사대책특별위원회를 구성해야 한다는 입장이었고 한나라당은 그에 반대하여 의견차가 좁혀지지 않았다.

성남시청사대책특별위원회는 한나라당 시의원들의 저지로 결국 무산되었다*. 기명투표를 하네, 전자투표를 하네 우왕좌왕하다가 재적의원 36명 중 출석 32명, 반대 19명, 찬성 11명, 기권 2명으로 성남시청사대책특별위원회 구성은 부결되었다.

운동본부 회원들과 시민들은 '돈보다 생명을'이 적힌 피켓과 깃발을 들고 시청 앞에 모였다. 민주노동당 의원들도 피켓을 들었고, "시

*한나라당 시의원들은 30분간 긴급 의원총회까지 열고 당론을 모아 반대 의사를 표시했다.

편육은 무죄, 노가리는 유죄?

이대엽 시장은 2005년 2월 선거법 위반 소지가 있다며 선거관리위원회로부터 경고를 받은 바 있다. 사전선거운동 금지 기간에 이대엽 시장 이름의 서한문 8만 2000부를 분당 지역 동사무소 직원들이 아파트단지에 배포한 적이 있다. 또한 2006년 4월에는 성남 제1공단 관련 특혜 용도변경 및 탈세 의혹, 친인척 비리 의혹, 선거법 위반 혐의로 검찰 조사를 받아 공천 탈락의 위기까지 갔었다. 2006년 11월, 이대엽 시장은 해외연수를 가는 의원들에게 격려비와 음식을 제공한 것으로 선거법 위반에 대한 재판이 시작된 상태였다. 선거사무소 개소식장에서 자원봉사를 하던 이 시장의 조카도 같이 기소되었는데, 편육 75만 원어치를 같은 당원과 지역주민에게 제공한 혐의였다.

이에 대한 재판부의 판결이 주목할 만하다. 서울 서대문구 유정오 의원이 금품을 제공하고 주민자치위원회 단합대회 뒤풀이에서 시가 18만 원 상당의 노가리 36두를 제공한 것은 유죄로 판결했는데, 이 시장이 제공한 편육은 "현행법상 다과류"로 판단해 이 부분은 무죄를 선고했다. 재판부는 이 시장이 편육을 제공한 것에 대해 "제공된 양과 가액(1인당 500원)이 많지 않은 점, 현장에서 소비된 점, 실제로 일반 개업식에서 돼지고기가 널리 제공되는 점 등에 비춰 볼 때 피고인이 제공한 삶은 돼지고기는 현행법상 허용되는 다과류의 범위 내에 해당한다"고 판시했다. 또한 "원래 '차와 과자'를 뜻하는 다과류가 현행 공직선거법에서는 '다과, 떡, 김밥, 음료 등 식사를 대신할 정도에 이르지 않는 음식물'이라고 폭넓게 규정돼 있다"며 "피고인들이 삶은 돼지고기가 다과류인지 여부를 판단하기 어려웠던 점을 참작했다"고 덧붙였다. 그러나 그 외 해외연수 격려금과 축구부 지원금 명목으로 400만 원 상당을 기부한 것은 유죄로 판단했다. 운동본부는 이 선거법 위반 혐의로 이미 1심에서 당선무효형인 벌금 200만 원을 선고받은 이대엽 시장이 신청사 건립을 추진할 자격이 없다고 주장했다.

이후 항소심에서 이 시장은 벌금 70만 원을 선고받고 대법원에서 판결이 확정되어, 당선무효(벌금 100만 원 이상)를 면하고 시장 직위를 유지하게 되었다.

립병원 설립 않고 삼천억 호화 시청사 웬 말입니까?"라는 구호도 등
장했다.

"민선 4기가 시작되자 재정투자 방식으로 건립하겠다고 시간을 끌
다가 이제는 시청을 이전, 철거하고 지어야 빨리 지을 수 있다고 거짓말
을 하고 있습니다. 민선 4기 공약이기도 했던 신흥동 시립병원 설립이
이제 와서 절대 안 된다고 노골적으로 시민들을 기만하고 있습니다."

시민사회단체, 종교계, 정당 및 정치인들도 나서서 "시립병원 설
립의 시급성과 공공성을 지키"라고 촉구하며 무기한 노상 철야농성
을 계속하겠다고 밝혔다.

2월 6일에는 성남시의회의 날치기 예산 통과로 결의한 성남시청
신청사 건축에 대해 문제 제기를 하며 구성된 성남시청이전저지범
시민대책위원회(상임대표 하동근)가 기자회견을 열고 신청사 건립이
계획대로 추진될 경우 이대엽 시장의 친인척이 특혜를 보게 된다고
알렸다.

시청 이전이 계획 중인 분당구 야탑동 부지와 불과 100m 거리에
일명 '갈매기살 단지'라는 부지가 있었다. 성남시청이전저지범시민
대책위원회에 따르면 이 부지는 이 시장의 친인척 소유이며, 2004
년 7월 15일 2020도시기본계획(변경) 수립 시의회 의견 청취를 했는
데 이 시장의 친인척이 바로 그 3일 전인 7월 12일에 이를 구입했다
는 것이다. 시청사 이전 관련해서 시민공청회를 연 적도 없으면서, 2
월에는 시민들에게 "시청 이전 관련 성남시 입장문"이라는 문건까
지 배포하는 등 관제 여론몰이를 하고 있다고 맹비난했다.

시청 이전을 저지하는 이유는 복합적이다. 첫째, **원도심의 공공기
관을 모두 이전해 버리면 성남시 수정·중원구 주민들의 불편과 도심
공동화가 가속된다는 것**, 둘째, 신청사는 꼭 지금 짓지 않아도 되는

데 굳이 수천억 원의 예산을 들여 처리하려 한다는 것, 셋째, 신청사 건립 추진 과정에서 날치기 예산 심사가 있었다는 것, 넷째, 이대엽 시장은 각종 비리 의혹으로 다수의 소송에 걸려 있어 성남시의 미래를 책임질 신청사 건립 추진에 부적격자라는 것, 다섯째, **이미 4년을 넘기고 있는 성남시의료원 설립 문제는 고의적으로 회피해 왔으면서 신청사 건립에 의료원 설립을 이용하고 있다는 것**이었다.

성남시의 여론 조작, 시민들의 시청사 이전 촉구?

시청사 이전에 대한 반발 여론이 높아지자, 성남시는 2월 21일 '시립병원 설립 부지 여론조사 결과' 보도자료를 언론에 배포했다.* 이 자료에는 "시민들이 원하는 설립 부지는 시청사 부지"라고 적혀 있었으며, 성남시는 이 결과를 시정에 반영하겠다고 발표했다.

운동본부는 시민 기만이며 여론 조작이라고 즉각 반발했다. 2월 22일 정오, 시청 앞에서 긴급 기자회견을 열고 "이대엽 성남시장은 시민의 생명과 건강을 담보로 한 여론 조작과 정치 악용을 중단하고, 신흥동 부지에 시립병원을 즉각 설립하라"고 촉구했다.

운동본부가 입수한 실제 자료에는 '시립의료원을 어디에 짓는 게 좋겠냐'는 질문에 '신흥동 현충탑 통보아파트와 성남여중 사이 구릉지 임야'라고 적시되어 있고, 의료원 설립 추진에 대해 모르는 답변자가 54.6%에 달했다. 운동본부는 만약 이 설문조사에 "의료원 설립에 신흥동 시유지가 적당하다고 생각하십니까?"라는 질문을 넣었으면 "그렇다"라고 대답한 사람이 늘어났을 거라고 주장했다.

운동본부는 그동안 시민들의 여론을 몰라서, 여론조사를 안 해서 의료원 부지 결정을 미루고 있었느냐고 질타했다. **신청사 건립에 대해서는 '과속'이라고 표현할 정도로 빠르게 일을 진척시키면서 성남**

*성남시에서 만 20세 이상 성남시민 1200명을 대상으로 시행한 주민 여론조사 결과, 접근성 부분에서 당시 시청사 부지가 75%로 신흥동 부지보다 압도적 우세였다. 병원 접근성이 중요하다고 공감한 응답자는 86.5%였다.

시의료원 문제는 수년째 묵혀 두고 있었다.

두 번째 주민발의 "성남시의료원 설립 및 운영에 관한 조례안"이 통과된 지 1년이 지났다.

2007년 3월 20일, 예상치 못한 시민들의 시청사 설립 촉구 건의서**가 나타났다. 건의서는 다음과 같이 시작하였다.

**이 건의서는 수정구주민자치협의회 6406명, 중원구주민자치협의회 6710명, 분당구주민자치협의회 1132명을 포함한 총 1만 4248명의 명의로 되어 있었다.

"아래와 같이 시청사 이전 및 시립병원 설립 건의서를 올립니다.

시민들에게 양질의 행정서비스를 제공하기 위해 시청사 이전 및 시립병원 설립을 위해 애쓰시는 이대엽 시장님, 이수영 의장님께 먼저 감사의 말씀을 드립니다.

현재 시청사 이전에 따른 일부 지역의 반대와 시립병원의 부지를 확정하지 못해 어려움에 있음을 안타깝게 생각하면서 성남시의 100년 대계를 위해 건의하오니 참고하여 주시면 감사하겠습니다."

"시청사 부지에 시립병원을 설립해야 한다"며, "노약자, 장애인, 중증환자, 시민들이 편리하고 교통 부담 없이 이용할 수 있다. 주위 도로 등 도시 기반시설이 완비되어 있어 인지도와 접근성이 높다. 부지 규모가 적정하여 토지 활용도가 높다. 기반시설이 완비된 부지로 공사비를 절감할 수 있다. 부지 매입에 따른 별도의 투자비 부담이 없다."는 다섯 가지 이유를 들고 있었다.

운동본부는 이대엽 시장을 중심으로 한 시청의 여론 조작, 관제 동원이라고 판단했다. 시청사 건물은 병원으로 쓸 수 없기 때문에 철거가 불가피했다. 따라서 착공 시기가 늦춰질 수밖에 없었다. **운동본부는 조속히 의료원을 건립하기 위해 2007년 당시 곧바로 착공이 가능한 신흥동 시유지를 선호**했다.

성남시립병원설립 특별위원회와 시의회 내부 분열

성남시립병원설립 특별위원회 구성

2007년 1월 23일, 성남시의료원 설립추진위원회 2차 회의가 열렸다*. 원활한 의료원 설립을 위해 정종삼 시의원의 대표 발의로 '시립병원설립 특별위원회' 구성안을 제출한 상태였다. 정종삼 의원은 단식농성 중에 회의에 들어왔다.

*1차 회의는 2006년 8월이었다. 계획이 여러 번 뒤집히는 바람에 5개월여 만에 열린 것이다.

구성안은 정종삼 시의원 안과 홍석환 시의원 안의 두 가지가 있었다. 전자는 도시건설위원회·사회복지위원회·경제환경위원회에 속한 의원을 고루 배치해 성남시립병원설립 특별위원회를 만들자는 것이었고, 후자인 수정안은 교섭단체에 속한 의원들만 참여하여 여당 7 : 야당 5의 비율(한나라당 7, 열린우리당 4, 민주노동당 1)로 정하자는 것이었다. 민주노동당 최성은 시의원이 수정안에 반대 의사를 밝히며, 정당별 비율의 기준이 무엇이냐고 물었다. 시의장은 시의회 회의규칙상 의석비에 따라 위원회를 구성하게 되어 있다고 답변했다. 특별위원회 구성안은 정종삼 의원의 원안과 홍석환 의원의 수정안을 병합해 교섭단체에 속한 의원들로 7 : 5 비율로 구성하는 안이 받아들여지고 그 외 사항은 원안대로 가결되었다.**

**제142회 본회의 제1차 (2007.2.23.) 회의록

2007년 3월, '성남시립병원설립 특별위원회'가 구성되었고 3월 8일에 제1차 특별위원회 회의가 열렸다. 위원장은 최윤길(한나라당) 의원이 맡고 정종삼 의원이 간사를 맡아 활동계획안을 확정지었다.

성남시립병원설립 특별위원회(이하 특위)는 갈등을 안고 시작했다. 한나라당 의원들은 시청사를 이전하고 그 자리에 의료원을 짓자는 입장이었고, 운동본부와 열린우리당·민주노동당 의원들은 신흥동 부지에 빠르게 건립하자는 의견을 일관되게 주장했다. 지역 언론에

서는 '시작부터 삐거덕', '갈등을 안고 시작', '동상이몽' 등의 표현을 쓰며 특위의 행보가 순탄치 않을 거라고 전망했다.

3월 말, 성남시립병원설립 특별위원회 회의에서는 상세한 운영 일정을 논의했다. 논의의 핵심은 부지 선정이었다. 신흥동 부지를 백지화하고 시청사 부지에 의료원을 짓자는 성남시의 강력한 의지가 반영된 것이었다.

정종삼 의원과 최성은 의원은 부지 선정을 먼저 하고 속도를 내어 진행하자***는 쪽이었고, 한나라당 시의원들은 예산 문제와 신흥동 부지의 부적합성을 거론하며 타 시도의 시립병원을 견학하고 운영 사례를 성남시에 어떻게 적용할 수 있는지 알아야 한다는 세부적인 얘기를 하고 있었다.

결국 이 회의에서는 타 지방자치단체의 시립병원 및 의료원을 방문해 운영 규모와 경영 실태를 파악하고, 성남시의료원의 설립 및 운영에 관한 전반적인 사항을 검토하기로 결론 내렸다. 정종삼 의원과 최성은 의원이 계속 반대하자, "그렇다면 설립 여부에 대해 원점 재검토"라는 협박성 발언도 서슴지 않았다.

*** 운동본부와 의견을 같이하는 것인데, 부지를 선정해서 일단 진행하고 공사 중에 세부 운영 방식을 주민들과 함께 만들어 가자는 것이었다.

2007년 3월 22일부터 성남시는 감사원의 감사를 받았다. 시청사 신축, 신청사 주변 부지 측근 매입 등 비리 의혹이 끊이지 않았고, 제1공단 부지 공원화 요구를 묵살했으며, 이대엽 시장 소유의 건물을 불법 용도변경한 의혹을 받아 왔다.

특별위원회 활동 파행으로

운동본부는 4월 16일 기자회견을 통해 성남시의료원의 조기 건립을 재촉구하였다. 특히 특위를 겨냥해 시의회가 의료원 조기 건립을 위해 애써 준다면 아낌없는 지지를 보낼 것이라고 언급했다.

최윤길 특위 위원장은 《성남투데이》와의 인터뷰에서 지금까지의 지지부진한 진행 방식을 탈피하고 생산적인 특위 활동을 약속하면서 원점 재검토는 없을 것이라고 단언했다.

4월 말, 특위의 시의원들은 부산의료원, 마산의료원, 진주의료원과 서울보라매병원을 방문해 병원장 등을 만나고 운영 실태에 대하여 알아보았다.

마산의료원은 2000년부터 2006년까지 흑자를 보다가 2006년 적자로 돌아섰는데, 이후 위탁운영으로 우수 의료진을 확보하고 수술이 늘어났으며 특진비도 사라졌다. 훗날 홍준표 전 경남도지사의 폐쇄 결정으로 언론에 크게 오르내려 전 국민의 이목을 집중시킨 진주의료원은 적자가 상당히 누적된 상태로, 병원을 확대 이전하여 400병상 중 200병상은 일반병상으로 전환하고 나머지는 노인전문 병상으로 전환할 계획이었다. 당시 진주의료원은 응급실이 없었다. 보라매병원은 서울시립병원이지만 서울대학교병원에 위탁운영하고 있었는데, 위탁운영을 하면서 저소득층이 아닌 일반 환자들도 많이 찾고 있었다.

김현경 시의원은 의정 보고회를 열어 특위가 공공의료의 필요성을 잘 배우고 왔다는 내용을 시민들에게 전달하였다. 참가한 의원들의 인식 변화가 있었다. 성남시의 특성상 성남시의료원은 지역의 거점병원이 될 것이고, 원도심 중심에 종합병원이 없기 때문에 독점적 위치를 갖게 될 것이며, 공공병원은 의료복지이지 수익사업이 아니라고 강조했다. 또한 부산이나 진주의 사례를 들어, 좋은 병원이면 교통이 좋지 않아도 충분히 시민들의 의료를 책임질 수 있다고 했다. **진주의 경우 인구 1000명당 병상수가 8.3개인데, 성남 수정·중원구는 인구 1000명당 겨우 1병상이었다. 이렇게 심각한 상태의 의료공백이 무려 4년 동안 이어지고 있었던 것이다.**

순조로워 보였던 특위는 5월 22일 감정 폭발로 어처구니없는 사태에 이르렀다.

이날 한국보건산업진흥원의 문정주 공공의료확충팀장을 초빙해 공공의료 정책과 공공의료 확충에 대한 특강을 진행했는데, 한나라당 시의원들이 자료를 문제 삼아 트집을 잡았다. 열린우리당 시의원들이 반발하여 고성과 막말이 오가다 최윤길 위원장이 자리를 박차고 나갔다. 한나라당 의원들도 뒤따라 모두 자리를 떴으며, 열린우리당과 민주노동당 의원들만 남아 강의를 들었다.

5월 28일 특위 회의가 진행되었으나, 다음 날 한나라당 의원들은 기자회견을 갖고 특위에서 전원 사퇴하겠다고 밝혔다. 한나라당 의원들은 "우리도 늘 최선을 다하고 있는데 욕만 먹잖습니까. 야당에서 사퇴하라고 하니 사퇴해야 되지 않겠습니까? 이번 특위의 파행 사태에 대한 책임을 지는 겁니다."라고 말했다.

운동본부는 시의회에 맡겨 놓은 일들이 또 어그러지자 긴급 집행위원회를 열었다. 31일에는 기자회견을 열어 주민발의조례 제정에 담긴 시민들의 마음을 생각하라고 촉구했다. 당 대 당으로 대립하지 말고 다시 힘을 합쳐 보자며 시의회를 설득했다. 정종삼 의원과 민주노동당 의원들도 여기 참석해 특위 정상화를 촉구했다.

감정싸움으로 번진 토론회

5월 31일, 특위가 다시 열렸다. 한나라당 의원들은 의원 표결로 유지하기로 결정했고, 파행의 책임이 윤창근 의원에게 있다며 열린우리당에 윤 의원의 제명을 요구했다. 이후 특위는 '성남시립병원 설립 관련 토론회'를 준비했는데, 애초 예정된 날짜를 갑자기 하루 연기하더니 토론회장의 질서 유지를 위해 입장 인원을 제한한다고 했다. 이날 참석할 수 있는 인원은 180여 명이었다.

준비 단계부터 말이 많던 토론회는 6월 30일 토요일 오후 2시, 성남시민회관 소극장에서 열렸다. 이날 기조발제는 이신호 한국보건산업진흥원 의료산업단장이 "성남종합병원건립 및 운영에 관한 타당성 조사"를 발표한 뒤, 홍석환 시의원이 "시립병원! 대안은 없는가?"라는 주제로 발표하기로 되어 있었다.

홍석환 의원의 기조발제에 예상치 못한 발언이 담겨 장내가 소란스러워졌다. **민간병원과 협력체제를 구축하는 "성남의료지원센터" 구성을 제안했는데, 이는 성남시의료원 설립을 원천 무효화하자는 주장이었다***. 홍 의원은 "시립병원에 투자할 돈 2000억 원을 은행에 넣어 두면 이자수익이 발생한다"는 발언까지 했다.

이상윤 인도주의실천의사협의회 정책위원장, 박찬병 수원의료원 전 원장, 하동근 운동본부 공동대표가 홍석환 의원의 발표 내용에 반대 의사를 피력했다. 홍 의원이 섭외한 세 명의 토론자들은 토론회 진행 상황을 보고 정치 싸움에 휘말리지 않겠다며 자리를 떴다. 다음 날 운동본부는 긴급 기자회견을 열고 규탄 성명을 발표했다.

사태가 의원들 간의 감정싸움과 원안 뒤집기까지 이르자 신상진 국회의원**이 '시립병원 건립 촉구' 기자회견을 열었다. 신 의원은 적자는 어쩔 수 없는 것이니 위탁운영을 하자는 것이고, 특위가 이런 역할을 못할 거면 빨리 해체하는 것도 답이라고 했다.

운동본부도 이럴 거면 특위를 해체하든지 반대하는 한나라당의 의원들을 제명하라고 요구했다. 민주노동당은 신상진 의원의 기자회견이 정치적 쇼라고 비판했으며, 정종삼 의원은 시의회에서 5분 발언을 통해 의료원 설립 촉구 의사를 다시 밝히고 홍석환 의원의 제안을 공개적으로 비판했다. 홍석환 의원은 한나라당 의원총회에서 센터 설립 주장을 다시 거론하며, 정종삼 의원이 공개적으로 동료 의원의 의견을 묵살한 것이라고 맞받아쳤다.

*토론회가 있기 몇 달 전 성남중앙병원이 응급실을 새로 정비하여 지역 응급시스템에 청신호가 켜졌다는 언론보도가 있었다. 홍석환 의원은 이에 맞추어 정병원, 성남중앙병원과 협력하는 "센터"를 추진하자고 제안한 것이다. 성남시의회의 정당 구성상 조례를 뒤집어 버릴 수도 있는 상황이 다시 발생한 것이다.

**긍정적이든 부정적이든, 신상진 의원은 성남시의료원 설립운동사의 중요 지점마다 나타나 변곡점을 만드는 데 기여했다. 신 의원은 의료원 건립 추진까지 운동본부와 의견을 같이했으나, 그 운영 방식은 계속해서 서울대학교병원 위수탁 운영을 주장하였다.

성남시립병원 설립 관련 토론회(2007. 6. 30.)

성남시립병원설립 특별위원회의 부지 선정 공방 ●————

부지 선정 공방

성남시립병원설립 특별위원회가 갈등만 일으키는 사이, 운동본부는 2007년 7월 21일 성남시의료원 부지 선정 촉구대회를 열었다. 운동본부의 주장은 변함없었다. 신흥동 부지에 일단 의료원을 짓자는 것이다. **주민발의 조례 두 번과 의원발의 조례 한 번, 지난 4년간 시민들은 끊임없이 합법적 방법을 통해 민주주의 국가에서 가능한 모든 행위를 동원해 성남시의료원 설립을 추진해 왔으나 성남시는 다양한 이유로 계속 설립을 미뤄 왔다.** 운동본부는 다시 한번 시 집행부에 문제를 제기하며 합법적인 모든 방법을 동원해 정치적 책임을 묻겠다고 경고했다. 운동본부는 남한산성 입구에서 수정구 신흥동 세이브존까지 거리행진을 벌이고 선전물을 배포했다.

7월 말, 특위는 신흥동 시유지에 의료원을 짓게 될 때 감당해야 할 통보아파트 주민들의 민원과 시유지 분할 매각에 대한 보고를 받았다.

윤창근 의원은 통보아파트와 충분한 이격거리만 있으면 별 문제가 없다고 말했다. 공원로 확장 공사와 우남터널 공사가 연관되어 있어 통보아파트 재건축이 어려울까 봐 주민들이 민원을 제기한 것이니, 시에서 적극적으로 나서면 될 일이라고 했다. 윤창근 의원이 조사한 바에 따르면 통보아파트 주민들은 아파트 부지를 '시립병원 부지로 매입해도 된다'는 의견이라고 했다. 정종삼 의원도 경사로가 있어 활용도는 조금 떨어질 수 있으나 병원을 짓기에 문제될 정도는 아니라고 했다. 정종삼 의원은 행정소송이 제기되어도 공사에는 영향을 끼치지 않는다는 법률 자문을 가져와 언급했다. 정 의원은 어

윤창근 의원과 정종삼 의원이 제시한 조사 결과와 의견은 성남시의 주장과는 상반되는 것이었다.

디에 지어도 민원은 발생할 수밖에 없다고 했다.

특위는 8월 23일에 결과보고서를 채택하기로 예정했으나 쉽게 결론 내리지 못했다. 다시 부지 선정을 검토하는 안이 나왔는데, 시청사 부지에 설립하는 안, 수정·중원구 주민투표를 실시하는 안, 수정구청 부지에 설립하는 안이 제시되었다*.

*수정구청 부지는 면적이 좁아 그 인근 부지를 매입해야 했다.

새로운 제안, 수정구청 부지

8월 29일, 부지 선정을 결정하게 될 성남시립병원설립 특별위원회 회의가 열렸다. 특위는 9월 6일 종료 예정이었다. 이 자리에서 제3의 부지가 언급되었다. 1안은 신흥동 부지, 2안은 시청사 부지였는데, 3안으로 수정구청 부지가 제시되었다**.

갑자기 등장한 수정구청 부지는 열린우리당의 제안이었는데, 성남시와 어느 정도 협의가 되었으니 공사 기간을 단축할 수 있다고 했다. 신흥동 부지는 통보아파트와 그 뒤쪽에 자리 잡은 사유지를 매입하는 과정이 순탄치 않을 것 같고 거대 암반이 있어 발파도 순조롭지 않을 듯하니 아예 수정구청 부지를 생각해 보자는 거였다.

성남시에서 제시한 신흥동 부지의 공사 착공은 아무리 빨라도 2010년 8월, 시청사 부지는 2010년 2월, 수정구청 부지는 2011년 1월이었다. 윤창근 의원은 '운동본부의 의견은 신흥동 부지이고 2007년 10월에 착공하기로 했는데 왜 갑자기 3년이나 미뤄지냐'고 질의했다. 초기의 일정은 2006년에 정한 것이기 때문에 이미 착공 시기가 늦춰진 것을 감안해 다시 정리한 것이라는 답변이 있었다. 예상 착공 시기가 신흥동 부지는 2011년 9월***, 시청자 부지는 2011년 4월이라는 것이다. 수정구청은 이전할 부지가 아직 결정되지 않았으니, 의료원 건립지가 수정구청 부지로 정해지면 그때부터

**수정구청 부지 안은 2007년 초, 시에서 시청사 부지를 제안할 때에도 제3의 대안으로 나왔으나 부지가 너무 좁다는 이유로 큰 호응을 받지 못했다. 2007년 내내 신흥동 부지와 시청사 부지를 놓고 옥신각신했다. 제1공단 부지가 좋은 평가를 받았지만, 이 자리는 용도변경도 필요하고 무엇보다 지대를 감당하기 어렵다는 이유로 1차 탈락했다.

2007년 당시 계획된 공공기관 신축·이전 문제를 다시 살펴보면 시청사 신축 이전과 의료원 설립에 수정구청 이전까지 끼어들 경우 세 건의 공사에 부지 매입 포함 각각 3000억 원, 총 9000억 원의 예산이 필요해지는 상황이었다.

***운동본부에서는 신흥동 부지에 2009년 8월에는 착공할 수 있다고 보아, 차이가 컸다.

철거를 하겠다고 했다.

오후 2시에 시작한 특위는 오후 5시 22분이 되어서야 거수로 부지를 결정하기로 했다. 1안 신흥동 부지, 2안 시청사 부지, 3안 수정구청 부지를 놓고 회의 규칙에 따라 가장 나중에 제시된 3안부터 가부 결정을 하는데, 3안이 가결되면 2안과 1안은 자동 부결되고, 3안이 부결되면 2안의 가부

성남시의료원 부지 1, 2, 3안

를 결정, 2안까지 부결되어야 1안으로 가는 방식이었다. 3안은 찬성 3명, 반대 7명으로 부결되었고, 2안으로 넘어가 찬성 6명, 반대 4명으로 가결되면서 1안은 자동 부결되었다. 시청사 부지에 성남시의료원을 짓기로 확정하면서, 4년간 끌어 온 부지 선정 문제가 마무리된 것이다.

특별위원회의 주요 결정

성남시립병원설립 특별위원회는 부지 선정, 규모, 운영 방식 세 가지를 결정하기로 한 기구였다. 특위의 주요 결정은 1. 시립병원 부지를 시청사 부지로 결정한 것, 2. 규모를 500병상 상당으로 결정한 것인데, 운영 방식은 결정하지 못했다.

9월 들어 특위에서는 운영 방식에 대하여 구체적 논의를 시작했는데, 시 예산으로 짓기로 결정한 사안을 '결정한 바 없다'며 재논의

이날 참석한 특위 위원은 최윤길(한나라당), 정종삼(민주신당), 남용삼(한나라당), 윤창근(민주신당), 정용한(한나라당),이재호(한나라당), 박영애(한나라당), 홍석환(한나라당), 김해숙(민주신당), 이순복(한나라당), 정채진(민주신당), 김현경(민주노동당) 의원이었다. 2007년 2월, 열린우리당과 중도통합민주당이 대통합민주신당으로 합당하여 의원들의 당적이 바뀌었다.

특위는 2007년 3월 7일부터 9월 30일까지 활동했다. 성남시의료원 관련 업무 추진 현황을 청취하고 타 지방자치단체 의료원 견학, 업무 연찬 특강, 전문가 토론회, 민원 사항 검토 및 현장 방문 등의 활동을 수행했다.

해야 한다는 주장이 제기되었다. 9월 3일 특위 회의였다.

시의회에서는 대학병원 위탁을 주장하는 편과 건립 후에 운영 방식을 논의해도 된다는 편으로 의견이 갈렸다. 성남시는 위탁운영할 경우 대학병원 유치를 위해 부지와 규모 전체를 재검토해야 할 수도 있다고 했고, 시 예산으로 건립할 경우 중앙정부에서도 예산을 받아오고, 도 예산과 시 예산으로 나누어 예산을 설정해야 한다면서 착공이 연기될 수도 있음을 시사했다.

이날 회의에서 BTL 방식은 오래 걸린다는 이야기가 나왔고, 다음 회의를 하루 앞둔 9월 5일에 갑자기 BTL 방식 철회가 결정되었다. 운동본부는 처음부터 BTL 방식을 거부했다. 예비타당성 조사를 하고 중기지방재정계획에도 반영해야 하는데, 기획예산처에서 사업이 결정되면 업체 선정 등 준비에만 1~2년이 걸리기 때문이었다. 이는 이대엽 시장의 임기가 끝날 때에나 착공이 가능하다는 뜻이었다.

9월 전에 운영 방식을 결정하려면 토론회나 공청회가 필요하다는 의견이 있었지만 결국 하나도 실현되지 못했다. 특위는 9월 28일로 마무리 짓고 이제 성남시의 실행만 남겨둔 상태였다.

끊이지 않는 잡음 ●━━━━━━━━━━━━━━

시립병원 설립 반대 운동

2008년에는 시청사 이전, 수정구보건소 이전 등 여러 공공기관의 이전 문제가 얽혀 있었다. 수원지방법원 성남지원과 수원지방검찰청 성남지청도 이전하여 그 자리에 여성테마파크를 짓고, 시민회관도 새로 짓는다는 계획이 있었다. 한마디로, 성남시 원도심에 있던 공공기관과 시설들을 모두 이전하는 것이 시정의 주요 목표처럼 보였다.

토목공사 예산이 계속 늘어나는 상황에서, 성남시의료원의 건립을 반대하는 움직임까지 나왔다. 여기에는 '시립병원은 저소득층, 행려병자들이 이용하는 병원'이라는 인식이 일정 부분을 차지했다. '시립병원이 들어올 경우 빈곤계층이 모여드는 혐오시설이 된다'는 주장이었다. 장례식장에 화장장까지 짓는다는 헛소문이 돌았다. 2008년 3월 집단서명이 제출된 데 이어, 여름이 지나면서 성남시청 인근에서 '시립병원 설립 반대' 주민운동이 벌어졌다. 통장들이 지역을 돌아다니며 서명을 받고 있었다.

'시립병원을 반대'하는 이들은 과거 성남병원과 인하병원도 질 낮은 의료서비스로 시민들로부터 외면받았다면서, '해마다 막대한 혈세를 쏟아부어야 하는 시립병원을 계속 추진하는 저의가 의심스럽다'고 했다. 신흥동에 보건소가 지어질 예정이니, 여기서 응급환자를 치료하면 된다며 대안을 제시하기도 했다. 이들은 1만 명의 서명부를 확보했다고 주장했다.

운동본부는 성남시와 일부 세력이 성남시의료원 설립을 반대하기 위해 조직적으로 움직인다고 판단했다. 관변단체의 허황된 주장이

2008년 4월 9일에 제18대 국회의원 선거가 있었다. 범추위 공동대표였던 이재명 변호사는 통합민주당의 후보로 성남시 분당구갑에 출마했으나 2위로 낙선했다. 성남시 수정구에서 한나라당 신영수, 중원구에서 한나라당 신상진 의원이 재선에 성공했고, 분당구갑에 한나라당 고흥길, 분당구을에 한나라당 임태희 의원이 당선되었다.

라고 일축하며, 의료원 건립 방해 행위를 묵과하지 않겠다고 비판했다. 한편 성남시는 시의회에서 시청사 용도변경이 통과*되어 공람공고를 내고도 도시관리계획 변경 승인 절차를 바로 진행하지 않았다.

*시청사 부지에 의료원이 들어설 수 있도록, 제2종 일반주거지역에서 준주거지역으로 용도변경되었다.

갑작스러운 부지 변경안

시립병원 설립 반대 운동과 함께 수정구의 **통합민주당 시의원들을 중심으로 2007년 부결되었던 수정구청 부지에 성남시의료원을 건립하자는 주장이 제기**되었다. 윤창근·지관근 의원이 나서서 수정구청 부지를 언급하며 의료원 부지 '변경'을 주장했다**. 구시청사 부지에 수정구청과 수정구보건소를 이전하고, 시민회관은 리모델링해 존치하자는 것이었다. 그러면 수정구의 공동화를 막고 예산을 1000억 원가량 절감할 수 있다고 했다.

**부지 변경을 제안한 시의원들은 '당시에는 정치적 이유로 어쩔 수 없이 시청사 부지를 선정했다'는 투로 말했다. 민주노동당 의원들은 즉각 반발했고, 운동본부는 여태 노선을 같이했던 의원들의 갑작스런 입장 변화에 당황했다.

2008년 10월 14일에는 최만식·이순복 의원 등이 '성남시립병원 설립 부지 변경 특별결의안'을 제출했다. 이 결의안에서 1000억 원 이상의 재원 확보가 가능하다고 주장했다.

2008년 시의회에서 추산했던 성남시의료원의 총 건립비용은 500병상 규모에 1612억 원이었다. 성남시는 수정구보건소와 수정구청이 시청사 부지로 옮겨오는 경우에 이전 비용이 1200억 원 정도, 시민회관 이전 비용이 886억 원 소요될 것으로 보고, 모두 합쳐 1543억 원이라고 보고했다. 김현경 의원이 산출내역서를 보여 달라고 요청했으나, 보건위생과장은 내부 문건이라며 시의회에 공개하지 않았다.

성남시는 시의회의 결정에 따르겠다는 입장을 수년째 고수해 왔고, 시의회는 시의 의지가 없다며 서로 책임을 떠넘겼다. 이대엽 시장은 모두 다 애쓰고 있는데 잘 안된다며 책임을 회피했다. 김현경 의원의 말처럼 **아무도 시립병원 설립을 대놓고 반대하지 않았으나, 모두가 일을 어렵게 만들고 있었다.** 운동본부는 어떻게든 빨리 첫 삽을 뜨기 바랐고, 지지부진하다가 모두 다 없던 일이 될까 우려했다.

의료원 부지 변경을 놓고 다시 의견이 갈라졌을 때 지역 언론과 시민들의 의견은 다음과 같았다.

신상진 국회의원도 8월 12일 성명서를 발표해 구시청사 부지에 수정구보건소를 입주시키겠다는 성남시의 계획을 전면 철회하고 하루 빨리 시립병원을 설립하라고 촉구했다. 신 의원의 성명 발표에 방영기 도의원, 한성심·유근주·이순복·황영승 시의원이 동참했다.

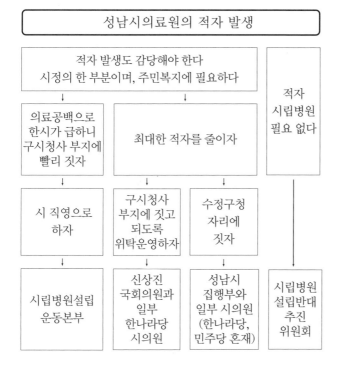

성남시의료원 설립에 적자는 불가피하다는 데에는 모두 동의했지만, 이 적자를 어떻게 보느냐에 따라 감당해야 한다는 편과 감당할 수 없다는 편으로 나뉘었다. 공공의료의 적자를 감당하는 것이 시정의 한 역할이라 생각하고 의료원 설립을 찬성하는 쪽은 어찌되었건 빨리 짓자는 의견과 어차피 발생할 적자이지만 최소화하자는 의견으로 나뉘었다. 적자를 최소화하자는 쪽은 부지 선정을 놓고 다시 의견이 갈라졌다.

2008년 10월 20일, 운동본부는 성남시청 앞에서 기자회견을 갖고 시립병원 설립 부지 변경 특별결의안이 시의회에서 통과될 경우 최만식·윤창근 의원에게 책임을 묻겠다고 경고했다*. 시의회 의결 전까지 방송차량을 이용해 부지 변경을 주장한 의원들을 시민들에게 알리겠다고 선포했고, 성남시청 앞에서 릴레이 단식농성을 시작했다.

결의안은 10월 22일 시의회 문화복지위원회 심의에 상정되었다가 재적의원 9명 가운데 찬성 3표, 반대 6표로 부결되었다.

*운동본부에서 정치적 책임을 묻겠다고 한 대표 의원은 윤창근, 지관근, 최만식 시의원으로, 모두 민주당 소속이었다. 민주당 의원들은 운동본부와 의견을 같이하며 의료원 설립을 추진해 왔는데, 갑자기 수정구청 부지를 제안하면서 운동본부와 틀어졌다.

확정된 구시청사 부지에서 수정구청 부지로 변경하는 안에 대한 시의원들의 입장 확인

(민-민주당, 한-한나라당, 노-민주노동당)

수정구청 부지로 변경하는 데 찬성하는 시의원	시청사 부지에 의료원 설립을 주장하는 시의원	입장 표명 보류 시의원
문길만(민) 윤창근(민) 이수영(한) 이상호(한) 최만식(민) 지관근(민) 고희영(민) 김유석(민) 김시중(민) 이영희(한) 안계일(한) 홍석환(한) 정기영(민) 김해숙(민) 강한구(한)	정용한(한) 최성은(노) 유근주(한) 한성심(한) 김재노(한) 황영승(한) 윤광열(민) 최윤길(한) 이순복(한) 김현경(노)	남용삼(한) 이재호(한) 정종삼(민) 박영애(한) 장대훈(한) 박문석(민) 남상욱(한) 김대진(한) 박권종(한) 이형만(한) 정채진(민)
이상 15명	이상 10명	이상 11명

또다시, 돈보다 생명을

2009년이 되어서도 성남시의료원 설립을 반대하는 목소리가 수그러들지 않았다.

이들의 주장은 첫째, 3000억 원을 들여 짓고 연 100억 원의 손실

이 빤한 의료원을 설립하면 시 재정에 큰 타격을 가져올 것이라는 것, 둘째, 시청사 이전은 찬성하지만 시민회관은 그대로 둬야 한다는 것, 셋째로 원도심에 혐오시설인 장례식장이 들어서는 것을 반대한다는 것이었다. 이 가운데 화장장이 들어선다는 헛소문은 지역주민들을 동요시키기에 충분했다. 이들은 의료원 설립 반대 서명운동을 펼쳐 7000여 명의 서명을 받고 성명서를 발표했으며, 시민회관 존치와 장례식장 반대를 주장하며 농성을 이어 갔다.

시의회의 도시건설위원회는 시청사 부지에 장례식장이 들어설 수 있도록 제2종 일반주거지역에서 준주거지역으로 용도변경하는 절차를 보류하고 주민들의 의견 합의를 기다렸다.

성남시 회계과는 구시청사 부지의 활용 방안으로 수정구청이 옮겨가고 시민회관을 확장하겠다는 계획안**을 제출했다. 그러면 구시청사 부지에 성남시의료원을 짓는 계획도 다시 틀어지는 셈이다.

운동본부는 "돈보다 생명을"이라는 구호를 다시 외쳐야 했다. 회계과의 계획 전면 백지화를 포함해, 이대엽 시장 퇴진을 촉구했다.

"성남시가 무리한 신청사 이전을 위해 현 청사로 수정구보건소와 시설관리공단, 생활체육협의회, 자원봉사센터를 이전하는 계획을 추진 중입니다. 성남시민의 염원은 이대엽 시장처럼 호화 신청사 조기 입주가 아니라 시립병원이 설립되고 의료공백으로 생명이 위협받는 일이 없어지기를 바라는 최소한의 생존권 보장입니다."

**8월 10일 성남시 회계과에서 제출한 '현 청사 활용 방안'에 따르면 시청 이전 및 공사 기간 중 인근 지역의 경제 공동화가 우려된다며, 수정구보건소와 일부 기관을 당시 청사 자리로 이전한다는 것이었다. 이 계획에서 공사 기간은 1년 9개월이었다. 시청이 옮겨가고, 구시청사 자리에 수정구청이 이사한 다음, 수정구청 자리에 성남시의료원을 짓겠다는 것인데, 이렇게 되면 1년 9개월 후에나 착공이 이루어질 가능성이 높아진다. 의료원 설립은 기약 없이 늘어질 수밖에 없었다.

시립병원 즉각 설립 촉구 기자회견_출처: 성남투데이

시립병원설립 반대 집회_출처: 성남투데이

분당차병원과 의료클러스터 조성

분당차병원의 특혜 의혹은 2001년, 현재의 분당차병원 옆에 있던 분당경찰서 부지를 넘겨받기로 약속하면서 시작되었다. 분당차병원은 이 부지를 받는 대신, 분당구 정자동 163번지 일대 6651.3㎡를 97억 원에 매입하고 다른 곳에 분당경찰서를 지어 양도하기로 하였다. 성남시의회에서는 최만식 시의원이 대표적으로 문제 삼았다.

2008년 6월 30일에 약속대로 지하 2층 지상 5층 규모에 총면적 1만 7000여 ㎡의 분당경찰서를 건립해 양도하였다.

2009년 들어 이 문제가 가시화되었는데,《한겨레》는 성광의료재단(차병원그룹의 의료법인)이 성남시가 추진 중인 분당 지구단위계획 변경안에 야탑동 옛 경찰서 터를 업무·상업용지로 바꿔 달라고 요청했다고 보도했다*. 게다가 지은 지 10년도 안 된 분당구보건소를 시유지인 분당구 정자동 163번지(2813㎡)로 옮길 계획이 있는 것을 파악하고 이 역시 분당차병원에 붙어 있는 부지를 넘겨주기 위한 것이라는 의혹도 제기하였다. 보건소 관계자가 성광의료재단의 보건소 자리 매입 의사 얘기가 있었다고 증언한 내용도 있다.

2009년 5월에 성광의료재단은 성남시와 양해각서를 체결해 '국제줄기세포 메디클러스터'를 조성할 계획을 발표했다. 최만식 시의원이 문제 제기를 한 시점에는 보건소가 이전하고 그 부지도 분당차병원이 매입하여 용도변경해 사용하고자 했던 것으로 알려졌다.

2009년 11월 성광의료재단은 기존 분당경찰서 자리에 줄기세포 관련 연구시설을 조성한다는 사업계획서를 제출하였다. 공공청사 부지를 의료연구시설로 용도변경하고 용적률 800% 이상을 보장해 달라는 것이었다.

지역에서는 이 사안에 대하여 특혜 의혹이라고 봤고, 성남시는 법적 한계 내에서 가능한 범위라고 주장했다. 성광의료재단도 부동산 시세 차익에 대한 욕심은 없다고 밝혔다.

이후 2011년 분당차병원은 야탑동 분당차병원 옆 경찰서 별관 2000㎡ 공간을 불법 개조해 응급의료센터로 쓰다가 고발당할 위기에 놓였다. 교통사고 조사실 자리를 응급의료센터로 쓰고, 형사과 사무실 자리는 병원 홍보실이, 수사과장실은 병원 인사팀과 총무팀이 자리 잡고 있었다. 용도변경 외에 의료기관 시설 인증에 대한 개설 권한 허가는 보건복지부가 내릴 수 있는데, 이에 대한 절차를 무시한 것이다.

이때는 소유권과 용도가 경기지방경찰청장과 공공청사 용도로 지정된 상태였다. 바로 옆에는 분당구보건소가 위치하고 있어 이를 모를 수 없었다. 분당구보건소는 이에 대한 허가권을 가지고 있지 않아 법적으로 책임을 물을 수는 없지만, 명백한 불법 시설 개조를 알면서도 묵인했다는 도의적 책임을 추궁당하는 상황이었다.

우여곡절 끝에 2013년 성남시는 성광의료재단과 2009년에 체결한 MOU를 구체적으로 실현하는 '국제줄기세포 메디클러스터 유치·건립 상호협력' 협약식을 갖고 '국제줄기세포 메디클러스터' 설립을 시작하였다. 강남구 역삼동에 산재한 차병원그룹의 연구시설 등이 옮겨오게 되었다.

이후 의료클러스터 조성 사업은 계속 확장되어 2017년에는 분당구보건소 이전까지 확정했다. 2009년 5월, 2013년 10월, 2015년 5월에도 계속 업무협약 MOU를 체결했으나 본격화되지 못했다. 2021년 현재 아직은 분당구보건소가 원래 자리에 위치해 있다.

*《한겨레》"차병원, 경찰서터 '상업용지' 변경 추진" 2009. 1. 7.
http://www.hani.co.kr/arti/area/area_general/331957.html
《한겨레》"차병원 특혜논란 확산" 2009. 1. 8.
http://www.hani.co.kr/arti/area/area_general/332196.html

2009년 갈매기살 부지 논란

성남시청이 이전할 예정이었던 분당구 야탑동 일대 402-12번지의 땅을 시청사 건립 계획 직전 이대엽 전 성남시장의 조카며느리가 구입했다는 사실이 확인됐다. 2007년 7월 성남참여자치시민연대에서 의혹을 제기하여 세간에 알려지게 되었다.

이 전 시장의 친척은 1995년 건축공사 중단으로 방치되어 있던 분당구 야탑동의 준주거용지 내에 있던 땅 1838㎡를 2004년 7월 사들였다. 용도는 대중음식점 부지였다. 2006년 성남시는 연면적 70% 이상(건폐율)에 음식점이 들어서야 한다는 토지용도에 관한 제한조건을 네 번에 걸쳐 완화하고 준주거용지에서 허용되는 모든 업종이 들어설 수 있도록 용도를 완화하는 분당지구 단위계획 변경을 추진했다. 애초에 대중음식점 부지로만 사용할 수 있었는데 음식점, 의료시설, 업무시설, 문화시설 모두가 들어설 수 있게 된 것이다. 이 과정에서 갈매기살 부지의 특혜 의혹이 불거진 것이다.

당시 성남참여자치시민연대는 "성남시-주공의 여수동 국민임대주택단지사업 협약 체결(2004년 5월)과 성남시 도시기본계획안 수립(9월), 정부의 여수동 국민임대주택단지 조성 계획 발표(10월) 등 인접지역 개발계획이 땅 매입을 전후한 시기에 이뤄졌다"며 특혜가 분명하다고 의혹을 제기했다.

또한 성광의료재단이 이 땅에 23억 7천만 원과 30억 원에 근저당을 설정한 사실도 드러났는데, 이 부분도 이해할 수 없다는 의혹도 있었다.

이 땅의 소유주는 이대엽 전 시장 셋째 조카의 부인으로 알려졌는데, 이후 이 전 시장이 부지 용도변경에 특혜를 주었다는 것이 인정되었고, 이 조카는 토지 매입 과정에서 회삿돈을 횡령한 혐의로 구속되었다.

이 부지는 1995년 분당 개발 당시 여수동 주변에 몰려있던 갈매기살 전문 음식점을 한데 모으려는 곳이었다고 한다. 2004년 이 사업을 추진한 사업자가 부도가 났고 이후 이대엽 시장 일가가 이곳을 사들인 것이다.

이후 2015년에 요양병원이 의료기관개설 변경허가를 신청했는데 도로교통공단에서는 진출입로 부근의 교통사고 위험이 높다고 분석했다며 성남시가 요양병원 허가를 내주지 않은 적이 있다. 이후 요양병원 측은 경기도 행정심판위원회에 의료기관개설 변경허가 신청 불가처분 행정심판을 제기했고 경기도 행정심판위원회는 요양병원의 주장을 받아들여 불허처분은 과도하다고 판단했다. 성남시는 안전대책을 세우는 조건으로 병원 허가를 내주게 되어 현재는 분당연세요양병원이 들어서 운영 중이다.

　이후 이대엽 시장 일가는 이 시장의 부인이 선거법위반 혐의로 구속되고(집행유예), 큰조카는 관급공사 청탁으로 6천만 원을 받은 혐의로 구속, 큰조카 며느리는 인사 청탁 명목으로 공무원들에게 5500만 원을 받은 혐의로 구속, 큰조카의 아들도 조경 관급공사에 개입한 혐의로 조사를 받는 등, 이 전 시장의 퇴임 이후 일가가 모두 구속되거나 검찰 조사를 받게 되었다. 이대엽 전 시장 자택에서는 2010년 11월 검찰 압수수색 과정에서 시가 1천만 원의 양주가 발견되기도 했다. 이 전 시장은 2012년 대법원에서 횡령과 뇌물수수 등으로 징역 4년형을 받고 수감되었다가 병보석으로 출소한 뒤 건강 악화로 사망하였다.

2010. 6. 2. 제5회 전국동시 지방선거

2010. 7. 12. 성남시 모라토리엄 선언

2010. 9. 2. "성남시의료원 설립 및 운영에 관한 조례 일부개정 조례안"(성남시장 제출)
　　　　　　 문화복지위원회 상정, 부결

2010. 9. 15. 성남시의료원 설립 촉구 결의대회 개최

2010. 10. 13. 두 가지 "성남시의료원 설립 및 운영에 관한 조례 일부개정 조례안" 본회의 상정, 심사 보류

2011. 5. 14. 시립병원설립촉구 범시민궐기대회

2011. 5. 정용환 의원 등 15인 '위탁운영' 강제 조항 신설한
　　　　　 "성남시의료원 설립 및 운영에 관한 조례 일부개정 조례안" 발의

2011. 6. 16. 성남시민 소송단이 한나라당 시의원들을 직무유기로 고발(5월 임시회 보이콧)

2011. 7. 5. 정용환 의원 등 15인 "성남시의료원 설립 및 운영에 관한 조례 일부개정 조례안"
　　　　　　 문화복지위원회 부의

2011. 7. 18. 세 가지 '성남시의료원' 관련 조례 본회의 상정
　　　　　　 −정용환 의원 등 15인 발의 "성남시의료원 설립 및 운영에 관한 조례 일부개정 조례안" 부결
　　　　　　 −김순례·최윤길 의원 등 9인 발의 "성남시의료원 설립 및 운영에 관한 조례 폐지 조례안" 통과
　　　　　　 −정용환·유근주 의원 등 8인 발의 "성남시의료원 설립 및 운영에 관한 조례안"(새로운 조례) 통과

2011. 8. 9. 이재명 성남시장이 폐지 조례안과 새로운 조례안의 재의 요청

2011. 10. 31. 구시청사 철거

2011. 12. 30. 신상진 국회의원이 대표 발의한
　　　　　　　 "지방의료원의 설립 및 운영에 관한 법률 일부 개정안" 국회 통과

2012. 2. 14. 성남시의료원 폐지 조례안과 새로운 조례안 재의 요청 철회

2012. 6. 27. 성남시의료원설립추진위원회 1차 회의

2013. 9. 5. 성남시의료원 시공사 입찰에서 울트라건설(주) 컨소시엄이 최종 낙찰자로 선정

2013. 11. 14. 성남시의료원 건설 공사 기공식

2014. 4. 16. 세월호 참사

2014. 6. 4. 제6회 전국동시 지방선거

2014. 10. 울트라건설 법정관리로 첫 번째 공사 중단

2014. 12. 삼환기업 등 공동이행사 6개사가 건설 계약 승계

제6장

험난한 성남시의료원 설립 추진

2010 - 2014

의료공백 해소! 시립의료원 설립!

남시의료원 설립예산 삭감저지 단식농성 선

▶일 시: 2010. 12.15 ▶주 최: 성남시립병원설립운동본

성남시의료원 설립예산
삭감저지 단식농성
(2010. 12. 15.)_출처: 성남투데이

성남의료원은 시민의 염원이다. 즉각 설립하라
성남시립병원설립운동본부

성남시의료원
설립 촉구 기자회견
(2011. 2. 14.)_출처: 성남투데이

한나라당 의원 규탄 및
의료원 설립 촉구 거리 캠페인
(2011. 8. 24.)_출처: 성남투데이

의료원 설립예산 통과 촉구 캠페인
_출처: 성남투데이

시립병원 설립 촉구 궐기대회 준비

성남시립병원설립 범시민추진위원회 공동대표이자 1차 주민발의조례 청구인 대표였던 이재명 변호사가 민선 5기 성남시장으로 당선되었다. 성남시의회 여소야대 상황에서 매년 예산안이 통과되지 못했고 성남시의회 다수를 차지한 한나라당은 대학병원 위탁운영을 계속 주장하였다. 결국 주민발의조례는 폐지되었고, 위법성이 있는 대학병원 강제위탁 조례가 새롭게 제정되었다.

민선 6기, 공사가 시작된 성남시의료원은 1년 만에 건설사 법정관리로 공사가 중단되었고 주 시공사가 변경되었다. 건설사 법정관리는 최저가 낙찰로 인한 예견된 악재였다.

민선 5기 출범 ●

민선 5기의 시작

　2010년은 제5회 전국동시 지방선거가 있었다. 정당별로 출마 선언이 이어졌고, 성남시의료원도 선거 공약으로 재등장했다.

　2010년 6월 2일, 성남시장 선거에 출마한 범야권의 이재명* 후보가 51.16%의 득표율로 당선되었다. 이재명 후보는 당선 직후 언론과의 인터뷰에서 **성남시의료원 설립운동으로 인해 성남시장까지 오게 되었다는 점을 강조했다.** "내 정치 인생의 시작은 성남시립병원 설립운동"이며 "시장이 되어 꼭 병원을 짓겠다"는 목표를 분명히 했다. 운동본부와 시민들은 이 후보가 시장이 되면 순탄하게 의료원 설립이 진행될 것이라고 기대했다.

*민주노동당과 민주당은 야권 후보 단일화를 추진하다가 야권 연대로 선회했다. 2010년 5월, 민주당, 민주노동당, 국민참여당 등 범야권은 시민단체의 동의로 이재명 변호사를 야권 단일화 성남시장 후보로 내세웠다.

2010년 전국동시 지방선거로 구성된 제6대 성남시의회

지역	한나라당		민주당		민주노동당
수정구	이덕수	정용한	강상태	윤창근	
	정 훈	이재호	최만식	정종삼	
중원구	유근주	한성심	지관근	김유석	
	김재노	황영승	조정환	마선식	
분당구	이영희	장대훈	김 용	권락용*	이숙정
	박영일	최윤길	박문석	박종철	(2011.7. 제명)
	박완정	이윤우	정기영	김해숙	
	박권종	강한구			
비례대표	지수식	김순례	김선임	박창순	
	이영신				
인원수	19		15		1

* 2011년 보궐선거에서 한나라당 소속으로 당선되었으며, 이후 민주당으로 당적을 변경하였다.

시민들의 기대에 걸맞게 이재명 시장은 취임하자마자 바로 의료원 조기 설립 방침을 발표하였다. 시민회관은 존치하고 구시청사 부지에 성남시의료원을 건립한다는 내용이었다. 7월 23일에는 도시관리계획을 변경하여 구시청사 부지에 의료시설을 짓도록 정리하고 공람과 공고를 냈다. 7월 29일에는 성남시청 관계부서 공무원들이 서울과 부산, 마산과 대구의 의료원을 견학했다. 8월 31일, 도시관리계획 용도변경이 마무리되어 구시청사 부지는 제2종 일반주거지역에서 준주거지역으로 변경 완료되었다.

시청사 이전으로 구시청사 주변의 공동화가 우려되니 구시청사 부지에 의료원을 조속히 설립하기로 하고, 이재명 시장 임기 중인 2014년까지 개원*하는 것을 목표로 삼았다. 500병상 이상의 대형병원으로 인근 시군에서도 찾아올 수 있는 우수한 병원을 만들면 흑자 경영도 가능하다고 내다봤다.

*2차 개원 계획으로, 이전의 2012년 개원에서 연기되었다.

성남시는 7월 8일 민선5기 시민 약속 사업을 성공적으로 실천해 나가기 위한 보고회를 열고, '시민이 주인인 성남, 기회가 균등한 성남, 시민이 행복한 성남'이라는 시정 슬로건에 따라 10대 역점 사업과 100대 실천과제를 설정해 추진하기로 했다.

우선 주민발의조례가 제정되었으나 추진이 보류됐던 성남시의료원 건립을 당초 계획대로 진행할 예정이라고 밝혔다.

또 지난 2005년 아파트 건설이 가능한 용도로 도시계획이 변경됐으나 공원화하라는 여론에 밀려 활용 방안이 정해지지 않고 표류해 온 제1공단 부지를 공원으로 조성하기로 했다.

위례신도시 사업권 확보와 고등·시흥 보금자리주택지구 개발권 확보 사업을 통해 약속 사업 추진을 위한 세수를 확보하고, 마련된 재원은 시민을 위한 복지 기금으로 사용해 초·중·고 전 학년에게 친환경 농산물 무료급식 및 무상 교복을 지원하고, 환경적 질환으로 고통받는 아토피질환자들을 위한 전문치료센터를 설립할 계획이라고 밝혔다.

그 밖에 독도수호를 위해 울릉군과 자매결연을 맺어 지원에 나서며, 성남시 NGO프라자 설치 등 다양한 사업을 추진하기로 했다.

앞으로 약속 사업에 대한 정기보고회 개최, 사업 현장 방문, 사업 수행에 공헌한 공무원에게 인센티브 제공 등을 통해 민선5기 약속 사업을 성공적으로 추진해 나갈 계획이라고 밝혔다.

그런데 이재명 시장 취임 12일 만에, 성남시는 모라토리엄**을 선언했다. 판교 개발비용 등을 포함한 지출이 과다해, 이를 모두 상환할 경우 일반 행정을 꾸려갈 수 없다는 것이었다. 시의회의 다수를 차지한 한나라당 의원들은 이재명 시장이 독선적이라고 맹공을 퍼부으며, 이 시장이 취임 한 달 만에 성남을 '거지도시'로 만들었다고 비난했다. 시정이 해결해야 할 사안이 산적해 있는 상황에서 시 정부와 시의회가 사사건건 충돌하며, 성남시의료원 설립에 대한 기대가 삐걱거리기 시작했다.

**모라토리엄: 전쟁, 지진, 경제 공황, 화폐 개혁 따위와 같이 한 나라 전체나 어느 특정 지역에 긴급 사태가 발생한 경우에 국가 권력의 발동에 의하여 일정 기간 금전 채무의 이행을 연장시키는 일. (우리말샘 참고)

성남시의료원 설립추진위원회 개편을 위한 조례 개정안

2010년 9월, 성남시장 발의로 "성남시의료원 설립 및 운영에 관한 조례 일부 개정안"이 상정되었다. 이 개정안에는 '성남시의료원 설립추진위원회'를 구성하는 내용이 들어 있었다.

2006년 8월 4일 성남시의료원 설립 및 운영에 관한 자문 및 심의를 위한 '성남시의료원 설립추진위원회'를 구성하였으나, 이를 조례에 반영하지 못하고 내부 방침으로만 정해서 단 두 차례 회의를 진행한 바 있다. '시민이 행복한 성남 기획위원회'(위원장 김미희)가 마련한 성남시의료원 관련 정책 간담회에 참석한 하동근 운동본부 공동대표가 성남시의료원 설립추진위원회를 개편하자는 의견을 냈고, 성남시는 이를 수렴하여 시의회에 조례 개정안을 제출했다.

2010년에 편성된 성남시의료원 관련 예산은 84억 원이었다. 성남시는 12월까지 기본설계 및 실시설계 용역을 마치고 착공할 예정이었으며, 설립추진위원회를 구성해야 하니 본회의에서 조례 개정안을 의결해 달라고 요청하였다.

그러나 9월 2일 시의회 문화복지위원회에서 이 조례 개정안이 부결되었다. 의회는 설립추진위원회 각 분과위원회의 구성 조건이 타당하지 않으며, 이재명 시장의 뜻대로 진행하려는 의도가 보인다고 주장했다. 특히 한나라당 시의원들이 반대한 이유는, 개정안 제5조의 2 "의료원 설립 및 운영에 관하여 시장의 자문과 심의를 위하여 의료원 설립추진위원회(이하 '위원회'라 한다)를 구성·운영한다"는 내용 때문이었다. 또한 '시립병원'인지 '성남시의료원'인지 용어를 통일해 달라고 요구하며, 공청회를 거치지 않고 시립병원을 설립할 수 없다고 주장했다. 한나라당 의원들의 대학병원 위탁운영 주장도 여전했다. 긴 논의 끝에 강상태 의원이 심사 보류를 요청했으나 받아들여지지 않았고, 찬성 4표, 반대 4표로 조례 개정안은 부결되었다*.

부결된 조례 개정안은 운동본부의 의견을 시 집행부가 거의 그대로 반영한 것이다. 한나라당 시의원들이 적자 운영을 문제 삼아 대학병원 위탁을 주장하며 시민들이 제안한 의견을 묵살한 것으로 받아들일 수밖에 없었다. 9월 14일 본회의에서 이재명 시장은 시정질의 답변을 통해 성남시의료원 설립은 시장이 바뀐 것 외에 아무것도 달라진 게 없으며 원안대로 시민들의 의견을 수렴해 시민의 병원으로 만들어 나가겠다고 말했다. 이 시장이 밝힌 착공 시기는 2011년 12월이었다**.

*신상진 국회의원이 한나라당 시의원들을 뒤에서 조종했기 때문이라는 소문이 퍼졌다. 이들이 대학병원 위탁에 관한 신상진 의원의 주장을 똑같이 반복했기 때문이다. 신상진 의원은 근거 없는 소리라며 강력 반발했다.

**실제로 착공이 이루어진 시기는 2013년 11월이다.

성남시의료원 설립촉구 결의대회

9월 15일, 운동본부와 시민 약 550명이 성남시의회 앞에서 '성남시의료원 설립촉구 결의대회'를 열었다. 운동본부의 하동근 공동대표와 오영선 공동집행위원장은 입을 모아 다음과 같이 성토했다.

"한나라당 성남시의원들이 성남시의료원 설립을 반대하는 이유는 시립의료원 대신 대학병원을 유치하고 싶거나, 시립의료원을 서울대학교병원에 위탁하고 싶어서입니다! 대학병원이 유치되면 병원 수익을 높이기 위해 과잉진료가 불가피합니다! 병원비는 비싸질 것이고, 시민들을 위한 공공의료원 본연의 목적을 해치게 됩니다! 그리고, 병원을 운영하다가 적자가 나면 어떻게 하겠습니까? 비용 절감한다고 병원 인력을 정리해고할 겁니다! 우리가 왜 성남에 공공병원을 짓자고 주장했습니까? 바로 인하병원이 적자가 난다고 폐업해 버렸기 때문 아닙니까? 대학병원 위탁은 인하병원과 똑같은 결과를 가져올 것입니다!"

"우리는 성남시민의 생명과 건강권을 위협하는 그 어떤 행동에 대해서도 끝까지 책임을 물을 것입니다!"

이날 운동본부와 시민들은 다음과 같은 구체적 요구와 다짐을 내세웠다.

- 성남시의료원 설립 방해 행동 즉각 중단.
- 최대한 빨리 성남시의료원 설립.
- 한나라당 성남시의원 각성 요구.
- 성남시의료원 설립을 방해하는 세력은 향후 주민소환을 포함한 모든 행동을 동원해 정치적 책임을 물을 것.
- 성남시의료원의 조속한 건립을 통해 성남시민들의 건강권을 쟁취하는 투쟁을 힘차게 벌일 것.

대학병원 위탁 주장과 예산안 불승인

대학병원 위탁 주장과 두 개의 조례 개정안

2010년 10월 2일, 한나라당 성남시 중원구 당원협의회는 신상진 국회의원을 중심으로 하여 성남시의료원을 대학병원에 위탁운영하도록 하자는 서명운동을 시작했다. 한나라당 시의원들은 의료원 설립에는 찬성하나 대학병원에 위탁운영해야 한다고 나섰으며, 대학병원 위탁운영을 내용으로 하는 조례 개정안을 발의했다.

10월 13일, "성남시의료원 설립 및 운영에 관한 조례 일부 개정 조례안" 두 가지가 본회의에 상정되었다.

하나는 유근주·최윤길 등 시의원 11인이 발의한 것(의안번호 2375)으로, 우수한 의료진에 의한 질 높은 의료서비스 제공과 의료원의 안정적인 운영을 위하여 대학병원에 위탁운영하자는 내용이었다.

다른 하나는 같은 날 성남시장이 제출한 동일 명칭의 안(의안번호 2381)으로, 의료원 설립 업무의 효율성을 높이기 위해 자문과 심의를 담당하는 성남시의료원 설립추진위원회를 구성하는 내용이었다.

이 두 가지 안은 의료원 설립에 대한 의도가 충돌하는 부분이 있다. 성남시장이 제출한 것은 성남시의료원 설립추진위원회 구성이 주요 골자다. 위원회 인원을 30명으로 하고 그 안에서 소위원회를 구성한다는 내용이었는데, 위원장은 부시장, 부위원장은 위원 중 호선(互選), 의회 추천 시의원 2인, 담당국장과 보건소장이 당연직이 된다. 30명 중 의회 지분은 2인, 집행부 3인이 당연직이고 나머지 25명은 전문가와 기타 시장이 필요하다고 인정하는 사람으로 구성할 수 있다. 시의회에서 이 인원 구성을 두고 설전이 벌어졌다.

한편 유근주 등 시의원 11인이 발의한 조례 개정안은 지방의료원 운영을 "대학병원에 위탁"하는 내용으로, 이는 '단체장의 권한 침해와 법률 위배 논란의 소지가 있을 수 있다고 판단된다'는 검토 의견서를 받았다. "지방의료원의 설립 및 운영에 관한 법률" 제26조 제3항의 규정에 의하면 '지방자치단체의 장은 경영상의 상당한 이유가 있다고 판단하는 경우 보건복지부 장관의 승인을 얻어 조례로 정하는 바에 따라 지방의료원 운영의 전부 또는 일부를 대학병원 등에 위탁운영할 수 있다.'라고 규정하고 있기 때문이다.

한나라당 의원들이 주장이 거세지고 있었다. 그러나 시의회에서 대학병원 위수탁 개정안을 가결하더라도, 시 집행부에서 반려하고 재심의를 요청할 수 있어 의회와 집행부 사이에 의안만 오가는 상황이 계속될 수도 있었다. 결국 두 가지 개정안은 심사 보류되었다.

지역보건의료계획 동의안 부결

11월 23일, 시의회 문화복지위원회에 '제5기 성남시 지역보건의료계획* 동의안'이 상정되었다. 이는 민선 5기 집행부에서 제안한 내용으로 '500병상 규모의 공공병원을 2014년까지 설립하여 공공의료서비스를 제공한다'는 내용이 들어 있었다. 민주당의 정기영 시의원과 김선임 시의원이 분당구보건소 박영숙 소장을 추궁했다.

"성남시의료원 설립 건이 아직 의회에서 모두 동의하지 않았는데 지역보건의료계획에 왜 삽입되어 있나요?"

정용한 의원은 지역보건의료계획에 포함된 심의위원 구성에 대해 질문했다. 인하병원 노동자였던 정해선 씨는 성남참여자치시민연대 회원 자격으로 지역보건의료계획 심의위원으로 위촉되었는데,

*지역보건의료계획은 지역보건법 제3조에 따라 광역단체와 기초단체가 모두 수립하는 계획으로 모자보건, 정신건강 등 보편적인 시민들의 보건·건강을 위해 만든다. 2010년 5~10월에 수립된 제5기 성남시 지역보건의료계획의 시행 기간은 2011~2014년이며, 이 계획안은 다문화를 포함한 일반적 내용으로 별다른 특이사항은 없었다.

이를 두고 의회의 폭격이 시작되었다. 의료인도 아닌 비전문가가 어떤 이유로 추천을 받았고, 누가 추천을 했는지 집중 질문하며 대표성이 결여된 사람을 심의위원으로 위촉한 것에 대해 해명을 요구했다. 또한 성남시의료원의 대학병원 위수탁은 이 자리에서 결정할 수 있는 사안이 아니라며 '제5기 성남시 지역보건의료계획'을 전체 부결하였다.*

의료원 설립 추진 예산안 상정

12월 8일 문화복지위원회에는 의료원 설립에 관한 예산안이 상정되었다. 성남시는 148억 743만 원을 올렸는데, 공청회 개최와 시설비·감리비 등으로 쓸 예정이며, 구시청사에 남아 있는 여러 기관과 단체가 이전한 후 철거하여 2011년 12월 말 착공을 목표로 한다고 밝혔다.

시 집행부는 이미 입찰안내서를 용역 발주했다.** 2011년 1월 18일에 입찰안내서가 완성되면 입찰공고 후, 현장 설명과 설계공모를 진행해 심사·결정할 예정이었다.

박영일 의원은 여전히 성남시의료원 설립을 반대하며, 의료원 설립에 소요될 2800억 원을 은행에 넣어 두고 전 시민에게 의료비를 제공하는 편이 훨씬 낫겠다고 주장했다. 그러면서 시 집행부에서 올린 예산안을 전액 삭감하자는 의견을 냈다. 김해숙 의원은 이 자리에서 예산안이 통과되지 않으면 의료원 설립이 늦어진다고 하니, 공청회 등 실제 건설에 들어가는 비용이 아닌 것은 일부 삭감하더라도 전액 삭감에 반대한다는 안을 제출하였다. 이날 의회의 토론과 표결을 거쳐 성남시의료원 설립 추진 예산안은 원안 가결되었다. 이제 본회의에서 얼마나 삭감될지는 미지수였다.

12월 15일, 운동본부는 시의회 청사 1층에서 기자회견을 열고 본예산을 통과시키라며 엄중 항의했다. 또한 신영수 국회의원 사무실 앞에서 항의집회를 갖고 문화복지위원회 소속 한나라당 시의원들의 지역구를 찾아 주민홍보 및 항의시위를 하겠다고 밝혔다. 김미희 민주노동당 성남 수정구위원회 정책위원장과 하동근 운동본부 상임대표가 이날부터 단식농성에 돌입했다. 정종삼 시의원도 단식농성에 합류해 시의회에서 본예산을 통과시키는 데 힘을 보탰다. 이재명 시장은 개인 SNS를 통해 한나라당 시의원들이 건건이 시정의 발목을 잡는다고 공개적으로 비판했다.

김미희 위원장은 보름간의 단식 끝에 결국 실려 나갔다. 정종삼 의원은 단식 7일째인 12월 21일 병원으로 실려 갔다가 환자복을 입고 링거를 꽂은 채 시의회 본회의에 나타나 의장석을 점거했다.

민주주의를 저버린 성남시의회

12월 21일 시의회 본회의를 두고 지역 언론은 '파행으로 치달았다'고 표현했다. 이날은 회기 마지막 날이라 예산안 의결이 이루어지지 않으면 집행부는 내년도 예산을 확보하지 못해 기초 예산 외 아무 사업도 할 수 없게 된다. 이날 오전 10시부터 민주당 시의원들이 시의회 본회의장의 단상을 점거하고 '시립의료원 예산삭감 결사반대' 등이 적힌 종이들을 의장석 뒤 벽에 붙였다. 고성이 오가다 한나라당 의원들이 모두 퇴장했다. 오후 4시 12분에 속개한 회의는 시장 출석을 요구하며 8시 30분에 다시 정회했다가 다시 개의했다.

한나라당 의원들은 본회의 파행에 대한 기자회견을 했으며, 민주당 의원들은 반박 보도자료를 배포했다. 양당 대표의 협의 이후 다시 본회의를 열었고 부시장이 출석했다.

회기 마감 30여 분을 남겨 놓고 본회의장에 양당 의원들이 입장했다. 이들은 서로 책임을 전가할 뿐 회의는 진척이 없었다. 장대훈 시의장은 회기를 22일까지 하루 연장하는 안을 내놓고 바로 통과시켰다.

당시 《성남일보》의 보도에 따르면, 부시장 출석 이후 민주당 의원들이 한나라당 의원들을 비난하며 입장했다. 민주당 의원들은 단상을 점거하고 "한나라당이 올해 2차 추가경정 예산안을 먼저 통과시킨 다음에 새해 본예산은 양당 대표 합의로 조정하자고 했습니다. 그런데 이게 뭡니까!! 본예산도 비토하겠다는 거 아닙니까!!!"라며 성토했다.
여러 언론에서 민주주의를 저버린 반민주주의적 행태의 시의회라는 비판을 내놓았고, 시립병원 설립을 놓고 벌어진 첨예한 이해관계 대립이라는 평가가 있었다.

*한나라당은 성남시의회 회의규칙을 근거로 재수정안 표결은 합법적이라고 주장하였다. 장대훈 의장은 이에 대해 "두 개의 수정안은 대표 발의한 의원이 다르고 삭감 내역도 75건과 73건으로 다르기 때문에 동일 안건이 아니다"라고 말했다. 반면에 성남시는 수정안과 재수정안은 일부 수치만을 바꾼 것으로 회의규칙 68조 일사부재의 원칙에 어긋난다고 반박했다.

이재명 시장은 12월 27일에 '2011년 예산안 처리 촉구' 기자회견을 열어, "의회가 시정활동을 방해해도 이해할 수 있습니다. 하지만 시립병원 예산안 삭감만은 자제해 주시기 바랍니다."라고 요청했다. 또 시의장이 긴급으로 의회를 소집할 수도 있으니, 기초공사를 위한 입찰설계 예산안은 깎지 말고, 건축공사가 시작되면 그때 가서 운영방식을 논의해도 늦지 않다며 의회를 설득하려 했다.

12월 31일, 새해 예산안 통과를 위해 긴급 임시회가 열렸다. 이날의 상황은 중앙언론에서도 크게 다루어졌다. 22일이었던 회기 마감일이 말일까지로 연장되었고, 한나라당 의원들은 성남시의료원 설립 관련 예산을 대폭 삭감한 수정 예산안을 본회의에 상정했다. 그런데 예산안을 의결하는 기명 전자투표에서 장대훈 시의장이 20초 안에 찬성/반대 버튼을 누르지 못했다. 장 의장의 표는 기권표가 되었고 찬반 동수가 되어 예산안이 부결되었다. 그러나 장대훈 의장은 부결로 마무리하지 않고, 자기가 실수했다며 정회를 선포했다. 4시간여 후에 회의가 속개되었는데, 그 사이 한나라당 의원들이 재빠르게 몇 가지 예산을 올려 아까 투표한 것과 다른 예산안이라며 새로운 수정 예산안을 제출했다.

회의에 참석한 이재명 시장은 지방자치법 일사부재의 위반이며 회의규칙 위반이라고 항의*했으나, 장대훈 의장은 회의를 계속 진행했다. 시의회의 행태를 지켜보던 이재명 시장이 퇴장했고 뒤따라 성남시청의 간부공무원들이 퇴장했다. 곧이어 민주당과 민주노동당 의원도 전원 퇴장해, 본회의장에는 한나라당 의원 17명만 남았다. 이날 의결에 필요한 정족수는 18명이었는데, 1명이 모자라 표결이 불가능해졌다.

이때, 제주도에 있던 한나라당 시의원 한 명이 회의장에 들어섰다. 정족수 18명이 채워진 것이다. 한나라당 의원들만 남은 채 회의를 속개해 11시 35분, 재적의원 34명 중 18명 참석, 18명 찬성으로 수정 예산안이 통과되었다.

이로써 성남시는 2011년의 중점 사업 예산을 확보하지 못하게 되었고, 판교와 위례신도시 개발사업에도 제동이 걸리게 되었다.

추경예산안 삭감

성남시는 2011년 2월 중에 열리는 성남시의회 제176회 임시회에 제1회 추가경정예산안을 편성해 시의회에 승인을 요청했다. 지난해 본예산에서 삭감되어 예비비로 편성됐던 성남시의료원 건립공사비 147억 6900만 원을 다시 편성해 제출한 상태였다. 성남시의회가 개회하는 2월 14일, 운동본부는 추가경정예산안의 순조로운 의결을 촉구하며 시의회 1층 로비에서 기자회견을 가졌다.

"지난해 12월 성남시의회에서 2011년 시립병원 건립을 위한 예산이 통과되지 못해 시립병원 조기 건립과 수정구, 중원구 의료공백 해결을 한 치 앞을 내다볼 수 없게 되었습니다. 오늘부터 성남시의회 176회 임시회가 개회됩니다. 시립병원 설립 추가경정예산안 통과를 위해 이제부터 성남시민 비상행동에 돌입합니다!"

성남시의료원의 조기 건립을 더 이상 미룰 수 없다고 했지만, 사실상 조기 건립이 아니라 이미 늦어질 대로 늦어진 상황이었다. 운동본부는 이번에도 예산안이 통과되지 못한다면 이를 방해한 시의원과 국회의원을 더 이상 좌시하지 않겠다고 강하게 피력했다.

그러나 2월 25일 제2차 본회의에서 성남시의료원 설립 예산안이 지역보건의료계획에 포함된 것을 문제 삼아 보건소 업무가 아니라는 이유로 본회의에 부의하지 않고 예산안을 삭감했다**.

다수의 한나라당 의원들은 시 집행부를 예산안 부결로 압박했고, 이재명 시장은 다수당의 횡포라며 각을 세웠다. 이날의 대립은 이재명 시장 임기 내내 일어날 갈등의 전초전이라 할 수 있다.

**이재명 시장은 개인 SNS에 이 내용을 게시했다. 이대엽 시장과 한나라당 의회가 추진한 일인데, 작년 말에는 위탁운영이라고 반대하다가 이제는 위탁운영을 수용한다 해도 반대한다며 불편한 심기를 표출했다. 성남시도 다수당 횡포라는 논평을 냈다.

한나라당 시의원들의 의회 보이콧

3월 23일, 민주노동당은 수정구 이마트 앞에서 성남시의료원 조기 건립을 촉구하는 정당연설회를 시작했다. 4월 들어 운동본부도 예산을 삭감한 의회를 향해 기자회견을 갖고 성남시의료원의 조속한 건립을 재촉구했다. **운동본부는 의료를 시장경제로 접근하면 안 된다는 점을 강조하고, 예산안이 통과되지 않으면 정치적 결단을 내리겠다고 선언하며 2012년 국회의원 선거에서 낙선운동도 불사하겠다고 경고했다.**

5월 12일에 정용한 시의원이 기자회견을 열었다. 정 의원은 운동본부와 시 집행부가 의료원 설립을 빌미로 수정구보건소 건축을 미룬다고 하며, 두 사업은 별개의 건이니 빨리 수정구보건소 건축도 진행해 달라고 요구했다.

"시립병원설립운동본부는 더 이상의 정치적인 행보를 중단해 주시기 바라며 명칭 그대로 시립병원 설립에 중점을 갖으시길 바랍니다. 또한 집행부에서도 현재 인원 동원을 하고 있는 걸로 알고 있고 확인을 하였습니다. 이것이 정치적인 행보가 아니고 무엇이겠습니까. 제발 시립의료원을 정치적으로 이용하지 마시고 진심으로 본시가지의 의료공백을 위한 의료원 설립에만 열중하시길 부탁드립니다."

정용한 의원의 기자회견 직후 운동본부는 반박 기자회견을 열었다. 첫째, 정치적으로 이용하지 말라는 것, 둘째, 운

의료원 설립 예산 삭감 규탄 및 조기 건립 촉구 기자회견(2011. 4. 11.)

동본부를 폄훼하지 말라는 것, 셋째, 정용한 의원에 대한 항의였다. 운동본부는 5월 임시회에서 또 예산안과 조례 개정안이 부결된다면 방해하고 묵인한 시의원에 대한 주민소환운동을 6월부터 전개해 나갈 것이라고 밝혔다. 5월 14일에는 수정구보건소 앞에서 '시립병원 설립촉구 범시민궐기대회'를 개최하며 의지를 다졌다.

5월 16일로 예정되었던 시의회 임시회는 결국 열리지 못했다. 한나라당 시의원들은 개회를 보이콧했고, 신상진 의원은 성남시장도 대화와 타협을 해야 한다고 주장했다. 그러자 민주당과 민주노동당 의원들은 지방자치단체 살림살이에 국회의원이 끼어들어 시민을 우롱했다고 비난하며, 한나라당 의원들에게 임시회 개회에 협조하라고 촉구했다. 성남시 집행부와 시의회 다수를 차지한 한나라당 시의원들의 대립과 갈등은 극에 달했다.

지방의료원 위수탁 강제조항은 위법

대학병원 위탁운영을 둘러싼 공방

성남시의료원의 대학병원 위탁운영을 두고, 한나라당 시의원들은 한 치도 물러서지 않았다. 2011년 2월 14일, 성남시의회 제1차 본회의에서 최윤길 의원은 "한나라당 의원들이 시립의료원 설립을 지지하고 있음에도 불구하고 이재명 시장과 운동본부가 한통속이 되어 한나라당 의원들의 의도를 왜곡하고 있는 것입니다. 사실 시립의료원은 최소한의 예산 투입으로 위탁운영밖에 없습니다!"라며 위탁운영에 관한 의사를 명확히 밝혔다.

시의회의 기류가 심상치 않은 것을 파악한 이재명 시장은 2월 18일, 아름방송 〈성남시장과의 대화〉에 출연해 시의회가 원한다면 시립의료원의 위탁운영을 용인하겠다고 말했다*. 이에 화답하듯 위탁운영을 일관되게 주장해 온 신상진 국회의원은 이 시장의 발언에 관한 성명서를 발표했다.

"이재명 시장께서 위탁운영에 대해 긍정적인 입장을 표명한 것은 건립의 물꼬를 새로 트는 것입니다. 성남시 집행부가 일보 양보해서 시의회에서 주장하는 대학병원 위탁운영안을 통과시켜 주기를 촉구합니다."

신상진 의원은 3월 의정보고회를 통해 위탁운영이 대안이라고 재차 강조했다. 3월 15일에는 김순례 의원을 비롯한 한나라당 시의원들이 기자회견을 갖고 이재명 시장과 민주당을 맹비난했다. 한나라당 의원들은 "우리 한나라당에서는 시립의료원에 대해서는 분명히 설립을 하여야 한다고 생각합니다. 한나라당 성남시협의회는 이재

*운동본부 내부에서는 이재명 시장이 의회 설득을 위해 그간의 합의를 뒤집었다는 의견과 일단 의회를 달래야 하지 않겠느냐는 의견이 분분했다.

명 시장이 모 방송에서 언급한 대로 '시립병원을 위탁운영한다는' 조례를 올린다면 언제든지 협력할 것입니다. 시립의료원은 시민을 위한 것임을 분명히 아시기 바랍니다."라며 다시 한번 위탁운영이 아니면 안 된다고 못 박았다.

운동본부는 성남시에 정보공개 요청을 통해 '지방의료원 설립과 운영에 관한 조례로 지방의료원을 위탁운영해야 하는지' 질의했다. "지방의료원의 설립 및 운영에 관한 법률" 제 26조 제3항을 근거하여 조례로 '지방의료원을 위탁운영하여야 한다'고 규정할 수 있는지 유권해석 여부를 물은 것이다.

성남시는 4월 13일 보건복지부에 공식 질의하여 4월 22일 회신을 받았다. **"조례로써 지방의료원을 위탁운영 하여야 한다고 규정할 경우 법률에서 부여된 지방자치단체의 장의 재량권이 침해될 우려**가 있으며, '지방의료원의 설립 및 운영에 관한 법률' 제26조 제3항에 따라 조례로 위임된 부분은 **위탁운영 여부를 제외한 위탁운영의 방법과 절차 등에 관한 부분으로 한정된다고 보는 것이 타당하다** 할 것이므로, 이를 근거로 **조례로써 '지방의료원을 위탁운영하여야 한 다'고 규정할 수 없다"**는 답변이었다. 즉, 정용한 의원 등이 발의한 **대학병원 위탁운영 조례 개정안은 위법성과 독소조항이 있다**는 것이다. 운동본부는 보건복지부의 답변을 바탕으로 5월 30일 공식 입장을 발표했다.

지방의료원법에 따르면 지방자치단체가 설립해 직영하는 방식이 있고, 보건복지부 장관의 승인을 얻어 의료원의 전부 또는 일부를 대학병원에 위탁하는 방식이 있었다. 성남시는 일단 착공을 하고 지어지는 사이에 시에 적합한 운영 방식을 논의하자고 했다. 이 내용은 이미 여러 번 합의된 것으로 보였으나, 시의회와 집행부의 구성원이 달라지면서 번복되고 원점으로 돌아가기를 반복했다.

대학병원 위탁 개정 조례안

그사이, 정용한 의원 등 시의원 15인은 "성남시의료원 설립 및 운영에 관한 조례 일부 개정 조례안"을 발의했다. 이 조례 개정안의 주요 골자는 '의료원 설립추진위원회 구성, 회의, 위원회 존속기간 임기 등(안 제 6조, 제 7조, 제8조) 성남시의료원 운영을 보건복지부 장관의 승인을 얻어 대학병원에 위탁하도록 함'(안 제13조 제1항)이었다.

기존의 조례에는 제10조 운영의 위탁에 관해 '①시장은 법 제26조제3항에 따라 보건복지부 장관의 승인을 얻어 의료원 운영의 전부 또는 일부를 대학병원이나 공공의료기관에 위탁 운영할 수 있다.'라고 명시되어 있으나, 개정안은 '제13조(운영의 위탁) ①시장은 법 제26조제3항에 따라 보건복지부 장관의 승인을 얻어 운영을 대학병원에 **위탁 운영하여야 한다.**'라고 수정하고 제2항부터 다음과 같이 신설하였다.

② 의료원 위탁 관련 본 조례에서 따로 정하지 않은 사항은 성남시 사무의 민간위탁 촉진 및 관리 조례에 따른다.
③ 의료원을 수탁받은 자는 환자의 진료, 인사, 예산, 회계, 조직 등 의료원 운영 전반에 대하여 책임을 진다.
④ 기타 필요한 세부적인 사항은 **시장이 따로 정하고 의회의 승인을 얻는다.**

제4항의 '시장이 정하되, 의회의 승인을 얻어야 한다'는 조항은 시의회의 권한을 강화하는 것이었다. 또한 시민사회단체의 설립추진위원회 참여에 반대하며 추진위원의 자격 조건을 다음과 같이 내걸었다.

1. 부시장
2. 시의회 의료원 업무 담당위원회 위원장
3. 의료원 업무 담당국장
4. 시의회에서 추천한 시의원 3인
5. 시의회에서 추천한 보건·의료에 학식과 경험이 풍부한 사람 3인

6. 시장이 추천한 보건·의료에 학식과 경험이 풍부한 사람 2인

운동본부는 정용한 의원과 한나라당 의원들에 대한 반대 입장을 공식화했다. 또한 6월 16일에는 **성남시민 소송단을 구성하여 한나라당 시의원들을 직무유기로 고발**했다. 고발 사유는 5월 임시회 보이콧에 관한 것이었다.

7월 4일, 운동본부는 성남시의회 로비에서 기자회견을 열어 시의회 제179회 정례회에 상정된 성남시의료원 설립 예산안의 승인을 촉구했다. 조례의 일부 개정안과 성남시의료원 예산안은 별개의 사안이며, **대학병원 위탁운영을 조건으로 내건 시의회의 조례 개정안은 의료원 건립 방해 행위**라고 규정했다. 운동본부는 이런 일이 계속될 경우 **주민소환운동을 통해 시의원을 제명**하겠다고 했는데, 한 명으로 끝나지 않을 것이라고 선포하면서 의회에 대한 압박을 더해 나갔다.

정용한 시의원은 지역 언론에 반박 보도자료를 내고 집행부에 동참하는 것이 시민단체의 역할이냐고 비판했다. 특히 "시립병원설립운동본부는 이제라도 그 본분에 충실해야 할 것입니다. 인하병원 노조위원장 출신의 집행위원장께서는 특히 자중해야 할 것입니다."라며 김경자 집행위원장을 겨냥했다. 박영일 의원은 한 술 더 떠서, 대학병원을 유치하고 의료기금 2000억 원을 조성해 의료비를 지원하는 것이 훨씬 낫다고 주장했다. 박 의원은 또 의료원 건립을 두고 "세금 먹는 하마"라 폄훼했다.

조례 개정안 통과, 예산안 삭감

7월 5일, 시의회 문화복지위원회에는 정용한 의원 등이 5월에 발의한 조례 개정안이 상정되었다. 대학병원에 위탁운영해야 한다는 강제 규정이 지방자치단체장의 권한을 침해한다는 의견이 있었다. 시의회는 보건환경국장에게 경기도로부터 재의 요청을 안 받게 할 수 있느냐, 이 조례 개정안을 통과시켜도 별 문제가 없겠느냐 재차 확인하고 설립추진위원회 구성에 관한 내용까지 바꿔 정용한 의원 등이 발의한 조례 개정안을 통과시켰다.

7월 8일 시의회 문화복지위원회에서 성남시의료원 설립 관련 예산안이 일부 통과되었다. 성남시가 수정해서 제출한 예산안에서도

대폭 삭감된 안이었다. 시 집행부에서 제출한 예산안은 건립공사비로 총 공사비(1417억 원)의 5%에 해당하는 70억 8500여만 원과 설계보상비 28억 9100여만 원, 감리비 2억 8900여만 원, 그리고 시설부대비 1700여만 원을 포함한 102억 8300여만 원이었다.

그러나 시의회는 설계보상비, 감리비, 시설부대비는 승인하고 건립공사비로 총 공사비의 5% 중 1%만 인정해 14억 원만 승인하고 56억 8500여만 원을 삭감했다. 이제 본회의 의결만 남아 있었다.

성남시의료원에 관한 두 개의 조례 •━━━━━━━━

위법성이 있는 조례, 도의 재심의 요청

2011년 7월 13일, 성남시의료원 관련 예산 승인을 위한 예산결산 특별위원회가 열렸다. 이 회의에서는 예산안과 별도로 정용한 의원 등이 발의해 7월 5일에 수정 가결된 "성남시의료원 설립 및 운영에 관한 조례 일부 개정 조례안"에서 "위탁운영하여야 한다"라는 조항의 위법성*에 대한 논의가 다시 있었다.

이를 놓고 의원들 간에 설전이 벌어졌는데, 한나라당 일부 의원은 '위법성이 있는 조례에 대한 예산안을 승인할 수 없다'고 주장했고, 집행부는 관련 법 조항이 있으므로 재의 요구를 받지 않도록 노력하겠다고 답했다**.

그러나 경기도에서는 이 조례안에 위법성이 있다며 재심의를 요청했다. 의원들은 위법성 있는 조례를 제정했으니 망신스러운 일이라며 개탄했다.

우여곡절 끝에 문화복지위원회에서 통과된 예산안은 본회의에서 의결되었다.

*지방의료원법에 의거, 위탁운영을 '해야 한다'고 적시할 수 없고, 위탁운영을 '할 수 있다'고 가능성을 열어 놓아야 한다는 것이 집행부의 판단이었다. 이 조례 개정안은 위법성이 있어 보여 경기도지사가 재의를 요구할 수 있다는 답변이 있었다.

**최윤길 의원(한나라당)은 보건환경국장에게 절대 재의 요구를 받지 않도록 약속하라고 다그치기도 했다.

두 개의 조례, 주민발의조례 폐지!

이날 예산결산특별위원회에서는 성남시의료원 설립에 관한 조례가 2개라는 걸 재차 확인하였다. 첫 번째 조례는 주민발의로 2006년 3월 31일에 제정된 조례이고, 두 번째는 정용한 의원 등이 발의하여 2011년 7월 5일에 통과된 개정 조례안이다. 한나라당 의원들은 두 조례 중 하나를 폐지하자는 의견을 냈고, 민주당 의원들은 2006년 조례는 주민발의조례로 그 뜻이 남다르니 2006년 조례를 유지하자는 의견을 냈다.

7월 18일, 본회의에는 정용한·유근주 의원 등 15인이 발의한 "성남시의료원 설립 및 운영에 관한 조례 일부 개정 조례안"(의안번호 2485), 2006년에 제정된 주민발의조례를 폐지하자는 내용을 담은 김순례 의원 등 9인이 제안한 "성남시의료원 설립 및 운영에 관한 조례 폐지 조례안"(의안번호 2548), 대학병원 위탁 조항을 넣은 정용한·유근주 의원 등 8인이 발의한 "성남시의료원 설립 및 운영에 관한 조례안"(의안번호 2549) 세 가지가 동시에 상정되었다.

윤창근 의원 등은 1만 8천 성남시민의 서명으로 만들어진 조례를 폐지하자는 것이냐고 고성을 질렀고, 야당 의원들이 모두 퇴장했다. 전년도 예산안 통과 때처럼 한나라당 의원들만 남아 재적의원 33명* 중 출석의원 18명의 표결 결과 찬성 18명, 기권과 반대 없이 폐지조례안이 통과되었다. 정용한 의원 등이 발의한 새로운 조례안도 재적의원 33명 중 출석의원 18명의 표결 결과 찬성 18명, 기권과 반대 없이 가결되었다. 이로써 **전국 최초로 공공의료기관 설립을 위해 주**

*주민센터 직원에게 난동을 부렸던 민주노동당 이숙정 의원이 2011년 7월에 제명되어 재적의원이 34명에서 33명으로 줄었다.

2011년 조례 개정안(정용환 등 15인 공동발의, 기존 주민발의조례에 대학병원 위탁 조항 추가)을 한나라당 시의원들은 반대하고 민주당 시의원들은 대학병원 위탁운영 조례 개정에 찬성(한나라당 최윤길 시의원도 찬성)한 것은 성남시의료원 설립과 주민발의조례에 대한 입장 차이 때문이었다. 당시 분당구의 한나라당 시의원들은 성남시의료원 설립 자체를 반대하는 의견이었고, 수정구와 중원구의 한나라당 시의원들은 신상진 국회의원의 입장과 같이 의료원은 설립하되 대학병원에 위탁운영해야 한다는 의견이었다. 한나라당 시의원들은 2011년 5월에 기존 조례를 개정해서 대학병원에 위탁운영하는 조례 개정안을 발의했다가, 이후에 기존 조례 자체를 폐지하고 새로운 조례를 제정하는 방향으로 선회하게 되었다. 그래서 2011년 7월 18일 본회의에서 자신들이 발의한 조례 개정안을 반대한 것이다. 오히려 민주당 시의원들은 의회 내 소수당으로서 성남시의료원 설립 근거인 "주민발의조례를 지켜야 한다"는 입장에서 대학병원 위탁운영 개정을 불가피하게 찬성하게 된 것이다.

성남시의료원 설립 관련 조례안 제개정 상황

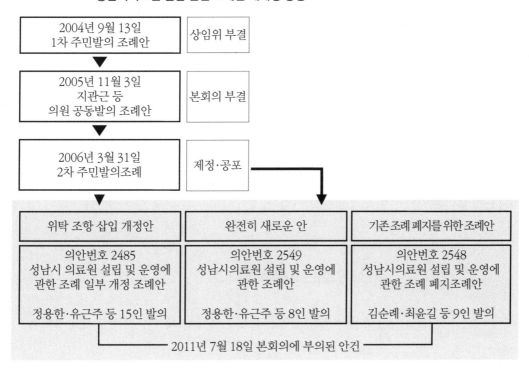

2004년 9월 13일 1차 주민발의 조례안	상임위 부결
2005년 11월 3일 지관근 등 의원 공동발의 조례안	본회의 부결
2006년 3월 31일 2차 주민발의조례	제정·공포

| 위탁 조항 삽입 개정안 | 완전히 새로운 안 | 기존조례 폐지를 위한 조례안 |
| 의안번호 2485 성남시 의료원 설립 및 운영에 관한 조례 일부 개정 조례안

정용한·유근주 등 15인 발의 | 의안번호 2549 성남시의료원 설립 및 운영에 관한 조례안

정용한·유근주 등 8인 발의 | 의안번호 2548 성남시의료원 설립 및 운영에 관한 조례 폐지조례안

김순례·최윤길 등 9인 발의 |

2011년 7월 18일 본회의에 부의된 안건

2011년 7월 18일 전자투표 찬반 의원 성명

제179회 본회의 제3차 (2011. 7. 18.) 회의록

의안	성남시 의료원 설립 및 운영에 관한 조례 일부 개정 조례안	성남시 의료원 설립 및 운영에 관한 조례 폐지 조례안	성남시 의료원 설립 및 운영에 관한 조례안
대표 발의	정용한·유근주 의원 등 15인	김순례·최윤길 의원 등 9인	정용한·유근주 의원 등 8인
찬 성	지관근 강상태 김선임 김용 김유석 김해숙 마선식 박문석 박종철 박창순 윤창근 정기영 정종삼 조정환 최만식 최윤길 (이상 16인)	장대훈 강한구 김순례 김재노 박권종 박영일 박완정 유근주 이덕수 이영희 이윤우 이재호 정용한 정훈 지수식 최윤길 한성심 황영승(이상 18인)	장대훈 강한구 김순례 김재노 박권종 박영일 박완정 유근주 이덕수 이영희 이윤우 이재호 정용한 정훈 지수식 최윤길 한성심 황영승(이상 18인)
반 대	장대훈 강한구 김순례 김재노 박권종 박영일 박완정 유근주 이덕수 이영희 이윤우 이재호 정용한 정훈 지수식 한성심 황영승 (이상 17인)	없음	없음

민들이 제안하고 성남시장이 발의하여 2006년 3월 제4대 시의회에서 제정된 주민발의조례는 폐지되었고, 한나라당 의원들이 만든 새로운 조례가 채택된 것이다. 이후 성남시의료원은 이 조례를 근거로 건립된다.

시민들의 서명을 받아 만든 조례를 굳이 폐지까지 한 것에 대해 운동본부는 실망을 감출 수 없었다. 기존의 조례를 개정하는 사례는 수없이 많고, 시대 변화에 따라 필요한 일이기도 하지만, 굳이 기존의 조례를 폐지하고 같은 안건의 조례를 재입법하는 일은 유례를 찾아보기 힘든 일이었다.

이재명 시장과 민주당 시의원들은 한나라당의 조례 폐지와 새 조례안 통과에 대해 공개적으로 비난했다. 이 일은 중앙일간지에도 보도되어 시민은 뒷전으로 한 성남시와 성남시의회의 갈등으로 묘사되었다.

성남시의회는 사망했습니다

운동본부는 주민발의조례 폐지 조례안을 가결한 성남시의회 사망선포 기자회견을 가졌다.

"성남시의회는 사망했습니다! 이는 의회의 폭거입니다!"

"있을 수도 없는 일이고, 있어서도 안 되는 일입니다!"

7월 21일, 운동본부는 장대훈 시의장과 면담을 진행했다. 따져 묻는 운동본부 구성원들에게 시의장은 '그분의 뜻'임을 시사하는 발언을 하였다. '그분'이란 대학병원 위탁운영을 주장한 한나라당 신상진 국회의원을 이른다.

"성남시의회는 민의를 대변하지 못했습니다. 한나라당의 행태를 묵과할 수 없습니다! 이런 성남시의회에 대해서 가만히 있을 수 있습니까? 우리는 주민소환운동을 시작할 것입니다! 시민들에게 낱낱이 시의회의 행태를 알리도록 방송차량으로 성남시 전체를 돌며 시민들에게 알리겠습니다! 이제부터 운동본부는 성남시의료원 설립을 위한 결사항전에 돌입합니다! 범시민운동으로 저항하겠습니다!"

운동본부와 만난 이재명 시장은 다음과 같이 말했다.

"그 조례가 아시다시피 단체장 권한 침해 소지가 있잖아요. 경기도에서 분명히 재의가 올 거예요. 그러면 당연히 조례를 폐지하겠다는 조례와 새로운 조례도 재의를 하자고 요구를 할 생각입니다."

이 시장이 이와 같은 의견을 피력한 바, 시의회와의 충돌은 불가피해졌다.

예상대로 경기도에서는 "위탁운영할 수 있다"에서 "위탁운영한다"라고 못 박은 항목이 상위법에 위배된다는 이유로 재의를 요구했고, 성남시는 이를 받아 의회에 전달하였다. 의회에서 새로운 조례안을 통과시킬 때 이미 상위법에 위배된다는 것을 인지하고 있었다. 하지만 **기존 주민발의조례를 폐지했기 때문에 새로운 조례안이 재의를 통과하지 못하면 성남시의료원 설립에 관한 조례는 사라지는 것이다.**

2011년 7월 20일, 《성남데일리》는 시의회가 조례를 폐지하고 새 조례를 통과시킨 것에 대해 다소 긴 분석을 곁들인 논평을 내놓았다. 여기에서 그 정치적 의미를 읽을 수 있다.

시립의료원 조례에 숨겨진 진실은?
성남시의회에서 지난 18일 기존의 '성남시의료원 설립 운영 조례'가 폐지됐다.
그리고 새로운 '성남시의료원 설립 운영 조례'가 제정되면서 내용은 대동소이하지만 가장 중요한 운영에 있어 "위탁운영하여야 한다"라는 규정이 추가된 조례안이 통과된 것이다.
위탁운영은 새로울 것이 없이 한나라당에서 일관되게 주장한 것인데 문제는 기존 조례안이 폐지된 것에 주목해야 한다.

왜 장대훈 의장은 '성남시의료원 설립 운영 조례'의 일부 개정 조례안이 관련 상임위를 통과에도 불구하고 이 안에 대해 본회의 상정을 유보하겠다며 버터 결국 기존 조례를 폐지하는 묘수를 찾아 거의 비슷한 새로운 조례를 제정하는 형식을 취했을까?

중요한 대목이 여기에 있다.

기존 조례를 놔두고 새로운 조례를 개정해서 통과됐을 때 위탁운영이라는 강제 규정은 상위법에 위반돼 집행부의 재의 요구가 없더라도 경기도에서 재의 요구돼 조례로서 효력을 상실할 개연성을 지녔다는 것이다.

그럴 경우 한나라당이 주장한 위탁운영 조례는 무용지물이며 기존의 조례에 의해 예산이 집행되고 시립의료원이 건립되는 상황으로 진행되는 것이다.

그러나, 기존 조례 없는 상태에서 개정된 조례가 조례로서 효력이 없어지게 된다면 시립의료원 관련 조례는 성남시에 없게 되며 이럴 경우 시립의료원 설립은 또다시 원점으로 돌아가 공방과 갈등 속에 아무런 진행을 할 수 없는 형국이 펼쳐지게 된다.

시립의료원 과연 설립될 수 있나?

이번 조례의 폐지에 담긴 숨겨진 뜻은 위탁이라는 문제를 집행부가 스스로 해결해야 시립의료원이 설립될 수 있는 상황으로 일부 예산이 반영되고 조례도 통과됐지만 잘못하면 이러지도 저러지도 못하는 어정쩡한 상황에 몰리는 이른바 된 것도 아니고 안 된 것도 아닌 상황으로 전개될 공산이 커지고 그 상황이 되면 시립의료원 과연 건립 할 수 있나? 하는 의문이 남게 된다.

이런 묘수를 위해 지난 18일 본회의는 회기를 연장하면서 새벽 1시가 다 되어서 끝나고 민주당 의원들이 강력 반발하며 고성이 오가는 상황이 연출된 것이다.

민주당은 기자회견에서도 이번 조례 폐지는 1만여 명이 넘는 시민들 서명으로 만들어진 조례를 단 몇 시간 만에 졸속으로 한나라당 단독으로 폐지한 것은 시민의 조례를 찬탈하는 행위라고 강력 반발하고 있다.

결론적으로 이번에 제정된 조례가 위법성이 없이 조례로서 효력이 있을 때만 의료원 설립이 가능하고 만에 하나 문제가 생기면 또다시 조례를 개정해야 하는 상황이 되면서 시립의료원 설립은 기약 없이 표류하는 상황이 된다는 것이다.

조례 무엇이 문제인가?

이번 조례는 시민들이 서명하고 발의한 조례를 너무 쉽게 뭉개버리듯이 폐지하고 위법성이 뻔히 보이는 조례를 만들었으며 기존의 시립의료원 관련 조례를 폐지함으로서 결국 또다시 시립의료원의 설립이 불투명해지게 만든다는 데 문제가 있다.

모든 문제는 집행부의 노력으로 해결하라고 시의회에 새로운 미션을 준 것이나 다름없는 상황이 된 것이다.

재의 요청

12월에는 2012년 예산안에 대한 심사가 진행되었는데, 시의회에서는 성남시의료원 설립에 관한 예산안 심의가 일시 중단되었다. 성남시는 의료원 시설 및 부대비 300억 원, 일반 운영비를 포함한 비용 301억 3000여만 원이 필요하다며 예산안을 제출했다. 12월 12일과 13일에 걸친 문화복지위원회에서는 예산안이 통과되었다.

제4차 본회의*에서 성남시는 2011년 말 시의회에서 의결한 수정예산안에 대해 재의 요구를 하겠다고 밝혔다. 성남시의료원 설립에 관한 예산안에 대해서는 조례 제정, 부지 선정, 예산 배정이 끝난 '계속 사업'임에도 불구하고 시의회가 의도적으로 정상적인 추진을 방해한다고 공식 입장을 표명했다. 또한 이재명 시장은 "성남시 의료원 설립 및 운영에 관한 조례안"을 재의결해 달라고 요청했다**. 박영일 의원을 비롯한 한나라당 의원들은 여전히 위탁운영을 고집했고, 이재명 시장이 재의 요구를 하지 않겠다고 한 약속을 어겼다며 불만을 터뜨렸다.

이재명 시장은 2011년 8월 9일 경기도의 요구에 따라 "성남시의료원 설립 및 운영에 관한 조례 폐지 조례안"과 "성남시 의료원 설립 및 운영에 관한 조례안"의 재의를 요청하였다. 이 건은 시의회에서 차일피일 미루어지다가 2012년으로 넘어갔다.

*이날의 본회의는 이덕수 시의원이 11월 12일에 있었던 이재명 시장과 판교 철거민 간 폭행 시비의 영상자료를 공개하며 전국적으로 알려졌다.

**2011년 7월에 이재명 시장은 2개 조례안을 모두 재의 요구하겠다고 밝혔고, 이는 운동본부의 의사이기도 했다. 이재명 시장의 명분은 상급기관에서 재의 요구를 해 올 경우 어쩔 수 없다는 것이었다.

시청사 철거와 성남시의료원 건축 방식 논란

시청사 철거

2011년 2월에 성남시는 입찰안내 최종보고를 마치고, 경기도 기술심사위원회 심의도 통과했다. 7월 18일, 성남시의회 제179회 본회의에서 의료원 설립 관련 예산 45억 원을 확보했다. 7월 22일, 철거공사계획을 끝내고 철거공사비를 산정했으며, 8월에는 석면조사 용역과 폐기물처리 용역도 준비했다. 성남시는 10월 내내 구시청사 철거에 관한 주민 공람, 공고, 설명회 등의 절차를 밟아 나갔다.

콘크리트 구조물인 구시청사를 폭파 해체하기로 결정하고, 메가마이트 60여kg을 설치했다. 10월 31일, 이재명 시장을 비롯한 관계자들이 모여 폭파 버튼을 눌렀다.*

*한나라당 시의원들은 발파 해체를 '이재명식 막가파 폭파 쇼'라고 맹비난하고 '전시행정의 막장드라마'라는 원색적인 표현을 쓰며 기자회견을 열었다.

이 폭파 과정에서 건물이 예상과 다르게 뒤편으로 밀리면서 나무가 쓰러지고 전신주가 넘어져 인근 지역이 단전되었다. 인명피해는 없었지만, 파편이 튀고 굉음과 진동으로 주변 상가의 간판이 떨어져 나가는 등 일대 소동이 벌어졌다. 엄청난 분진이 일었는데, 이때 구시청사에 있던 석면이 유출되었다는 얘기가 시작되었다.

성남시는 다음 날 바로 통신선과 전선을 복구했다. 또한 고용노동부에 석면 해체와 제거에 대한 계획을 제출하고, 피해보상을 처리했다. 이재명 시장은 기자회견을 열어 공식 사과하였다.

발파 직후 성남시 구시청사

건축 방식 논란 : 턴키방식

　성남시에서는 성남시의료원 건축 공사를 두고 턴키방식**으로 입찰하겠다고 정해 놓은 상태였다. 턴키방식은 경기도 지방건설심의위원회 규정 사항이었다. 경기도는 2000년부터 공사비 100억 원 이상인 대형 관급공사의 입찰을 설계 및 시공 분야까지 한꺼번에 묶어 일괄 입찰하는 방식으로 진행해 왔다***.

　운동본부는 이 방식이 탐탁지 않았다. 행정에서는 효율을 높이고 공사 기간을 단축할 수 있는 턴키방식을 선호하는 경향이 있는데, 이는 발주자가 개입하기 어렵고 사업 시행자의 이익이 우선될 가능성이 높다. 또한 **건설업체의 이윤 보장을 위해 공사 기간을 단축하여 부실 시공이 우려되고, 행정기관과 유착으로 검은 거래 등 부작용이 흔했다.** 운동본부는 턴키방식 대신 시공과 감리, 설계를 분리하여 건축하기를 요구했으나, 성남시는 경기도의 규정에 따라 턴키방식을 강행했다.

지방의료원법 개정

　성남시와 성남시의회가 대학병원 위수탁 조항을 두고 조례 재의로 대치하고 있을 때, 신상진 국회의원은 '지방의료원의 설립 및 운영에 관한 법률 일부 개정안'을 대표 발의했고, 2011년 12월 30일 이 개정안이 원안 가결되었다.

　2012년 1월, 통합진보당****의 김미희·윤원석 국회의원 후보가 "신상진 의원이 주도한 지방의료원 설립 및 운영에 관한 법률 일부 개정안 처리에 대한 입장"을 발표했다. 통합진보당에서 지적한 문제점은 개정안의 제17조와 제24조에 있다.

**시공업자가 설계부터 기기·자재·노무의 조달, 건설, 시운전 지도, 보증 책임에 이르기까지 모든 업무를 일괄하여 정액으로 도급을 맡기로 계약하고, 나중에 열쇠를 돌리면 설비를 가동할 수 있는 상태로 발주자에게 인도하는 수주 계약 방식. (우리말샘 참고)

***2016년에 경기도의 턴키방식 입찰이 과도하다며, 대형 건설업체가 사업권를 독점하는 턴키 발주를 폐지해야 한다는 주장이 대두되었다.

****2011년 12월 6일 민주노동당과 국민참여당, 새진보통합연대가 연합하여 창당하였다.

신상진 의원은 상위법을 개정해 지방의료원의 대학병원 위탁운영을 손쉽게 할 수 있는 장치를 만들었다. 지방자치단체장의 운영 권한을 시의회에서 결정할 수 있도록 만든 셈이다. 결과적으로 신상진 의원의 최초 주장대로 성남시의료원의 대학병원 위탁운영이 확정되었다.

한나라당 시의원들이 발의하여 통과된 새로운 조례는 위법성과 독소조항을 포함하고 있었으나, 상위법인 지방의료원법 개정으로 새 조례의 법적 효력을 확보한 것이다.

"지방의료원의 설립 및 운영에 관한 법률" 개정 전후 비교

개정 전	개정 후
제17조(보조금 등) ①국가는 공공보건의료 시책의 수행을 위하여 필요한 경우에는 **지방의료원의 시설·장비 확충 및 우수 의료인력 확보** 등 공공보건의료사업에 소요되는 경비의 일부를 예산의 범위 안에서 지원할 수 있다.	제17조(보조금 등) ① 국가는 공공보건의료 시책을 수행하기 위하여 필요한 경우에는 **지방의료원의 설립, 시설·장비 확충 및 우수 의료인력 확보** 등 공공보건의료사업에 드는 경비의 일부를 예산의 범위에서 지원할 수 있다.
제26조(권한 및 운영의 위임·위탁) ③지방자치단체의 장은 **경영상의 상당한 이유가** 있다고 판단하는 경우 보건복지부 장관의 승인을 얻어 조례로 정하는 바에 따라 지방의료원 운영의 전부 또는 일부를 대학병원 등에 위탁 운영할 수 있다.	제26조(권한 및 운영의 위임·위탁) ③ 지방의료원의 **대학병원 등에 대한 위탁 운영**에 관한 사항은 해당 지방자치단체의 조례로 정한다. 이 경우 보건복지부 장관의 승인을 받아야 한다.

거듭되는 의회 파행에도 불구하고…일단 짓는다 ●————

삭감된 예산안 통과

2011년 말에도 지난해 말과 같이 예산안 승인을 두고 시의회 내에서 격렬한 논쟁이 벌어졌다. **시의회에서 의료원에 관련 예산뿐 아니라, 기타 사업 집행에 필요한 예산들도 승인해 주지 않아 2012년 행정이 마비될 위기였다.** 2012년 2월 2일, 장대훈 시의장은 시의회에서 기자회견을 열었다.

"이재명 성남시장이 여태 11건이나 조례를 재의하라고 요구했습니다. 이는 조례 심의권을 무력화시키는 일입니다! 본예산에 대해서도 또 재의하랍니다. 이건 예산심의확정권을 시장이 쥐고 흔들겠다는 얘기밖에 안 됩니다. 의회 운영이 불가능합니다. 정도가 지나칩니다! 이재명 시장의 독선 때문에 성남시의회는 식물의회가 되었습니다! 아무것도 하지 말라는 얘기예요!"

시의회는 1월 12일자로 시장이 재의결을 요청한 2012년도 일반 특별회계 세입세출 예산안에 대해 반려 조치하겠다고 밝혔다. 시 집행부는 준예산을 편성해 집행하겠다고 강경 대응했으나, 본회의에 앞서 2월 14일 이재명 시장은 성남시의료원 설립 및 운영에 관한 조례안과 조례 폐지조례안에 대한 재의 요청을 철회*하면서 시의회와 집행부의 갈등은 일단락되었다.

시의회는 의료원 관련 예산 283억 6000만 원 중 200억 원을 삭감해 83억 6000만 원으로 수정 가결하는 데 두 달을 끌었다. 2012년 4월 19일에 대부분의 금액이 삭감된 형태로 예산안이 통과되었다. 성

*신상진 의원이 대표 발의한 상위법 개정안의 대학병원 위탁운영에 관한 조항에서 '경영상의 위기가 있을 경우 위탁 운영할 수 있다'라는 조항이 사라져 상위법에 저촉되지 않게 되었으니, 재의 요구를 할 타당성도 사라진 것이다.

남시는 삭감된 예산에 맞춰 의료원 설립을 추진하고 상황에 따라 추가 예산을 책정하기로 했다.

4월 시의회에서는 사회복지종합정보센터 요구액, 사회적기업 육성지원 연구용역비, 성남시민기업 관련 예산을 전액 삭감했고, 성남백중놀이, 통일아리랑, 광주대단지 증언록 발간 등의 사업비도 일부 삭감한 반면, 노인지회 신축 예산, 수정구보건소 신축 비용은 그대로 승인했다. 새롭게 시작하는 사업이나 민관협치, 시민협력에 해당하는 사업비는 모두 승인하지 않았다는 것을 알 수 있다.

새 조례에 의거한 성남시의료원 설립추진위원회 구성

성남시의료원 설립 과정에서 설립추진위원회 구성은 매우 중요한 요소이다. 운동본부는 의료원을 '자치적으로 운영하고 함께 책임

성남시의료원 설립추진위원회는 2006년 주민발의조례 제정 이후에 구성되어, 2006년 8월에 1차 회의, 2007년 1월에 2차 회의가 열렸다. 그런데 조례에는 설립추진위원회 구성에 대한 내용이 반영되지 않아 2010년에 설립추진위원회 구성을 위한 조례 개정안을 상정하였다(성남시장 발의). 그러나, 한나라당 시의원들이 조례 개정안의 제5조의2 "의료원 설립 및 운영에 관하여 시장의 자문과 심의를 위하여 의료원 설립추진위원회(이하'위원회'라 한다)를 구성·운영한다."를 문제 삼아 9월 2일 시의회 문화복지위원회에서 부결되었다.

이후 2011년에 주민발의로 제정된 기존 조례가 폐지되고 정용한 의원 등이 발의한 새로운 조례가 제정(2012년 2월 20일 제정·시행)되었는데, 새 조례에 "제5조(의료원 설립추진위원회 구성 등) ① 의료원 설립 및 운영에 필요한 자문을 위하여 의료원 설립추진위원회(이하 '위원회'라 한다)를 구성·운영한다."라고 명시하고 있으므로, 이에 근거하여 의료원 설립추진위원회를 구성하게 되었다.

의료원 설립추진위원회의 주요 논의 사항은 다음과 같다.
-22개 진료과(한의과 추가), 501병상 규모, 4인실 기준 병실, 급성기 병상 위주
-성남시 공공의료 정책 연구 부서 필요
-심혈관센터, 뇌혈관센터, 암센터 등 운영 고려

지며 지역의 건강보건을 책임지는' 공공기관으로 봤다. 시민건강권을 공공과 함께 운영하기 위한 기초가 바로 설립추진위원회였다. **운동본부는 시민참여와 공공의료 전문가 위주로 이루어져 "공공의료 강화"에 방점을 둔 의료원 설립추진위원회의 구성을 요구**하였다.

3월 28일 성남시는 부시장 주재로 의료원 건립에 관한 토론회를 열었다. 2012년 4월 4일 부시장 지시 사항으로 '성남시의료원 설립 추진위원회 구성 철저-성남시의료원 설립추진위원회 구성에 시의회 등과 협의하여 각 분야의 전문가가 골고루 선임될 수 있도록 하기 바라며, 분과위원회도 조기에 구성하기 바람'이라고 명시되어 있다. 이후 4월 10일에도 부시장은 성남시의료원 건립과 관련해 시에서 목표로 하는 준공 시기를 고려해 분과위원회 활동 등 세부 일정을 검토해 보고해 달라고 요청하였다.

성남시는 운동본부의 공공병원 기능과 역할에 충실한 의료원 건립을 위해 다양한 의견을 듣고 설립 추진에 반영하겠다고 밝혔다.

6월 5일, 의료원 설립추진위원회와 분과위원회를 구성하는 계획을 수립한 뒤 추진위원 11명으로 일단 인원수를 정리했고, 기획경영, 진료지원, 건축시설, 장비운영 분야 분과위원회를 구성했으며, 2012년 6월 27일 1차 추진위원회를 열었다.

여름까지도 성남시의회는 파행을 겪고 있었다. 새누리당*과 민주통합당이 갈등을 빚는 가운데 의회는 제대로 회의 구성도 하지 못하고 있었지만, 6월 27일 1차 추진위원회를 시작으로 7월 중에도 분과위원회 회의를 지속하며 의료원 설립에 박차를 가했다.

7월과 8월에는 계속해서 간담회와 토론회를 이어 나가고 입찰담합 방지에 대한 대책도 수립했다.

성남시의료원 관련 예산이 삭감되었지만 일단 건설사 입찰을 진행하고, 경기도 지방건설기술심의위원회 권고대로 턴키방식으로 가

2012년 4월 11일에는 국회의원 선거가 있었다. 새누리당 152석, 자유선진당 5석, 민주통합당 127석, 통합진보당 13석, 무소속 3석으로 새누리당이 과반을 넘게 차지했고, 통합진보당이 원내 제3당으로 진출했다. 성남시에서는 수정구 김태년(민주통합당), 중원구 김미희(통합진보당), 분당구갑 이종훈(새누리당), 분당구을 전하진(새누리당)이 당선되었다.

추진위원회 구성: 당연직 – 부시장, 복지보건국장, 수정구보건소장, 성남시의회 문화복지위원회 위원장, 당연직외- 김선임(민주통합당 의원), 김순례(새누리당 의원) 박석운, 김경자, 박응철, 정진엽, 윤석준

*한나라당이 2012년 2월 13일 새누리당으로 명칭을 변경하였다.

*당시 1실 4~5병상으로 구성하는
것은 상당히 파격적인 행보였다. 병
실당 병상수를 줄이는 것은 환자의
쾌적한 환경을 보장하고 건강권을
증진할 수 있으나, 수익을 고려했을
때 대부분의 병원들이 쉽게 용단하
지 못한다. 지금도 대형종합병원 병
실은 대부분 1실 6인 병상으로 되어
있다.

닥을 잡았다. 또한 500여 병상을 기준으로 하고 1실 4인 병상*으로
개원해 의료서비스의 질을 높이자는 방향으로 가닥을 잡아 갔다.

성남시는 8월에 분당서울대학교병원, 차의과대학교 분당차병원,
아주대학교병원, 인천광역시의료원, 국민건강보험공단 일산병원,
인제대학교 서울백병원, 원진재단부설 녹색병원을 성남시의료원 건
립 관련 자문병원으로 위촉하고 의료자문협약을 맺었다.

예산 불승인, 2013년 준예산 적용

성남시의회는 12월 초까지 행정사무감사를 마친 뒤 본회의를 계
속 미루다가 결국 12월 18일에 회기를 118일 이내에서 131일 이내
로 연장하였다.

시의회는 2010년부터 2011년, 2012년까지 회기 내에 다음 해의
예산을 승인하지 않았다. 결국 2012년 마지막 날까지도 새누리당
의원들이 등원하지 않아 정족수 미달로 예산안을 통과시키지 못했
다. 12월 31일 마지막 예산안 통과를 위한 본회의가 열렸으나, 2013

2011년 말부터 영리병원 설립 허가에 대한 논의가 시작되었다. 그간 한국에서는 법적으로 경제자유구
역이나 제주도를 제외하고는 영리병원을 허가하지 않고 있었다. 그러나 MB정부 말기에 들어서면서 영리
병원이 필요하다는 주장과 의료쇼핑으로 해외 관광객을 유치하자는 의견이 있었다. 성남시의료원 설립에
대한 논쟁이 심화되었을 때, 민주당 지관근 의원은 성남시의료원의 의료서비스 질을 높이면 의료관광 유치
가 가능하다는 주장을 펴서 새누리당 의원들을 설득하려고 했다.

이 시기에는 도처에서 경제적 효율을 우선하는 주장들이 펼쳐졌으며, 뉴타운과 재개발에 따른 재산상의
이익에 대해 사회 전반이 첨예하게 대립하는 양상을 띠었다.

2012년 말, 성남시는 성남도시개발공사를 설립하여 원도심 재개발을 추진하려고 했다. 그러나 새누리
당 의원들은 시 재정을 파탄 내는 이재명 시장의 독단적인 행태라며 비난하고, 성남시의료원 설립과 도시
개발도 정치적 논쟁으로 호도한다며 이재명 시장을 규탄했다.

년 1월 1일 00시 02분에 산회할 때까지 새누리당 의원들이 입장하지 않았다. 2013년 예산은 준예산으로 처리할 수밖에 없는 상황에 놓이게 되었다.

의회의 파행에도 아랑곳하지 않고, 1월 14일에 성남시는 성남시의료원 공사입찰 공고를 냈다. 2월 7일 현장 설명회, 2월부터 5월까지 기본설계 과정, 5월 중순부터 6월 초 사이에 기본설계 심의를 완료하고 시공사를 선정해 8월 착공한다는 로드맵을 제시했다.

전년도와 달리 공사 기간을 조금 앞당겨 2016년 12월에 준공하고 시험운영을 거친 뒤 2017년 4월에 개원하겠다고 밝혔다**. 세 번째 개원 시점 천명이었다. 총 공사비 1446억 원, 의료장비 구입비 300억 원, 전산시스템 구축비 70억 원 등이 책정되었고, 총 1931억 원의 예산이 필요했다. 기본계획안은 22개과 501병상의 규모였다.

성남시의 입찰공고가 나갈 때까지도 새누리당 시의원들이 반대를 계속해, 시가 요구한 공사비 134억 9000만 원 중 70억 원이 삭감되고 64억 9000만 원만 확보된 상태였다. 추가경정을 통해 예산을 편성한다고 했지만, 새누리당 의원들의 반대가 계속될 경우 공사에 차질이 빚어질 것이 자명했다. 새누리당 의원들은 변함없이 적자 운영을 할 수 없으니 '대학병원 위탁' 규정에 따라 빨리 대학병원에 위탁해야 한다고 주장하고 있었다.

**2012년 당시 총 사업비 1931억 원, 토지를 포함한 전체 면적 2만 4829㎡, 건물 연면적 8만 1510㎡, 지하 4층~지상 11층 규모로 지을 예정이었다. 공사 발주와 착공이 순조롭게 진행되면 2017년 1월 준공해 4월에 개원할 수 있었다.

세 차례 유찰 후 시공사 선정

시공사 선정이 쉽지 않았다. 성남시가 제시한 총 공사비는 1436억 원이었는데, 업계에서는 이 비용으로 도저히 수익을 낼 수 없다고 판단한 것이다. 2013년 1월 14일의 입찰 공고는 마감일인 1월 30일까지 미달이었고, 재공고를 냈음에도 2월 28일, 3월 31일까지 모두 세 차례 유찰되었다*.

1월 30일의 유찰 사유는 조달청 기술심사팀의 판단이었다. 공사비를 너무 낮게 책정했으며, 지역 업체가 참여하는 비율이 과다하고, 실적 기준이 과하다는 이유였다. 낙찰 업체를 선정하려면 2개 이상의 업체가 입찰을 해야 하나, 태영컨소시엄만이 응찰했다.

3월 입찰에서는 입찰 조건 가운데 시공실적 기준을 낮췄는데도 성사되지 않았다. 결국 4월, 네 번째 입찰에서 병원 시공실적 40%였던 조건을 완전히 풀고 시공능력평가액으로 입찰 공고를 새로 냈다. 태영건설, 우미건설, 울트라건설 3개 컨소시엄이 참여했다.

3개 건설사는 설계안을 작성해 제출했는데 8월 말부터 울트라건설이 낙찰될 것이라는 소문이 있었다. 낙찰 업체 선정은 공사대금이 관건이었다. 8월 30일, 발주처인 성남시와 입찰 참여 업체 관계자가 참석한 가운데 경기도건설기술심의위원회가 열렸다. 심의 결과 1위는 태영건설(92.18), 2위는 울트라건설(80.81), 3위는 우미건설(76.19)이 차지했다.

입찰업체	입찰금액(천원)	설계평가(60점)	가격평가(40점)
울트라건설(주)	113,128,000	48.49	40.00
(주)태영건설	141,446,000	55.31	31.9919
우미건설(주)	135,700,000	46.15	33.3465

최종 결과는 가격평가로 판가름 났다. 울트라건설은 태영건설보다 추정금액 대비 투찰율을 20%나 낮게 제출했고, 가격평가에서 만점을 받았다. 결국 설계평가에서 1위를 차지한 태영건설을 누르고 울트라건설이 최종 낙찰자로 선정됐다.

세 차례나 유찰되었던 만큼 공사대금이 업계 기준 대비 낮았는데, 울트라건설은 가격도 최저가로 제안했지만, 일정도 6개월 앞당겨 2016년 말에 준공하겠다고 밝혔다. 공사대금이 넉넉지 않아 공사 기간을 최대한 줄이는 게 그나마 낫다고 판단한 것으로 보인다.

5월에는 입찰사 대상으로 설명회를 열고, 전문가 및 공무원으로 구성된 11명의 설립추진단 사무실을 공사 현장 인근(시민회관 지하1층)에 배치했다. 설립추진단은 현장에 상주하면서 의료원 건립 공사와 병원 운영방안 등을 마련해 성남시의료원이 순조롭게 개원할 수 있도록 지원하는 역할이었다.

이재명 시장은 5월, 태평2동 주민센터에서 개최된 '열린 행정을 위한 찾아가는 주민 간담회'에서 11월에 착공할 것이라고 밝혔다.

드디어 의료원 착공

성남시는 2013년 9월 10일 '의료원 설계 검토 자문단'**을 위촉했다. 자문단에는 분당서울대학교병원·분당차병원·아주대학교병원·일산병원·원진녹색병원·서울백병원과 인천광역시의료원·서울의료원 등 수도권 8개 병원 전문가들과 우리나라 병원 건축의 권위자인 양내원 한양대학교 건축학과 교수, 국립교통재활병원 건립에 관여했던 설석환 분당서울대학교병원 총무팀장도 포함되어 있었다.

성남시는 4년여 건립 기간에 공사인원의 50%를 성남시민으로 고용하고, 건설현장 내부 식당 운영을 제한해 지역경제 활성화를 도모하며, 교통·먼지·소음과 진동 등에 관한 관리 감독도 철저히 해 주민 불편을 최소화하겠다고 약속했다.

기공식을 하루 앞두고 이재명 시장은 시청에서 '미디어데이'를 열어 언론사를 상대로 성남시립의료원 건립에 대한 설명회를 가졌다.

**자문단은 진료 분야, 진료지원 분야, 병원관리 분야 등 3개 분야별로 매월 1회 이상의 자문위원회를 열어 성남시의료원의 건립 방향, 기본설계, 유지관리 등 병원 건축과 운영에 관한 자문을 하기로 했다.

2013년 11월 14일 오후 2시, 1500명이 참석한 가운데 기공식이 열렸다. 폭파 철거된 구시청사 부지에서 드디어 성남시의료원을 설립하기 위한 첫 삽을 뜬 것이다. 2003년 인하병원 폐업으로 시작된 성남시 의료공백 해결 촉구와 성남시립병원 설립운동이 시작된 지 10년 만에 이룬 쾌거였다.

성남시의료원 기공식 (2013. 11. 14.)

공공의료 확대를 위한 한 걸음

2013년 11월 성남시는 시공사와 계약을 체결하고 병원 운영에 직접 개입할 인사들로 사용자그룹을 구성하였는데, 박석운 원진직업병관리재단 상임이사, 백재중 서울녹색병원 호흡기내과 과장, 김경자 건강보험심사평가원 이사를 비롯한 다양한 전문가들이 참여했다. 2013년 12월 30일에는 설계시공 자문위원회를 구성했다.

　2014년 6월 4일, 전국동시 지방선거가 있었다. 이재명 시장은 재선에 성공했다. 2014년 5월, 이재명 시장은 시장 후보 자격으로 보건의료노조와 정책협약을 맺고 장기적으로 의료공공성을 강화하겠다는 공약을 내걸었다. 이 시장은 **100만 시민 주치의제 도입, 공공 산후조리원 운영, 4대 중증질환 입원환자와 장기요양어르신 간병인 지원, 성남시의료원 조기 건립 등 의료의 공공성을 강화하여 성남시민의 건강을 책임진다는 건강 공약을 발표**했다.

　9월 중순 성남시는 복지보건국 산하에 의료원건립추진단을 신설하기로 했다. 성남시의료원 건립이 지지부진하다는 지적이 제기되자 사무관급으로 추진단을 신설해 의료원 건립에 박차를 가하겠다고 밝혔다.

　또한 공공의료정책과를 신설하여 의료원 건립을 지원하는 역할을 부여했다. 기초지방자치단체에 별도의 공공의료 직제를 두어 공공의료 정책을 구상한다는 의지를 표명한 것이다.

2014년 4월 16일, 전라남도 진도군 관매도 부근 해상에서 청해진해운이 운영하는 여객선인 세월호가 침몰해 승객 476명 중 304명이 사망하거나 실종되었다.

2014년 전국동시 지방선거로 구성된 제7대 성남시의회

지역	새정치민주연합				새누리당			
수정구	강상태	윤창근	최만식	정종삼	이덕수	안광환	이상호	이재호
중원구	지관근	박호근	마선식	김유석	홍현임	박도진	안극수	
분당구	김 용	박문석	박종철	권락용	박영애	박광순	이기인	노환인
	어지영	조정식	김해숙	강한구	김윤정	김영발	이제영	
비례대표	최승희	박윤희			박권종	이승연		
인원수	18				16			

　2014년 선거에서는 국민참여당과 민주통합당, 민주당이 분당과 합당을 반복하며 새정치민주연합으로 재탄생했다. 새정치민주연합은 2015년 더불어민주당으로 당명을 바꾸었다. 한편, 새누리당은 2017년 자유한국당으로 당명을 변경하였다.

성남시의 조직개편은 당시 새롭게 떠오르는 의제를 전면에 내세운 것이다. 성남시의료원 설립 추진에 전문가와 민간, 시민사회의 역할을 부여하고 시정협치를 표방한 것이라 볼 수 있다. 또한 이전의 저소득층, 의료수급자 중심으로 공공의료를 바라보는 시각에서 탈피해, **공공병원도 충분히 우수한 의료서비스를 펼칠 수 있다는 것이 성남시의료원의 지향점**이었다.

첫 번째 공사 중단, 주 시공사 법정관리와 건설사 변경

*운동본부(집행위원장 오영선)는 의료원 부지 인근에 사무실을 내고 공사 현장을 지켜보고 있었다.

2014년 7월이 되도록 공사가 진행되지 않았다*. 낙찰받은 울트라건설(주) 컨소시엄은 우선시공설계만 마무리한 상태였다.

단 한 번도 순탄치 않았던 성남시의료원 설립은 이번에도 상상도 못한 난관에 부딪히게 되었다. 2014년 10월, 의료원의 건축을 맡은

성남시의료원의 건축으로 인해 인근 개원병원이 타격을 입을 거라는 여론이 들끓기 시작했다. 일부 언론은 '개원가 초토화'라는 단어까지 사용했다. 또한 인근지역 개원의 중에서는 성남시 수정·중원구 지역이 절대 의료서비스가 열악한 지역이 아니며, 분당제생병원과 분당서울대학교병원이 멀다는 것은 어불성설이라는 주장을 하기도 했다. 개원의 중 성남시의료원을 반대하는 사람들은 민간의료기관이 제도적으로 공공의료의 역할을 하고 있으며, 공공의료는 의료혜택을 보지 못하는 의료급여 환자들을 위해 운영되는 것이 옳다고 주장하기도 했다. 또한 이들은 의료원이 개원의들의 환자 10%를 확보한다면, 인근 개원병원의 운영 상황이 어려워져 전반적인 의료서비스의 질이 하락할 것이라고도 했다. 하지만 의료원 설립추진단에서는 시비로 운영하게 되는 시립병원 수준이지 의료원 수준의 개원이 아니기 때문에 무작정 적자를 감내하는 병원이 되지는 않을 것이라고도 했다.

성남시의료원은 대형종합병원으로 치료중심 기관이라기보다 성남시의 공공의료거점으로 구상한 것이다. 성남시는 당시 공공의료벨트를 구성하고 생애주기별 건강보건계획, 시민의 건강권 확보, 100만 시민 주치의제도 도입, 시민참여로 투명한 경영과 자주적인 운영을 꿈꾸고 있었다. 병이 걸린 후에 치료하는 것보다 지역보건 차원에서 질병예방을 추구하고 예측하기 어려운 감염병에도 선제적으로 대응한다는 구상이 있었다.

주 시공사 울트라건설이 경영악화로 법정관리를 신청하면서 의료원 건설 공사도 중단된 것이다. 서울중앙지방법원에서 기업회생절차 개시 결정을 받아들여, 울트라건설은 법정관리가 결정되었고 성남시에 쌍무계약 해지를 통보하였다.

실시설계만 마치고 주 건설사가 공사를 포기함에 따라 성남시의료원 자리는 땅만 파놓은 상태였다. 다행히도 2014년 12월 초, 자본이 두 번째로 많은 삼환기업 포함 공동이행사 6개사가 울트라건설의 계약을 승계해 공사를 재개하기로 했다. 삼환기업은 2015년 1월 착공해 2017년 6월까지 공사를 완료할 수 있을 것이라고 전망했다. 애초 예정일은 2017년 4월이었다.

2015년 1월 16일, 울트라건설의 계약을 이어받은 삼환기업은 인근 주민 대상으로 주민설명회를 개최했다. 20일에는 전체 공사 계약이 완료되었다. 26일에 공사 현장에서 주차장을 철거했다.

성남시는 몇 차례의 주민간담회와 논의를 거쳐 구시청사 부지에 있던 시민회관을 철거하고 복합문화시설을 신축하기로 결정하였다. 시민회관은 지은 지 오래되어 안전문제가 제기되었고, 이미 문화공연장의 기능을 상실했다는 평가가 있었다. 의료원을 지을 때 같이 공사를 하는 게 예산 절감 효과도 있고 의료원 개원과 공사 기간을 맞추면 의료원과 상생하며 시민들을 위한 공간으로 만들어 나갈 수 있으리라는 판단이었다.

울트라건설의 법정관리는 예견된 일이라 할 수 있다. 입찰 당시 종합 점수에서 1위를 차지한 태영을 제치고 낙찰을 받은 것은 울트라건설이 가장 낮은 금액을 제시했기 때문이었다. 그러나 당시 울트라건설의 채무 상태는 최악이었고, 결국 법정관리가 불가피하게 되었다.

김미희 국회의원의 공공의료 활동

통합진보당(구 민주노동당)의 김미희 국회의원은 지방의료원 살리기 전국 투어에 나서 2013년 9월에는 강원의 원주의료원, 강릉의료원, 경남 진주의료원, 전남 국립나주병원, 국민건강보험공단 일산병원, 제주의료원, 서귀포의료원, 청주의료원, 공주의료원을 방문했다. 지방의료원 살리기를 호소하는 기자회견을 갖고 보건복지위원회에 자료를 제출했으며, MB정부의 영리병원 사업을 규탄하는 입장을 내는 등, 공공의료 전 분야에 걸쳐 전문가의 경험이 있는 의정 활동을 펼쳤다.

2012년에 김미희 의원은 성남시의료원 신축 공사비로 재정사업 지원 한도액인 70억 원을 보건복지부에 신청했으나, 보건복지부는 2013년 지방의료원 신축 사업에 성남시의료원이 신청하지 않아서 지원 대상이 아니라며 거절하였다. 또한 지방의료원 지역개발기금 채무 1723억 원에 대한 예산지원안도 제안했는데, 보건복지부는 중앙정부 차원의 지원 대상이 아니라고 거절했다.

성남시에 지역구를 둔 김미희 의원은 수년간 성남시립병원 설립운동에 적극적이었다. 제19대 국회의원으로 공공의료에 대한 중요성을 국회에서 내내 설파한 것은 성남시의료원 건립에 적잖은 힘이 되었다.

2013년 홍준표 경남도지사는 진주의료원의 적자 문제, 강성노조 등을 언급하며 폐업해 버렸고, 2014년 성남의 김미희 의원은 지방의료원 투어를 돌고 공공의료에 관한 토론회를 개최해 대조적인 모습을 보였다. 홍준표 경남도지사의 진주의료원 폐업은 공공의료에 관심이 없던 사람들도 공공의료에 관심을 갖게 하는 계기가 되었다.

2015. 3. 7. 제1회 공공의료아카데미 개최
2015. 3. 26. 공공의료성남시민행동 출범
2015. 5. 20. 우리나라 첫 번째 메르스 감염자 발생
2015. 7. 3. "성남시의료원 설립 및 운영에 관한 조례 일부개정 조례안" 본회의 통과
　　　　　　 -대학병원 위탁 강제 규정을 임의 규정으로 변경
2015. 7. 29. "지방의료원의 설립 및 운영에 관한 법률" 개정
2015. 10. 주민 민원으로 두 번째 공사 중단
2016. 5. 공사 재개

제7장

공공의료성남시민행동의 탄생

2015 - 2016

성남시의료원 조례 개정
캠페인(2015. 5.)

제1회 공공의료아카데미(2015. 4. 5.)

대학병원 강제위탁 조례 개정 촉구 기자회견
(2015. 5. 12.)

대학병원 강제위탁
조례 개정 촉구 현수막

성남시의료원 대학병원 강제위탁
조례 개정 촉구 1인 시위

성남시의료원 건축 공사가 진행되는 조건에서 성남시립병원설립운동본부는 공공의료성남시민행동으로 조직을 전환한다. 공공의료성남시민행동은 대학병원 강제위탁 조례의 개정을 추진하였고, 성남시의료원 시민참여 보장을 주장하였으며, 공공의료 시민교육을 시작하였다. 그리고 시민참여형 성남시의료원 건립 운동과 더불어 시민건강 분야 시정 모니터링, 시민건강권 활동으로 영역을 점차 확대해 갔다.

성남시의료원 공사 도중 발파 진동으로 인한 주민 민원 제기로 또다시 공사가 일시 중단되었다가 재개되었다. 한편, 성남시는 성남시의료원 건립 지원을 위해 공공의료정책과 직제를 신설하였다.

공공의료성남시민행동, 첫 걸음을 떼다

공공의료성남시민행동 출범과 의의

성남시의료원은 우여곡절 끝에 공사가 시작되었으니, 더 나은 공공의료를 실현하기 위하여 의료원 운영에 시민들의 목소리를 보탤 필요가 있었다*. 운동본부는 단체의 전환을 준비하며 2015년 1월에 김용익 국회의원(새정치민주연합)을 초청해 공공의료에 대한 강연회를 열었고, 의료원 개원을 준비하며 시민사회 내에서 공공의료에 대한 의제를 도출하고 공론화에 힘쓰기로 하였다.

2015년 2월, 성남시립병원설립운동본부는 공공의료성남시민행동(이하 시민행동)으로 전환하기 위한 공동대표단 모임을 꾸리고, 조직 개편의 취지를 다음과 같이 설명했다.

첫째, **성남시의료원 설립 추진의 시민참여를 확대**하고, 둘째, 시

*대학병원 위탁이라는 독소 조항이 있는 성남시의료원 설립 운영에 관한 조례를 개정한다는 입장을 결정했고, 시의회 대응 전략 태스크포스를 구성해야 한다는 의견이 있었다.

공공의료성남시민행동 창립총회 (2015. 3. 26.)

이 무렵 성남시는 2년의 기간을 두고 성남시의료원 운영 방안에 대한 연구용역을 준비 중이었다. 운동본부는 이에 대하여 본격적으로 문제를 제기했다. 이 연구용역에서 단계별로 연구결과가 도출되긴 하겠지만, 연구 종료시점과 의료원 개원 시기가 같아지는데 용역의 실효성이 있겠느냐는 것이다.

민참여형 공공보건의료 체계를 만들어 나가며, 셋째, 공공의료와 시민건강권과 연결된 주요 현안을 적극적으로 풀어 나가기 위하여 다음 단계의 시민운동단체를 구성하기로 했다.

2015년 3월 26일, 성남시청 율동관에서 '공공의료성남시민행동'이 새롭게 출범하였다. 시민행동은 인하·성남병원 폐업반대 범시민대책위원회를 시작으로 활동했으며, 성남시립병원설립운동본부를 계승한다는 것을 적시했다. 또한 2011년 당시 한나라당 의원들이 주도한 조례에서 '대학병원에 위탁운영한다'는 독소 조항을 삭제하여 조례를 개정하라고 촉구했다.

공공의료성남시민행동 초대 임원진

- 상임대표: 김용진, 이덕수, 정해선, 최석곤
- 공동집행위원장: 백승우, 오영선, 신건수, 선창선, 박재만, 정종삼
- 집행위원: 김지응, 황성현, 허남해, 박용덕, 장주향, 전지현

시민행동의 출범 의의는 크게 두 가지로 볼 수 있다. 먼저, 성남시의료원 건립 공사가 진행되는 조건(하드웨어)에서 공공의료 강화, 시민참여형 공공병원 건립(소프트웨어)으로 방향 전환이다. 또한, 전신인 운동본부는 성남시의료원 건립을 목적으로 하는 지역 단체들의 연대체 성격이 강했다면, 의료원 건립이라는 목표를 이룬 이후 공공의료와 시민건강권을 주제로 한 회원 중심의 시민단체로 전환을 꾀한 것이다.

시민행동은 의료원 설립 이후 민주적이고 자주적인 운영에 참여하며 새로운 지역공공의료시스템을 만들어 가고자 하였다. 성남시의료원이 공공의료를 전담하는 공공병원으로서 제 기능을 다할 수 있도록 목소리를 내고 시민들 스스로 건강권을 확보하기 위한 첫 걸

음을 내디딘 것이다.

조례 개정 운동의 전개

시민행동은 2015년 국회의원 재보궐 선거 중원구 국회의원 후보
자들에게 "성남시의료원 설립 및 운영 조례 개정안"에 대한 정책질
의를 보내며 시민행동의 입장과 취지를 설파했다. 성남시의료원 운
영에 시민의 실질적 참여, 과잉진료 없는 환자 중심 진료 환경, 취약
계층 건강권 보호, 전국 공공병원의 모범 사례가 되는 의료원 운영
협력, 시민건강권 확보와 공적 책임 강화를 위한 협치, 시민참여와

시민행동은 중원구 국회의원 후보자인 새누리당 신상진 후보, 새정치민주연합* 정환석 후보, 무소속**
김미희 후보에게 보건의료 관련 질의서를 보내 답변을 받았다.

김미희 후보는 현행 조례의 "의료원 운영을 대학병원에 위탁·운영하여야 한다."를 "운영의 전부 또는 일
부를 대학병원 등에 위탁할 수 있다."라고 바꾸는 조례 개정안을 제시했다. 성남시의료원은 성남시민들이
중심이 되어 건립한 주민 참여 공공병원이 되어야 하고 시민들의 권리와 의견이 반영되어 운영이 결정될
수 있어야 한다는 의견을 보내 왔다.

정환석 후보는 의료원 운영과 관련하여 성남시의료원의 공공성을 강화하기 위해서는 현행 대학병원 위
탁만을 명시하고 있는 조례는 개정되어야 한다고 입장을 표명했다. 정 후보는 대학병원이 의료원을 위탁운
영할 경우 경영 성과에 집착해 공공성이 약화되고 진료비가 상승할 우려가 있다고 말했다. 의료원의 운영
방식과 관련하여 진료와 경영은 의료원이 책임을 지고, 의료진은 상시인력으로 파견해 항상 우수 의료진을
확충하는 협진 체계 도입을 주장하였다.

신상진 후보는 공문으로 공식 입장을 회신하지 않았다. 시민행동이 선거사무소에 전화를 걸어 질의응답
내용을 확인하자고 했는데, 선거사무소에서는 기존의 입장인 대학병원 위탁운영 원칙에는 변함이 없다고
답했다.

*2014년 3월 26일 민주당과 새정치연합이 연합하여 창당하였다.
**2014년 12월 19일 헌법재판소의 위헌 정당 판결에 따라 통합진보당이 강제 해산되었다. 따라서 김
미희 후보를 비롯한 성남지역의 통합진보당 소속 정당인들은 소속이 사라졌다.

*다음 아고라. 2008년 촛불을 기점으로 시민운동 플랫폼으로 발전하였다가, 2019년 1월 7일 서비스 개시 15년 만에 종료되었다. 시기마다 이슈가 모이는 시민참여 정치 공론장의 역할을 하여, 온라인을 통한 민주주의 실험 무대로 평가된다.

**2010년 한국에 스마트폰이 본격적으로 보급되면서 많은 시민운동이 온라인 공간에 자리를 잡기 시작했다. 거리집회, 농성, 행진 등 다양한 시위의 방식에 온라인에서의 저항운동이 본격화된 시기라고 할 수 있다. 이재명 시장 등 정치인들의 개인 SNS 이용도 활발해졌다.

감시의 기능, 시민 선택권을 존중하는 공론장 운영을 수행한다는 것이 주요 내용이었다.

시민행동은 5월 1일부터 온라인 커뮤니티*를 통해 '공공의료 상업화 반대, 성남시의료원 강제 위탁 반대 서명운동'을 전개하였다.

시민행동은 오프라인과 온라인을 넘나들며 운동의 수단과 채널을 다양하게 확보했다**. '대학병원에 강제 위탁하는 불합리한 조례를 개정하라'는 슬로건으로 현수막을 내걸고, 버스에 '강제 위탁 조례 반대' 광고를 했으며, 성남시민 1000인 서명지를 배포하고 온라인 서명운동을 진행하였다. 또한 칼럼 기고 등을 통해 적극적으로 언론 대응에 나섰다.

5월 8일에 1000인 서명운동을 시작하며, 시민행동은 다음과 같이 성남시민건강권 지키기 운동에 돌입한다고 선언했다. 시민행동의 첫 번째 선언은 다음과 같다.

공공의료 확대는 성남시민의 희망입니다!
성남시립병원 공공성 강화와 시민건강권 확보 시민대표 1천 인 선언

2003년 의료공백 사태 후 성남시민 20만 명의 서명과 두 차례 4만 명 주민발의조례 청원을 통하여 시립병원 건립을 위한 근거 조례를 만들며 위대한 성남시민의 힘을 확인한 바 있습니다.

수정·중원의 의료공백 해결과 시민 스스로의 건강권을 지키기 위한 전국 최초의 '주민발의조례 제정' 운동은 성남시립병원 건립과 의료공공성을 강화하려는 성남시민들의 염원이었고 살맛나는 성남을 만들어 가는 새로운 희망의 역사를 만들었습니다.

성남시립병원 건립의 역사에는 항상 '100만 성남시민'이 있었고, 과정에서 많은 성남시민들이 구속, 불구속되는 뼈아픈 시립병원 설립의 역사도 있었습니다.

2017년 개원하는 성남시립병원은 돈벌이 수단이 아니라 성남시민들의 건강권을 지키고 시립병원을 이용하는 주민들의 특성과 공공의료 차원에서 접근하길 진심으로 바라며, 의료를 시장적 경영이라는 돈벌이 수단으로 접근하면 더욱 안 될 것입니다.

성남시립병원은 수정구·중원구 주민만이 아니라 분당구 주민들도 아프면 맘 놓고 치료받을 수 있는 좋은 시설, 좋은 의료진 그리고 양질 의료서비스 제공이 보장되는 부산의료원 같은 현대식 공공병원입니다. 인간의 가장 기본적인 건강할 권리가 시민 개인의 능력과 재산, 지역의 차별이 없이 언제 어디서나 국가와 지방자치단체 차원에서 누구나 보장되는 공공병원입니다.

이에 성남시민 대표 1천 인은 성남시립병원이 담당해야 할 공공의료는 아래와 같아야 함을 천명하며 100만 성남시민이 주인이기에 성남시민들의 의견을 다양하고 광범위하게 수렴하고 공정하고 합리적인 토론에 기초한 사회적 합의를 통해 성남시민 건강권을 지켜 나갈 것을 선언합니다.

1. 인간은 누구나 공평하게 치료 받아야 하는 권리를 실현합니다.
   (만성질환에 노출될 수밖에 없는 서민들이 건강히 일을 할 수 있도록 하여 빈곤에서 벗어나게 해 주고, 건강상의 문제로 빈곤층으로 전락하는 일을 막습니다.)
2. 장기입원환자를 돌봐야 하는 일로 인해 재정적, 육체적 어려움을 겪는 시민들을 위해 보호자 없는 병원을 만들어 지원이 가능합니다.
3. 지역사회에서 전염병 예방과 초기 확산을 막는 데 중요한 역할을 담당합니다.
4. 공공병원은 적정한 진료와 치료를 하여 저렴하고 건강한 진료를 받을 수 있습니다.
   (행위별수가제, 의사 성과급제 등으로 환자는 줄어도 진료비는 늘어나는 식으로 과잉진료, 의료보험이 안 되는 비급여 항목이 많아 결국 환자에게 비싼 치료비를 받는 영리활동을 하지 않습니다.)
5. 주치의제 도입과 각 보건소와 협조하여 지역 노인분들, 아이들의 건강을 책임지고 찾아가는 진료를 합니다.
6. 시민들이 건강하게 생활할 수 있도록 하는 보건, 예방 활동을 합니다.
7. 100만 성남시민의 참여로 공공의료를 실현하는 전국적 모범적인 도시로 만들어 갑니다.

위탁할 수 있다 VS 위탁하여야 한다

5월 13일, 성남시의회 문화복지위원회(지관근 상임위원장)에서 성남시의료원 조례 개정안을 놓고 의견이 충돌하였다. 정종삼 의원이 대표 발의한 "성남시의료원 설립 및 운영에 관한 조례 개정안"은 '대학병원에 위탁하여야 한다'는 조항을 '대학병원에 위탁할 수도 있다'로 바꾸는 게 주요 골자였다. 상위법인 지방의료원법이 개정되었기 때문에 운영 방식을 지방조례로 수정해야 대학병원 위탁을 막을 수 있었다.

오후 2시경 시작된 회의에서 양당 간 의견 조율이 되지 않아, 자정을 넘겨 2차 회의를 진행했다. 새정치민주연합 시의원들은 시민행동의 제안에 동의하며 대학병원 강제 위탁 조항을 빼자고 주장했다. 노환인·박도진·안광환·이제영 시의원 등은 대학병원 위탁을 주장하면서 조례를 좀 더 검토하기 위해 다른 지방자치단체의 사례도 살펴보자며 심사 보류를 요청했다. 지관근 위원장이 새누리당 의원들에게 둘러싸여 빠져나오지 못하자 새정치민주연합 의원들이 그를 빼내려다 몸싸움이 벌어졌고, 결국 의원 한 명은 응급치료를 받았다. 조례 개정안에 대한 심의는 7월로 미뤄졌다.

정종삼 의원이 발의한 조례 개정안대로 '위수탁해야 한다'가 아닌 '위수탁할 수 있다'로 바꾸면 모든 가능성을 열어 두고 성남시의료원의 운영 방식을 선택할 수 있다. 의료원이 준공된 뒤에도 시민들의 의견을 수렴하거나 전문가 자문을 구할 수 있고, 운영 중에 문제가 불거질 경우 다양한 운영 방식을 찾을 수 있다. 하지만 대학병원 위탁을 못 박아 두면, 운영을 맡은 대학병원이 운영을 포기하거나 운영 주체를 바꿔야 할 경우, 알맞은 대학병원을 찾을 때까지 한없이 기다려야 한다. 성남시의료원 설립운동은 인하병원의 경영 적자로 인한 폐업에서 비롯되었으므로, 대학병원에 위탁운영해야 한다는 조건은 시민사회에서 보기에 결코 바람직한 방안이 아니었다. 대학병원이 운영하다가 적자로 인하여 폐업을 결정하고 나가 버리면, 성남시의료원은 다시 의료행위를 중단하게 되는 것이다. 또한 진주의료원의 폐업* 사례를 들어 적자 운영 중인 공공병원은 폐업이 가능하다고 주장할 여지도 있었다.

5일 뒤인 18일에 시민행동이 성명서를 발표해 새누리당 의원들을 규탄했다. 이 성명서에서 홍준표 경남도지사의 진주의료원 폐쇄를 언급하고 박근혜 정권과 새누리당의 공공의료에 대한 태도를 비판하기도 했다. 또한 수년간 지속된 시의회의 지지부진한 논란을 두고 볼 수 없다며 본격적인 연대행동에 돌입하겠다고 선언했다.

이때 공공의료에 대한 인식을 전환할 만한 사건이 일어났다. 바로 중동호흡기증후군인 메르스의 유행이었다. 시민행동이 서명서를 발표한 지 이틀 만인 2015년 5월 20일, 한국에서도 감염자가 발생했다.

조례 개정안 통과

시민행동은 조례 개정 촉구 서명운동을 계속 진행했다. 7월 3일까지 온라인 커뮤니티에서 1678명이 서명했고, 성남시민 1000인 서명에서는 282명, 전 국민 1000인 서명에서는 890명이 서명했다**.

6월 23일 시민행동은 새정치민주연합 최만식 시의원과 지관근 문화복지위원장을 만나 조례 개정 의지를 확인하고, 대학병원 강제 위탁 조항이 공공의료 이용자의 권리를 심각하게 침해한다는 것을 강조했다. 두 의원은 메르스 사태의 영향이 있을 것이라 말했다.

"저쪽 당에서도 움직임이 있어요. 공공의료 얘기를 우리가 여태 했

*2013년 2월 26일 홍준표 경남도지사가 의료공급 과잉과 수익성 악화에 따른 적자 누적을 이유로 진주의료원의 폐업을 주장하였고, 같은 해 5월 29일 의료원이 강제 폐쇄되었다. 이는 공공의료와 복지에 대한 논쟁으로 번져 전국적인 이슈가 되었다.

**메르스 유행으로 오프라인 서명운동이 목표치에 도달하지 못했으나, 온라인에서는 적지 않은 호응을 얻었다.

잖아요. 이제는 좀 이해를 하는 것 같습니다. 이번 조례 개정은 예전과
는 다를 거 같아요.”

7월 1일 성남시의회가 개회했다. 지난 회기에 심의도 하지 못한
성남시의료원 조례 개정안의 통과 여부가 결정될 회기였다. 박도진
의원은 대학병원 위탁만이 정답이라며 군산의료원의 사례를 들었
다. 그러나 새정치민주연합 의원들은 군산의료원도 얼마 전 직영으
로 전환했다며 대학병원 위탁은 공공의료의 의미를 퇴색케 한다고
반대했다.

7월 2일, 문화복지위원회에서 정종삼 의원이 발의한 “성남시 의
료원 설립 및 운영에 관한 조례 일부 개정 조례안”을 심사했다. 정종
삼 의원은 일산병원과 보라매병원의 예를 들며 선택의 폭을 넓혀야
한다고 주장했고, 새누리당의 노환인·박도진·이제영·안광환 의원
등은 강력하게 반대했다.

강상태 의원이 수정안을 발의했는데, 정종삼 의원이 대표 발의한
대로 대학병원 위탁 강제 규정을 ‘위탁할 수 있다’는 임의 규정으로
변경하되, 의료 인력을 구성할 때는 대학병원과 협약을 통해 한다는
조항을 추가했다. 노환인 의원은 조례 개정안에 찬성한 의원들은 책
임을 져야 한다며 퇴장했다. 정종삼 의원이 발의한 “성남시 의료원
설립 및 운영에 관한 조례 일부 개정 조례안”이 강상태 의원의 의견
이 반영되어 수정 가결되었다.

다음 날인 3일 본회의에 조례 개정안이 상정되어, 박권종 시의장
이 동의와 재청을 확인하고 정식 안건으로 성립했음을 선포하였다.
성남시의회 회의규칙에 의하면 기명 전자투표가 원칙이지만, 새누
리당이 무기명 전자투표를 주장했다. 우선 투표방법을 정했는데 재
적의원 34명, 출석의원 33명 중 찬성 17명, 반대 16명으로 무기명
전자투표로 결정되었고, 40분 정회 후 출석의원 34명, 재적의원 34

명 중 찬성 18표, 반대 16표로 '성남시 의료원 설립 및 운영에 관한 조례 일부 개정 조례안'이 통과되었다.

시민행동은 바로 논평을 내어 조례 개정안 통과를 환영했다. 또한 조례 개정에 그치지 않고 시민참여를 확대하기 위한 방안을 계속해서 제안하기로 했다.

민선 6기 성남시는 2015년 4월 13일 복지보건국에 의료원건립추

여소야대의 민선 5기에는 성남시장의 대학병원 위탁 수용이 있었다. 민선 6기에는 여대야소 시의회가 구성되어 위탁 강제 조항이 삭제되고 임의 규정으로 변경된 조례 개정안이 통과되었다.

성남시의료원 조례상 위수탁 운영 관련 변천 내용

회의	변경 내용		의결 여부
2006. 3. 15. 본회의	제 10조 (운영의 위탁) ①시장은 법 제26조제3항에 따라 보건복지부 장관의 승인을 얻어 의료원 운영의 전부 또는 일부를 **대학병원이나 공공의료기관에 위탁 운영할 수 있다**		만장일치 가결
2011. 7. 18. 문화복지위원회	개정 (안)	제 10조 (운영의 위탁) ① 시장은 법제26조제3항에 따라 보건복지부 장관의 승인을 얻어 의료원 운영을 **대학병원에 위탁하여야 한다.**	수정 가결
	제정 (안)	제 10조 (운영의 위탁) ①시장은 법 제26조4항에 따라 보건복지부 장관의 승인을 얻어 의료원 운영을 **대학병원에 위탁·운영하여야 한다.**	상정 부결
2011. 7. 18. 본회의	개정 (안)	제 10조 (운영의 위탁) ①시장은 법 제26조4항에 따라 보건복지부 장관의 승인을 얻어 의료원 운영을 **대학병원에 위탁하여야 한다.**	부결
	제정 (안)	제 11조 (운영의 위탁) ①시장은 법 제26조4항에 따라 보건복지부 장관의 승인을 얻어 의료원 운영을 **대학병원에 위탁·운영하여야 한다.** (2012년 2월 20일 공포)	가결
2015. 7. 3. 본회의	제 11조 (운영) ①시장은 법 제26조4항에 따라 보건복지부 장관의 승인을 얻어 의료원 운영의 **전부 또는 일부를 대학병원 등에 위탁할 수 있다.** ④의료인력은 대학병원과 협약을 통하여 구성한다.		가결
현재 조례 2012. 2. 20. 제정	① 시장은 법 제26조제3항에 따라 보건복지부장관의 승인을 받아 의료원 운영의 전부 또는 일부를 대학병원 등에 위탁할 수 있다.〈일부개정 2015. 7. 27., 2018. 12. 24.〉 ④ 의료인력은 공정하고 투명한 절차를 통해 채용하며 대학병원과 협약을 통하여 구성할 수 있다.〈본항개정 2018. 12. 24.〉		

제212회 본회의 제2차(2015. 7. 3.) 회의록

진단을 배치하였다. 의료원건립추진단은 복지문화국 산하 1개 과와 동등한 지위였으며, 조례 개정 직후인 7월 27일에 공공의료정책과로 전환하였다.

두 번째 공사 중단

조례 개정 직후인 2015년 8월, 태평동 주민 13명이 발파 진동으로 인한 건물 균열과 지반 침하 등을 주장하며 시공사인 삼환기업과 유광토건을 상대로 성남시의료원 건축공사 중지 가처분 신청을 냈다. 법원은 10월 13일 조건부 인용 결정을 내렸다. 당시의 주문은 다음과 같다.

"본안 판결 확정 시까지 공사업체는 시립의료원 건립 공사 중 지반 굴착공사를 중지하고 무진동 공법 등으로 설계 변경을 하거나 재판부가 정한 감정인에게서 원고들 소유 건물에 발생하는 소음과 진동을 측정받고 그에 따른 안전조치를 한 후 공사를 속행하라. 아울러 주민들 주장과 다를 경우 공사 중지로 인한 시공사 피해가 예상되므로 주민들은 5억 원 상당을 공탁하라."

이때 시민행동 내부에서도 공사 방법에 대한 논란이 있었다. 성남시의료원 건립은 10년 넘게 성남시민의 염원이 담긴 일이었고 하루 빨리 공사를 완료하는 게 목적이었으나 주민 피해가 발생하니 난감했다. 그렇다고 공사 중단을 가만 보고 있기에도 속이 탔다. 공사 현장에 가림막이 둘러쳐지자 하루 종일 흰 벽만 쳐다보기 답답하다는 민원이 제기되어 벽화를 그리기도 했다.

지반굴착공사가 56% 정도 진행된 상태였는데 주민들과 시공사가 제출한 소음 진동 측정치가 달라 재판부에서는 전문가에게 의뢰해 다시 측정하도록 했다. 그러나 이후에도 시공사가 계속 발파를 제외한 공사는 문제가 없다고 지반공사를 강행하자 주민들은 '강제집행효용침해죄'로 고소장을 제출하였다. 새누리당은 수정구 당협위원회를 중심으로 주민 의견을 수렴하고 민원을 해결하라는 기자회견을 열어 공개적으로 성남시를 비판했다.

성남시는 공사 중단에 대한 이의 신청을 제기했고 공사를 계속할 수 있도록 노력을 기울였다. 2016년 2월, 시공사는 발파작업을 중단하고 다른 공법으로 작업을 재개했고, 시민행동은 사토*작업을 진행하는 현장을 매일 사진 찍어 기록하고 인터넷 카페에 공유했다.

*순성토와 반대되는 용어로 공사 현장에서 유용하고 남는 토량으로, 현장 외부로 반출해야 하는 토량을 지칭함.

공공의료성남시민행동의 공공의료시민참여운동

공공의료를 위한 시민참여운동

2015년 7월 성남시의료원 조례 개정안이 통과되고 건축 공사에 본격적으로 돌입했다. 운동본부는 의료원 설립이 구체화되자 운동의 방향을 전환해야 한다는 합의에 이르렀다. 시민참여형 공공병원 건립 운동으로 전환하기 위해 공공의료성남시민행동을 창립했다. 지난하게 투쟁해 온 지난 시간, 주민발의조례가 폐지되는 아픔이 있었지만, 운동본부와 함께했던 지방자치단체장이 탄생하고 그의 임기 내에 의료원 설립 공사가 시작되는 성과도 있었다.

2003년 병원폐업 반대, 노동자 생존권을 지키는 운동에서 시작하여 공공의료에 대한 지역 내 공론화에 성공했다. 주민발의조례 제정으로 성남시의료원 설립을 위한 법적 토대를 만들고, 부지 선정을 거쳐 설립 과정까지 도달했다. 운동본부는 물적 토대와 지역 내 기반을 확보했다면, 시민행동은 의료원 건립 이후의 운영에 시민참여를 확대하고 공공의료의 기틀을 다지는 쪽으로 전환하였다.

시민행동은 성남시의료원이라는 기관의 확보뿐 아니라 의료원을 통한 지역 내 공공의료 시스템 구축, 시민참여를 통한 건강권 확보를 목표로 했다. 공공의료는 건강권과 직결된 것으로, 그 어떤 영역보다 더 많은 시민참여와 개입이 필요했기 때문이다.

이를 위해 시민 역량을 강화하기 위한 사업, 성남시의료원의 운영과 경영에 시민참여를 확보하는 것, 성남시 집행부와 시의회에 대한 감시 역할 수행을 실천과제로 삼았다.

시민이 직접 참여하고 운영하는 시민행동이 되기 위해서는 공공의료 강화에 함께 동참할 시민 조직이 더 많이 필요했다. 2003년 인하병원 폐업으로 인해 성남시의 공공의료와 공공병원에 대한 인지도가 다른 지역에 비해 월등히 높은 편이지만, 의료원을 짓기 시작하면서 시민들의 관심은 자연스레 사그라들었다. 2003년부터 시작한 성남시의료원 설립운동은 10년을 넘기면서 시민사회와 함께 성장했고, 그 성과로 병원 설립이 구체화되었다. 그러면서도 변화된 상황에 맞게 변화를 시도했다.

첫째, '단체 대표자 중심의 조직 운영 방식에서 시민들이 직접 참여하는 단체로 개편'할 필요가 있었고, 그러려면 보다 넓은 시민사회의 참여가 필요했다.

둘째, 정치 환경과 경제 상황의 변화로 인하여 시민사회의 동력이 예전보다 많이 떨어졌다. 그런 만큼 교육을 통한 시민 역량 구축이 필요했다.

그리고 **시민행동은 우선 시민사회의 정치적 역량을 강화하고 정치 논리에 따라 성남시의료원 문제를 풀어 가는 경향을 탈피하기 위해 집행부와 의회에 독립적인 자세를 견지하기로 했다.**

시민행동의 첫 번째 실천, 공공의료아카데미

시민행동은 운동본부에서 전환을 준비하고 비전과 목표, 역할을 구체화하면서 정책 제안과 시민 의견을 수렴하는 데 나섰다. 그 첫 번째 실천이 '공공의료아카데미'였다. **공공의료아카데미는 시민사회의 역량 강화를 위한 공동체 학습 모델로, 성남시의료원이 건립된 이후에도 시민참여를 통한 시민건강권 확보를 위해서는 우선 공공의료에 대한 이해도를 높이고 참여 의지를 북돋울 필요가 있었다.**

공식 출범 이전인 3월 7일에 공공의료아카데미를 열고, 공공의료

공공의료아카데미는 문정주 교수의 제안에서 비롯되었다. 공공의료에 대해 시민들이 어려워하고 낯설어하기 때문에 공공의료 시민 교육이 우선되어야 한다는 조언으로 공공의료아카데미를 시작하였다.

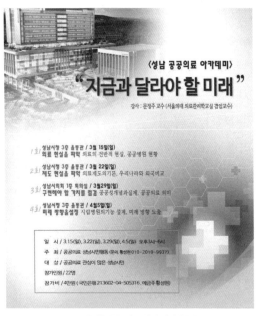

〈성남 공공의료 아카데미〉

"지금과 달라야 할 미래"

강사 : 문정주 교수 (서울의대 의료관리학교실 겸임교수)

1회 | 성남시청 3층 율동관 / 3월 15일(일)
의료 현실을 파악 의료의 전반적 현실, 공공병원 현황

2회 | 성남시청 3층 율동관 / 3월 22일(일)
제도 현실을 파악 의료제도의기본, 우리나라와 외국비교

3회 | 성남시의회 1층 회의실 / 3월 29일(일)
구현해야 할 가치를 찾기 공공성개념과실제, 공공의료 의미

4회 | 성남시청 3층 율동관 / 4월 5일(일)
미래 방향을설정 시립병원의기능·설계, 미래 방향 도출

일 시 / 3.15(일), 3.22(일), 3.29(일), 4.5(일) 오후3시~6시
주 최 / 공공의료 성남시민행동 (문의 황성현 010-2010-9937)
대 상 / 공공의료 관심이 많은 성남시민
참가인원 / 22명
참가비 / 4만원 (국민은행 213602-04-505316, 예금주 황성현)

2015 제1회 공공의료아카데미 웹자보

의 필요성 및 의료원의 기능과 미래에 대한 논의를 시작하였다. 연 2회로 기획된 공공의료아카데미는 이후에도 매년 꾸준히 이어졌다.

대중강좌 형태로 열린 제1회 공공의료아카데미는 '지금과 달라야 할 미래'라는 주제로 서울대학교 의료관리학교실 문정주 겸임교수를 초빙해 의료계의 전반적 현황, 의료제도의 이해, 공공의료의 의미, 미래의 방향을 도출하는 과정으로 진행했다.

2015년 10월에 열린 제2회 공공의료아카데미는 '시민이 만드는 성남의료원'이라는 주제를 내걸었다. 녹색병원·인천의료원·서북병원·서울의료원의 경험과 사례를 공유하고 현장 탐방을 바탕으로 시민참여형 공공병원에 초점을 맞추었다.

시민위원회 구성 제안

한국은 정부의 안일한 대처, 컨트롤타워 부재, 방역체계의 허점들이 드러나며 전 세계에서 메르스 감염자 수 2위(1위 사우디아라비아) 국가가 되었고 타 국가에 비해 높은 치사율을 기록했다. 정보 공개가 투명하지 않아 많은 시민들이 불안에 떨었으며, 삼성서울병원 응급실에서 다수의 확진자가 발생해 의료계에 큰 충격을 주기도 했다. 성남시의료원도 메르스를 계기로 '음압병실을 설계에 반영했다.

2014년의 세월호 참사와 2015년의 메르스 사태는 공공의료가 다른 주제와 융합되고 확산되는 계기가 되었다. 일반 시민들도 한국 공공의료와 보건의료의 심각성을 절감하게 되었으며, 사람의 생명과 안전을 위해 공공의료와 안전사회가 다르지 않고, 우리가 추구하는 공동 가치라는 인식을 확인하였다.

비민주적인 의사소통체계는 재해와 재난에 더욱 취약하며 전염병 최전방에 있는 의료기관과 의료진만으로는 위기상황에 대처하기 역부족이다. 시민행동은 의료계 전반에 걸친 응급상황이 발생할 경우 시민지원조직이 필요하다는 결론을 내렸다.

시민행동은 시민건강권을 실천하기 위한 시민운동의 방향으로 성남시의료원 시민위원회의 구성을 제안하였다. 시민참여를 구체적으로 실천하기 위해, 시민들의 건강문제 실태와 영역별 요구도를 파악해 의료원에 건의하며 토대를 다지기 위함이었다. 공공의료아카데미에서 시민위원의 역량을 강화하고, 민관 거버넌스의 역할을 해낼 수 있는 시민참여 기구를 만들려 하였다.

2016년 1월 총회에서 시민위원회를 설치하기 위한 조례안의 초안을 만들기로 결정하고, 성남시의료원 시민위원회를 조례에 근거한 시민참여 조직으로 구축하기 위한 방향을 제시하였다.

시민행동은 성남시의료원이 시민을 위한 병원이 되기 위해서는 원장이나 의료인, 행정관료뿐만 아니라 시민들이 병원 운영에 주체로 참여할 수 있어야 한다고 생각했다. 이를 위하여 시민위원회는 성남시의료원 운영위원회에 위원으로 참여하고, 의료원의 기본계획과 방향에 관한 논의, 시민참여 사업, 시민을 위한 공공정책, 예산 결산 심의·의결에 의견을 낼 수 있어야 한다. 또한 시민위원회 내에 시민옴부즈맨, 시민봉사단 등을 별도 구성하여 시민이 의료원 운영의 책임 주체로 참여할 수 있도록 제도적 장치를 마련해야 한다. 시민위원회 모든 활동과 재정은 시민 보고 형식으로 공개하고, 시민위원회 활동보고대회를 열어 열린 시민 토론장을 만들어 가야 한다.

당시 공공병원 운영평가에서 말하는 공공적 관리영역의 평가지표를 보면 국가에서 세워 놓은 공공병원의 기준을 알 수 있다. 지표는 1.거버넌스·이사회, 위원회, 고충 및 제안, 정보제공 및 의견 수렴, 2.윤리경영·윤리경영 체계와 부패 감시, 3.작업환경·고용, 보건안전, 노사관계에 대한 것으로 구성되어 있었다. 시민행동은 시민참여를 확보할 방안으로 시민이사제 도입과 시민위원회 구성을 제안했고, 시 집행부는 연구용역을 의뢰했으니 2016년에는 구체적인 실행계획을 예고할 수 있을 것이라고 했다.

성남시의료원의 목표

시민행동은 성남시의료원을 시민의 병원으로 만들고자 했다. 시민의 건강권 확보, 시민참여를 통한 민주주의 실천뿐 아니라 의료서비스의 전문성 강화까지 성남시의료원의 목표였다. 공공병원이 질 낮은 의료서비스를 제공한다는 고정관념을 완전히 깨고 의료시장의 경쟁에서도 뒤지지 않는 병원으로 만들어 나가는 데 시민들이 참여하고자 했다. 의료원 설립 과정에서 부닥친 반대의견 중 하나가 '공공병원의 서비스 품질이 낮다'는 것이었던 만큼 성남시의료원의 성공적 운영에는 다른 종합병원과 비교해도 손색없는 수준의 의료서비스가 필요했다.

이를 위해 세 가지 쟁점을 실천하자고 제안했다. 지역의 거점의료시설로서 진료를 넘어, 시민의 생애주기에 맞춘 공공의료와 시민건강권에 그 초점이 맞춰져 있다.

첫 번째는 성남시의 공공의료 가치 구현으로, 저소득층의 의료서비스 제공, 의료형평성 제고 및 양질의 의료서비스, 의료취약계층의 진료 안식처로서의 역할, 필수진료과목을 설치 운영할 것, 재난 전염병의 사회안전망이 될 것, 공공의료 시책 수행의 중심적인 역할을 다하면서, 2차병원으로서 적정한 공공의료 서비스를 제공하는 것이 세부 내용이다.

두 번째로는 포괄적 의료서비스를 들었는데, 일반진료, 수술 및 중환자진료와 응급진료, 감염 격리진료와 한방진료 등을 제공하면서 이 모든 서비스가 양질의 조건을 갖추어야 한다는 것이었다. 또한 재활과 만성질환 관리, 요양, 치매, 정신질환, 호스피스와 사회 상담에 이르기까지 한 사람의 생애주기에 걸친 전방위적 의료서비스 제공과 함께 예방중심의 건강증진 병원의 역할을 다하는 것이다.

세 번째는 지역사회 건강 친화 공간으로, 지역민의 건강증진시설이자 근린생활시설로서 어린이·노인·장애인·외국인을 배려한 공간을 추구했다.

2015년 메르스 사태 이후 공공의료에 대한 성찰이 일어났고, 지역주민들이 성남시의료원에 거는 기대가 높아졌다. 성남시는 메르스 사태를 교훈 삼아 급성기 진료를 비롯해 건강증진, 질병예방 및 관

리, 재활 등 성남시민의 건강을 향상시키기 위한 양질의 포괄적 보건
의료서비스를 제공하겠다는 기초안을 밝혔다. 또한 감염병과 응급,
의료 재난 대비 등의 의료서비스를 구축하겠다는 체계를 공식적으로
발표했다.

공공의료 성남시민행동 출범 기자회견

시민의 권리를 빼앗는 대학병원 강제위탁 성남시의료원 조례 개정을 촉구한다

2003년 성남병원, 인하병원 폐업 후 수정구·중원구 주민들의 의료공백 사태를 해소하기 위해 성남시민들과 시민사회단체는 '인하·성남병원 폐업반대 범시민추진위원회'를 구성하였고, 더 나아가 성남시립병원 건립을 목표로 '의료공백 해소를 위한 성남시립병원설립운동본부'를 구성하여 성남시민들의 건강권을 확보하기 위한 많은 사업들을 추진해 왔습니다. 성남시민 20만 명의 서명, 2차례에 걸쳐 4만 명의 시민들이 참여한 주민발의조례 청원은 전국 최초의 주민발의 '지방의료원 설립 조례 제정 운동'으로 성남시립병원 건립과 시민 스스로 건강권을 지키기 위한 성남시민들의 염원이고 노력이었습니다. 10년이 넘는 성남시립병원 건립의 역사에는 성남시립병원설립운동본부와 100만 성남시민이 함께했습니다.

성남시의료원이 건설되고 있는 시점에서, 성남시립병원설립운동본부는 성남시의료원이 공공의료기관의 역할을 강화하고, 성남시의료원의 운영에 시민들의 참여를 보장하기 위해 '공공의료 성남시민행동'으로 새롭게 출범하고자 합니다. 공공의료성남시민행동은 앞으로도 공공의료 강화, 100만 성남시민들의 건강권 확보를 위해 시민들과 함께할 것입니다.

대학병원 위탁운영을 강제하는 "성남시의료원 설립 및 운영에 관한 조례"는 개정되어야 한다

"성남시의료원 설립 및 운영에 관한 조례"
제11조(운영의 위탁) ① 시장은 법 제26조제3항에 따라 보건복지부장관의 승인을 얻어 의료원 운영을 대학병원에 위탁·운영하여야 한다.

2017년 개원하는 성남시의료원이 시민을 위한 공공병원이 되기 위해서는 직영, 협진, 위탁 등 어떤 방식이 좋은지 충분히 검토되어야 합니다. 2차례에 걸쳐 주민들이 직접 참여하여 만든 주민발의조례는 폐기하고 새누리당의 이해관계를 반영한 현 대학병원 강제위탁 조례는 시민들의 선택권을 원천적으로 빼앗고 있습니다. 대학병원에 위탁운영되는 지방의료원들의 사례를 보면, 대학병원 위탁운영 시 의료소외계층 진료는 기피하고, 진료비는 비싸지며, 지방자치단체의 재정부담은 더욱 커지는 것이 현실임에도 성남시의료원은 대학병원에만 위탁운영해야 하는 처지로 내몰려 있습니다. 만일, 계약을 체결한 대학병원이 위탁을 철회할 경우 다른 대학병원을 찾을 때까지 병원은 문을 닫아야 한다는 말입니까? 성남시민들이 낸 2000억 원 세금으로 지어지는 성남시의료원이 어떤 방식으로 운영될지에 대해서 성남시민들의 선택 권리를 보장해야 합니다.

공공의료성남시민행동은 성남시의료원이 주민들의 요구에 의해 건립되는 만큼 현대식 공공병원으로 공공의료의 전국 모범 사례가 되기를 희망합니다. 성남시민들이 건강하게 살 수 있도록 성남시의료원이 공공의료 중심 역할을 충실히 수행하기 위해서 성남시의회는 대학병원 위탁운영을 강제하는 현 "성남시의료원 설립 및 운영에 관한 조례"를 개정할 것을 강력히 촉구합니다.

공공의료성남시민행동은 성남시의료원이 시민이 주인 되는 병원으로 운영되고 의료공공성이 강화되는 데 아낌없는 지원과 활동을 할 것이다.

2015년 3월 16일 (창립총회 3월 26일)
공공의료성남시민행동

민주노총 성남광주하남지부 / 성남시재개발세입자협의회 / 성남환경운동연합 / 성남의료생협 / 푸른학교 / 해피유자립생활지원센터 / 문화숨 / 한국장애인문화협회 성남지회 / 성남간병요양보호사협회 / 성남시지역아동센터연합회 / 민족문제연구소 경기동부지부 / 성남시민건강모임 / 보건의료노조 경기도본부 / 성남민족예술인총연합 / 우리마당 / 예술마당 시우터 / 성남여성회 / 분당여성회 / 성남청년회 / 터사랑청년회 / 전국노점상연합 성남지역연합회 / 행복한생활협동조합 / 성남참여자치시민연대 / 체험문화학교 / 열린교회 / 비영리교육법인 에듀팜 / 성남민주평화시민모임

제8장

성남시의료원, 본격 개원 준비

2016 - 2018

성남시의료원 공사재개 촉구 1인 시위
(2017. 12. 11.)

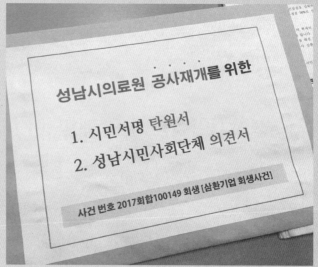

시민위원회 제정 1인 시위

성남시의료원 성공 기원 팔죽먹기 행사
(2017. 12. 22.)

공공의료정책대회
(2017. 4. 9.)

시민건강권을 위한 좌담회 – 건강샤우팅카페
(2017. 12. 9.)

지방의료원법 개정으로 시민이사 참여가 확대되었고, 공공의료 드림팀으로 성남시의료원 이사회가 구성되었다. 공공의료성남시민행동은 실질적인 시민 참여를 보장하기 위해 성남시의료원과 시민위원회 구성에 대한 협의를 진행하였다. 그리고 공공의료정책대회에서 채택된, 시민들이 성남시의료원에 바라는 3가지 정책으로 성남시의료원과 정책협약을 체결한다.

두 번째 건설사 법정관리로 공사는 세 번째 중단되었고, 성남시민사회는 공사재개를 위한 노력을 지속하였다. 한편, 개원 준비 과정에서 비위 사건으로 핵심간부 징계 사태가 있었으며, 성남시의료원 개원 준비를 맡은 이사회는 입원환자 중심 운영체계와 직무급제 도입 등 여러 가지 문제로 심각한 갈등과 대립이 지속되었다.

성남시의료원 초대 이사진 구성 ●———————————————

의료원 설립추진위원회에 시민위원 참여 요구

시민행동은 2016년 1월 정기총회를 거쳐 김용진·양미화·이덕수·정해선·최석곤 상임대표와 박재만·백승우·오영선 집행위원장, 김병조·김영신·김현정·이석주·장주향·허남해·이용석·이길휘 집행위원을 선임했다. 2016년부터 공동대표단을 구성했는데, 지역 시민사회단체에서 공동대표와 집행위원장을 선임하여 단체를 운영하였다. 지역사회와 함께하는 시민행동의 운영 원칙을 반영한 것이다.

또한 신년 입장 발표에서 시민 중심의 성남시의료원 설립이 아직 가시적으로 나타나지 않는다며 성남시의료원 설립추진위원회에 시민위원이 없는 점, 시민들에게 의료원 설립에 관한 정보가 제대로 공유되지 않는 점을 지적하고, 구체적으로 세 가지 문제점을 들었다.

첫째는 인적 구성이다. 의료원의 설립 주체는 성남시민임을 분명히 하며, 설립추진위원회에 시민위원을 포함하고 법인에도 시민이사를 포함하여 시민참여를 대폭 확대하라고 요구했다. 당시 "지방의료원의 설립 및 운영에 관한 법률"이 법인이사에 지역주민 대표, 비영리민간단체 또는 소비자단체가 추천하는 사람, 보건의료 전문가 등을 포함하도록 개정되어 법적 근거도 충분했다.

둘째, 형식적으로 존재하는 시민위원회가 아니라 조례를 개정하여 법제화하고 향후 민관 거버넌스 구조를 구축하라고 요구했다.

셋째, 누구나 의료원 관련 정보에 접근할 수 있도록 정보공개를 기반으로 한 홈페이지 구축도 필요하다고 했다.

시민행동은 성남시의료원이 한국 공공의료의 지평을 열어 갈 의료기관이라고 봤다. 그간의 역사와 의의를 반영해 지방자치단체장의 의지만으로 간단히 설립되는 형태가 아니라는 걸 명백히 할 필요가 있었다.

의료원 임원 선임

성남시는 공사 진행과 더불어 성남시의료원의 개원 준비를 할 원장과 이사회 구성에 돌입하였다. 이에 성남시는 성남시의료원 임원 추천위원회를 구성해 위원 7명을 위촉하고 의료원 초대 원장과 이사 12명을 선임하는 작업에 착수하였다.

*이사진에 관한 규정은 2022년 현재까지 유효하다.

2015년에 지방의료원법이 개정되었다. 제8조(임원)에서 임원선출에 대해 규정하고 있는데 이사에 지역주민 대표가 추가되었다*.

성남시의료원장 지원 자격과 이사진 구성

의료원장에 지원할 수 있는 자격조건	• 전공의 수련병원급 이상의 의료기관에서 진료과장 이상 직위로 5년 이상 근무자 • 종합병원 이상의 의료기관에서 원장으로 3년 이상 근무자 • 지방의료원에서 원장으로 3년 이상 근무자 • 보건·의료분야의 4급 이상 공무원으로 5년 이상 재직자 • 병원경영행정 또는 종합병원 경영 유경험자로 전문적인 식견과 능력이 탁월한 자 • 의학 분야에서 박사학위를 취득한 후 국내·외 연구기관 병원 또는 대학에서 5년 이상의 연구나 임상 경력이 있는 자
이사 12명 (3년간 비상임, 무보수 명예직)	• 의료원 관련 회의에 참석해 민주적 운영을 도울 수 있는 사람 • 지역 보건의료계, 비영리민간단체, 소비자단체, 보건의료 전문가, 지역주민 대표 • 당연직: 성남시 복지보건국장, 수정구보건소장 • 성남시장 추천 : 공무원 2명 • 성남시의회 추천 : 1명

2015년 7월 개정 전후 지방의료원법 비교

개정 전	개정 후
제8조(임원) ① 지방의료원에 임원으로서 이사장 1명, **6명 이상 10명 이하의 이사** 및 감사(監事) 1명을 둔다. ② 이사는 지방자치단체의 장의 승인을 받아 원장이 임명하고, 감사는 지방자치단체의 장이 임명한다. ③ 이사를 임명할 때에는 대통령령으로 정하는 임원 추천위원회의 추천 절차를 거쳐야 한다. ④ 이사에는 다음 각 호에 해당하는 사람을 포함하되, 추천의 절차 등 필요한 사항은 보건복지부령으로 정한다. 1. 지방자치단체의 장이 추천한 지방자치단체 소속 공무원 2명(지역의 보건소장 1명이 포함되어야 한다) 2. 지역보건의료계가 추천하는 사람 1명 3. 소비자 관련 단체가 추천하는 사람 1명 4. 지방의회가 추천하는 사람 1명	제8조(임원) ① 지방의료원에 다음 각 호의 임원을 둔다. 1. 원장 1명 2. **이사 8명 이상 12명 이하** 3. 감사(監事) 1명 ② 지방의료원의 원장(이하 "원장"이라 한다)은 지방의료원의 운영에 관한 전문적인 식견과 능력이 있는 사람 중에서 대통령령으로 정하는 임원추천위원회의 추천을 받아 지방자치단체의 장이 임명한다. 연임하는 경우에도 같다. ③ 지방의료원의 이사(이하 "이사"라 한다)는 제2항에 따른 임원추천위원회의 추천과 지방자치단체의 장의 승인을 받아 원장이 임명하고, 지방의료원의 감사(이하 "감사"라 한다)는 지방자치단체의 장이 임명한다. 다만, 이사가 연임하는 경우 또는 제4항제1호 및 제2호의 이사를 임명하는 경우에는 임원추천위원회의 추천을 거치지 아니할 수 있다. ④ 이사를 임명하는 경우에는 다음 각 호에 해당하는 사람을 포함하되, 성별을 고려하고 각 호의 인원수가 균형을 이루도록 하여야 한다. 1. 지방자치단체의 장이 추천한 지방자치단체 소속 공무원(이 경우 지역의 보건소장 1명이 포함되어야 한다) 2명 이상 2. 지방의회가 추천하는 사람 1명 이상 3. 보건의료분야 전문가 중 공공보건의료 또는 병원 경영에 관한 학식 및 경험이 풍부한 사람과 지역보건 의료계가 추천하는 사람 각각 1명 이상 4. 「비영리민간단체지원법」 제2조의 비영리민간단체와 「소비자기본법」 제2조제3호의 소비자단체가 추천한 사람 각각 1명 이상 5. 지역주민 대표 1명 이상

시민행동은 2016년 3월 10일, 좋은 의료원장 선출과 시민참여 확대를 위한 기자회견을 열고 향후 성남시의료원의 개원을 준비해 나

갈 원장 선출이 공정하고 엄중하게 진행되길 바란다고 밝히며, 법인 이사회에도 최대한 시민이사를 참여시킬 것을 촉구했다. 시민행동에서 주장하는 좋은 병원장은 공공의료에 대한 분명한 철학을 가지고 공공의료와 시민참여를 실현할 사람이다. 공공병원 운영 경력이 풍부하고, 시민이 일구어 온 성남시의료원 설립 역사를 충분히 이해하며, 시민참여형 공공병원으로 운영하겠다는 사람을 선임해 달라는 입장을 분명히 했다.

브라질 상파울루시 건강평의회의 경우 구성원 31명 가운데 시민 몫으로 절반이 넘는 16명을 규정하고 있다고 밝히면서, 모든 인사권이 성남시장에게 있으니 시장이 시민참여 방안을 실천적으로 보여 줄 것을 요구했다.

성남시의료원을 만든 것도 시민이고, 돈(세금)을 낸 것도 시민이고, 이용할 사람도 시민들이라는 것이 시민행동의 명분이었는데, 시민들에 의해 설립까지 오게 된 만큼 시민들의 뜻이 확대 반영될 필요가 있었다.

이사회 선임 전 3월 한 달간 성남시민 100명에게 설문조사를 진행하고 시민들이 의료원장과 의료원에 원하는 것을 파악해 전달했다. **성남시민이 원하는 성남시의료원장의 조건은 1위 공공의료 철학, 다음으로 도덕성과 능력, 공공의료 전문성, 공공병원 경험, 직무수행능력 순으로 나타났다.** 성남시의료원이 시민을 위해 추진했으면 하는 일은 무료진료사업단, 시민참여위원회, 법인이사회 참여, 시민건강증진센터, 시민주치의제 순으로 응답 결과가 모아졌다.

초대 원장과 이사진 구성

2016년 3월, 의료원의 원장과 이사 선임에 관한 언론의 관심이 높아졌다. 여러 언론에서 중요하게 다루어 국내 최초의 주민발의조례 제정 운동으로 설립된 성남시의료원에 대한 관심도를 알 수 있었다. 2016년 5월 2일, 성남시의료원의 초대 원장으로 조승연* 인천의료원장이 선임되었다.

1기 이사회는 지역에서 '공공의료계의 드림팀'이라고 일컬을 만큼 공공의료계에서 정평이 나 있는 걸출한 인물들로 채워졌다.

공공의료계의 대표적인 인물들과 지역에서 성남시의료원 설립에 오랫동안 기여해 온 인물들이 모두 한자리에 모이게 되었다. 시민행동은 이사회 선임에 대해 환영 메시지를 보냈다.

2016년 5월 10일, 성남시청 산성누리관에서 성남시의료원 법인 창립 이사회가 개최되었다.

이날 공개된 설립 취지문에서 '성남시민들의 자발적 참여에 의한 공공병원 설립은 공공의료 역사의 한 획을 긋는 대한민국 초유의 역사적 기록'이라며, '향후 시민주치의제 사업과 함께 혁신적인 공공의료서비스 모델을 제시하고 대한민국 공공의료의 새 역사를 써 나

*조승연 원장은 서울대학교 의과대학을 졸업한 소아외과학 박사로 인천적십자병원 원장과 제16대 지방의료원연합회장 등을 역임했으며, 전국 최초로 인천의료원에 공공보건의료지원단을 설립해 공공의료 확대와 정책 제안의 초석을 다졌다는 평가를 받았다. 2014년 제1회 대한공공의학회 공로상을 수상한 경력도 있어, 국내 공공의료계의 대표 자격으로 적절한 인사라는 평이 있었다.

성남시의료원 1기 이사회 명단

이름	분야	이름	분야
조승연	성남시의료원장	이진석	지역보건의료계 추천
김은미	수정구보건소장(당연직)	신옥희	비영리민간단체 추천
박상복	성남시 복지보건국장(당연직)	하동근	소비자단체 추천
김창엽	보건의료 전문가	김경자	지역주민 대표
이수태	보건의료 전문가	박용철	성남시의회 추천
박석운	보건의료 전문가	김남근	감사

시민행동은 성남시의료원 정관에 시민위원회를 명문화해 시민의 참여를 보장하고 역할을 확대하겠다는 의지가 있었으나, 오랫동안 정관 준비를 해 온 것에 비해 다른 공공의료원과 크게 다르지 않아 미흡하다고 봤다. 또한 인력 배치(직제개편)에 대한 논의가 없었던 것과 차기 이사회를 결정하지 않고 회의를 마친 것이 아쉽다고 지적했다.

갈 것', '성남시의료원은 100만 시민의 건강권을 확보하기 위한 의료안전망 구축으로, 누구나 차별 없이 진료를 받고 공공의료 혜택을 누려 주권자로서의 행복한 삶을 영위할 수 있도록 보장할 것'이며 '돈보다 생명을'이라는 슬로건이 말해 주듯이 인간 생명의 존엄성과 건강권이라는 인본주의 가치와 민주주의 가치를 실현하는 교두보로서의 역할을 성실히 수행해 나갈 것이라고 선언했다.

시민참여를 확대하라 ●————————————————————

출범, 성남시의료원

2016년 5월 12일, 성남시의료원이 법인 등기를 마쳤다. 등기부상 조승연 원장, 김남근 감사, 이진석·박석운·하동근·김창엽·이수태·신옥희·김경자·박응철·박상복(성남시 복지보건국장)·김은미(수정구보건소장) 이사가 등재되었다.

5월 16일 성남시의료원은 개원 준비 팀을 구성하고 현판을 내걸었다. 이재명 시장은 성남시의료원에 대한 포부를 밝혔다.

"성남시의료원은 대한민국 공공의료가 가야 할 첫 길을 열고 제시하는 성과를 낼 것입니다.
시민의 삶을 개선하고, 시민의 안전과 생명을 지켜 나가면서 공동체로 어우러져 살아가는 복지국가의 모델을 만들어 가면 좋겠습니다."

조승연 성남시의료원장도 시민의 뜻으로 만들어지는 시민의 병원이라는 점에서 가장 이상적인 공공병원인 만큼 막중한 책임감을 가지고, 성남시에 참된 공공의료를 알리는 데 혼신의 노력을 다하겠다고 말했다.

성남시의료원 창립 현판식 (2016. 6. 2.)

6월 2일, 성남시의료원 창립 현판식이 있었다. 시민행동의 최석곤·양미화·이덕수·김용진 상임대표 및 집행위원장과 위원들 포함, 400여 명이 참석했는데, 의료원 설립운동에 함께했던 시민들보다 정치인들이 더 많이 눈에 띄었다*. 이날 현판식에서 성남시는 공사 진행 상황과 현장을 공개했다.

성남시에서 발표한 '그동안의 추진사항'

2010. 7. 5. 의료원 조기 건립 방침 결정
2008. 2.~2011. 8. 행정 절차 추진 (공사방법, 투자심사, 공유재산 등)
2012. 2. 23. (구)시청사 철거 공사 완료
2013. 11. 14. 기공식 및 패스트트랙 계약 체결
2014. 4. 1. 패스트트랙 공사 준공
2014. 12. 31. 2015년 차수분 계약 (103억)
2015. 1. 14. 울트라건설(주) 탈퇴 및 삼환기업 주관사 지정
2015. 4. 2. 시민회관 활용 방안 검토보고서(시민회관 철거)
2015. 10. 21. 공사중지 가처분 판결 공시
2015. 10. 23. 시민회관 철거 완료
2015. 12. 31. 2016년 차수분 계약 (355억)
2015. 4. 25. 공사중지 가처분 결정 취소 판결
2016. 5. 4. 발파 공사 재개
2016. 6. 2. 현재 공정율 21%

시민행동은 성남시의료원 현판식에 앞서 시민의 병원이 되기를 바라는 네 가지의 제언을 정리했다.

첫째, 시민과의 소통 강화를 위한 만남 정례화, 둘째, SNS와 홈페이지를 통한 시민과의 소통구조 마련, 셋째, 의료원 설립 과정에 대한 역사 편찬과 전시관 마련, 넷째, 시민 협치를 위한 시민이사 제도 마련이었다.

이 가운데 시민이사 제도 제안은, 시민위원회가 실질적인 시민참여기구로서 운영될 수 있도록 시민이사에게 역할과 권한을 부여하고 시민위원회의 의견이 병원 운영에 우선 반영되는 구조를 만들자는 것이었다. 전시관 마련 제안은 꽤 구체적이었는데, 의료원 1층 로비에 별도의 전시관을 마련해 의료원이 탄생하기까지 전국 최초 주민 발의조례 제정 운동이 펼쳐진 지역의 역사를 보여 주자는 것이었다.

의료기관 시설 기준 개정

2016년 중앙정부의 지방자치단체 재정 개편안이 예고되며 성남시의료원 운영에 타격이 있을지도 모른다는 우려가 있었다. 지방자치단체에 지원하는 국세를 줄이고 재정자립도를 높인다는 취지였는데 논란은 여러 곳에서 있었다. 개편의 핵심은 인구와 기업이 많은 대도시는 유리하고 작은 도시는 불리했다. 개편안이 적용되면 자립도가 높은 수도권 몇몇 시는 수입이 줄어들게 될 예정이었다. 이 내용은 2016년 말 예상치 못한 일들이 발생하며 바로 입법 발의되지 못하고 2019년으로 넘어가게 되었다.

성남시의료원은 7월부터 의료기기, 간호, 전산, 행정기획, 공공의료정책연구 분야에 직원 공개 채용을 시작하며 의료원 개원 전 필요한 준비 절차를 마련했다.

당시 보건복지부는 30년 만에 의료기관 시설 기준의 개정을 추진하고 있었다. 감염병 방지를 위한 입원실·중환자실 시설 기준을 대폭 강화하는 것으로, 메르스 사태의 결과였다. 기후변화와 생태계 변화로 인하여 새로운 감염병이 예견되는 바, 의료기관의 감염 예방과 관리 능력의 취약성을 개선하고자 음압격리병실 구비 의무화(300병상당 1개, 추가 100병상당 1개)와 입원실 시설 기준을 병실당 최대 4개의 병상(4인실)까지만 허용하는 등 강화된 기준을 제시하였다. 이 개정안은 7월 27일 입법 예고했다.

성남시의료원은 설계 과정에서 32개의 음압병상을 계획했으나, 관련 법 개정으로 6개 병상만 준비되었다*. 성남시의료원 설계에 반영된 음압격리병상은 국가지정 시설 기준에 부합하는 1인실로(전실 보유) 계획되어 있으며, 병상 수는 기준(500병상의 경우 3병상)을 뛰어넘는 6병상을 준비했다. 응급실에는 음압격리병상 2병상을 별도로 마련했다.

*애초 4인 병상의 음압병실을 준비했으나, 법 개정으로 인해 음압병실은 1인만 사용할 수 있게 되었다. 결과적으로 6개 병상밖에 안 되는 셈이다. 이후 코로나19 감염병 유행으로 이동식 병상을 추가하였다.

1실 4인 병상은 2012년 성남시의료원 설립추진위원회에서 이미 결정하여 설계에 반영한 상태였다. 당시 4인 병상 위주로 구축한 병원은 국민건강보험공단 일산병원이었고, 공공병원으로 이름난 인천의료원의 5인실도 획기적이라고 평가될 정도였다.

설립추진위원회에서 1실 4병상으로 결정했으나, 행정 라인에서 계속 6인실을 고집했고 시장 결재 보고도 6인실로 진행되었다. 당시 운동본부의 항의로 이재명 시장의 직접 지시에 따라 4인실로 최종 결정되었다.

애초 설계가 4인실로 되어 있지 않아, 공사 현장에서도 난감해했고 성남시에서도 꼭 4인실로 해야 하는지 납득하지 못했다. 이 때문에 시공사에 내용이 제대로 전달되지 못한 것이 나중에 알려졌고, 설립추진위원회에서 강력 주장하여 4인실로 공사가 진행되었다. 관련 법 개정 이후 4인실 병동이 예산 낭비라는 비난에서도 벗어날 수 있었다.

메르스 사태 이후 병원 내 감염 문제로 병동 문화가 많이 바뀌었다. 보호자가 드나들며 환자를 간병하는 문화에서 전문 간병인과 병원 내 간호사가 간병을 책임지는 제도로 전환되면서, **4인실 확정은 한 수 앞을 내다본 설계로 평가**되었다.

시민의 병원으로, 시민행동 2기

이전의 운동본부는 여러 단체의 대표자나 실무 대표들이 모인 네트워크 성격이 강했다면, 시민행동이 출범한 이후 2016년부터는 본격적인 회원 모집에 나서며 시민들과의 거리를 좁혀 나가고자 했다. 그리고 6월부터 시민행동은 2기로 개편할 준비를 했다.

시민행동은 내부 워크숍을 개최하여 향후 조직 개편 논의를 이어갔다. 성남시의료원 법인이 설립되고 병원 운영 주체가 들어서는 상황에서, 시민행동의 역할이 한 발 더 나아갈 필요가 있었다. 이전까지 성남시와 성남시의회를 상대로 의료원 설립을 설득해 왔다면, 이제는 **시민들이 의료원에 지속적으로 관심을 갖고 참여할 수 있도록 공공의료에 관한 교육과 홍보를 강화하고 의료원과 협력관계를 구축하여 의료원의 운영을 모니터링할 수 있는 방향으로 전환을 모색**한 것이다.

또한, 2기의 활동 방향을 '성남시의료원 위주의 활동'에서 '성남시 건강권' 전반으로 확장하고 공공의료, 성남시의료원, 성남시 보건의료정책, 시민건강권까지 확대하기로 했다. 2016년 6월 회칙을 개정해 "성남시의료원 설립과 개원을 위해 활동해 온 '의료공백해결을 위한 성남시립병원설립운동본부'를 계승하며, 공공의료 강화와 시민건강권 향상 그리고 의료원의 경영과 사업 운영에 시민의 참여를 보장함을 목적으로 한다."로 설립 목적을 명확히 했다. 이덕수·김용진·최석곤·양미화 공동대표가 유임되었으며, 박재만 전 집행위원장이 사무처장으로 신임되었다. 운영위원은 추첨으로 선출하는 파격을 보였다.

2016년 6월에 성남시민 100명을 대상으로 한 '성남시의료원 운영에 대한 성남시민의 목소리 설문조사**' 결과를 발표했다.

설문조사 결과 공공의료에 대한 시민의식은 상당히 높은 편이며,

**3월 14일부터 31일까지 성남시 수정·중원구 주민 100명을 대상으로, 남녀 각 50명씩 조사했다.

원장 선임 조건과 성남시의료원의 나아갈 방향에 대해서는 명징하게 "공공의료"를 우선으로 꼽고 있었다. 2003년 성남시 수정·중원구의 의료공백 사태가 남긴 것은 진일보한 시민의식이며 시민 건강권에 대한 인지라는 것을 확인할 수 있었다.

'공공병원은 어떻게 운영되는가'라는 주제로 진행된 제3회 공공의료아카데미 기간 중에는 성남시민들의 인터뷰 영상을 촬영해 유튜브에 게시했다. 시민들은 이 영상에서 그간의 의료공백에 대해 이야기하고 차별 없는 공공의료와 성남시의료원에 대한 기대감을 나타냈다. 시민행동 회원 가입을 유도하는 리플릿도 제작해 일반시민 회원을 확대할 준비를 했다.

공공의료아카데미는 지역 언론을 통해 보도되었고 메르스 사태 이후 달라진 공공의료에 대한 인식도 드러났다.

성남형교육지원단과 협력해 원하는 공동체 어디나 찾아가 공공의료에 대한 인식을 제고할 수 있는 교육프로그램을 준비해, 7월 들어서는 초등학교와 중학교에서도 '찾아가는 공공의료아카데미'를 진행했다.

시민행동은 시민 중심의 공공병원과 공공의료를 확립하기 위해 누구나 차별받지 않고 충분히 치료받을 수 있는 평등한 의료를 지향했다. 공공의료가 바로 서기 위해 공공의료기관은 시민민주주의를 실현할 수 있는 현장이 되어야 하고 병원 운영 참여에 정당성을 확보하기 위해 시민위원회를 법으로 보호하고 독립성을 유지하게 할 필요가 있었다.

당시 한국의 공공의료 비중은 공공병상 수 기준으로 OECD 회원국 중 최하위로, 스웨덴의 98%에 비해 10.4%에 불과했다. 공공의료아카데미에서는 정부에서 적자를 감수하고라도 시민의 건강권 확보를 위한 예산 투입, 공공의료의 필요성에 관한 시민 교육의 활성화, 병원 간 네트워크를 통한 협력 운영, 병원 운영의 시민참여 보장 등 다양한 주제들이 다뤄졌다.

시민참여를 확대하라

성남시의료원은 공공의료사업 전담 부서가 편성되어 있고, 그 내부에 시민건강센터나 적정진료센터, 공공의료정책 연구 부서 등이 언급되어 있었다. 시민이 제안하는 공공의료정책, 의료원 운영에 관한 의견을 서면으로 받아 적극적으로 반영한다는 계획이 있었다. 또한 의료전달체계를 개선하기 위한 대외협력실(가칭)에 대한 제안도 있었다. 그 밖에 왕진사업, 가정간호, 방문간호, 건강교육을 실행하자는 의견이 있었으며, 시민위원회, 시민건강센터, 시민옴부즈맨, 시민봉사단에 대한 이야기까지 전개되었다.

그러나 이러한 의료원의 구상은 현실과 괴리가 있는 것으로, 성남시의료원의 시민참여는 시원하게 해결되지 않았다. 공사가 진행되면서 모든 결정권이 시 집행부로 넘어간 듯 보였다. 시민참여로 공공의료의 새로운 지평을 열어 가길 바랐던 것과 다른 방향으로 전환될까 우려되기도 했다. 시민행동은 지속적으로 성남시의료원 운영과 시민건강권 사업에 시민참여를 확대하라고 요구했으나, 집행부는 차일피일 미루며 명확한 답변을 내놓지 않았다. 시민행동은 9월 30일에 성명서를 발표하며 시민참여 확대를 공식적으로 촉구하고 나섰다.

구체적인 제안은 다음 세 가지이다.

1. 성남시는 시민건강권, 공공의료 강화를 위해 실질적인 시민참여 구조를 구축하라.
2. 성남시는 성남시의료원 운영계획 수립에서 시민이사의 권한과 역할을 높이고 민관 거버넌스를 획기적으로 구축하라.
3. 성남시는 성남시립병원 설립운동 사료 편찬과 기념관 건립을 위한 민관 공동추진기구를 구성하라.

시민행동은 대답 없는 집행부에 굴하지 않고 지속적으로 시민참여 확대를 주장하며 이에 대한 근거를 마련했다.

병원 운영은 항상 전문가의 몫으로 남아 일종의 성역을 구축해 왔다. 공무원과 외부 전문가, 병원 경력자와 의료진들이 결정권을 가지면서 서비스를 제공하는 측에 우선하는 경영이 보편적이었다. 성남시의료원은 시민들의 필요에 의해 시민들의 힘으로 만들어진 공공병원인 만큼 시민이 주체로 참여할 수 있어야 했다. 또한 복지정책에도 거버넌스가 필요하며, 시민들의 건강을 책임지는 공공병원이라면 당연히 시민참여가 우선되어야 한다는 것이 시민행동의 주장이었다.

시민행동은 정책브리핑을 정리해 성남시의료원의 나아갈 방향을 제안하고 시민참여 인사시스템 구축도 제안했다.

인사시스템 관련해서는 병원 근무 능력과 공공의료에 대한 철학이 반영된 인사제도화, 성남시민이 참여하는 인사시스템 마련, 다면평가를 통한 철저한 검증 절차 정립, 차별 없는 균등인사, 성남시민 50% 고용 보장 등 5가지 사항을 언급했다.

공공의료정책대회

*당시 조직위원회 구성으로는 상임 준비위원장은 김용진 공공의료성남 시민행동 공동대표, 신옥희 성남시 의료원 시민이사, 한숙자 민주화운 동기념사업회 상임이사가 참여했다.

2017년 4월 9일, 시민행동은 "공공의료정책대회*"를 개최하였다. 이날 정책대회에는 200여 명의 시민, 단체들이 모여 '시민이 만드는 성남시의료원'에 관련된 의제 7가지, '다 같이 건강한 공공의료'에 관련된 의제 3가지로 원탁 토론을 진행하였다. 토론이 끝난 후에는 전체 투표를 통하여 우선과제 3가지와 과제별 세부과제를 선정하고 시민선언문을 채택하였다.

시민토론을 통해 선정한 3대 우선과제는 다음과 같다

1. 시민이 참여해서 결정하는 시민위원회 - 소통창구 마련
2. 성남시의료원의 무상의료정책 - 빈곤층 우선 무상의료 실시
3. 비정규직 없는 성남시의료원 - 대우 개선, 정규직 전환

아울러 이날 발표한 시민선언문에서는 "시민의 힘으로 만들어 낸 성남시의료원은 시민참여를 시작으로 우리나라 공공병원의 모범으로 시민건강권을 키워 나가는 공공병원이 될 것"이며 "시민참여는 성남시의료원 발전의 좌표가 되어야 하며, 공공의료의 토대가 되어야" 한다고 강조했다.

성남시민들이 주인의식을 가지고 만든 이 정책대회는 성남시의료원에 바라는 시민들의 의견을 모으는 시민참여형 행사였으며, 그 결과는 이후 성남시의료원과의 정책협약으로 이어졌다.

세 번째 공사 중단

지지부진한 공정

성남시의료원은 공사 현장에 '청렴 CCTV'를 달아 6월 27일부터 모든 공사 진행 과정의 청탁 차단에 나선다고 밝혔다. 방범 기능을 넘어 감시 기능으로 확대하는 것으로, CCTV를 공정거래의 도구로 활용하겠다는 의지였다. 건축·설비·전기·소방 공사 과정에서 이루어지는 담당 공무원과 업체 직원 간 사무 장면이 영상으로 기록되어 청탁 방지 효과와 함께 대형 관급공사 담당 공무원을 보호하는 순기능을 기대했다.

하지만 2017년 내 개원을 목표로 했음에도 12월까지도 공사 진행이 지지부진해 개원에 차질이 불가피해 보였다. 시민행동은 의료원 개원이 늦어지자 성명서를 내고 민선 6기, 즉 이재명 시장 재임

2016년 10월, 박근혜 대통령의 측근인 최순실 씨 등 민간인에 의한 국정농단 의혹이 제기되면서 민주노총 주도하에 민중 총궐기가 시작되었다. 11월 중순부터는 전국적으로 시민들의 참여가 확대되어 비상국면에 돌입했다. 주말마다 광화문을 중심으로 촛불집회가 이어졌고 12월 3일 제6차 대통령 탄핵 요구 집회는 대한민국 정부 수립 이래 사상 최대 규모라는 기록을 남겼다. 각 지역마다 평일에는 지역 촛불집회를 이어 나갔고 주말에는 서울 광화문에 집결하는 형식이었다. 수도권 외 지방에서는 전세버스를 대절해 광화문으로 집결했다. 전국의 모든 시민사회단체가 박근혜 대통령 탄핵과 정권 교체에 총집중했다.

시민행동도 박근혜탄핵 성남운동본부에 가입하여 전국적 움직임에 동참했다. 2017년 3월 10일 탄핵선고로 박근혜 대통령이 파면될 때까지 사실상 전국의 시민사회단체는 지역 현안과 당면 과제보다 탄핵운동에 더 치중했다고 할 수 있다. 정권교체는 이뤄 냈으나 겨울 내내 지역 현안은 우선순위에서 밀리는 한계가 어느 지역에서나 있었다. 이를 계기로 당시 여당이던 새누리당의 위세가 상당히 위축되었으며 각 지역마다 정치인들의 아슬아슬한 줄타기가 이어졌다. 새누리당은 2017년 2월 13일 자유한국당으로 이름을 바꾸며 박근혜 전 대통령과 선을 그었다.

중에 개원해야 한다고 주장했다. 또한 성남시청 공공의료정책과에 질의서를 보내 개원 시점을 문의했다. 2016년 말까지의 공정율은 30%에 불과했고 이재명 시장도 2017년 내 개원이 불가능하다고 공개적으로 답변했다.

시민행동은 준공이 늦어진 원인에 대해 성남시에 공개 질의했다. 성남시는 1. 시공사(울트라건설)의 법정관리, 2. 시민회관 철거 및 터파기 공사 설계 변경, 3. 설립 과정의 각종 민원과 소송*, 4. 의료법 시행규칙 개정과 의료법인 내 전문가의 공간 검토에 따른 변경 요구 등 네 가지 이유를 회신했다.

*성남시는 장례식장 위치에 관한 민원을 해결하고 발파 소음·진동에 대한 보상도 진행했다. 이후에도 장례식장의 장례 차량 진출입로 문제로 민원이 제기되었고, 진입 동선, 조경 생태율 관련 문제가 제기되었다.

의료원 예산 전액 삭감, 시의회의 발목 잡기

2017년 4월, 성남시의회는 성남시의료원 예산을 전액 삭감하기에 이르렀다. 2017년 4월 18일, 제228회 문화복지위원회에서는 공공의료정책과에서 제안한 다른 사업의 예산과 함께 올린 의료원 관련 예산을 시급하지 않다는 이유로 전액 삭감하고 3차 추경에서 재심의 후 결정하자고 주장했다. 조승연 의료원장과 성남시 공공의료정책과장은 계약이 진행 중이고 입찰을 해야 하기 때문에 미리 예산을 확보해야 한다고 주장했으나 시의원들은 어차피 개원도 미루어진 마당에 쓰지도 못할 돈 받아다가 어쩔 것이냐며, 입찰에 대한 기준과 의료장비구매위원회의 구성이 합리적인지 여부를 따졌다. 결국 문화복지위원회에서 전액 삭감이 결정되었고, 본회의에서 성남시는 예산 일부라도 확정해 주길 요청했으나 거절당했다.

2018년 4월 개원을 앞두고 있는 성남시의료원의 의료장비 구입비, 인력 용역비, 환자복 구입비 등 249억 원의 예산이 전액 삭감되면서 성남시의료원의 개원 여부가 불투명해진 것이다.

박근혜 전 대통형의 탄핵이 임박했을 때부터 정치권은 탄핵 후 정권 교체를 준비했다. 이재명 성남시장이 더불어민주당의 대선 후보 경선에 참여하면서 성남시의 시정은 대부분 정지되고 일상 사업만 유지되는 상황이었다. 2017년 5월 9일, 제19대 대통령 선거에서는 더불어민주당의 문재인 후보가 41%의 득표율로 당선되었다.

공사가 한창인데 시의회가 예산을 전액 삭감하자, 시민행동은 번번이 의료원 설립을 방해하는 시의회에 분노했다.

"다 된 일을 방해해도 정도껏이지. 이제 땅 파고 건물 올린다니 아예 정상적으로 개원을 못 하게 방해하는 거 아닙니까!!"

6월, 시민행동은 시의회의 다음 회기를 앞두고 김용진 공동대표를 시작으로 1인 시위를 시작하였다. 시의회에서 통과되어야 할 예산이 통과되지 못했다면, 특정 정당의 시의원들에게만 책임을 물을 것이 아니라 의회 전체에 공동책임이 있다는 것이 시민행동의 입장이었다. 시민행동은 예산안이 통과될 때까지 성남시의회 청사 앞 1인 시위, 기자회견 및 시의원 약속 받기 운동을 추진하고, 그래도 성사가 안 될 경우 공동행동에 돌입하기로 했다.

시민행동의 강력한 항의 이후, 6월 20일 시의회 상임위원회에서는 삭감된 예산 249억 원이 모두 통과됐다.

6월 29일 본회의를 앞두고 시민행동은 1인 시위를 계속 이어 갔다. 본회의에서는 추경안을 포함해 모두 통과되었다.

세 번째 공사 중단, 시공사 법정관리

2017년 10월, 성남시의료원 시공사인 삼환기업이 갑자기 법정관리에 들어갔다. 삼환기업은 2012년에도 기업회생절차를 신청한 바 있었다. 서울회생법원은 10월 12일, 회생절차 개시를 결정했다. 삼환기업의 법정관리 회생계획안 제출과 이후의 법원 인가까지는 6개월 정도가 걸릴 것으로 예상했으며 이에 따라 의료원 공사도 그만큼 연기될 수밖에 없었다.

2017년 지관근 시의원이 성남시의료원의 양한방협진시스템 도입을 제안하였다. 타 병원과의 차별성을 부각하기 위한 전략으로, 글로벌 경쟁력을 높이고 수익성 제고에도 기여할 것이라는 복안이었다

공사가 중단되자 시민행동은 10월 17일 긴급토론회를 열었다. 이 날 토론회에서 주 시공사인 울트라건설과 삼환기업의 연이은 법정관리로 인한 공사 중단 사태는 일괄입찰 즉 턴키방식의 계약 체결과 부실 건설사의 저가 낙찰에 따른 당연한 결과라는 의견이 있었다. 시민행동은 성남시와 성남시의료원의 무책임하고 안일한 대처에 대해 강도 높게 비판했다. 시민행동을 비롯한 각 시민단체는 '성남시의료원 공사 재개를 위한 시민대책위원회' 구성을 결의하고 다음과 같은 요구가 포함된 입장문을 냈다.

첫째, 성남시는 성남시의료원 공사 중단에 대한 상황을 100만 성남시민에게 사실대로 공개하라!

둘째, 성남시는 성남시의료원 공사 중단에 대해 성남시민에게 사과하라!

셋째, 성남시는 성남시의료원 공사 재개를 위한 특단의 대책을 마련하라!

넷째, 성남시의료원은 즉시 법인이사회 산하에 TF팀을 구성하라!

다섯째, 주 시공사 삼환기업은 성남시의료원 공사 재개를 위해 특단의 조치를 취하라!

긴급토론회에 이어, 시 집행부는 건설공제조합과 삼환기업을 하루에 모두 면담했다.

10월 24일, 시의회 문화복지위원회는 성남시의료원 건립 상황 보고회를 갖고 성남시로부터 삼환기업 법정관리로 인한 공사 중단 사태에 따른 공사 추진 현황 및 기업회생 절차에 따른 공사 재개 방법과 향후 대책을 들었다. 성남시는 법원에서 승인만 받으면 삼환기업이 공사를 계속할 수 있을 것이라고 낙관했다.

공사 재개를 위한 노력

시민행동은 공사 재개를 위한 시민대책위를 결성하고 성남시와 성남시의료원의 조속한 해결을 촉구하는 1인 시위를 이어 나갔다. 하지만 11월 초까지 별다른 변동이 없었다.

민중당* 성남시위원회는 11월 10일 성남시의료원 공사 중단 해결을 위해 초당적 연석회의를 제안했다. 의료원 공사 중단으로 주변 상인들과 세입자들의 생계가 위협받는다는 점, 공사 현장 노동자들의 임금체불 등의 문제를 거론했다. 민중당의 제안은 첫째, 이재명 성남시장은 성남시의료원 공사 중단에 대한 입장과 대책을 100만 성남시민에게 명확하게 밝힐 것, 둘째, 성남시와 제 정당 대표와 국회의원이 참여하는 연석회의 개최, 셋째, 공사 중단으로 발생하고 있는 민생 현안을 해결할 제 정당을 포함한 범시민대책기구 구성이었다.

또한 민중당 성남시위원회는 성남시의료원 공사 재개 촉구대회를 열어 정당연설회를 갖고 시민들에게 성남시의료원 설립 과정에 대한 회고를 털어놓기도 했다. 2004년 경찰에 연행되었던 김미라 전 시의원은, 13년이 지나 민중당 성남시위원장이 되어 마이크를 잡았다. 민중당은 성남시의회, 성남시, 국회의원들도 나서서 책임을 지자고 제안했다. 인근 상인들의 생계문제와 노동자들의 임금체불뿐 아니라 영세건설업체의 연쇄부도가 일어날 수 있고, 공사가 중단되었을 때 현장이 더 위험해진다는 것도 빠른 공사 재개 촉구의 이유였다.

시민행동이 주축이 되어 구성한 '성남시의료원 공사 재개를 위한 성남시민대책위원회'는 서울회생법원에 시민 496명의 서명이 담긴 탄원서를 제출하고, 삼환기업이 즉각 공사를 재개할 수 있도록 법원의 현명한 판결을 촉구한다고 전달했다.

*민중연합당과 새민중정당이 통합해 2017년 창당했다. 2014년 헌법재판소 판결에 의해 강제 해산된 통합진보당의 인사들이 다수 합류했다.

또한 삼환기업 본사로 찾아가 성남시의료원 공사 재개를 촉구했다. 삼환기업이 회생절차를 밟으면서 공사를 재개할 수 있도록 회생계획서를 제출하고 누락된 자료가 없도록 명확한 근거를 마련해 이 공사를 마치겠다는 강력한 의지를 보여 달라는 것이었다.

12월 11일, 서울회생법원은 삼환기업의 회생계획안을 받아들였고, 법정관리 이후 SM삼환기업으로 인수·합병되어 공사를 재개할 수 있었다. 민중당 성남시위원회는 성남시의료원 예산 663억 원을 시의회가 전액 통과시켜야 늦어진 성남시의료원 건립 공사를 빠르게 회복시킬 수 있을 거라 보고, 긴급 논평을 내어 시의회가 이번엔 꼼수를 부리지 말고 바로 예산안을 통과시키라고 압박했다.

12월 12일, 성남시 김태년 국회의원은 국비 60억 원을 확보했다고 밝혔다. 김태년 의원은 그간 의원들까지 나서 회생법원 앞에서 1인 시위를 펼치며 법원의 회생절차 인정을 촉구한 결과라고 알렸다. 그동안 성남시의료원 의료장비 구입비는 시비로 책정되었는데, 국비 60억 원을 확보했으나 개원이 늦어져 무엇을 구입해야 할지 결정을 못했다. 결국 이 예산은 반납 처리된 것으로 알려졌다.

시민행동과 성남시의료원의 정책협약

세 번의 공사 중단으로 성남시의료원의 개원이 2년이나 지연되었다. 2003년부터 의료원 설립운동을 벌여 온 시민들은 시민의 힘으로 만들어 낸 의료원이 진정한 시민의 병원으로 출발해야 한다는 의지를 굽히지 않았다.

2018년 1월 시민행동은 신년사를 통해 지난 성과를 평가하고 여섯 가지 주요 활동 실천을 선언했다.

첫째, 시민참여형 공공병원 모델을 만들어 가기 위한 시민위원회, 시민서포터즈, 시민봉사단, 시민정책모임 등 조직

둘째, 성남시의료원 사료 편찬 사업과 기록관 건립 및 민관 거버넌스 구축

셋째, 제10차 개정 헌법에 기본원리로서 '생명과 건강 존중의 원리'가 포함되고, 건강권 관련 조항이 명시되도록 노력

넷째, 공공의료아카데미 사업과 다양한 시민교육을 통한 시민의식 향상 및 시민회원 확대

다섯째, 2018년 지방선거에서 건강 공약을 제시하고 건강 정책을 이슈화하여 건강도시 성남 건설

여섯째, 전국에서 활동하는 시민주도형 공공병원 건립운동 단체들과 네트워크를 구성하여 공공병원 확충과 공공의료 확대의 토대 조성

시민행동과 성남시의료원의 정책협약식 (2018. 2. 9.)

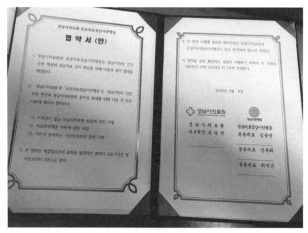

정책협약서

2018년 2월, 시민행동은 성남시의료원과 정책協約을 체결했다. 성남시민의 건강수준 향상과 성남시의료원의 공익성 증대를 목표로 한 이 협약에는 '비정규직 없는 성남시의료원 설립에 관한 사항', '의료취약계층 지원에 관한 사항', '시민이 참여하는 시민위원회에 관한 사항'이 들어 있었다. 공공병원으로 거듭나기 위한 정책을 제안할 수 있는 구조를 만든 것이다. 이 정책협약은 구체적 효력이 있는 것으로 체결일로부터 2년간의 유효기간을 두고 세부사항은 성남시의료원과 시민행동이 상호 합의하여 별도로 정했다.

정책협약에 이어 2월 23일에는 성남시의료원장과 시민사회단체 '시민거버넌스 발전 방안'을 주제로 간담회를 개최했다. 시민행동은 이 자리에서 시민위원

회 규정을 차기 이사회 안건으로 상정하고, 시민 조직 구성, 성남시의
료원 경영 정보의 투명 공개, 성남시의료원이 추진하는 정책에 시민
의견 반영, 성남시의료원 인사위원회에 시민참여 고려, 공공보건의
료사업단 인사채용 시 시민 누구나 지원할 수 있도록 검토, 시민이사
를 통한 시민위원회 구성안 상정을 논의했다.

시민위원회 구성 논의

성남시의료원 정관에는 "시민위원회를 설치해 시민참여를 보장"
하겠다고 명시되어 있다. 시민들의 자발적인 참여로 설립되는 의료
원인 만큼, 운영에도 시민들의 참여를 보장하겠다는 취지이다.

시민위원회 구성에 관한 시민행동의 제안

구성	• 시민위원 300명 내외 • 동별 시민위원회, 분야별 시민위원회, 직능기능별 시민위원회 운영 • 시민위원회 위원장은 시민이사가 담당 • 시민옴부즈맨, 시민자원봉사단, 시민건강기금모금단 구성 • 중장기적으로 조례로 설치
역할 및 권한	• 성남시의료원 이사장 자문기구 • 성남시의료원 기본계획 수립 참여 • 예산결산 심의 의결 참여 • 인사에 관한 심의 의결 참여 • 성남시의료원 운영에 관한 모든 자료 열람
활동	• 매년 공공의료 교육 4시간 의무 이수 • 월말 성남시민에게 홈페이지 등을 통해 활동 보고 • 연2회 시민위원회 활동보고대회(시민토론장)

애초 시민행동은 시민위원회를 300인*으로 구성하자고 제안하였
다. 장애인, 여성, 노인 등 취약계층에 특화한 위원회를 구성하여 성

*당시 대부분의 공공병원에서는 시민위원회나 시민참여위원회가 원장 자문기구로 되어 있었으며, 대개 20인 내외였다.

남시민들의 관심을 유도하고 참여를 확대하기 위해 인원수를 늘리는 것도 중요하다고 판단했다. 조승연 원장은 시민참여에 대해 동의했고, 시민위원회에 더 많은 권한을 부여하는 것에 대해서도 시민행동과 의견을 같이했다.

시민행동은 성남시의료원 조승연 원장과 두 번의 논의를 거쳐 시민위원회 구성에 대하여 다음과 같이 합의하였다.

1. 통상 20인이나, 30인으로 늘려 합의
2. 50%는 시민단체 추천, 50%는 공개 모집으로 선정
3. 기존의 권한 없고 형식적인 시민위원회와 다르게, 권한을 가진 위원회 구성
4. 시민옴부즈맨, 시민자원봉사단, 시민기금 조성 등을 세부 사업으로 추진

즉, 기존 공공병원 표준 운영 규정을 기본으로 하되 인원을 30명으로 확대하고, 정보 요구권과 원장 참석 의무화, 의결 사항 보고 등의 권한을 추가한 것이다. 다만, 시민행동은 사전에 공공의료 교육

"성남시의료원 정관"의 시민위원회 관련 규정

제정 2016. 5. 11. 규정 제1호
개정 2019. 8. 12. 규정 제17호
개정 2020. 4. 7. 규정 제28호

제4장 조직과 임무
제30조(시민위원회) 의료원 운영에 시민의 적극적 참여를 보장하기 위하여 시민위원회를 설치하고, 그 구성과 운영에 필요한 사항은 이사회의 의결로 따로 정한다.

을 이수하는 것으로 제안하였으나, 선임 후 교육하자는 의료원의 안 대로 결정되었다.

그런데, 실무 실행 협의 단계에서 성남시의료원이 특정 단체(시민행동)를 중심으로 협의하는 것은 형평에 맞지 않으며, 규정에 따라 절차를 추진해야 한다고 문제 제기를 하며 협의가 무산되었다.

시민행동은 성명서를 내고 2월 27일 성남시의료원 법인이사회에서 시민위원회 규정안을 제대로 논의하고 이 안을 통과시킬 것과 이사회 안건과 결과도 시민들에게 투명하게 공개할 것을 요구했으나 이루어지지 않았다.

이어 3월 29일에도 다시 성명서를 발표해 시민위원회 구성을 촉구하였다. 조승연 원장과 이사들 대부분이 시민위원회의 설치에는 동의했으나, 세부적인 부분에서 합의가 안 되었다.

5월 2일, 성남시의료원 이사회는 '성남시의료원 시민위원회 운영규정 제정(안)'을 원안대로 심의, 의결했다. 그러나 시민행동이 보기에 이 규정안에 따르면 시민이 실질적으로 참여하기보다는 들러리로 전락할 가능성이 높았다. 시민위원회의 기능, 구성, 운영 등의 규정이 만족스럽지 않았다.

시민행동이 제안한 '사업계획, 예결산에 대한 정보 요구 및 의견 제출', '의료원에 대한 시민감사', '의료원 노사관계에 대한 의견 제출', '공공의료사업에 대한 심의', '폐업 또는 해산 시 시민 의견 수렴 및 제시', '서비스(의료의 질, 환자권리 등)에 대한 평가 및 의견 제출', '이사회의 권한 행사를 보조, 감시, 의견 제시'에 관한 내용이 모두 삭제되었다. 시민행동은 5월 9일 성명서를 통해 아쉬운 부분을 가감 없이 공개하고 시민참여, 시민주도의 공공병원으로서 출범해야 한다는 주장을 다시 못 박았다.

이사회 내부의 극심한 갈등

조승연 원장의 병원 운영의 3가지 주요 과제 목표는 1. 입원환자 중심의 의료전달체계 시범사업 추진, 2. 직무급제* 도입, 3. 시민위원회 활성화였다.

이 3가지는 성남시의료원 이사회 내에서 갈등의 쟁점이 되었다.

첫 번째로 입원환자 중심의 병원 운영체계 제안에 관한 것이었다. 1기 이사회에서 조승연 원장은 이에 대하여 의견을 피력했다. 그러나, 다른 편에서는 외래진료도 입원환자만큼 중요하다는 의견을 내세웠다. 시민의 힘으로 만드는 공공의료의 거점이 된다는 것과 공공의료의 철학을 준수하는 병원을 만들자는 것에는 모두 동의하지만, 우선순위가 무엇인지에 대한 의견이 달랐던 것이다.

입원환자 중심의 체계를 주장하는 편은 공공병원이 가져가야 할 우선 가치라고 봤다. 현재의 병원 시스템은 의료전달체계가 사실상 붕괴되어 있으므로 성남시의료원에서는 공공병원의 이점을 활용해 기존에 없던 공공의료체계를 만들자는 의견이었다.

반대편은 입원환자에 치중하다 보면 외래진료에 소홀해지는데 외래진료에 소홀해지면 경영악화는 불 보듯 뻔한 일이고, 그러면 인건비 등 운영비용을 줄이고자 해고 또는 비정규직 양산으로 결국 노동자를 쥐어짤 것이라는 의견이었다. 따라서 먼저 질 높은 의료서비스를 제공할 수 있을 만큼 경영이 안정화될 때까지 입원환자 중심 체계를 도입할 필요는 없다고 주장했다.

두 번째는 직무급제 도입이었다.

7월 16일, 시민행동은 한국노동사회연구소 박용철 연구원을 초빙해 성남시의료원 직무급제에 관한 설명회를 가졌고, 7월 25일에는 임금체계에 대한 토론회를 개최했다.

토론회는 안팎으로 많은 주목을 받았다. 토론회 참가자들은 모두

*2017년 문재인 정부가 들어서면서 공공기관의 임금체계 방안의 지침으로 결정된 것이다. 임금체계에는 연공급, 직능급, 직무급이 있는데 호봉제와 같은 연공급은 근속연수에 따라 급여가 인상된다. 직능급은 성과연봉제를 대표로 들 수 있으며 학력, 연령, 이력, 근속연수 등에 따라 급여체계를 달리한다. 직무급제는 직무별 과업을 정리해 직무의 상대적 가치를 결정하고 조직 기여도에 따라 서열화한 뒤 등급별 임금을 책정하는 제도다.

토론회 직후 민주노총 산하 노조가 결성되었고 곧이어 한국노총 산하 노조도 결성되었다.

동일가치 동일임금을 추구하지만, 의료진 모두의 급여가 충분히 노동의 대가를 보상하는지에 대한 논의가 있었다. 직무급제 도입은 좋은 의견이나 섣불리 도입하기엔 창의적이고 세밀한 설계가 필요하다는 의견이었다.

의료원 측은 직무급제 도입으로 초임을 높게 책정해야 신규 채용이 원활하고, 적극적인 동기 부여로 공공병원 의료의 질 향상을 도모할 수 있다고 주장하였다. 그리고 대부분 외국에서 도입하고 있는 것이 현실이었다.

보건의료노조 측에서는 직무평가가 노동자 통제 수단이 될 것이라며 문제를 제기했다. 직무급제 도입에는 원론적으로 동의하나 그 시행 방법에서 노동자의 입장이 충분히 반영되어야 한다는 주장이었다.

이후 성남시의료원과 보건의료노조는 임금체계 협상을 지속하여 대부분 합의에 이르렀고, 시민단체와 노사가 공동 합의하도록 노력하기로 했다.

임금체계 구성은 노동조합과 시민단체, 성남시의료원 등 모두가 합의해야 하지만, 임금체계를 적용받는 당사자 의견이 가장 중시될 수밖에 없었다. 그간 운영된 호봉제 대신 새로운 직무급제를 적용하려면 수차례의 합의가 필요했다.

위 두 가지 사안은 1기 이사회에서 결정하지 못하고 2기 이사회로 넘어갔으나 결국 받아들여지지 않았다. 최종 결정권은 성남시에 있었으나 아무도 결정하지 못하면서 1기 이사회를 종료하였다.

이후 입원환자 중심의 병원 운영 시범사업 추진은 집권여당인 더불어민주당이 정책을 중단하면서 무산되었다. 직무급제 도입은 여러 차례 논의되었으나 통과되지 못하고 성남시의료원 개원 당시 호봉제를 기본으로 하는 급여체계가 수립되었다. 시민위원회에 대해서는 이사회 구성원 모두 총론에 동의하였으나, 구체적 운영과 시행 방안에 대한 합의가 미진하였다.

시민행동은 이사회의 결정 방법에 대해 이의를 제기하였다. 초대 이사진은 우리나라 공공의료계의 걸출한 인물들이 모두 모여 시민들의 기대가 컸다. 하지만 이들은 각 개인으로서 이사의 역할에 임한 것이 아니라 자기 분야를 대표할 수밖에 없었다. **총론에서는 대체적으로 동의하나 실행과 각론에서 의견이 일치되지 않았고, 내부의 원칙이 정확하게 정리되지 않았으며, 사안에 따라 첨예하게 대립하여 결론을 내지 못했다.**

성남시의료원 공사 현장 (2018. 3. 5.)

2017 공공의료정책대회 시민선언문

오늘 개최한 공공의료정책대회는 〈성남시의료원, 시민이 말하다〉의 슬로건으로 '2대 의제와 10대 과제'를 가지고 각각의 주제 테이블마다 다양한 의견을 내며 자유로운 토론을 하였습니다. 오늘 참여한 시민들은 10대에서 70대 이상까지 연령이 다양하며, 참가 소속도 일반시민, 시민단체, 보건의료 전문가, 대학생, 청년, 보건의료 관련 직종 등 다양한 직업과 활동을 하는 시민들이 참여를 했습니다.

공공의료정책대회 2대 의제 '시민이 만든 성남시의료원' '다같이 건강한 공공의료'와 10대 과제 '시민이 참여해서 결정하는 시민위원회' '비정규직 없는 성남시의료원' '적자없는 성남시의료원' '환자의 권리 보장' '성남시의료원에 바란다' '성남시의료원의 무상의료 정책' '성남시의료원의 공공적 가치' '아프기 전에 건강보장' '지역곳곳 보건소 활용방안' '의료소외계층에 대한 공공의료서비스'를 주제로 토론하고 의견을 모았습니다.

성남시 수정구 중원구의 의료공백을 해소하고 시민이 참여하는 시민을 위한 공공병원을 만들라는 시민의 요구가 13년째 이어지고 있습니다. 전국 최초로 주민발의조례 제정에 따라 추진되고 있는 성남시의료원 설립과 의료불평등 문제를 해소하고 시민건강권을 확보하기 위한 공공의료 실현은 시민이 주인으로 참여해야 시민을 위한 공공병원으로서의 역할을 다해 나갈 수 있습니다.

시민참여는 시민들의 건강을 지키고 지역공공의료 강화를 위한 기본 요건입니다.

시민의 건강권은 시민이 행복한 삶을 유지하고 사람답게 살아가는 가장 기본적인 권리입니다. 시민의 건강증진과 지역공공의료 강화는 시민이 주인 되게 지역보건의료체계 구성원으로 함께 참여해야 실현할 수 있습니다.

"시민참여" "돈보다 생명을" 이라는 구호는 의료공공성을 강화하기 위한 성남시의료원의 최소한의 가치이며 철학이어야 합니다. 공공의료정책대회는 시민들이 모여서 시민의 관점에서 성남시의료원과 공공의료 정책 대안을 토론·제시함으로써 명실상부한 공공의료의 건강도시로서 성남시가 우뚝 설 수 있는 우선 정책을 제시하고자 토론했습니다.

지난 메르스 사태는 대한민국 공공의료의 허약함을 그대로 보여 주었고, 공공병원인 진주의료원 폐업은 공공의료의 소중함을 전 국민들의 마음속에 심어 주었습니다.

의료영리화가 강력하게 추진되고, 공공의료기관의 수익성 추구 등이 강요되고 있는 현실에서 성남지역의 공공의료를 실현하는 방안 마련을 시민들이 모여 토론하고 제시하는 고견은 건강도시 성남을 만들어 가는 원동력이 될 것입니다.

오늘 공공의료정책대회를 계기로 성남지역의 공공의료 역량을 강화하고 시민참여 구축의 획기적인 전환점이 마련되어 공공의료의 건강도시로 성남시가 바로 설 수 있는 단초가 마련되었습니다. 더불어 시민의 힘으로 만들어 낸 성남시의료원은 시민참여를 시작으로 우리나라 공공병원의 모범으로 시민건강권을 키워 나가는 공공병원이 될 것입니다. 시민참여는 성남시의료원 발전의 좌표가 되어야 하며, 공공의료의 토대가 되어야 합니다.

오늘 공공의료정책대회에 참석한 시민들은 향후 시민참여를 통한 책임을 다할 것을 약속하며, 공공의료정책대회 주제별 토론을 통해 실천해 나갈 세부과제를 채택하였습니다.

공공의료정책대회 참석자 전원은 공공의료의 가치를 지키며 시민의 건강권 확보와 시민이 만든 성남시의료원을 시민이 주인인 공공병원으로 만드는 데 실질적으로 도움이 되도록 다음과 같이 채택한 정책을 실천해 나가겠습니다.

2017. 4. 9. 공공의료정책대회 참가자 일동

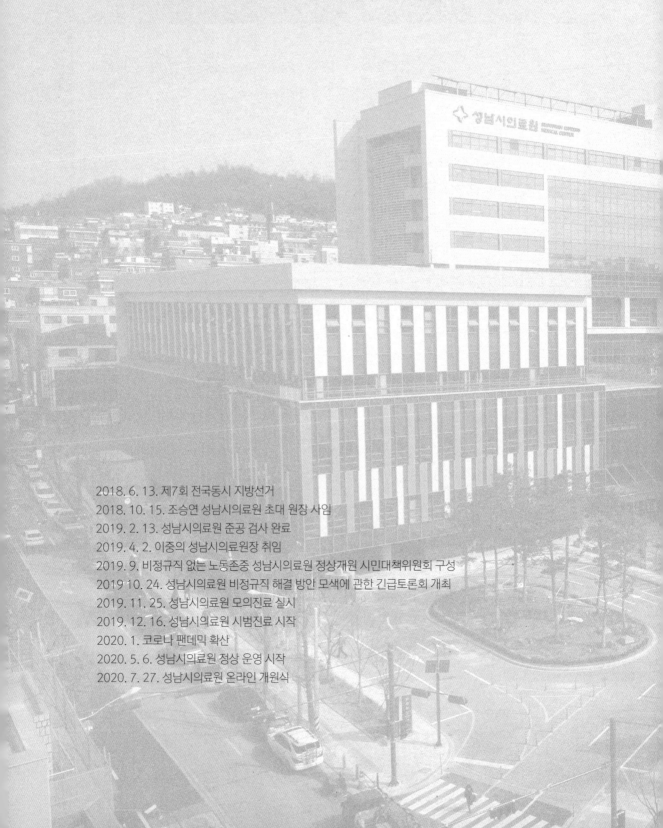

2018. 6. 13. 제7회 전국동시 지방선거
2018. 10. 15. 조승연 성남시의료원 초대 원장 사임
2019. 2. 13. 성남시의료원 준공 검사 완료
2019. 4. 2. 이중의 성남시의료원장 취임
2019. 9. 비정규직 없는 노동존중 성남시의료원 정상개원 시민대책위원회 구성
2019. 10. 24. 성남시의료원 비정규직 해결 방안 모색에 관한 긴급토론회 개최
2019. 11. 25. 성남시의료원 모의진료 실시
2019. 12. 16. 성남시의료원 시범진료 시작
2020. 1. 코로나 팬데믹 확산
2020. 5. 6. 성남시의료원 정상 운영 시작
2020. 7. 27. 성남시의료원 온라인 개원식

제9장

시민 중심 성남시의료원을 향해

2018 - 2021

성남시의료원 개원 알림 포스터

성남시의료원 공공성 후퇴 정책 철회 촉구 기자회견 (2018. 11. 20.)

성남시내 거리에 내걸린
성남시의료원 개원 축하 현수막

● 민선 7기 은수미 시장 취임 직후 성남시의료원 개원 준비는 큰 변화에 직면
하게 된다. 성남시의 성남시의료원 감사로 초대 원장은 사임하고 새로운 원장
이 취임한다. 성남시의료원은 수익성 논란, 지역거점 종합병원이냐 대학병원급
종합병원이냐 논쟁, 비정규직 채용 등으로 시민사회와 대립 양상이 지속된다.

성남시의료원은 진료 시작과 동시에 코로나19 확산으로 감염병전담병원으
로 지정되었고, 마침내 개원하였다.

민선 7기, 본격 개원 준비 ●

민선 7기 출범

2018년 전국동시 지방선거를 앞두고, 시민행동은 후보들의 정책 공약 중 공공의료정책 부분을 비교하였다.

시의원 후보들 중에서는 민중당 신옥희 후보가 가장 많은 보건의료 공약을 제시했다. 성남시의료원 설립운동에 앞장선 만큼 가장 이해도가 높은 것으로 평가되었다. 뒤이어 더불어민주당 윤창근·조정식 후보, 민중당 최성은 후보, 바른미래당 김정호 후보의 보건의료 공약은 정책의 방향성을 제시하고 있다고 평가했다.

시민행동의 김용진 공동대표는 "성남시의원 후보들의 보건의료 분야 공약의 실현 가능성을 평가할 수 있는 재정 계획과 연도별 추진 계획이 미흡하지만, 시민건강권과 안전에 대한 관심과 공약이 많다는 점에서 민선 7기 성남시의회의 의정활동이 기대된다."라고 언론에 밝혔다.

2017년 촛불혁명으로 정권이 교체되고 더불어민주당이 집권하였다. 이후 2018년 전국동시 지방선거에서도 더불어민주당이 전국적으로 압승을 거두었다. 이재명 전 성남시장은 경기도지사에 당선되었고, 국회 필리버스터에서 전 국민의 주목을 받은 은수미 전 국회의원이 더불어민주당 후보로 출마해 성남시장에 당선되었다.

2018년 전국동시 지방선거로 구성된 제8대 성남시의회

지역	더불어민주당	자유한국당	바른미래당
수정구	강상태 윤창근 김선임 신한호 유중진	남용삼 안광환 이상호 강신철	
중원구	고병용 선창선 박호근 마선식 임정미	안광림 안극수	
분당구	이준배 박경희 박문석 정 윤 최현백 김명수 조정식 최종성 유재호	박영애 박광순 정봉규 김영발 박은미	이기인
비례대표	서은경 최미경	김정희	한선미
인원수	21	12	2

시민행동은 성남시민 3000여 명을 대상으로 시민건강정책 20개를 제시한 후 '성남시 시민건강정책 5개를 선정해 달라'는 설문조사를 진행했다. 성남시민 213명이 문자와 온라인을 통해 응답한 결과를 발표했는데, '공공요양병원, 공공요양원 설립'(134명), '성남시의료원 내 시민조직 활성화'(79명), '주민건강증진에 좋은 환경 만들기'(76명), '취약계층, 임산부, 영유아 건강관리 지원'(75명), '성남시의료원과 보건소의 취약계층 방문진료 사업 실시'(65명) 순이었다.

2018년 7월 1일부터 은수미 성남시장의 임기가 시작되었다. 성남시의료원이 개원하지 못한 채 이재명 전 시장은 경기도지사로 자리를 옮겼다. 시민들은 이재명 시장 임기 중에 의료원이 개원하지 못해 아쉬웠지만, 같은 당 소속의 은수미 시장이 차질 없이 진행할 것이라 기대했다.

은수미 시장은 성남시의료원을 중심으로 보건소, 행정복지센터, 체력증진센터 등의 생활권역별 건강관리시스템을 곳곳에 마련하여 기초검사부터 진단치료, 건강관리까지 아우르는 '원스톱 건강 서비스'를 공약으로 내세웠다. 민선 7기 인수위원회* 활동 결과 총 155개의 공약 중 10대 핵심 공약을 중심으로 발표했다. 시민건강권 확대와 공공의료 실현 15대 공약도 포함되었다. 특히, 어린이 병원비 100만 원 상한제 공약은 10대 핵심 공약으로 발표되었다.

*시민행동의 김용진 공동대표가 인수위원으로 참여하였다.

새로운 성남시장과 성남시 인수위원회의 정책 발표에 대해 시민행동은 입장문을 내고 다음 네 가지를 중점적으로 주창했다.

- 성남시의료원 조기 완공 공약을 최우선 사업으로 이행
- 공공의료 실현 시 집행부 내 컨트롤타워 추진
- 어린이 병원비 100만 원 상한제, 건강도시 실천계획 수립 공약 이행을 위한 시민 협치 방안 마련

- 공공의료성남시민행동과 은수미 시장, 시민건강권 확대 5대 정책협약 추진 위해 TF 구성

은수미 시장의 취임과 성남시의료원의 변화

2018년 8월, 성남시 공공의료정책과 관계자는 시의회에 출석해 "국민들은 '공공의료원'을 시골의 의료 질이 떨어지는, 우중충하고 중요 질병에 대해서는 가고 싶지 않은 병원으로 인식한다. 성남시는 종합병원에 버금가는, 또 관내에 있는 차병원 같은 민간병원과 경쟁할 수 있는 병원으로 만들기 위해 준비하고 있다."라고 설명했다. 10여 년 전 이대엽 전 시장 재임 시절에 시 집행부가 시의회에서 수차례 주장하던 것과 꼭 닮은 꼴이었다.

성남시의료원의 역할과 기능을 두고 성남시와 시민행동이 대립하게 되었다. **성남시는 의료서비스의 질을 높여 경쟁력 있는 "대학병원급 종합병원"을 만들겠다는 것으로 방향을 틀었고, 시민행동은 처음 기획한 대로 "지역거점 2차 종합병원"으로서 지역 공공의료의 중심이 되길 바랐다.**

시민행동과 다수의 언론사가 입수한 자료에 따르면, 11월 7일에 있었던 '성남시의료원 이사회 워크숍' 문서**에 성남시의료원의 각종 수익사업 계획이 포함되어 있었다.

'수익증대 치료센터'와 '공공적 치료센터'를 구분하고, 의료관광을 위한 '외국인 진료센터'와 '암 전문 치료센터' 설치 계획도 있었다. "타 병원 암센터 틈새를 공략해 의료서비스 질을 향상하고, 진료수입을 증대"하겠다는 것이었다. '의료원 재정 안정화에 기여' 항목에는 '중증질환 진료체계 운영에 따른 진료수입 증가·암 전문 치료센터, 질환중심의 진료센터 운영 등'이 적혀 있었다.

**이 문서에서 반드시 짚어 봐야 할 것은 고용형태이다. 문서에는 '고용형태: 각 병원마다 인력운영(고용)의 형태와 방법이 복잡 다양하여 성남시의료원은 직원 고용형태를 정규직으로 단일화함'이라고 명시되어 있다.

성남시의료원의 '경영적차에 대한 경영효율화 방안'에서는 "재원 일수 단축으로 병상회전률 및 가동률을 최대화"한다는 계획을 밝혔다. 재원일수 단축은 환자 상태와 관계없이 의료원이 조기 퇴원을 유도한다는 것이다. 또한 '질 높은 건강검진센터'를 운영해 질병을 조기 발견한다는 계획도 있었는데, 이는 과잉진료 우려와 의료행위를 수익사업으로 본다는 비판을 면하기 어려웠다. 그 밖에 '수익성 높은 장례식장 효율적 운영', '환자 편의시설 등 부대사업 시행'도 있었다.

애초 성남시의료원은 서울의료원을 운영 모델로 삼아 설계해 왔다. 서울 중랑구와 성남 수정·중원구는 서민들이 다수 거주하는 지역으로, 공공의료 평가에서 상대적으로 좋은 평가를 받은 서울의료원을 모델로 삼은 것이다. 병상 규모도 600병상으로 성남시의료원과 규모가 비슷했다. 그러나 이 워크숍에서 운영 모델을 일산병원으로 변경한 것이 드러났다*. 경기도 고양시는 성남 수정·중원구보다 소득 수준이 높은 지역인 데다가 일산병원은 진료 수익이 높은 편인 병원이었다.

또한 워크숍 자료에는 개원 5년 후 연간 82억 원의 흑자 전환 계획이 포함되어 있었다. 은수미 시장 취임 이후 성남시의료원의 입원 수입을 1일 53만 원에서 58만 원으로, 외래수입을 7만 5000원에서 9만 4000원으로 대폭 상향한 것이었다. 1기 이사회에서 개원 5년 후 100억 원의 적자를 예상한 것과는 사뭇 다른 전망치였다. 당시 이재명 시장은 의료원 적자를 보전하기 위해 매년 공공의료 관련 예산을 조성할 계획이었다. 이 **흑자 전환 전략은 공공병원에 대한 과도한 추계였으며, 진료비 상승을 초래할 수 있었다.**

이 무렵, 성남시의료원의 갑상선암 전문센터 설립 계획이 지역사회에 알려졌다. 성남시의료원의 진료부 운영 방안 계획에는 지역에 필요한 의료지원이 명시되어 있었다. 수정·중원구는 지역주민의

*이 문서를 입수한 시민행동은 지역 주민을 외면하고 외부 환자를 유치하겠다는 의도가 아니냐고 비판했다. 성남시의료원을 주로 이용할 수정·중원구 주민들의 소득수준과 취약계층이 다수 거주하고 있는 것을 고려할 때, 일산병원을 모델로 삼을 수 없다.

60%가량이 월 소득 300만 원 이하의 서민층이며, 의료비 지출이 많은 노인 비율과 독거노인·장애인 등 의료급여 수급권자의 비율이 분당구보다 높았다. 또한 흡연율과 고위험 음주율도 분당구에 비해 월등히 높았으며, 사망률이 높고 2016년 기준 기대수명이 분당구에 비해 낮았다. 심장질환, 뇌혈관질환, 호흡기질환 사망률이 57%에 달하지만 관내 병원 이용률이 낮았으며, 자살율과 정신질환자 수, 당뇨병과 간질환 사망률이 높아 지역 내 뇌혈관센터, 심장질환센터, 소화질환센터 등의 전문 치료센터가 부족하다는 내용이 있었다. 그

은수미 성남시장은 2018년 11월 8일 팟캐스트 방송에 출연하여 '매년 100억 원 이상의 적자가 발생하는 의료원을 유지하려면 시민들을 설득할 근거가 필요하다'고 발언했다. 성남의 신도시와 원도심 간 건강 격차를 언급했으나, 공공의료와 의료서비스 두 가지를 한꺼번에 잡기는 어렵다면서 '현재 성남시의료원을 준비하는 사람들에게 강하게 이 부분을 당부하고 있다'고 강조했다.

사회자는 '적자가 발생해도 필요하다면 감당한다는 얘기'라고 에둘러 정리했지만, 시민행동은 '공공의료보다 6개월에서 1년 사이에 인정받는 의료서비스를 중요하게 보겠다'라는 발언이 의심스러웠다. 시민행동은 즉각 시장 면담을 요청했고, 수익성 논란을 항의하며 1년간 1인 시위를 진행했다. 이후 2018년 11월 30일 간담회가 성사되었다.

이 자리에서도 은수미 시장은 대학병원급의 의료서비스 수준이 중요하다고 주장했다. 은 시장은 서울의료원, 인천의료원 같은 수준의 병원으로는 환자가 올 수 없다며, 의료서비스의 질이 중요하다고 재차 강조했다. 시민행동은 지방자치단체가 운영하는 공공병원이라면 지역거점 2차병원으로서 공공의료의 소임을 다해야 한다고 반박했으나, 이날의 간담회는 의견 차를 좁히지 못하고 끝났다. 간담회에서 은수미 시장은 갑상선암 전문센터 설립, 민간대학병원과 모자협력병원 협약 체결 예정설은 완전히 사실무근이라고 부정했다.

이 간담회는 세간의 주목을 받았다. 성남시의료원 1기 이사이기도 한 박석운 녹색병원 상임이사는 《워커스》와의 인터뷰에서 "은수미 시장 취임 이후 시가 성남시의료원에 대한 콘셉트를 바꾸라고 지시한 것 같다. 대학병원, 대형 민간병원과 경쟁하겠다는 현재 계획은 옳지도 않고, 사이즈도 맞지 않다. 공공의료는 고난도, 고가 진료를 하는 것이 아니다. 성남시 주민들에게 빈번하게 나타나는 질환을 책임 있게 치료하는 데 목적이 있다. 지금 계획은 공공의료는 팽개치고, 고난도, 비급여 진료에 의존하겠다는 것이다. 성남시의료원은 소득수준이 중하층에 속한 주민에 맞게 운영돼야 한다."라고 말했다.

럼에도 이런 현실과 배치되는 갑상선암 전문센터 설립 계획이 나오자 성남의료원의 우선순위가 무엇인지 되물을 수밖에 없었다.

성남시의료원의 운영 방향이 수익성 증대로 바뀌었다는 것이 알려지면서 의료원 운영 방안에 대한 논란이 부각되었다.

초대 원장 사퇴와 신임 원장 임명

성남시에서는 성남시의료원에 대한 행정사무감사를 두 차례 실시했다.

1차 감사는 이재명 시장의 임기 말인 2017년 11월에 실시되었으나, 2차 감사 이후에야 이 사실이 알려졌다. 1차 감사 결과 보고서에는 성남시의료원 개원 준비 과정에 있었던 여러 비위 사건들이 적시되었고, 주요 핵심 간부 2인이 징계를 받아 해임되었다. 시민행동은 사건의 공개를 요구했으며, 이는 2018년 성남시의료원과의 정책협약으로 이어지게 되었다.

2차 감사는 은수미 시장의 취임 이후인 2018년 8월에 실시되었는데, 1차 감사 결과가 잘 이행되었는지 확인하는 것이었다. 그런데, 성남시의 감사 결과 발표 직후 조승연 원장이 사직서를 제출했고, 감사 보고서에 조 원장의 사임 권고가 있었다는 소문이 퍼졌다. 이미 1차 감사 이후에 조 원장은 사실상 직무를 수행하지 못하고 있었다.

시민행동은 원장의 사임으로 의료원 개원이 또다시 연기될 것을 우려하면서, 원장을 교체해야 할 만큼 성남시의료원에 명백한 부정행위가 있었다면 그 사유를 시민들에게 공개하라고 요구했다. 이를 확인하기 위해 성남시에 감사 결과 보고서 등 관련 자료 공개를 요청하였으나, 성남시는 끝내 공개하지 않았다.

시민운동으로 시작해 시민의 세금으로 만드는 의료원이라면 그

이후 시민행동은 정보 공개를 요구하며 경기도에 행정심판을 청구하고 행정소송을 제기하였다. 1심에서 일부 승소 판결을 받았으나, 2심에서 패소하였다.

인사 절차도 시민들에게 공개하는 것이 마땅한데도, 시민의 알 권리와 개원 과정 공개를 요청하는 시민행동의 요구는 묵살되었다. 조승연 원장 사퇴 후 성남시 환경보건국장이 직무를 대행하게 되었고, 12월이 되도록 개원이 불투명했다.

성남시는 2019년 1월 23일에 성남시의료원장 공개 모집 공고를 냈다. 2018년 10월 15일 초대 원장 사임 이후 100일이 지난 시점이었다. 의료원장 선임은 지방의료원법에 의거, 임원추천위원회를 구성하여 심의와 의결을 거친 뒤 성남시장에게 추천하면 성남시장이 임명하는 방식이다.

시민행동은 공공의료에 대한 투철한 철학과 공공병원의 경력이 우선되어야 한다는 성명서를 발표하고, 원장 선임 절차는 투명하고 공정할 것, 선임에 명확한 공공의료의 기준을 준비할 것을 요구했다. 시민행동에서 주장한 원장 선임의 기준은 다음과 같다.

첫째, 공공의료에 대한 투철한 철학을 가져야 한다.
둘째, 공공병원 운영 및 근무 경력이 높게 평가돼야 한다.
셋째, 현재 성남시의료원의 혼란한 조직을 정비하고 개원 준비를 빠르게 정비할 수 있는 능력이 있어야 한다.

또한 시민행동은 공공병원의 조건으로 필수의료와 정책의료의 수행, 적정진료와 표준진료의 제공, 양질 보장과 포괄적 의료서비스를 내세웠다. 민간병원들이 기피하는 방역사업과 방문보건사업*을 수행하고 지역의 거점 병원으로 거듭나야 한다는 것도 강조했다.

2019년 3월, 삼성서울병원 응급의학과에 근무했던 이중의 교수가 성남시의료원장으로 임명되었다. 시민행동은 이중의 원장이 과연 공공의료를 수행할 성남시의료원의 원장으로서 충분한 자격을

이때 모 대학병원장 출신이 내정되었다는 소문이 있었다. 시민행동은 당사자에게 전화로 확인하여 '준비하고 있다'는 답변을 받았고, 소문이 아닌 실제 상황이라는 것을 알게 되었다. 성남시의료원이 자체 운영이 아니라, 대학병원과 모자병원체제로 운영될 개연성이 커서 시민행동은 강력 반대하였다. 이 과정에서 갑상선암센터가 강조되기도 하였다.

*방문보건사업은 은수미 시장이 팟캐스트 방송에서 무척 부담스러운 정책이라고 언급한 바 있다.

갖추고 있는지 의문을 표하며, 국내 최초 상업화된 병원 출신의 원장 임명에 대한 아쉬움을 드러냈다*. 성남시민들이 설문조사에 답했던 이상적인 원장과도 거리가 있었다.

이뿐 아니라, 2019년 3월에 실시된 성남시의료원 채용에서도 문제가 불거졌다. 성남시의료원은 기획조정실장에 성남시 퇴직 공무원을 채용했는데, 이 자리는 병원의 경영 전반을 맡아보는 중요한 자리라 통상 의료진 출신이 맡게 된다는 것이다. 이전에도 성남시의료원의 공공의료기획단장에 퇴직 공무원이 채용되었다가 시의회에서 이를 지적하자 사직한 적이 있었다. 이번에도 논란이 생긴 지 얼마 지나지 않아 사직했다.

시민행동은 성남시의료원의 인사와 채용을 납득하기 어려웠다. 논란 속에 2019년 2월 13일 준공검사가 완료되었고, 3월 14일 사용승인을 얻었다. 의료원의 개원이 임박한 것이다.

2019년 4월 2일, 이중의 원장이 취임했다. 이 원장은 본인의 전문분야인 응급의료에서 경기 남부의 가장 신뢰받는 기관이 될 것이며, 공공의료 서비스에도 매진하겠다는 포부를 밝혔다. 시민행동은 더이상 문제를 제기하기보다는 원장을 비롯한 성남시의료원의 임직원과 함께 협력해 나가기로 방침을 정했다.

성남시의료원 2기 이사회 명단

이름	분야	이름	분야
이중의	성남시의료원장	정기연	지역보건의료계 추천
김은미	수정구보건소장(당연직)	이현배	비영리민간단체 추천
이근택	성남시 환경보건국장(당연직)	하동근	소비자단체 추천
최원호	성남시의료원 행정부원장	이경아	지역주민 대표
안태영	성남시의료원 의무부원장	신동은	성남시의회 추천
강철환	보건의료 전문가	윤기원	감사

해결되지 않은 과제들 ●━━━━━━━━━━━━━━━━━━━━━━━

성분명 처방과 수술실 CCTV 의무 설치

성남시의료원은 수익성 추구 논란과 2개 노조 양립으로 인한 갈등, 개원 준비 미흡 등 다양한 문제가 산적해 있었고, 개원까지 여전히 여러 가지 절차와 합의 사항이 남아 있었다.

그중 성분명 처방**은 의약분업 때부터 주장된 내용이다. 우리나라에서는 2007년과 2008년에 시범사업이 시행된 적이 있지만, 2019년까지도 합의되지 않았다. 약사회는 고가의 의약품을 특정할 필요가 없으며 약국에 지정 의약품이 없을 경우 동일한 성분의 의약품을 처방할 수 있어 환자에게 이득이라는 입장이었고, 의사회는 처방권 침해, 복제약에 대한 신뢰 부족을 이유로 들며 반대했다.

성남시의료원 설립이 가시화되면서, 2017년에 공공의료 분야 최초로 성분명 처방을 시행하자는 의견이 제시되었다. 2018년 성남시약사회는 언론 기고를 통해 성분명 처방을 주장했고, 시민행동을 비롯한 몇몇 단체가 성분명 처방에 대한 토론회도 개최하였으나, 이 부분은 크게 공론화되지 못했다.

한편 이재명 경기도지사가 경기도 내 병원의 수술실 CCTV 설치 의무화를 추진하면서, 성남에서는 민중당을 중심으로 성남시의료원에도 수술실 CCTV를 설치하자는 의견이 모아졌다. 경기도의료

**성분명 처방이란 의사가 환자에게 제품명이 아닌 성분명으로 의약품을 처방하면 약사가 그 성분의 의약품을 선택하여 조제하거나 제공하는 것이다.
현재까지도 성남시약사회와 시민행동은 간담회를 열어 성분명 처방에 대한 논의를 지속해 나가고 있다.

성분명 처방 관련 토론회 (2018. 9. 21.)

*2021년 8월 31일 국회 본회의에서 '수술실 CCTV 설치 의무화' 내용을 담은 "의료법 개정안"이 통과되어 2023년 9월 25일부터 시행될 예정이다.

원 산하 6개 병원은 모두 수술실 CCTV를 설치하고 있지만, 성남시의료원은 아직 명확한 방침이 없는 상태였다*.

비정규직 없는 성남시의료원은 어디로

성남시의료원 개원을 앞두고 가장 첨예하게 대립했던 것은 고용 문제이다. 2018년 11월 7일에 있었던 '성남시의료원 이사회 워크숍' 자료에는 "성남시의료원은 직원 고용형태를 정규직으로 단일화함"이라고 명시되어 있었다.

성남시의료원은 시민들의 참여와 헌신으로 이루어진 만큼 지역사회를 기반으로 공공의료의 거점이 되고, 더불어 노동권도 차별 없는 병원으로 만들어 나가자는 사회적 합의가 있었다. 2018년 2월에는 성남시의료원과 시민행동이 정책협약을 맺고 "비정규직 없는 성남시의료원"에 합의하기도 했다. 그런데, 성남시와 성남시의료원은 개원 준비가 미진한 조건에서 개원을 정상화하려면 비정규직 채용이 불가피하다며 태도를 바꾸었다. 2019년 7월, 보건의료노조가 먼저 규탄 성명을 내면서 노동인권 문제가 가시화되었다.

보건의료노조와 성남시의료원은 개원 준비 직원의 직급 부여 기준, 정규직과 비정규직 차별 없는 경력 환산, 비정규직 사용 제한, 조합원 가입 범위, 성과 연봉제 개선을 놓고 대립했다. 노조는 성남시의료원이 노사 합의한 부분까지 깼다고 비판했으며, 일방적인 직원 설명회를 가져 노조의 단체교섭권을 방해했다고 규탄했다. 또한 당시 성남시의 슬로건은 "노동존중 성남"이었는데 시 내부의 노동인권도 존중하지 않는 성남시가 무슨 노동존중을 하겠느냐고 질책했다.

보건의료노조가 주장하는 것은 설립 당시부터 합의되었던 내용이다. 특히 '비정규직 없는 병원'은 시민행동이 처음부터 주장했던

2017년 4월 공공의료정책대회에서 선정한 성남시의료원 3대 과제 가운데 시민들이 우선순위로 꼽은 것도 "비정규직 없는 성남시의료원"이었다.

성남시의료원의 복수노조 중 민주노총 보건의료노조 성남시의료원지부가 단체협약권을 확보하였다가, 이후 한국노총 산하 노조로 변경되었다.

내용으로, 의료원의 초대 이사회 구성 때에도 모두 합의되었다고 여겼다. 그 외 직무급제 도입에 대한 논의는 완결되지 않은 상태였다.

노조의 주장에 따르면, 7월 22일 성남시의료원은 1년여의 교섭 끝에 성사시킨 단체협약을 일방적으로 파기**했고 경기지방노동위원회의 권고 조정안도 거부했다. 성남시는 노조에 조합원 가입 범위를 인정할 수 없다고 밝히며, 고용안정은 교섭 대상이 아니라고 했다. 보건의료노조는 8월 27일 성명서를 발표하고 온오프라인 동시 서명운동을 시작하며 천막농성에 돌입했다.

**노사 잠정 합의가 단체협약 정식 체결 전날, 실무자 가서명 단계에서 파기되었다.

시민행동도 9월 4일, 비정규직 없는 공공병원 설립에 은수미 시장과 성남시가 적극 나서라며 기자회견을 가졌다. 시민행동은 성남시의료원이 단체협약의 사안을 뒤집고 경기지방노동위원회의 조정안마저 거부했으니, 전적으로 성남시의료원이 책임질 일이라며 강도 높게 비판했다. 9월 5일부터 시민행동은 성남시청 앞에서 1인 시위를 시작했고, 보건의료노조는 성남시의료원 앞에서 천막농성을 이어 갔다.

지방의료원법상 성남시의료원의 지도 관리는 성남시의 몫이며, 최종결정권자는 성남시장이다. 이중의 원장 취임 이후 갑자기 체제가 뒤집힌 것은 비정규직 없는 병원 설립에 반대하는 은수미 시장의 입장이 받아들여진 것이라 의심할 만한 지점이다.

이재명 전 시장의 재임 당시와 은수미 시장 취임 때만 해도 비정규직 없는 병원을 만들겠다고 공언했으며, 은수미 시장은 2017년 5월 2일 《매일노동뉴스》에서 '비정규직의 정규직 전환은 의지만 있으면 할 수 있다'고 언급한 바 있어, 시민행동의 실망은 더욱 컸다.

성남시의료원은 콜센터, 약무, 진료보조, 환자이송, 경비보안 등 9개 부서 238명을 외주 용역업체를

공공의료성남시민행동은 1인 시위를 이어 갔다.

시민행동과의 간담회에서 이중의 원장은 '은수미 시장은 25% 이내에서 비정규직 채용을 허용한다'고 이야기했다.

통해 고용한다고 밝혔다. 전체 고용인원(1100명)의 22%에 달하는 수치였다.

시민행동은 비정규직 없는 공공병원을 약속했던 애초 계획과 너무 멀어졌다고 비판했다.

성남시의료원은 언급한 9개 부서의 경우 개원까지 얼마 남지 않은 시점에 정규직 채용이 불가능하다고 했으나, 시민행동이 공개적으로 비판하던 시점은 2019년 9월이었고, 의료원의 개원 예정일은 2020년 3월이었다.

노동대책위 구성

시민행동과 성남시의료원은 조승연 초대 원장 재임 시절인 2018년 2월 9일에 의료원 운영에 관한 협약을 맺었다. 이 협약의 제2항에는 가. 비정규직 없는 성남시의료원 설립에 관한 사항, 나. 의료취약계층 지원에 관한 사항, 다. 시민이 참여하는 시민위원회에 관한 사항이 명시되어 있었다. 그런데 이중의 원장 취임 이후, 이 협약 사항은 아무것도 성사되지 않았고 논의조차 되지 않았다.

9월 19일, 성남지역 시민사회단체가 모여 '비정규직 없는 노동존중 성남시의료원 정상개원 시민대책위원회'(이하 노동대책위)를 구성하기로 했다. 노동대책위에는 공공의료성남시민행동, 성남여성의전화, 성남YWCA, 성남참여자치시민연대, 성남평화연대, 성남여성회, 푸른학교, 정의당, 노동당, 민중당 성남시위원회, 민주노총 성남광주하남지부, 전국보건의료산업노동조합이 연대하였다.

노동대책위는 성남시청 앞 1인 시위와 매주 목요일 촛불문화제를 열어 지역사회의 여론을 모으고, 비정규직 문제와 노사문제 해결을 위한 토론회를 개최하였다.

9월 30일에는 성남시 환경보건국장과 면담을 가졌다. 대책위원들이 바로 은 시장과의 면담을 요구하자 이를 막아서는 직원들과 실랑이가 벌어지기도 했다. 성남시에서는 환경보건국장과 공공의료정책과장, 정책비서관이 배석했고, 노동대책위에서는 최재철 성남동성당 신부와 백소영 보건의료노조 경기도본부장, 유미라 보건의료노조 성남시의료원지부 지부장, 신옥희 시민행동 공동대표, 양호영 정의당 성남지역위원회 위원장이 참석했다.

성남시의료원에 대한 성남시의 관리감독권 행사, 비정규직 채용, 노동조합 가입 범위에 대해 설전을 벌였으나 환경보건국장은 성남시의료원의 사정이 있었을 것이며, 시에서 성남시의료원의 모든 결정에 대해 문제를 제기할 수 없다며 선을 그었다. 또한 비정규직 채용은 안전하고 완벽한 성남시의료원 개원을 위한 고육지책에 지나지 않는다며, "은수미 시장이 임기 내에 정규직 전환할 예정"이니 안심하라고 노동대책위를 설득하기도 했다.

그러나 노동대책위는 개인 병원도 아닌 공공기관에서 노동위원회의 조정안을 받아들이지 않는 것을 이해할 수 없다고 반박했고, 청소반장과 조장도 임원으로 분류해 노조 가입이 불가하다는 항목은 대한민국 법에 위배되는 사항이라고 지적했다.

유미라 지부장은 지난 1년간 노사협약과정에서 이미 담당자가 4번이나 교체되었다며, 회의 때마다 의료원 측은 모든 사항이 녹음되니 믿어달라고 강조했으나 결국 2019년 7월 21일에 모든 합의를 뒤집은 꼴이라고 지적했다. 또한 노사협의에 실패한 것이 아니라, 아예 노사협약을 거부하고 있는 것이 문제라고 비판했다. 보건의료노조는 천막농성을 진행하면서도 개원 준비에 만전을 기하느라 실무자를 위한 지침서도 만들며 업무와 투쟁을 같이 하고 있는데, 병원 전체를 다룰 매뉴얼은 경영진이 만들어야 하지만 그조차 진행이 되지 않는다고도 했다.

비정규직 고용이 가져올 수 있는 위험

10월 10일, 성남시의료원은 나라장터 홈페이지에 '성남시의료원 환자 직원 급식 및 장례식장 식당 매점 운영 용역'을 공고하였다. 이 공고가 뜨자 비정규직 없는 성남시의료원을 주장했던 모든 연대단체들이 일제히 반박했다. 명실공히 노동문제 전문가로 불렸던 은수미 시장 지휘하의 성남시의료원은 개원 준비 과정에서 비정규직 없는 병원을 표방했음에도 불구하고, 영양식당, 콜센터, 보안, 청소미화, 약무보조, 진료보조, 환자이송 분야에 대한 비정규직 채용을 공식적으로 알린 것이다.

노동운동에 앞장섰다는 은수미 시장이 비정규칙 채용까지 직접 언급했다는 데 대해 노동대책위는 크게 실망했다. 전임 이재명 시장도 약속한 바 있고, 1기 이사회에서도 문건에 정규직으로 일원화한다고 명시한 바 있다. 은수미 시장 역시 2018년 10월 성남시의회 행정사무감사 결과 보고에서 비정규직 없는 병원을 만들겠다고 공언했다. 8월부터 천막농성과 1인 시위를 했던 노동대책위는 더 이상 참을 수 없었다.

노동대책위는 10월 14일에 청와대 앞에서 기자회견을 갖고 은수미 시장을 규탄했으며, 10월 18일에는 성남시 야탑역 광장에서 "비정규직 없는 성남시의료원! 노동존중을 통한 정상개원! 성남시민 촛불문화제"를 개최했다.

10월 24일 노동대책위가 개최한 '성남시의료원 비정규직 해결 방안 모색에 관한 긴급토론회'에서 발제자로 나선 이상윤 건강과대안 책임연구위원은 비정규직 고용이 병원 전체에 위험을 초래할 수 있다며, 정규직 고용의 필요성을 강조했다.

"현대사회에서 병원은 '병원이 병을 만든다'는 말에서도 볼 수 있듯이, 환자 치료만이 아니라 병원감염 등 환자들에게 해를 끼치지 않는 것도 매우 중요하게 생각해야 한다. 병원 수익성만을 목표로 인력 비용을 줄여 간접고용을 하려 한다면 환자들의 안전에 치명적인 위협을 끼칠 수 있다. 지난 1997년 IMF 이후 우리나라 병원에서도 비정규직을 고용하기 시작했는데 메르스 사태에서 나타났듯이 병원감염에 대한 1차 교두보는 청소 등의 병원 환경 관리인데, 이러한 중요한 업무를 맡고 있는 사람을 간접고용한다면 의사소통과 관련한 문제가 생길 수 있으며, 이는 결국 병원감염 관리 차원에서 문제를 만들어 1차 관문이 무너지게 되는 결과를 초래할 수 있다."

"환자들의 안전과 질 좋은 의료서비스를 유지하기 위해서는 이를 제공하는 노동자들의 건강이 매우 중요한데 간접고용 노동자의 경우 정규직 노동자들에 비해 건강이 좋지 않을 가능성이 매우 높다. 성남시의료원이 공공병원으로서 민간병원을 선도해 나가기 위해서라도 병원 노동자들을 직접고용해 질 좋은 의료서비스를 제공해야 한다."

11월 1일, 성남시의료원은 "긴급"으로 인력파견용역 공고를 냈다. 노동대책위는 성명서를 내어 "성남시의료원 운영 정관에 기능직, 보건직 등에 이미 정원이 명시되어 있는데 이를 무시하고 정규직이 아닌 인원을 뽑는다는 것은 정관 위반"이라고 지적했다. 정원에 관한 사항은 이사 과반수가 출석하여 2/3 이상의 찬성이 있어야 하는데, 정관을 개정하지 않고 비정규직을 채용한다면 이는 정관 위반이라는 것이다*.

노동대책위는 성명서에서 비정규직 파견용역계약의 경우 전문성이 부족해질 수 있다는 점, 병원 내 감염병 경로가 될 수 있다는 점을 지적했고, 용역의 경우 노무비와 경비 등 원가 외 관리비, 이윤, 부가가치세를 포함해 25%의 추가 재원이 소요된다며, 의료원이 주장하는 경비 절감 효과에 반박했다. 은수미 시장과의 면담 시도는 내내 불발되었으며, 성남시의료원도 노동대책위나 시민행동과 대화하려 하지 않았다.

노동대책위는 11월 5일에 성남시청 앞에서 다시 한번 기자회견을 갖고 성남시의료원, 노동조합, 시민대책위원회를 포함한 협의기구를 구성해 문제 해결에 나서 달라고 요구했다.

그러나 이와 같은 움직임에도 불구하고 성남시의료원은 교섭단

*2019년 7월 31일, 성남시의료원 이사회는 '직제규정 제정을 위한 정원 변경' 안을 원안 가결한 바 있다. 이 회의록은 회의일로부터 45일이 지난 9월 16일 지역거점공공병원 알리미 웹사이트에 게시되었다. 이 날 회의에서는 공공의료 기능 수행에 적합한 직제 구성안, 직원이 지켜야 할 의무 및 책임, 적절한 보상 등 합리적인 보수 기준, 임직원의 복리후생 사항도 모두 원안대로 가결되었다고만 적혀 있다. 이후에도 성남시의료원의 회의록은 대부분 '원안 가결'로만 명시되어 파악하기 어렵게 되어 있다.

체를 바꾸는 방법으로 보건의료노조와 노동대책위의 요구를 불식시키는 시도를 감행하였다. 노동조합법에 따라 교섭노조 결성 후 1년 동안 합의를 이루지 못하면 다시 교섭노조를 결정해야 하는데, 민주노총 산하 보건의료노조와 1년간 합의하지 못했으므로 한국노총을 교섭단체로 정해 재협상에 들어간다는 것이었다. 성남시의료원이 비정규직 고용 의지를 꺾지 않아 민주노총과 협상이 불가능해지자, 한국노총이 11월 12일 단체교섭을 요구했다. 민주노총 산하 보건의료노조는 19일에 교섭 참가를 요청했다*.

11월 20일 한국노총 성남시의료원지부는 성명을 발표해 노동대책위를 질타했다. 민주노총 보건의료노조는 이미 대표교섭권을 상실했으며 한국노총 산하 전국의료산업노동조합연맹 의료서비스노

*노조법에 따르면 한 사업장에 두 개의 노조가 있을 경우 개별 교섭이 가능하고 교섭창구를 단일화하지 않아도 된다.

2022년 2월 말까지 이어지고 있는 비정규직없는 성남시의료원 촉구 1인 시위

동조합이 임단협 요구를 진행해 관철시켰는데, 노동대책위가 개입해 민주노총과의 교섭을 추진하는 것은 노사문제에 이어 노노문제까지 일으키는 것이라고 주장했다. 보건의료노조는 노조법에 따라 11월 26일부터 개별교섭이 가능**하므로 사측은 자율적 단일화 기간 내에 개별교섭을 결정하라고 했다.

결국 민주노총은 교섭권을 상실하였고, 교섭단체는 한국노총으로 변경되었다. 성남시의료원의 비정규직 채용 계획은 그대로 진행되었다.

현재 성남시의료원은 1100명 중 22%가 비정규직으로 채용되어 운영 중이다. 2022년 2월 현재에도, 성남시청 앞에서는 비정규직의 정규직화를 요구하는 1인 시위가 이어지고 있다.

**1개 사업장에 노조가 2개 이상 존재할 경우 사측은 우선 단체교섭을 진행할 수 있으나 교섭요구 노동조합이 단일화되지 않으면 자율적 단일화 기간 내에 '개별교섭'을 결정할 수 있다. 개별교섭을 결정하면 교섭 창구 단일화 절차는 종료된다.

문재인 정부 들어 공공기관의 비정규직을 없애겠다는 대통령의 의지를 반영해, 국립암센터는 노사합의를 거쳐 465명을 정규직으로 전환하기도 했다.

성남시의료원 개원

시범진료 시작하다

2019년 11월 25일, 성남시의료원은 비정규직 채용 문제를 해결하지 못한 채 모의진료를 실시했다. 2013년 11월 14일 건립 공사 시작 이후 6년여 만에 공사를 마치고, 12월 16일 시범진료를 시작했다. 시범진료 당시 성남시의료원 개요는 다음과 같다.

• 성남시의료원 개요

• 위치 : 성남시 수정구 수정로 171번길 10(옛 시청 터)
※ 지하철 8호선 수진역 4번 출구(도보 16분 거리)
　　지하철 8호선 신흥역 3번 출구(도보 18분 거리)
• 규모 : 부지 24,711㎡, 연면적 85,233㎡(지하 4층, 지상 10층), 509병상
• 공사기간 : 2013. 11. 14.~2019. 02. 11.(건축 준공)
• 진료과목 : 5센터 24개 진료과, 종합병원
-센터(5) : 응급의료센터, 재활치료센터, 건강검진센터, 입원전담진료센터, 진료협력센터
-진료과(24) : 내과, 신경과, 정신건강의학과, 외과, 정형외과, 신경외과, 흉부외과, 성형외과, 마취통증의학과, 산부인과, 소아청소년과, 안과, 이비인후과, 피부과, 비뇨의학과, 영상의학과, 병리과, 진단검사의학과, 재활의학과, 가정의학과, 응급의학과, 치과, 직업환경의학과, 한의학과
• 장례식장(직영 운영)

시범진료를 위해 은행동·신흥동·태평동·금광동·상대원동·하대원동 등 원도심과 의료원을 연계하는 마을버스 노선과 시내버스 노선을 확충했다.

해를 넘겨 2020년이 되었다. 은수미 시장은 신년사를 통해 성남시의료원의 정식 개원을 예고하며 "그동안의 시민 여러분의 염원과 기대감 너무나 잘 알고 있습니다. 여러분의 자긍심이 될 수 있게 든든한 지원을 아끼지 않겠습니다."라고 말했다.

성남시의료원은 개원 준비에 박차를 가하고 있었다. 의료원 앞에는 2019년 말 임시 개원 때부터 약국거리가 형성되었다. 공석이 된 의무부원장과 지역주민 대표 자격의 이사를 공모하여, 3월 1일자로 안태영 전 서울아산병원 비뇨의학과 교수가 의무부원장으로 임명되었고, 지역주민 대표로는 이경아 소비자시민모임 대표가 선임되었다.

성남시는 60세 이상 취약계층 노인 대상 대상포진 무료예방접종, 중년 오십견, 갱년기 치료비 등을 조례 정비 후 지원한다고도 밝혔다. 지역 약사회는 성분명 처방에 대한 논의를 다시 시작했고, 성남시의료원을 통해 성분명 처방 도입 추진을 정비하자고 결의했다. 성남시의료원 설립 운동에 기여했던 김미희 전 국회의원과 민중당은 공공어린이재활병원 건립 추진에 박차를 가했다. 성남어린이재활병원도 주민발의조례 제정 운동을 추진하기 시작했다.

한편 시민행동은 미완의 과제인 성남시의료원 시민위원회 활동 및 추진, 성남시의료원 설립운동 역사 편찬, 총선 대비 시민건강 정책협약 및 시민건강 후보 선정, 공공의료 강화를 위한 조례 제정 활동과 성남시 시민건강분야 시정 모니터링을 2020년 목표로 삼았다. 2015년에 시작한 공공의료아카데미도 꾸준히 이어 갔다.

시민행동은 성남시의료원에 관한 2017년 특정감사 결과보고서와 2018년 복무감사 결과보고서에 대한 정보공개를 청구해 둔 상태였다. 2019년 5월 17일, 성남시가 정보공개 청구를 거부한 일이 있어 시민행동은 이에 대하여 정보공개거부처분취소 행정소송을 제기했고, 2020년 1월 31일 법원은 정보공개법 제9조 1항에서 규정하는 비공개 대상 정보에 해당하지 않는다며 감사 결과보고서를 공개하라고 판결했다.

코로나 팬데믹과 절반의 개원

성남시의료원은 2020년 3월 17일 정식 개원 예정이었다. 그러나 1월 말부터 신종코로나바이러스가 전 세계적 팬데믹으로 확산되며 성남시의료원 개원 행사가 무기한 연기되었다. 갑자기 들이닥친 코로나 사태에 성남시의료원이 미리 준비해 둔 음압병상 6개가 힘을 발휘해 눈길을 끌었다. 3월 20일에는 음압병상을 67실로 늘렸고, 이동형 음압기를 추가 설치하여 28기를 확보하였다.

코로나19로 개원 행사는 연기되었지만, 성남시의료원은 2020년 5월 6일부터 정상 운영을 시작했다*.

이후 코로나19 확진자가 전국적으로 감소 추세에 들어서자 7월 27일에 온라인 개원식이 예정되었다. 시민행동은 거리에 축하 현수막을 걸자는 캠페인을 전개했고 성남시 곳곳에 17년 만에 개원하는 시민의 병원, 성남시의료원의 축하 메시지가 걸렸다.

한편, 인하병원노조는 6월 11일 다시 현수막을 펼치고 성남시의료원 앞에 섰다. '18년간 성남시의료원 설립에 헌신한 인하병원 노동조합원 복직과 기념관 건립 요구' 기자회견이었다. 성남시의료원 1기 이사였던 김경자 민주노총 수석부위원장이 마이크를 잡았고, 오영선 보건의료노조 인하병원지부장이 1인 시위를 시작했다.

음압병상은 워낙 비용이 비싸고 그 활용도를 확신할 수 없어, 2015년 메르스 사태 이후에도 병원마다 설치를 주저하는 시설이었다. 코로나19 팬데믹을 맞아 성남시의료원의 음압병상은 미래를 내다본 시설로 평가받았다. 이는 운동본부의 치열한 활동의 결과물이었다.

*직원 중 감염자가 발생해 잠시 업무를 모두 중단하고 전 직원 전수검사를 실행한 뒤 전원 음성으로 밝혀져 5월 21일부터 다시 운영을 시작했다.

"우리가 고용승계 싸움만 한 게 아니라 지역에 의료공백이 생기니 같이 싸우자고 얘기했던 책임감이 있습니다. 그 책임감 때문에 성남시립병원 세워서 우리 고용도 해결하고 의료공백도 해결하자는 취지로 성남시립병원 설립운동을 해 왔습니다."

오영선 지부장도 인터뷰를 통해 분명히 밝혔다.

"인하병원노조는 해산한 적이 없어요. 우리는 계속 투쟁하고 있는 겁니다. 2003년 인하병원노조가 의료공백을 염두에 두고 복직투쟁을 포기한 건 아닙니다. 의료원이 건립되면 시민의 힘으로 만든 병원이기 때문에 인하노조가 의료원으로 원직 복직해야 한다고 생각해 왔어요. 저는 아직도 지부장입니다."

인하병원노조는 이날을 복직투쟁 선포로 봤고, 이후 1인 시위를 계속해 나가기로 했다.

2020년 12월 12일, 그간의 투쟁 기록과 인하병원노조 조합원들의 인터뷰를 모아 《돈보다 생명을 향해 달려온 사람들》이라는 책을 펴냈다. 9월에는 성남시의료원 설립 역사에 관한 온라인 토론회를 열었다. 이 토론회에는 이재명 경기도지사가 영상축전을 보내왔다.

시민이 빠진 개원식

코로나19 팬데믹으로 정식 개원이 연기되었던 성남시의료원은 확진자 발생이 주춤한 7월 말에 유튜브 등을 통해 문화공연, 전야제, 개원식과 뒤풀이까지 진행했다. 하지만 이 과정에서 성남시의료원의 설립 역사에 대한 조명은 빠졌다. 무려 17년간 투쟁해 온 시민운동의 주역들은 초대받지 못했고, 비정규직 문제는 해결되지 않은 상태였다. 인하병원 노동조합원들은 여전히 거리에 있었다.

주민발의조례로 지어진 성남시의료원의 역사, 공공병원으로서 공공의료 강화를 실천하는 비전과 철학은 감춰진 채 근사한 건물과 화려한 축제로 성남시의료원의 문을 열었다. 시민행동은 행사의 주빈으로 초대받지 못했고, 2003년의 인하병원 해고노동자들은 원직복직과 비정규직 없는 성남시의료원을 외치고 있었다. **설립운동의 주역들은 무대에 등장하지 못한 채, 은수미 시장과 의료원장은 유튜브 생중계를 통해 성남시의료원의 개원을 축하하고 비전을 선포했다.**

시민행동과 시립병원 설립운동을 같이해 온 시민들은 성남시의료원에 역사관을 만들어 시민들의 지난한 투쟁 과정을 기념하고 공유하고자 했으나 이 역시 성사되지 못했다.

보건의료노조는 개원식을 맞아 유감을 표명했다.

> "성남시의료원 개원을 진심으로 축하한다. 하지만, 성남시립병원 설립운동을 주도한 주체 중 하나인 인하병원지부 조합원들과 시립병원 설립운동의 역사와 의미가 배제되었다."

성남시의료원은 개원식을 앞두고 7월 13일에 이르러서야 제1기 시민위원회의 시민위원 모집공고를 냈다. 개원식 이후 두 달이 지난 9월 말, 20여 명의 일반분야 시민위원과 10명의 시민사회단체 분야 시민위원이 선발되었다*. 일반분야는 추첨을 통해 선발했고, 시민사회단체 분야는 신청 서류를 접수해 선발하였다.

*시민위원회는 운영 규정대로 30명 중 15명은 시민단체 추천으로, 15명은 공개 모집으로 선출되었다.

2020년 8월, 정부의 공공의대 설립과 의과대학 정원 증원에 대한 의료계의 반발로 의료계의 집단휴진이 예고되었으나 경기도는 행정명령을 통해 진료를 명했다. 8월 24일, 시민행동은 성남시의료원이 최대한 병상을 확보해 코로나 지역거점병원으로 지정되어야 한다고 주장했다. 성남시의료원은 코로나 팬데믹의 중심에서 계속 병상을 확충하며 감염병 최전방에 서게 되었다. 2021년 1월, 성남시의료원은 코로나19 거점전담병원으로 지정되어 140병상의 코로나환자 전용 병상을 확보하게 되었다.

2020년 성남시의료원은 정관을 수정해 기간제, 계약직 근로자에 관한 사항을 신설했다. 비정규직 없는 병원을 만들겠다는 이전의 약속을 없던 일로 만든 것이다. 이 정관은 2021년 7월까지 일부 개정되었으나 비정규직에 관한 사항은 변함이 없다. 현재 성남시의료원은 홈페이지를 통해 우수한 의료진 및 시스템, 스마트 의료기술 연구개발, 응급의료 중심의 공공의료모델, 지역사회통합 건강시스템, 장애물 없는 생활환경을 추구한다고 밝히고 있다.

성남시의료원이 나아갈 길

공공의료성남시민행동은 이제부터 성남시의료원이 공공의료의 역사를 쓰기 시작한다고 본다. 코로나19로 인해 공공의료와 보건에 관한 논란과 갈등이 현저히 줄어드는 긍정적 효과가 있었다. 기후변화와 생태계 변화로 인해 감염병은 더욱 확산될 것이라는 비관적 전망이 있다. 당장 한 번에 고칠 수 없는 것이 생태계의 변화와 전염병이라면, 생명을 지키는 최전선에서 공공의료가 어느 방향으로 나아가야 하는지 성남시의료원의 행보가 매우 중요하다. 성남시의료원이 우여곡절 끝에 개원을 앞두고 전 세계적 팬데믹까지 벌어지자, 성남시의료원이 마치 기구한 운명의 생명체처럼 느껴지기까지 했다. 하지만 준전시 상황인 팬데믹에서 성남시의료원의 역할이 더욱 빛나는 시간이 되었다. 긍정적으로 평가하자면 가치 있는 개원이었다고 자평할 수도 있을 것이다.

공공의료성남시민행동은 창립 때 밝힌 대로 성남시립병원설립운동본부에서 출발했다. 시민의 목소리는 시대에 따라 크기와 방향을 달리하여 유기적으로 움직이며 호흡을 가다듬었다. 사라진 적 없고 꺾인 적 없으며 지치지 않았다. 성남시의료원 설립운동의 주체들은 누구나 평등한 의료, 차별받지 않는 의료를 위해 달려왔다. 이들이 목적한 바는 시민의 건강권을 지키는 것이며 궁극적으로는 주권회복 운동이다.

성남시의료원은 이제 성남시 모두의 것이 되었다. 성남시의료원의 출발은 시민이었다. 그 과정도 시민의 뜻대로 움직여야 할 것이며 결과도 시민에게 남을 것이다.

시민행동의 바람대로, 성남시의료원은 지역거점 책임의료기관으로서 충실한 역할을 수행하고, 적극적인 공공보건의료 사업을 펼쳐내며, 시민참여형 공공병원의 모델이 되어야 한다.

2022년 3월 현재까지도 해결되지 않은 비정규직 문제는 성남시의료원의 설립을 염원한 시민들의 열망을 반영해야 할 것이다. 성남시의료원을 만들기 위해 애써 왔던 17년의 소망은 이제 전국으로 뻗어나가 곳곳에 뿌리를 내릴 것이다. 성남시의료원은 하나의 상징이다. 17년간의 공공병원 설립운동은 이제 더 넓은 세상을 향해 행동할 준비가 되었다.

에필로그

집필을 마감하며

　2003년 수정구, 중원구 의료공백 사태부터 2020년 개원까지 성남시의료원 설립에 18년의 세월이 걸린 만큼《성남시의료원 설립운동사》출간도 2018년 공공의료성남시민행동 총회 의결부터 2022년 출판까지 4년의 시간이 걸렸다. 시민건강권 확보를 위한 인하·성남병원 폐업 범시민대책위원회(2003년), 성남시립병원설립 범시민추진위원회(2003년), 의료공백해결을위한 성남시립병원설립운동본부(2005년), 공공의료성남시민행동(2015년)으로 이어져 온 성남시의료원 설립 시민운동체에게 성남시의료원 역사 편찬 사업은 병원 건립만큼 중요한 역사적 과제였고, 함께했던 시민들에게 노고와 성취를 되돌려주는 과업이었다.

　책 출간을 담당했던 역사편찬위원회(10인) 공동 작업으로 회의만 30여 회가 넘었으며 원고부터 최종 완성본까지 다섯 번의 재검토를 거쳤다. 1번의 좌담회, 3번의 집담회, 10명의 인터뷰, 4명의 공공의료 제언 기고, 2명의 추천사, 20명의 축사 등 우리의 요청에 흔쾌하게 응해 준 모든 분들에게 감사의 인사를 드리고 싶다. 최대한 사실에 근거해서 자료를 찾아 있는 그대로 기술하려고 노력했다. 만일, 책 내용에서 오류가 있거나 다 기술되지 못한 것이 있다면 우리의 부족함과 게으름으로 인한 것이니 너그러이 양해를 바란다.

성남시의료원에 대해 다시 생각해 본다

　아는 만큼 보이고, 아는 만큼 애정이 가기 마련이다. 집필 과정에서 우리 역시 성남시의료원에 대해 더 많이 알게 되었다. 사람을 이만큼 알아 가려고 했다면 손잡지 못할 사람이 없을 것 같다. 성남시의료원에 담긴 시민들의 간절한 바람, 바람만큼 컸던 절망, 하지만 포기하지 않고 더 크게 나아가 결국 승리하고 쟁취한 성남시의료원 시민 승리의 역사를 우리는 가슴 뜨겁게 간직하게 되었다. 이 위대한 역사를 몇몇 사람들의 기억에만 남겨 두지 않고 많은 이들에게 승리와 자부심으로 남겨 줄 수 있게 되어 우리 역시 자랑스럽게 생각한다.

성남시의료원은 또 다른 공공병원을 일으켜 세울 것이다

성남시의료원 건립은 대전, 울산, 화성, 광주, 대구 등 여러 지역에 '우리 지역에도 공공병원을 지어 보자'는 용기를 주었다고 한다. 성남의 더없는 보람이고 자긍심이다. 빗길에 첫 발을 내딛기는 조심스럽지만 한번 나아가면 내달려 가게 마련이다. 여러 지역에 성남시의료원과 같은 주민을 위한 공공병원들이 우후죽순 생겨나길 우리는 바란다. 17개 광역과 226개 기초 지방자치단체마다 공공병원이 빠짐없이 건립되어 공공의료가 전 국민의 든든한 주치의가 되는 나라를 우리는 바란다. 시민이 건립한 공공병원, 성남시의료원이 있는 한 한국 공공의료는 시민들과 함께 강화되고 확충될 것이다.

공공의료, 우리의 미래

성남시의료원이 끊임없는 반대와 왜곡 속에서도 시민의 힘으로 수없는 난관을 뚫고 건립되었듯이, 우리나라의 공공의료는 매우 취약하지만 전 국민의 공공의료 확대 요구는 우리나라 공공의료를 더욱 확대, 강화할 것이라고 생각한다. 공공병원이 의료취약계층에 국한하지 않고, 지역주민 전체를 대상으로 치료뿐만 아니라 돌보고 보듬어 주는 어머니와 같은 존재로 늘 우리 곁에 있기를 간절히 소망한다.

공공의료성남시민행동

부록

좌담회

- 주제: 성남시의료원 건립의 사회적 의의
- 일시: 2019년 8월 31일 토요일
- 참가: 정백근(경상대학교 의과대학 예방의학교실 교수),
    나영명(전국보건의료산업노동조합 기획실장),
    김용진(공공의료성남시민행동 공동대표),
    나백주(서울시 시민건강국장),
    원용철(공공병원설립운동연대 상임대표)
- 진행: 박재만(공공의료성남시민행동 사무처장)

박재만: 무더운 여름 날씨에 오늘 좌담회에 참석해 주셔서 고맙습니다. 지금으로부터 16년전, 2003년부터 시작된 성남시민들의 성남시립병원 설립운동이 내년 봄 성남시의료원 개원을 앞두고 있습니다. 공공의료성남시민행동은 시민의 입장에서 성남시의료원 설립 과정을 기록하는 작업을 진행 중에 있습니다. 그 일환으로 오늘, '성남시의료원 건립의 사회적 의의'를 주제로 좌담회를 개최하게 되었습니다.

정백근: 경상대 의과대학에서 예방의학을 가르치고 있는 정백근입니다. 지금 서부 영남에서도 공공병원 설립운동을 하고 있는데, 성남시의료원이 좋은 사례로서 활용되고 있고, 경남에서도 성남시의료원의 투쟁 과정을 중요한 텍스트로 생각하고 있습니다. 건립 과정을 역사적으로 기록하는 이번 좌담회에 참여하게 되어 기쁘게 생각합니다.

나영명: 반갑습니다. 2003년부터 16년간 저희는 성남시의료원 건립 운동의 한 주축으로서 개원을 앞두고 있는 걸 영광스럽게 생각하고 이 운동의 성공이 우리나라 공공의료운동에서는 정말 역사적인 의미를 갖는다고 생각합니다. 그런 차원에서 이 좌담회가 굉장히 뜻깊다고 생각합니다.

김용진: 저는 성남에서 1998년부터 살아왔고 아내도 성남에서 어릴 때부터 살아서 인연을 맺게 됐어요. 치과의원을 2001년 개원했는데 개원 얼마 후 인하병원과 성남병원이 폐원을 했죠. 인하병원은 제 처남도 입원했었고 처가 쪽 사람들이 거기서 애도 낳고 장기 입원을 하기도 했고 저도 그쪽에 환자 의뢰하기도 했는데 없어지는 사태를 겪고서 처음에는 가끔 집회만 참석하는 정도로 지내다가 지금은 단체 공동대표까지 맡게 돼서 16년, 17년 동안 해 오고 있네요. 성남시의료원 건물을 보면 아직도 두근두근하고요. 개원이 안 되고 있는 걸 보면 조마조마하고 그렇습니다.

하다 보니 이게 상당히 의미 있는 일이고 우리나라 공공의료 역사에서 상당히 중차대한 일이고, 성남시민한테는 어떻게 보면 생명과 건강권에 관련된 일이기 때문에 끝까지 포기하지 않고 계속해야 되겠다는 생각을 저희 회원들과 같이 하고 있습니다. 오늘 좌담회가 그런 의미들을 정리하는 좋은 자리가 되었으면 합니다.

원용철 : 공공의료, 보건의료운동은 십몇 년 해 보니까 전문적인 일인 것 같습니다. 저는 목사라서 공공의료와 약간 거리가 있는데, 나백주 국장님하고 대전에서 시립의료원 설립운동한 시간이 27년쯤 됐더라고요. 우리나라 의료체계가 얼마나 깡패 같고 왜곡됐냐면, 제가 1999년도 IMF 이후에 대전에서 대전충남인의협, 건치, 보건의료단체에 제안해서 조그맣게 무료진료소를 만들었는데 우리 사회 의료가 이렇게까지 왜곡됐고 많은 사람들이 치료도 못 받는 일이 이렇게 많은가 뼈저리게 느꼈어요. 처음에는 인의협이 중심이 돼서 우선은 무료진료소가 치료받지 못하는 사람들 치료해 주고 나머지 부분은 전문가들이 역할을 해 주면 좋겠다고 생각했는데, 어찌어찌해서 시간이 흐르면서 제가 무슨 공공의료 활동가처럼 활동한 게 20년이 흘러왔네요. 어쨌든 대전은 지금 마지막 문턱을 넘기 직전인데 참 어렵습니다. 우리가 처음 대전에 공공병원 설립운동을 시작할 때 가장 먼저 본 게 성남이었어요. 성남 와서 어떻게 진행되는지 배우고 따라 하기를 참 많이 했는데 우리 김용진 대표님은 건물만 봐도 어떻다고 하시는데 저는 건물 하나라도 지어지기를 바라고 있습니다.

박재만 : 오늘은 네 가지 주제로 진행해 보고자 합니다. 첫 주제로 성남시의료원에서 빼놓을 수없는 얘기가 전국 최초로 주민들이 주체로 나서서 공공병원 설립운동을 추진해서 성공했다는 것입니다. 이것이 가장 큰 주제일 것 같습니다.
2003년과 2005년 두 번에 걸친 주민발의 조례안이 상정되어 결국 2006년 성남시의회에서 조례로 제정되었는데, 2011년에 이 주민발의조례가 폐지돼요. 당시 한나라당 시의원들이 주축이 되어 기존의 주민발의조례를 폐기하고 새로운 조례를 상정, 의결하게 돼요. 조례제정운동 당시 얘기를 들어 보고 싶은데요. 당시 많은 분들이 고생했지만 특히 120여 명의 인하병원노조 조합원들이 병원 폐업으로 거리에서 공공의료운동을 하셨더라고요. 조합원들이 어떻게 활동했는지 이야기해 주시면 좋겠습니다.

나영명 : 조합원 입장에서는 병원이 폐업되었으니까 생존권의 문제죠. 당장에는 폐업반대, 고용보장, 고용승계를 목표로 싸웠는데, 사실 그때 당시 인하병원하고 성남병원, 2개의 종합병원이 거의 동시에 폐업되다 보니까 수정구, 중원구 이쪽에서는 엄청난 의료공백이 발생한 거죠. 이게 운동 성격상 노동조합 입장에서는 고용문제, 병원 재가동 문제이지만,

의료라는 게 조합원들만의 문제가 아니잖아요. 지역 시민들의 문제다 보니까 의료공백 문제를 어떻게 해결할 것이냐, 이 두 가지 문제가 결합이 된 거죠. 그러다 보니까 폐업병원을 다시 복구시키는 것과 관련해서 어떤 방식으로 할 거냐 하는데, 사실 방지거병원 공공병원화도 해 봤고, 목포가톨릭병원도 해 봤지만 폐업병원을 원상복구 하는 게 쉽지 않은 거죠. 그래서 방법상 여러 방식으로 고민도 하고, 폐업반대, 철회 이렇게 해 봤지만 쉽지 않다, 그런 거라면 차라리 공공병원을 만들자 이렇게 접근하게 된 거죠. 그러다 보니까 조합원의 고용승계 문제, 병원이 없어짐으로 인한 의료공백 사태 이 두 가지가 중첩되어 노동자의 문제이면서 이건 또 지역주민의 문제이다, 그래서 노동자와 시민이 뭉쳐서 같이 활동을 하게 된 거죠. 그 중심에서 직장을 잃은 조합원들은 그야말로 사활을 걸고 활동했죠. 사실은 준비되지 않은 활동가들이었죠. 전문성도 없고 시민운동을 해 본 경험도 없고. 그랬지만 어쨌든 이 문제를 나의 문제, 지역의 문제로 접근하기로 한 거죠. 환자를 돌보겠다는 열성을 갖고 지역주민을 만나서 발로 뛰면서 서명 받고 일일이 다가가 설명하고 한 거죠.

원용철: 제가 대전시립병원 설립운동 시작할 때 관심 갖고 본 게 성남의 주민발의조례였어요. 사실 조례는 다 만들어져요. 대전도 2년 전에 시의원 발의로 조례가 통과되었지만 그렇게 만들어진 조례는 힘이 없어요. 대전도 성남처럼 주민이 직접 나서서 주민발의조례 제정 운동을 하려고 했는데 600명도 못 받았죠. 전체 유권자의 2% 이상을 받아야 되더라고요. 나영명 실장님 말씀대로 성남시가 공공의료에서 하나의 획기적인, 독보적인 운동의 성과를 냈던 거는 맞다고 봐요.

우리나라 공공의료를 얘기할 때 가장 큰 난제가 병원이 너무 많다는 거예요. 대전만 해도 병상수 과잉 지역입니다. 시민들조차도 병원이 많아서 충분한 의료서비스를 받고 있고, 그다지 불편하지 않은데 굳이 1500억, 2000억 원 들여서 공공병원 만드는 게 필요한지 쉽게 공감하기 어려워요. 또 하나는 민간병원의 공공성을 강화하자는 주장이에요. 원래 모든 의료법인은 공공성을 띠고 있는데 굳이 공공병원을 늘릴 이유가 있느냐는 거죠. 이 부분을 짚어 줘야 공공병원 설립에 사회적 공감대가 형성될 거라고 생각해요.

나백주: 병상수가 많아서 공공병원 못 짓겠다는 얘기는 대중교통이 부실한 미국 같은 경우에 웬

만한 사람들이 다 차가 있는데 굳이 대중교통이 필요하냐는 논리인데, 실제로 대중교통이 없어서 이동의 자유가 없는 사람도 있는 것처럼 건강할 권리가 있는데 병상수 논리로 공공병원이 필요 없다는 건 어불성설이라 생각해요. 성남시의료원 설립운동에서 가장 중요한 부분은 지역사회, 정부, 지자체가 시민 건강에 대해서 자기의 역량과 의무를 깨닫고 그것을 위해서 일을 해야 된다는 점을 각인한 데 의미가 있는 것 같아요.

정백근: 서부경남 공공의료와 비교를 했을 때, 성남시의료원은 사회권력이 주체가 돼서 병원을 설립했다는 점이 중요하다고 생각해요. 서부경남 공공의료는 실패했다고 보는데 그 운동의 시작과 지금까지의 과정을 보면 사회권력을 주체로 만들지 못한 거예요. 선거 공간에서 정치권력에 기댄 거예요. 김경수 경남도지사에 의존해서 도지사와 공무원이 진행을 안 하면 그걸 강제할 수 있는 시민사회 주체가 없는 거죠. 저는 대전의료원도 그런 비슷한 관계가 있다고 생각해요. 저는 이 부분에서 중요한 건 결국 공공병원 설립을 현실화시키는 건 정치권력도, 경제권력도 아니고 사회권력이라고 생각해요. 사회권력이 주체가 되지 않은 상태에서는 공공의료에 대한 우경화 경향들, 그리고 민간경영의 우위, 이런 것들을 돌파하기가 굉장히 힘들다고 생각해요. 성남시의료원 설립 과정에 많은 어려움이 있었지만 사회권력이 그것을 구현해 낸 실천적인 역사로 조명될 것이라고 생각합니다.

박재만: 의료공백 사태가 벌어지고 주민들이 지방정부와 시의회를 추동하고 직접 설립에 나서서 주체가 되었다는 게 의미가 있는 거 같습니다. 성남시의료원 설립 과정은 건강권과 민주주의를 결합시킨 모범적인 사례라는 데 의미가 있다고 보입니다. 성남시의료원 말고 다른 사례가 있을까요?

김용진: 의료복지사회적협동조합이 공공병원은 아니지만 주민들 스스로 자신의 건강문제를 해결하기 위해 조합원으로서 교육사업도 하고 지역주민들이 함께 커뮤니티케어를 만들어가고, 이 모든 과정이 건강권과 민주주의의 결합이라고 생각하거든요. 이렇게 지역의 건강문제와 민주주의가 결합되면 지역사회 건강운동을 만드는 데 중요한 힘이 될 거라고 생각합니다. 또 성남시의료원도 기존의 공공병원과 다른, 주민참여형 모델, 지역주민들

이 건강운동 내지 건강 행태, 건강사회의 주체가 되면 좀 더 발전된 형태의 참여형 공공의료가 될 듯합니다.

나백주: 저는 보건의료운동에서 시민사회운동으로 좀 더 확장시키는 거라고 봐요. 보건의료노조가 의료의 공공성을 강조하지만 실제로 시민들에게 설득력이 없거든요. 보건의료가 사실 너무나 전문적인 영역이라서 들어도 이해가 안 되고 시민사회에 접근하기 쉽지 않은데 성남시의료원 설립운동은 그런 보건의료의 전문적인 영역, 일반과 괴리된 언어들을 일반화시킬 수 있는 좋은 기회였다. 비록 완성되진 않았지만 보건의료운동의 확장, 전기, 앞으로 많은 숙제도 갖고 있다 이런 생각이 듭니다.

나영명: 성남시의료원 설립에서 특징적인 3가지 측면이 있는데, 첫째, 주체적인 측면에서 관이 주도하지 않고 노조와 시민이 주체가 되었다는 점입니다. 둘째, 방식과 관련해서는 주민발의조례 제정 운동이죠. 열린 지자체에 주민이 참여할 수 있는 가장 적극적인 방식인 거죠. 시민들이 모금하는 방식이 아니고 시민들의 세금을 시민들의 건강을 위해서 써라 이런 운동 방식을 썼다는 것이죠. 셋째, 동력과 관련해서 관이 알아서 예산 만들어서 하라고 하지 않고 끊임없이 요구하고 관철하는 과정을 통해 시민운동의 동력을 이끌어 냈다는 점이에요. 주체, 방식, 동력 이 3가지 측면에서 그야말로 독보적인 성공 사례다, 이렇게 말씀드릴 수 있습니다.

정백근: 시민사회권력이 성남시의료원 설립을 가능하게 했다고 했을 때 건강권이나 민주주의는 추상적인 이야기이고, 설립운동이 성남시민들의 고통과 맞아떨어졌다고 생각합니다. 공공병원 설립이 나의 고통을 해결해 주지 않는다면 공공병원이 중요하다고 생각할 리가 없다고 보거든요. 운동을 추진하는 사람들은 시민들에게 어떤 고통을 해결해 줄 수 있다는 믿음을 주었는지 되돌아볼 필요가 있어요. 시민들은 그런 믿음이 있을 때 동참한다고 생각하고 이게 되면 좋으니까 스스로 주체가 된 거라 생각해요. 많은 공공의료정책이나 공공의료운동은 앞으로 철저하게 사람 중심, 지역주민의 고통에 기반해야 한다고 생각해요. 실증적, 정책적 측면에서 그런 게 규명되면 좋을 것 같아요.

김용진: 시민사회, 지방정부, 지방의회가 유기적으로 통합해야 되는데, 시민권력이 약하면 흡수가 돼 버립니다. 대부분의 공공의료 운동, 정책들이 시민권력이 약하기 때문에 정치권력에 의존할 수밖에 없고 정치권력의 논리나 로드맵에 의해서 움직일 수밖에 없는 거죠. 그와 대적할 만한 시민사회권력이 형성된다면 그걸 가지고 정치권력을 심판해 내고, 시민의 건강을 책임질 수 있는 정권을 창출할 수 있겠죠. 지난 지방선거 때인가요? 건강형평성학회에서 나온 다양한 자료를 가지고 선거를 치르자고 준비한 적이 있었어요. 그런데 대부분 형식적이잖아요. 시민사회권력이 약하니까. 어 그래 좋으니까 받지, 그것이 건강한 지역사회를 어떻게 구체적으로 실현할 건지는 항상 없어요. 어 그래 하자 이 정도로 끝나 버리거든요. 성남이 그걸 성공했고, 정 교수님 말씀대로 시민들에게 공공의료가 확대되면 당신들에게 구체적으로 어떤 혜택이 있는지 확인해 주고, 그런 의제들을 발굴하고 동참해서 시민권력을 만들어 내는 게 필요하다는 생각이 듭니다.

박재만: 공공의료에서 시민사회권력이 중요한 요소라고 볼 수 있겠네요. 다음 주제로 넘어가겠습니다. 두 번째 주제는 성남시의료원 설립운동이 우리 사회에 어떤 흔적을 남겼는가 짚어 보려고 합니다. 성남시립병원 설립운동이 성남시민들의 건강권 증진에 어떤 영향을 주었을까요?

김용진: 성남시의료원이 건립됐고, 다른 기초지자체에는 없는 공공의료정책과를 만들었고, 공공의료 민관거버넌스로 성남시공공의료협의회가 만들어졌지만 아직까지는 미약하죠. 이런 정도가 이후의 자산이 될 것 같아요. 이후 어떻게 발전할 것인가는 앞으로의 진행에 따라 다르겠죠.
하지만 각종 정치 행위, 선거를 통해서 의료원이 계속 쟁점화가 되고 있어요. 건립 예산 편성을 두고 쟁점화가 되면서 이런 문제들이 계속 이어지고 있다는 게 의미가 있는 거 같아요. 지역주민에게 건강문제, 의료문제가 관심사로 계속 떠오르게 만드는 것 자체도 지역주민을 위한 정책 마련이나 논의에 중요한 과정이 되지 않을까 싶어요. 주민발의조례 만드는 데 서명한 사람들도 그런 면에서 중요한 자산이 되지 않을까 생각합니다. 결과만이 아니라 과정까지도 소중한 자산이 되고 계속 남아 있을 거 같아요.

원용철: 정말 그런 거 같아요. 의제가 수면 위로 올라와야 지속적으로 관심을 갖게 되죠. 대전도 동서 의료격차가 심해요. 열악한 지역에 의료원이 들어선다고 하니까 대전동부 주민들이 설립촉구 결의대회도 하고 그랬는데, 이번에 예타 문턱을 못 넘을 거 같다고 기자회견 하자마자 동부가 움직이기 시작한 거예요. 내 건강에만 국한되지 않고 내 지역에 의료원이 하나 있어야 낫다, 건강해진다 이런 막연한 생각을 하게 되는 거죠. 그것조차 없으면 아예 관심도 없는데 계속 의제로 올라오니까 건강, 공공의료 이런 부분에 대해서 심지어 정치인들도 관심을 가지게 돼요. 처음에는 아무 개념이 없었지만 끊임없이 공공의료 주제로 교육시키고 관심 갖게 하니까 지금은 어느 정도 자기들의 논리를 가지고 하는 거죠. 그래서 예전에는 단순히 보건소 예산 심의만 했다면 이제는 주민들을 위한 공공의료 프로세스를 고민하더라는 거죠. 성남시가 독립적인 공공의료 부서를 만들었다면 그 과는 가만 안 있거든요. 정부 조직은 자기 조직이 살아남기 위해 뭔가 만들어 내려고 하고, 그걸 통해 시민사회에 혜택이 돌아가거든요.

박재만: 이재명 성남시장 민선 6기 때 시정 3대 주요과제 중 하나가 의료공공성 강화였는데, 민선 6기, 7기 공통적으로 성남이 공공의료의 메카라고 하고 있어요. 이걸 잘해야 한다는, 시민으로부터 압박을 받는 거죠. 성남시의료원 건립이 시정의 방향을 강제하는 의미가 있지 않을까 그런 생각도 듭니다.

성남시의료원 건립이 가져온 또 다른 성과가 있다면, 주민들이 나서서 공공병원 설립운동을 하는 성남, 대전, 울산, 화성 지역이 모여 공공병원설립운동연대가 결성된 것이 아닐까 합니다. 원용철 대표님이 연대 활동에 대해서 짧게 얘기해 주세요.

원용철: 맞아요. 성남이 모델이 되었고, 성남이 성공함으로써 많은 지역에서 자신감을 얻은 건 사실입니다. 대전은 처음부터 끝까지 시민권력에 의해 된 건 아니고 정치권력에 많이 의존했죠. 대전은 정부 예산으로 건립을 추진하다 보니까 기재부 예타 과정을 겪어야 했어요.

공공병원설립운동연대는 문재인 정부 이후 지방의료원이 확충될 거라는 기대, 그리고 성남시의료원을 보면서 여러 지역에서 자생적으로 생겨난 공공병원 설립운동 단체들이 모인 단체예요. 혼자 하면 힘들고 외로운 지역단체들이 전국적으로 연대해서 함께 투쟁하고 시민사회 의제로 확산시켜 가자는 취지로 작년 8월에 설립해서 이제 막 1년 지나고 있네요. 우리 사회에선 민간의료가 너무 확장돼서 공공의료가 설 자리가 많이 없습니다. 연대가 법 개정, 제정 운동까지 해서 공공의료가 국민의 건강을 책임지는 방향으로 갈 수 있도록 해야 한다는 생각이 듭니다.

박재만: 성남시의료원이 한국 공공의료의 희망이다 비전이다 모델이다 이렇게 얘기를 하지만 이건 바람인 거고, 실제로 성남시의료원이 공공의료나 공공병원에 어떤 기여를 했을까 얘기를 들어 보고 싶어요.

나영명: 첫 번째로 의료공백 문제, 공공의료의 출발점과 관련한 필요성이 제기됐고, 이게 공공병원 설립운동의 중요한 토대가 됐어요. 그러면 그 병원을 어떻게 만들 거냐? 중앙정부에 병원 지어 달라고 기댈 수도 없고 우리 지역의 문제니까 지역주민이 직접 나서서 만들어 보자고 한 게 성남시장, 시의회가 움직이게 되었다. 성남시의료원 설립운동은 지자체 권력 바로 세우기 운동과 자연스럽게 연결된 사례로서 모델을 만들었다고 봐요. 두 번째로 지역주민의 건강권, 의료권 보장 활동이 지자체의 중요한 영역으로 만들어지는 계기가 됐다고 보고, 앞으로 지자체의 핵심 공약은 공공의료 강화가 될 것이라고 봅니다. 세 번째로 지역사회 영역에서 보면 그동안 지역운동이 환경이나 아이들 안전, 소비자, 먹거리 운동에 치중해 왔다면 성남이 공공병원 설립운동을 성공하면서 의료영역이 시민사회운동, 지역사회 영역으로 자리 잡았다는 측면에서 우리 사회에 큰 흔적과 사례를 남겼다고 정리할 수 있을 거 같습니다.

정백근: 성남시의료원 설립운동은 다른 공공병원 건립운동에 실질적인 교훈과 실천적 경험을 공유해 주었다고 생각해요. 하지만 실제 공공의료 강화에 얼마나 기여했는지는 잘 모르겠어요. 다만, 그런 건 있는 것 같습니다. 경남 함양군 군수가 선거에서 단양군의료원을 공약으로 내걸었고 보건복지부와 합의해서 단양군 보건의료원으로 확정이 되어서 순천향대학교 서울병원과 협약을 맺는 거예요. 저출생□고령화 현상 때문에 농촌사회는 물론이고 의료시장 자체가 붕괴되고 있는데 그 문제를 해결하려면 공공의료밖에 없어요. 이런 상황에서 정치인이 주민의 건강권을 자신의 정치적 의제로 받아들이는 것은 긍정적

이라고 생각해요. 이재명 성남시장의 사례가 벤치마킹될 수 있고 앞으로 더 그렇게 될 것 같다는 생각이 드네요.

공공의료 강화에 기여하는 측면에서 공공병원설립운동연대가 만들어졌는데, 공공병원 설립운동이 현재 진행되고 있는 지역들 간의 협력도 중요하지만 오히려 운동연대가 주목해야 할 곳은 의료취약지역일 수도 있어요. 실제 운동에 기여한다면 운동의 패러다임을 바꿀 필요가 있다고 생각해요. 그리고 공공의료, 공공병원은 모든 사람들의 정치 의제가 될 확률이 높다고 생각합니다.

박재만: 성남시의료원 설립운동을 추진하는 시민사회 주체가 설립 단계별로 달라지는데, 그 변화가 궁금합니다.

김용진: 시립병원설립운동본부 활동이 이재명 시장 당선되고 병원 설립이 최종 확정되면서 주춤하게 되었어요. 50여 개 단체가 모여서 그다지 할 일이 없었어요. 시의회에서 예산 통과시켜 달라는 정도에서 벗어나지 않았죠. 하지만 여전히 많은 과제들이 남아 있었어요. 그러면서 자연스럽게 시립병원설립운동본부에서 공공의료성남시민행동으로 단체 변화가 추진되었어요. 대학병원 위탁운영 조례를 개정하는 문제가 있었고, 주민들과 함께 공공의료에 대해 알아 가는 공공의료아카데미를 시작하게 되었어요. 공공의료아카데미에는 당시 공무원들도 많이 왔어요. 저희도 공공의료를 알아 가면서 확인하게 된 것은 의료원에 시민이 참여할 수 있는 구조가 있어야겠다는 것이었어요. 올 하반기에 30명 정도로 성남시의료원 시민위원회가 만들어질 텐데, 전국의 공공병원 시민참여위원회 모임 같은 걸 만들어서 공공병원 시민참여 영역을 확보하면 좋겠어요. 경영진 한 파트, 공공병원 노조 한 파트, 그리고 시민 한 파트까지 세 파트가 서로 힘을 합쳐 만들어 가는 게 저희 소망인 거죠. 일단 성남시의료원 시민위원회가 잘 만들어지고 이 병원이 진짜 시민의 병원, 시민이 주체로서 건강을 회복해 가는 병원이 되었으면 합니다. 경영진, 노조, 시민위원회가 협력하여 시민이 함께 만들어 가는 지역의 건강거점, 단지 설립만이 아니고 이후 활동도 계획할 수 있게 만들어 보는 게 저희 단체가 여태까지 해 온 성과이고 배운 바입니다.

공공병원은 시민을 위한, 시민에 의한, 시민의 병원이라는 공동의 목표가 있잖아요. 시민을 위한 병원이라 하면 수익성을 추구하는 게 아니라 지역주민에게 필요한 양질의 공공의료 서비스 제공을 목적으로 하고, 시민에 의한 병원이라면 시민위원회가 병원 운영에 실질적으로 참여하는 운영 방식을 선택하는 거겠죠. 성남시의료원은 이렇게 주민을 위한, 주민에 의한 그래서 주민의 병원으로 만들어 가는 것이 목표가 아닐까 합니다.

박재만: 세 번째 주제로 넘어가겠습니다. 성남시의료원 설립 과정에서 시민사회와 지방정부, 병원 각각의 역할이 있지만 같이 협력해야 한다고 봅니다. 왜냐하면 시민들의 요구만으로 되는 것도 아니고 지방정부가 개입해서 추진해야 하는 부분도 있고, 병원이 지어지면 병원이 주도적으로 해야 할 역할이 있기 때문입니다.

성남시의료원 조례 제정 단계에서 당시 성남시는 협력하기보다 방해하는 역할을 했고, 성남시의회도 부정적인 의견이 다수여서 난항을 겪었습니다. 어렵게 조례가 제정되고 나서 시민사회는 무엇을 해야 할지 모르는 시간이 있었어요. 관에서 잘하려니 하고 맡겨 놓았던 게 있었고, 병원 개원 과정에서는 소통이 매끄럽지 않은 면이 있었습니다. 지금도 그 연장선상에 있는데 이 문제를 어떻게 하면 좋을지 짚어 보면 좋겠습니다.

정백근: 공공병원 설립 과정에서 민/관/병원 세 주체가 있다고 하면 행정 절차를 밟아 가는 과정에서 관이 개입하고 병원을 운영하는 주체들이 들어오게 되면, 행정력과 전문가 집단이 결합하게 되고, 자연스럽게 지역주민의 주도성이 떨어질 수밖에 없어요. 각 단계에서 주민들의 역할은 무엇이고, 각 단계의 과제가 무엇인가, 얼마나 준비가 되었는가에 따라 주민들의 주도성이 계속 유지될 것입니다. 핵심은 주민들의 정치 역량인데 그것에 영향을 받을 수밖에 없어요.

저는 전체적으로 봤을 때 시민사회권력의 건강에 대한 인식이 넓어지고 역량이 강화되었다고 생각해요. 그렇게 판단하는 이유는 처음에는 공공병원 설립에 국한되었다가 나중에 건강권으로 인식이 전환되면서 조직의 이름도 바뀌고 실제 조직에서 다루는 주요 안건도 바뀌었을 거라고 봐요. 다시 말해서, 주민들 스스로 건강권을 획득하고 유지하는 하나의 수단으로 공공병원을 바라볼 수 있는 계기가 사회권력의 역량이 질적으로 달라지는 순간이 아니었을까 생각합니다. 향후 시민조직이 나아갈 방향은 결국 건강결정요인에 대한 통제력을 어떻게 강화할 것인가, 이 부분이라고 생각합니다. 성남시민들의 건강에 영향을 미치는 여러 요인 중에 보건의료체계가 한 부분이라고 본다면 앞으로 나아가야 할 방향은 보건의료운동이 아니라 사회운동으로 나가야 한다고 보고, 사회운동의 핵심은 건강결정요인에 대한 통제를 계속 강화하고 확대해 가고 단계별로 자기 역할을 충실히 수행하면서 또 하나의 질적 변화를 맞지 않겠느냐 생각합니다.

박재만: 민/관/병원 각각의 역할과 협력 측면에서 시민사회는 공공병원을 요구하고 참여하며, 지방정부는 병원이 잘되도록 지원해야 한다는 것, 그리고 병원은 시민의 요구에 맞추는 독립성을 확보한다는 것인데, 그런 측면에서 성남시는 잘 합심됐다고 보기는 좀 어려워요. 불일치 과정도 사실 있었어요. 그런 과정에 대해서 조례 제정 시기, 건축 시기, 개원 준비 시기로 나눠서 성남 사례를 소개해 주면 좋겠네요.

김용진: 조례 제정까지는 아시는 바대로 시민 역할이 절대적이었죠. 관은 적대적이거나 비협조적이어서 상호 대립하고 투쟁하는 관계였어요. 결국 주민발의조례가 통과되었지만 나중에 한나라당이 폐기하고, 한나라당 새 조례로 대체하는 과정에서 이재명 시장도 타협한 측면이 있죠. 대학병원 강제위탁 조례는 주민에게 병원 운영 방식을 결정할 권리가 전혀 없는 거라서 결국 저희 단체와 시의원, 성남시청이 협력해서 부당한 조례를 개정하게 됐고요. 그때까진 3자 협의가 잘되는 편이었고, 병원 설립추진위원회에 시민사회 인사들이 다수 참여했고 저 역시 진료지원분과에 참여했어요. 그 이후에는 법인이 만들어지면서 지방의료원법에 따라 법인 이사회에 비영리민간단체 추천, 소비자단체 추천, 주민대표로 시민사회 인사들이 시민이사로 다수 참여했어요. 그래서 이사회 논의나 협의가 개혁 쪽으로 있었습니다. 성남시 공공의료정책과와도 민관 파트너로서 필요할 때마다 만나서 협의하고 그랬는데 이것 역시 시장이 바뀌고 의료원 내부 문제들이 불거지면서 협력관계가 대적관계로 변해 버렸어요. 권력 주체가 변화하니까 인식도 달라지고 서로 대하는 태도도 달라지는 거죠.
병원에 두 개 노조가 설립되었고, 개원 전에 원장이 교체되는 일도 있었죠. 어쨌든 3자가 긴장과 대립, 협력과 협조가 시기별로 변해 왔어요. 저희가 본 바로는 의료원과 지방정부의 관계에서 아직은 지방정부가 우위에 있다고 봐요. 홍준표 도지사가 진주의료원을 무지막지하게 폐업해 버렸잖아요. 성남시의료원과 성남시도 그럴 수 있는 관계죠. 시장

이 맘만 먹으면 여러 빌미로 원장도 자를 수 있고, 시장에게 임명권이 있기 때문에 지방정부가 의료원을 좌지우지할 수 있는 구조죠. 그러면서 의료원은 시장의 눈치, 지방권력의 눈치를 볼 수밖에 없어요. 사실 보기는 봐야 되지만 자생성과 독립성도 가져야 되는데 그게 아직은 부족해요.

이런 문제를 해결할 수 있는 핵심은 시민위원회와 같은 시민참여구조가 구축되어서 시민사회가 병원을 서포트하고, 또 한편으로는 병원에서 일하는 노동자 조직이 구축되어서 지방정부로부터 방파제 역할을 해 줘야 한다고 생각해요. 아직은 그런 부분들이 되지 않아서 비대칭성, 낮은 독립 수준이 많이 있어요. 병원이 제대로 건립되어 운영되고, 시민위원회도 만들어지고, 노동자들도 자기 병원의 주인 역할을 하게 되면 좀 더 달라진 권력 때문에 공공병원이 폐쇄되는 일은 없겠죠.

박재만: 나백주 국장님은 공공병원 운영 경험이 있으시잖아요. 국장님은 공공병원에서 시민의 역할이 어느 정도라고 보세요?

나백주: 제가 봤을 땐 많이 약한 거 같아요. 구조로 보면 이사회 하나죠. 이사회는 일종의 거수기 역할을 많이 하는 거 같아요. 지방의료원법에 따라 원장이 이사장을 하도록 되어 있어요. 그래서 원장에 따라서 이사회가 달라질 수밖에 없어요.

시민참여위원회가 이사회에 연결되어서 시민참여의 다양한 영역에서 공공의료, 건강증진과 관련된 내용이 이사회에서 의결되고, 노사협력도 될 수 있고, 일반 시민들도 다양한 통로를 통해 서로 소통할 수 있는 구조가 좋을 것 같아요. 앞으로 이 부분은 공부도 많이 하고, 연구도 많이 해야 돼요.

박재만: 최근 성남시의료원 노사갈등으로 병원 측이 노조의 인사권 개입이라며 경기지방노동위에 제소하는 사태까지 갔는데, 이것만 봤을 때 병원이 개원한다면 시민, 노동자들이 병원의 운영 계획에 참여할 수 있을까 의문이 듭니다. 좋은 방안이 있을까요?

나영명: 지금 벌어지는 상황을 보면 기존 공공병원이 밟아 온 여러 가지 문제점을 고스란히 드러내는 모습이거든요. 성남시가 공공병원의 메카로 만들자는 것과는 반대 방향으로 가는

것 같아 굉장히 우려가 됩니다. 일단은 공공병원을 어떻게 운영하느냐에 대해서 시민, 병원, 지자체 3자 사이에 구체적인 합의가 안 만들어진 거 같아요. 성남시의료원을 공공 운영모델병원으로서 과잉진료 없는 병원, 비정규직 없는 병원 이런 식으로 공공병원 모델을 강령식으로 만들어서 지방정부나 병원 이사회도 운영 방안에 대한 명확한 입장 정립이 필요해 보입니다. 시민위원회도 모델병원에 맞게 정관, 규정에 구체적으로 명시하는 게 좋겠어요.

지자체가 병원은 자체 수익으로 운영되어야 한다고 생각하면 모든 것이 틀어지게 돼요. 초기에는 안정적인 운영 시까지 병원이 적자를 볼 수밖에 없기 때문에 투자해야 한다는 마인드가 필요해요. 기초지자체에 공공의료 부서를 설립한 것은 잘했어요. 다만, 공공의료정책과에 성남시 공공의료 역량과 자원을 총집중할 수 있는 시스템이 되어 있느냐가 관건이라고 생각해요.

박재만: 네 번째 주제로 성남시의료원의 미래에 대해 얘기해 보면 좋겠습니다. 성남시의료원이 다른 공공병원과 확연하게 다른 것은 주민참여형 공공병원으로서 시민위원회가 제 기능을 하는 것인 것 같습니다. 주민참여, 시민주체형 공공병원은 어떤 모습이고 어떤 걸 반영하는 걸까요?

나영명: 시민참여의 핵심은 의사결정의 구조라고 보는데, 지방의료원법상 이사회 구성 요건이 충분하지 않죠. 현재 구성상 의사결정을 주도하긴 힘들기 때문에 그런 영역은 실행력 문제라고 봅니다. 의사결정 영향력 외에 결정된 것을 실행하는 위원회도 구성할 수 있고 시민참여 부분은 주민조직에서 충분히 제안할 수 있다고 생각합니다. 실행위원회는 주민대표를 50% 이상 한다거나, 그 위원장을 주민대표가 한다거나 다양한 방법이 가능합니다.

그렇다고 성남시의료원 운영에서만 주민참여가 잘된다는 건 아니겠죠. 보건의료, 건강 영역에서 구체적인 실천을 지속할 수 있는 공간으로서 생활협동조합이나 건강생활지원센터도 가능하다고 봅니다. 그런 풀뿌리 단위의 주민참여 조직과 성남시의료원 시민참여위원회 간의 연계체계 확보를 구현해 가면 지금보다 훨씬 더 시민참여가 되지 않을까 싶습니다.

나백주: 현재 실정법에서 근거했을 때 우리가 구상하는 시민참여가 이상적으로 이루어지는 공공병원이 가능하겠는가 보면 회의적이에요. 대부분 구색 맞추기, 거수기, 실제 운영에서는 제외되는 것이 현실이라고 봐요. 그나마 성남시의료원의 경우는 시민이 주도해서 만들어진 병원이기에 다른 공공병원보다 좀 더 시민의 입장을 반영하는 시민위원회가 가능하다고 생각해요. 시민위원회가 공식적인 기구라고 해도 원장 자문기구이지, 핵심기구 역할은 못할 거란 말이에요. 그렇다면 성남시의료원에서 시민들이 참여할 수 있는 길을 만들려면 공식적 모니터링 기능을 했으면 좋겠어요. 시민 입장에서 모니터링하고 개선을 요구한다면 굳이 의사결정 구조에 들어가지 않더라도 성남시의료원에 시민의 요구를 반영하는 창구 역할을 충분히 할 수 있다고 생각합니다. 중요한 사업으로 교육과 모니터링을 같이 가져가는 게 필요하겠습니다.

박재만: 작년에 지역거점 공공병원 기능과 역할에 대한 정부 발표가 있었어요. 성남시의료원 같은 지역거점 공공병원은 어떤 기능을 하는 병원인가요?

정백근: 성남시의료원은 중진료권의 지역책임의료기관이 되겠습니다. 병원 역할과 관련해서 중진료권 단위의 공공보건의료계획을 수립하는 지역책임의료기관이고, 필수의료를 제공하거나 조정하는 역할인데 그것 역시 법적 기반은 없거든요. 지금 그 법적 기반을 만들기 위해서 공공보건의료 관련 법 개정안을 만들고는 있지만 주민참여하고는 크게 관계가 없습니다. 공공보건의료 대책 발표에선 주민참여 시민위원회가 전혀 없어요. 다만 민간병원을 지역책임의료기관으로 선정할 때 지방의료원 정도의 이사회의 공익적 성격을 동의하고 확보하는 게 있어요. 선정 요건 중에 지역주민위원회를 선정하자는 논의가 있었지만 그 자체가 한계가 있기 때문에 주민참여를 획기적으로 강화하는 데는 영향력이 별로 없을 것 같습니다.

나영명: 작년 10월 1일 발표된 공공의료 발전 종합대책은 굉장히 의미가 있다고 봐요. 70개 중진료권을 지역의료 단위로 해서 필수의료 공공서비스는 지역책임의료기관이 담당할 수 있도록 한다는 거죠. 이게 성남시의료원 설립 목적과 부합되는 거죠. 그걸 잘하려면 성

남시의료원이 자체 계획과 목표가 있어야 된다는 거죠. 성남시의 필수의료서비스는 어느 정도 이루어지고 있는지, 공백은 어느 정도이고 충족은 어느 정도인지 정확하게 통계를 내고, 3년, 5년, 10년 이런 식으로 중장기, 단기 계획과 목표를 세우고, 그것을 달성해 나가는 과정을 점검하고 평가하고 모니터링하는 게 중요하다고 봐요.

그게 성남시의료원 혼자만으론 안 되는 거잖아요. 그렇기 때문에 지역책임의료기관이 지역의료 중심거점으로 기능하고, 건강생활지원센타, 기존 보건소와 어떻게 연계할 건지, 광역 책임의료기관과는 어떻게 연계할 것인지, 나머지 민간의료기관과는 어떻게 연계할 것인지 이런 것에 대해서도 계획을 세워서 자체적으로 할 수 있는 목표는 자체적으로, 나머지는 나머지 의료자원과 연계해서 계획을 세우되, 수치화된 구체적인 목표가 분명하게 서 있어야 평가도 할 수 있습니다. 안 그러면 계획서를 만든 데에만 의의를 두고 기존처럼 형식적으로 굴러가게 됩니다. 지금 이야기한 필수공공의료서비스를 국가책임제 목표에 충실하게 어떻게 제공할 건지를 중심으로 모니터링하는 게 중요할 것 같습니다.

박재만: 진주의료원이 한국 공공의료의 절망을 드러냈다면 성남시의료원은 한국 공공의료의 새싹, 희망으로 기대치가 많다고 생각합니다. 성남시의료원 설립 과정에서 짚을 것도 많고 성과도 많다고 생각합니다. 미약한 한국 공공의료 현실에서 성남시의료원이 어떤 역할을 했으면 좋겠는지 마지막 의견 주시면 좋겠네요.

정백근: 지금까지 이야기한 것들을 전부 다 구현하면 된다고 생각하는데, 막연하게 드는 생각은 진료권 안에 있는 주민들의 건강을 유지하는 수단이 돼야 한다는 거죠. 우리가 공공성을 이야기할 때 주체, 사업의 내용, 최종적으로 참여를 말하는데, 그 참여의 공간이라는 건 공중화장실처럼 공유재산으로 인식돼야 해요. 그런 면에서 봤을 때 사업의 평가, 모니터링을 시민이 주도해야 하는데, 현실적으로 할 수 있는 건 실행 과정에 개입하는 것, 그리고 평가와 모니터링 과정에 개입하는 것이 중요할 것 같아요. 궁극적으로는 이사회에서 시민이 의사결정을 주도하는 구조로 바꾸기 위한 법 개정 투쟁까지 가야 한다고 봐요. 그리고 이미 건강결정요인에 대한 통제력 확보의 초입 단계에 들었다고 본다면, 성남시의료원은 다른 건강결정요인과 연계해서 활용하는 것이 가능한 병원이 되어야겠죠. 그리

고 전문가와 행정, 시장은 도와주는 입장이 되어야 하지 대등한 3자 주체 논리에서는 시민이 절대 주도가 될 수 없습니다. 시민이 아무리 열심히 노력해도 전문가와 공권력은 이길 수 없습니다.

말씀 듣고 보니 새싹, 희망 이런 말씀도 하셨고 성남시의료원을 공공성 있는 공공병원으로 만들어 간다는 게 앞서가는, 헤쳐 가는 걸로 보여요. 건물 하나 지어졌다고 완성된 형태로 볼 게 아니라 과정에 있다고 생각하고, 제2의 성남시립병원 운동을 해야 하는 게 아닌가 생각이 듭니다. 이런 노력들이 공공의료와 공공병원이 강화되고 확산되는 계기가될 수 있을 거예요.

박재만: 마지막으로 한 마디씩 하고 마치겠습니다.

정백근: 진주에서 여기 온 게 의미 있는 자리인 거 같고, 이야기하는 과정에서 저 스스로 정의 내린 부분이 많은 거 같습니다. 성남시의료원이 일단은 개원해서 안정적으로 운영되고 여기 오신 분들이 공공의료 강화를 주장하고 실천해 온 주체가 되길 바라는 마음이고 저도 오늘의 경험과 교훈들을 지역에 가서 구현하도록 노력하겠습니다.

원용철: 공공병원을, 지금의 성남시의료원을 기대 반 우려 반 이런 식으로 보지 말고, 우리 시민이 지키자, 고립시키지 말자 이렇게 생각하면 좋겠어요. 어차피 성남시의료원이 개원하면 적자에 시달릴 수밖에 없는데 노조에서 요구하고 시민사회에서 요구하고 그러면 고립되거든요. 시민사회가 성남시의료원을 품어 줘야 성남시로부터 자신감 있게 가지 않을까 생각해요. 성남시의료원을 사람으로 보자면 이제 막 탄생했는데 온갖 기대를 걸면 힘들거든요. 성남시의료원을 시민운동이 어렵게 만들어 냈는데 그만큼 애정을 갖고 사랑해 주자. 그럴 때 힘을 갖고 가게 된다 이렇게 생각해요.

나영명: 저는 설립운동에서 모델은 충분히 만들어졌다고 생각해요. 남은 과제는 실제 공공의료가 필요하긴 한데 제대로 한다는 신뢰를 못 받고 있잖아요. 서비스 질에 불신을 받고 있고, 운영 과정에 있어서도, 역할 수행에 대해서도 부족하다고 생각해요. 성남시의료원이 주민참여형 운영모델이 될 수 있도록 지역주민과 전문가, 직원들 다 같이 힘을 합쳤으면

좋겠습니다.

김용진: 내년 3월 개원을 목표로 하고 있는데 개원할 때 대통령이 와서 이런 공공병원 더 짓고 지원하자는 걸 발표하면 좋겠습니다. 내년에 총선도 있잖습니까. 내년 하반기에는 여러 곳에서 공사 시작하는 모습 봤으면 좋겠습니다. 그리고 의료원 개원 준비 과정에서 시민과 직원이 다 같이 모여서 의료원을 어떻게 운영할 것인지 진지하게 토론하는 자리가 만들어졌으면 좋겠습니다.

나백주: 내년에 공공의료 지방의료원 기능 확장, 기능 강화 예산을 1200억 원으로 올릴 것 같다고 하더라고요. 지금은 500억인데 2.5배를 올린다고 해요. 합의를 잘했다는 얘기를 하더라고요. 그런 점은 바람직한데 진주의료원 얘기 들어 보면 왜 지지부진한가. 중앙정부에서도 계획이 없기도 하지만, 광역지자체에서는 적자 보전에 대한 예산이 없어요. 그리고 지역주민의 건강증진을 위해서 지방정부가 사업을 할 수 있도록 공공의료나 지방의료원 법률이 개정돼야 한다고 봐요. 오늘 뜻깊은 자리에 참석해서 기쁘고 공공의료를 실질적으로 강화하는 활동과 운동이 계속 이어지는 계기가 됐으면 합니다.

박재만: 오늘 자리는 2003년부터 2019년까지 이어진 역사를 3시간에 담은 의미 있는 시간이었습니다. 역사에는 마침표가 없다고 하잖아요. 성남시의료원 설립의 역사가 책에 담긴다면 그 다음의 역사는 다음 세대에 또 만들어질 것으로 보입니다. 오늘 귀한 자리 참여해 주셔서 감사합니다.

1차 집담회

- 주제: 성남시의료원 설립운동 초기 역사
- 일시: 2019년 6월 13일
- 참가: 최석곤(전 성남시립병원설립운동본부 공동대표),
        양태경(전 민주노총 성남광주하남지구협의회 의장),
        백승우(전 성남시립병원설립운동본부 공동집행위원장),
        이하나(《성남시의료원 설립운동사》 집필자)
- 진행: 황성현(공공의료성남시민행동 사무국장,
        전 성남시립병원설립운동본부 집행위원)

황성현: 2003년 당시에 성남시립병원 설립운동과 관련하여 어떤 위치에서 어떤 활동을 했는지 설명해 주시기 바랍니다.

양태경: 2003년 성남병원은 폐업이 아니라 야탑으로 축소 이전을 준비하고 있었고, 성남병원노조는 고용승계 투쟁을 했습니다. 성남병원은 80년대 차관을 받아 만든 병원이었는데, 보건의료노조를 통해 보건복지부에 성남병원을 인수하라고 요청했었죠. 성남병원의 매각 금액은 200억 원 정도이고, 차관 140억을 제외하면 실제 인수 금액은 60억 원으로 복지부나 성남시에서 인수할 수 있는 수준이었다고 봐요. 인하병원노조에서 시립병원 투쟁을 같이하자고 제안했는데, 성남병원노조는 고용승계 투쟁에 집중할 수밖에 없는 상황이라 적극 결합하지 못했어요. 다만 저는 성남병원노조 지부장과 민주노총 성남광주하남지구협의회 의장을 겸하고 있었기 때문에 시립병원 투쟁에 참여하게 되었죠.

최석곤: 당시 성남시민모임(현 성남참여자치시민연대) 대표였고, 2005년쯤 성남시립병원설립운동본부 공동대표로 참여했어요. 그 이전에는 범시민대책위와 범시민추진위에 직책 없이 참여했고요.

백승우: 시민대책위원회는 3월부터 구성됐고, 당시 김경자·이재명 공동집행위원장에 제가 민주노동당 수정구 지역위원장을 맡고 민중연대 집행위원장을 하고 있어 대책위 사무국장으로 결합했습니다. 그 다음에 폐업시민대책위원회 구성을 했고, 노조 사무실이나 인하병원 앞 또는 컨테이너 박스나 이재명 변호사 사무실에서 기획단 회의를 진행했어요. 그리고 2005년부터 성남시립병원설립운동본부 집행위원장으로 활동했지요.

황성현: 성남병원과 인하병원은 왜 폐업하게 되었나요?

양태경: 인하병원은 전두환 정권 당시 심장병 전문병원인 한미병원으로 개원했어요. 인하대학교가 의대를 만들고, 부도난 한미병원을 인수해서 인하병원이 되었죠. 그때 인수 과정의 문제로 대법원에서 인수 무효 판결받고, 결국 폐원하게 됐어요. 성남병원은 이사장이 의료인 출신이 아니다 보니 건설회사에 넘겨 차익을 많이 볼 수 있다고 생각한 것 같아요.

황성현: 인하병원과 성남병원이 폐업을 하는 과정에서 시민건강권 확보를 위한 인하ロ성남병원 폐업 범시민대책위원회가 만들어졌습니다. 대학병원을 유치하자고 할 수 있던 상황에서 공공병원을 만들자고 한 것은 2003년 2월 25일 참여정부 출범과 성남지역만의 역사성과 관련 있다고 볼 수 있을까요?

양태경: 인하병원을 몇몇 대학병원에서 인수하려고 했는데, 인하병원은 법적인 문제가 복잡해 안 된다고 판단한 것 같습니다. 성남병원은 몇몇 대학에서 인수 가능성이 있었는데, 이 사장이 병원으로 넘기질 않고 건설회사에 넘기면 차익이 많다고 생각을 했던 것이고요.

최석곤: 지금 와서는 공공병원이지만, 그 당시에는 병원 하나만 짓자, 이런 운동을 한 것이고 처음부터 공공병원을 짓자고 한 것은 아닙니다. 공공병원, 시립병원 이런 게 문제가 아니라, 종합병원이 갑자기 폐업을 하고 의료공백이 생겨서 시민들이 적극 호응한 거죠.

황성현: 2004년 당시 성남시립병원 설립추진위원회에서 동별로 간담회를 진행했지요. 주민간담회 과정에서 기억에 남는 것은 무엇인가요?

최석곤: 장인어른이 금광동에서 노인회장을 하셨어요. 처음에는 경로당을 빌려주기로 했는데, 동네 공무원들이 빌려주지 말라고 압력을 넣었답니다.

황성현: 성남시는 초기에 성남여중 위에 있는 땅을 병원 부지로 하려고 했고, 성남시립병원설립운동본부도 시청 부지가 아니라, 신흥동 부지에 빨리 짓자고 주장했는데요?

백승우: 신흥동 시유지가 7000여 평인데, 이대엽 시장이 아니라 우리가 먼저 거기에 짓자고 주장했어요. 병원을 조기에 짓는 게 시급하다고 생각했기 때문이었죠.

최석곤: 확인이 필요하지만, 신흥동 부지에 대해서는 우리가 반대했던 것으로 기억합니다.

황성현: 당시 조성준 국회의원이, 보건복지부 장관이 성남에 국립병원을 설립하겠다고 밝혔다며 기자회견을 했어요.

백승우: 그건 이제 사기임이 드러났죠. 조성준 의원이 선거용, 총선용으로 국립병원 설립을 추진하겠다고 기자회견을 했고, 자기가 김화중 보건복지부 장관을 만나 담뱃세를 인상해서 그 수익금으로 여기에 국립병원을 짓겠다고 이야기했다고 했지만, 보건복지부에 확인해 보니 사실이 아닌 것으로 확인되어 입장을 내기도 했어요.

황성현: 당시 주민발의조례 재심의를 요구했는데 상임위에서 시간을 끌고 있어 항의 방문을 갔지요. 그러던 중에 점거 농성을 벌이다가 경찰이 동원돼 몇 분이 연행되고 또 구속영장까지 청구되는 과정이 있었어요. 그 당시 상황에 대해 설명해 주세요.

백승우: 자치행정위원회에서 계속 심의를 안 하고 질질 끌어서 우리가 자치행정위 앞에서 침묵 시위하고 연좌농성을 했어요. 계속 심의를 안 하니까 저희 단체 회원들이 그 앞에서 연좌농성하고 구호 외치고 빨리 심의해라 이러니까 시의원들이 안 하려고 몰래 빠져나가려다가 걸렸죠. 그때 임철수 씨가 방익환 위원장 넥타이를 조르고, 몸싸움하면서 시청에 있는 화분들이 깨지고, 욕설하고…. 그렇게 충돌이 일어났어요.
그다음 날에 본회의에 상정되면서 본회의 방청을 한 100명이 한 거죠. 그전에 100명이 모여 가지고 방청을 하자, 근데 폭력은 절대 안 된다. 뒤에서 막 항의하고 빨리 심의해라 그랬는데, 단 1분도 안 돼서 끝내 버리고 해산하니까 위에 있던 시민들이 막 시의원들이 있는 좌석으로 뛰어 들어간 거죠. 좌석 점거를 한 거예요. 명패를 막 모으기도 하고, 신발 벗어 던지고 막 울고…. 이재명 전 시장 우는 사진이 그거라니까요. 그리고 이제 뒤로 도망가는, 앞에 시의장실로 도망가는 시의원 쫓아가서 멱살 잡고, 밖에 나간 시의원들 쫓아가는 시민도 있고, 그다음에 시의원들 좌석 위에 올라가서 발 동동 구르는 시민도 있었고…. 뭐 이런 사태가 발생한 거죠.
당시 시의회는 언제든 넘어갈 수 있게 돼 있었어요, 시의회 구조가 수평적으로 이렇게. 그런데 지금은, 시의회 가 보면 알겠지만 이 사태 때문에 절대 못 내려가요. 지을 때 설계를 그렇게 해 놓은 거예요.

황성현: 물리적 충돌 이후 성남시립병원설립운동본부가 정치인은 배제하고 종교, 시민사회 중심으로 개편됩니다. 그 이유는 무엇인가요?

양태경: 이재명 변호사가 사퇴를 하고, 그전에 폭력 문제가 있었죠. 그래서 이런 분들로 공동대표단을 만들자, 성남시에 있는 종교인들부터. 이분들이 공동대표를 맡았지만, 사실 큰 역할을 했다기보다는 이름만 올려놓은 수준에 불과했어요.

백승우: 그때 구속, 불구속 상황이 발생하고, 활동하기에 운신의 폭이 없었어요. 저도 민주노동당 중앙당인 여의도에 숨어 있었고, 거기서 지내고 있다가 구속영장이 청구됐다는 소식을 들었죠. 그러니까 이제 시민사회단체 중심으로 구성해서 이어 나가고 타협을 해야 한다, 고소 취하라든가… 이런 국면에서 그렇게 한 거죠, 뭐. 이분들이 집행력이 있는 분들은 아니잖아요. 그래서 전체적으로 이런 모양을 그리면서 성남시하고 타협하자는 흐름 속에서 그렇게 된 거 같아요.

황성현: 우여곡절 끝에 만들어진 주민발의조례가 폐지되고, 한나라당이 만든 성남시의료원 설립 및 운영 조례안이 상정되어 통과됩니다. 이 상황에 대해서 말씀해 주세요.

최석곤: 시의원들이 발의했어야 되는데, 주민발의라고 하니까 자꾸 이게 눈엣가시처럼 느껴진 거예요. 자기들이 힘이 있으니까 그냥 폐지해 버리고 의원발의로 다시 한 거죠,

황성현: 성남시의료원 건립 공사를 턴키방식으로 해서 문제가 많았다는데 어떻게 생각하시나요?

백승우: 최저가로 입찰하는 거는 시장이 어쩔 수 없는 건데, 턴키방식이라든가 기준을 정하는 데 있어서 시 집행부가 놓친 건지, 아니면 그냥 무시한 건지, 아니면 여기 별로 신경을 안 쓴 건지….
턴키방식을 할 수밖에 없었는지 이거를 정확히 못 집어내면 지금까지 개원을 못하는 게

소명이 안 돼요, 내가 볼 땐. 계속 건설사 부도나고 할 때 우리가 1인 시위 했잖아요. 이재명 시장 책임져라, 그러니까 막 경기 일으켰거든요. 그때 연락 와서는, 백승우 왜 저러냐고. 근데 내가 이유는 안 물어봤지, 얘기 안 하더라고. 이거 소명이 돼야 해요. 잘잘못을 얘기하는 게 아니라, 예를 들면 이러이러한 방식으로 진짜 공공성을 강화하기 위해 이렇게 한다, 이런 게 나와 줘야 되거든요. 전문가 자문 좀 받아서 그래 줄 필요가 있을 거 같은데요.

황성현: 어쨌든 성남시의료원 설립운동이 가장 활발할 때 활동을 하셨는데요. 그중에 뭐 기억에 남는 거, 개인적으로 감동적인 거 중심으로 한두 개씩 기억나시는 거 있으면 말씀해 주시기 바랍니다.

양태경: 시민들도, 두 병원이 있을 때는 별 필요성을 못 느끼다가 병원이 없어지고 나니까 엄청 필요한 거예요. 거의 한 20년 가까이 되니까, 짠하다기보다는 좀 항의를 많이 들었어요. 자기네들은 그냥 지켜보니까, 시민사회단체가 왜 그렇게 안 되느냐, 그런 거 빨리빨리 못 하느냐. 그거 설명하기가 어떤 땐 좀 짜증도 나고 이해도 되는데, 야, 시민사회단체가 병원 하나 만드는 게 이렇게 힘들구나 하는 생각이 들어요. 그럴 때마다 우리가 정치를 하면 확 바뀔 수 있을까 그런 생각도 들지만, 그런 게 좀 아쉬워요. 거기가 안 되면 다른 병원 소개시켜 달라, 이런 얘기 계속 들을 때면, 정말 괜찮은 시립병원이 돼서 주민들한테 양질의 의료서비스를 했으면 좋겠다는 생각 많이 했어요. 그런데 그게 아직도 제대로 안 되는 게 안타깝지요.

최석곤: 저는 2005년 전까지 직책은 안 맡는데, 2005년에 조직이 개편되면서 정식으로 공동대표가 돼서 지금까지 하고 있어요. 대표만 지금 십몇 년 하고 있는데, 몇 년 전부터 그만둬야겠다고 생각하고 발표도 했죠. 개인적인 생각이, 의료원이 문 여는 것만 보고 관둬야 되겠다, 사실 이런 생각을 했어요. 지금도 한쪽에서 성남시의료원을 나쁘게 평하는 사람이 있어요. 장례식장이라든가, 곡소릴 한다든가. 상가 주변에서까지도 반대를 했어요, 전에는. 그런데 지금은 그런 건 반대로 바뀐 거 같아요. 빨리 개원을 해서 상가도 살려야겠다, 이런 생각을 하는 거죠. 어떻게 보면 그동안 운동에서 무슨 공적을 남기고 싶

은 건 아니지만, 그래도 운동을 해서 병원이 지어진다는 게 가슴이 뿌듯하지요. 그리고 2006년인가 전국 시민운동가대회에서 시립병원 설립운동으로 2위를 했어요. 상금으로 300만 원을 받았죠. 그때 상을 받았을 때가 좀 마음이 뿌듯했어요.

백승우: 찡한 거는, 어쨌든 노동자가 나서니까 지역이 뒤집어지는 현상이 일어난 거고 노동자가 가장 선봉에 서니까 뭔가 큰일을 해낸다, 이런 거였어요. 한겨울에 영하 10도 이렇게 되는데 주민들 서명 받겠다고 거리에 나갔잖아요, 100명 되는 조합원들이 하루도 빠지지 않고. 주민발의조례 서명을 받는데, 시민들은 또 그 추운 겨울에, 보통 추우면 서명 잘 안 하잖아요. 근데 손 곱는데도 호호 불어 가면서도 서명하는 모습이 지금도 기억에 많이 남아요. 그게 한두 번이 아니고 엄청나게 긴 시간 동안. 그런 시민들의 열정과 노조원들의 열정, 그리고 시민사회의 열정 이런 것들이 모여서 결국엔 의료원을 만들어 낸 거에 대해서는, 정말 지역운동사에 길이 남을 거라고 생각해요. 또 하나는, 국경일에 가가호호 태극기 걸잖아요. 아까 깃발 얘기 나왔는데, 그 깃발을 우리가 5000개 걸었거든요. 한번 상상해 보세요. 5000가구에 '돈보다 생명을 시립병원 설립' 깃발을 집에 좀 걸어 주세요, 했을 때 다 흔쾌히 걸어 주셔서 이 구시가지 5000가구에 깃발이 걸렸어요. 5000가구면, 진짜 이게 지나갈 때마다 다 보이는 거거든요. 그게 몇 달 동안 지속됐어요. 어떻게 보면 해방 직후에 버금갈 정도로 굉장히 많은 시민들의 호응이 있었는데, 지금은 모르겠어요. 저만 그런지 모르겠는데, 사람들이 저만 만나면 언제 의료원 개원하냐고 물어보더라고요. 성당에 가도 그러고 향우회 가도 그러고, 사람들이 지금은 잠재되어 있는 거 같아요. 그럴 때마다 아, 내가 손 놓으면 안 되는 거구나 하고 생각하게 돼요. 저도 대표님처럼 개원할 때까지는, 이게 뭐가 돌아오는 것도 아니고 그런 마음 가졌었는데, 하여간 그런 시민들이 만들어 낸 역사, 노동자들이 결심하면 뒤집어지는 지역운동, 이런 건 이어 나갈 필요가 있겠다, 그렇게 생각하죠.

2차 집담회

- 주제: 성남시의료원 건립 시기
- 일시: 2019년 6월 23일 일요일
- 참가: 조승연(인천의료원장, 성남시의료원 초대 원장),
  이형석(아름방송 제작부장),
  김용진(공공의료성남시민행동 공동대표),
  정인열(공공의료성남시민행동 홍보국장),
  이하나(《성남시의료원 설립운동사》 집필자)
- 진행: 박재만(공공의료성남시민행동 사무처장)

박재만: 오늘 집담회는 성남시의료원 건립 시기로, 의료원 건축 과정, 조례 개정, 법인 설립과 이사회 구성, 개원 준비 과정 이렇게 네 단계로 나눠서 이야기를 나누고자 합니다.

1. 성남시의료원 건축 과정

○ 4인실 병실

박재만: 성남시의료원 설립과 운영 조례에 의해 구성된 성남시의료원 설립추진위원회가 있었어요. 공공의료정책과 신설 전이라 담당 부서로 보건위생과가 참여했었죠. 의료원 건립할 때 이건 정말 잘했다고 평가하는 게 병실을 4인실로 설계한 것이라고 하던데, 어떤 내용인가요?

조승연: 당시 대부분 병원들은 6인실이었지만 4인실이 국제적인 프로토콜이나 최근 지어지는 병원들의 추세였거든요. 환자 감염 문제나 입원환자들의 편리함, 쾌적함 이런 면에서 훨씬 좋죠. 그전에는 4인실에 대한 개념도 없었고요. 한정된 공사비로 이미 나와 있던 설계를 4인실로 바꾸는 데 돈이 상당히 많이 든다는 거예요. 나중에 메르스 사태가 터지고 간호·간병 통합서비스를 하면서 보건복지부에서 4인실을 기준 병실로 규정까지 바꾸었기 때문에 나중에 보면 성남시의료원이 굉장히 앞서가는 모델이 됐지요.

김용진: 일반병실을 4인실로 하자고 결정했는데, 시장 결제 라인에는 계속 5인실로 올라가서 추진위원들이 계속 문제 제기를 했었죠. 그 과정에서 담당 공무원이 추진위 안을 정상 보고 안 한 건 사실이에요. 결국 4인실 병실은 결국 그대로 되었지만, 설립추진위원회에서 논의하고 결정한 게 결재가 안 되는 상황들이 몇 가지 있었어요.

○ 시공사 턴키방식 발주 문제점

김용진: 설계와 시공을 분리 발주해서 설계 반영을 유연하게 하고, 책임 시공해야 발주자 의도에 더 적합한데, 턴키방식처럼 설계·시공을 한 회사가 다 하게 되면 그게 어렵다는 게 문제

였다는 생각이 들어요. 그런데 그때 당시에는 300억 원 이상의 공공발주 공사는 턴키방식으로 입찰하는 게 경기도 지침이었다고 들었어요. 그래서 성남시립병원설립운동본부는 계속 반대를 했는데도 관철되지 못했죠. 울트라건설이 시공사로 선정됐을 때 저희 단체도 우려를 많이 했었어요. 결국 공사 시작 6개월 만에 부도가 났죠. 공사가 시작된 후에도 공사가 늦어진 첫 번째 이유가 공사 발주를 턴키방식으로 하게 됐던 게 원인이었던 것 같아요.

조승연: 턴키방식의 문제도 있었지만 그것보다는 최저가 낙찰에 더 문제가 있다고 보는 게 맞을 거예요. 기술 점수나 설계 점수는 태영건설이 더 높게 나왔는데 울트라건설이 입찰가를 대폭 낮춰서 결국 낙찰이 되었죠. 울트라건설, 삼환기업 같은 망해 가는 건설회사가 공공기관 공사를 따 놔야 자기들 신용점수가 올라가니까 무리해서 딴 거거든요. 민간 중견 건설회사가 30~50억 원 적자를 본다고 하면 이건 어마어마한 거거든요.

이형석: 성남시의료원 사업은 성남시 핵심 공약 사업이고 더군다나 전담 부서, 전담 공무원들까지 다 갖춰져서 조직적 요건이나 재정 요건이 충분했는데도 왜 자체 발주의 이점들을 살릴 수 없었을까 싶었어요. 시민들의 복지를 위해 중요한 사업이고 또 시민 여론을 수렴한 조례로 만들어진 대표 사업인데, 왜 그런 방식을 택했을까 싶어요.
발파 공사 때 주민들의 민원 제기, 1차 울트라건설 부도 사태, 2차 삼환기업 부도 사태, 모두 그 당시에 부실하다는 의견들이 많았는데 성남시가 전부 무시하고 갔다는 거죠. 결국 연이은 이런 문제들 때문에 공사가 지연되었어요. 수많은 관급공사들 중에 왜 하필이면 시립병원 공사에서만 이런 일들이 계속 발생했는지는 살펴볼 필요가 있는 것 같아요.

조승연: 2011년에 구시청사 해체를 위한 발파 공사를 했는데, 지반이 암반이라 계약한 것보다 비용이 많이 들었던 거죠.

박재만: 공사 과정에서 예상치 못한 암반층이 나오니까 시공사에서는 새로운 공법을 쓰려면 공사비를 추가해야 한다고 요구했어요. 한편에서는 공사 과정에서 환경문제, 주민들의 피해가 발생했어요. 저희 단체 내부에서도 이 문제를 어떻게 봐야 할까, 공사 지연을 최소

화하고 가야 할지, 주민들의 피해를 해결하고 가야 할지, 약간의 의견 불일치가 있었어요.

이형석: '돈보다 생명을' 이런 캐치프레이즈를 걸고 하는 성남시의료원 공사에서 어떻게 이럴 수 있느냐는 거죠. 석면 같은 건 주민들의 건강권과 직결되는 부분인데 안일하게 공사를 했어요. 물론 이게 계약한 업체의 실수라고 해도 결국엔 발주 기관인 성남시가 책임을 져야 하는 거거든요.

2. 조례 개정 - 대학병원 강제 위탁 조항

이하나: 2004년 1차 주민발의 조례안은 해당 상임위인 자치행정위원회에서 심사 보류 후 정족수 미달로 자동 폐기되었고, 2006년 2차 주민발의 조례안이 만장일치로 의결되어 조례가 제정되었죠. 2011년에 기존 주민발의조례를 폐지하고 대학병원에 위탁하여야 한다는 강제조항이 담긴 새로운 조례가 의결됐어요. 그걸 개정해야 한다는 요구가 있어서 2015년에 대학병원에 위탁할 수 있다는 임의조항과 대학병원과 의료인력을 협력한다는 내용으로 개정하게 됩니다. 이건 굉장히 큰 의미가 있었죠.

박재만: 그 과정에 대해서 말씀 나눠 주시죠.

김용진: 당시 한나라당이 대학병원 강제 위탁 조항을 포함한 조례를 의결한 건, 신상진 국회의원의 서울대학교병원 위탁 공약을 위해 조례를 무리하게 바꾼 거예요. 그런데 그건 상위법에 어긋나거든요. 보건복지부에서 지적했는데도 강행을 했어요. 저는 그것은 성남시의료원 건립의 성과물을 그쪽에서 가져가겠다는 의도였다고 판단해요. 그리고 '위탁할 수 있다'와 '위탁해야 한다'는 완전히 다른 거죠. 그래서 저희가 문제 삼았던 건 위탁할 수도 있지만, 그것에 대한 결정은 시민들이 논의를 거쳐 합의를 해서 위탁이 필요하면 위탁을 하고 다시 환수할 땐 환수를 해야 하는데, 그런 시민의 결정 권한을 임의로 빼앗는 게 문제였어요.
또 위탁을 했는데 그 대학병원에서 더 이상 운영을 못 하겠다고 하면, 시립병원은 다른

대학병원을 찾지 못하면 문을 닫아야 해요.

이형석: 그런데 시장이 재의 요구권을 최종적으로 행사하지 않았어요.

김용진: 당시 저희 단체에서는 성남시의료원 설립 예산이 계속 지연돼서 예산 통과시키라고 시의회 가서 피켓 시위도 하고 그랬는데, 시장의 재의 자진 철회는 예산과 맞물려 있었던 게 아닌가 생각해요. 일단 공사 시작하려면 예산이 필요하니까 예산 먼저 확보하고 조례는 나중에 개정할 수 있다고 생각해서 타협한 게 아닌가 싶어요.

이형석: 민선 3기 이대엽 전 시장은 대학병원을 어떻게든 유치하려고 부단히 노력했지만 안 됐고, 신상진 의원이 그 당시부터 보라매병원 같은 시립병원 설립안을 지역사회에서 계속 설파하고 다녔어요. 이건 성남시립병원설립운동본부에서 원칙적으로 반대했던 부분들이었죠. 2012년 대학병원 강제위탁 조례가 재의되지 않고 지속되었을 때, 2006년 당시 신상진 의원이 말한 방식이 돼 버린 거죠. 성남시의료원 설립운동을 해 왔던 분들 입장에서는 퇴보한 거고, 10년 동안 고생한 의미가 사라져 버린 거예요.

김용진: 어떤 곳에 운영권을 다 넘겨 버리는 자체가 자치라든지 시민들의 요구를 충분히 수용하기에 매우 제한적인 구조예요. 운동본부든 시민행동이든 계속 거기에 대한 문제 제기를 해 왔던 과정들이었다고 생각합니다. 위탁운영이 되든 직접운영이 되든, 거기에 시나 시민이나 시의회나 그것이 제대로 시민을 위해서 운영될 수 있는 구조를 만드는 게 운영 주체 문제보다 더 중요한 게 아닌가 생각해요. 실질적인 내용에서 운영이니까.
위탁과 관련된 문제는 다른 데서도 계속 논쟁이 되고 논의가 되고 할 거예요. 그런데 여기 성남시 같은 경우는 주민들이 주체가 되어 주민발의조례 운동을 해서 만들었던 그 역사성 측면에서는 위탁운영이 맞지가 않죠. 서울대학교병원에서 다 온다고 해도 그 역사성이 사실 결정적인 측면이고, 그 역사성 속에서 위탁을 한다는 건 진짜 말도 안 되는, 조례에 참여했던 3만 시민들을 배신하는 거죠.

3. 법인 설립 및 운영, 이사회 구성

박재만: 2016년 5월에 법인 성남시의료원이 설립되었고요, 1기 이사회가 구성되었습니다.

조승연: 사실 제일 문제가 이사회였어요. 다 입장이 달랐어요. 그래서 결국은 이사회에서 의결한 게 거의 예산이고, 정책적인 건 하나도 없었던 것 같아요. 끝날 때까지, 2년이 넘도록. 아마 다시 공공병원 생기면 이사회부터 일을 할 수 있는 조직으로 만들어야지, 자기 입장을 관철시키는 조직으로 만들면 안 될 거라고 생각해요.

김용진: 이건 없는 걸 처음부터 만들어야 하니까 발생한 문제가 아닌가 해요. 그런 게 없는 상황에서 운영을 하려다 보니까 이사들도 다양하고, 시각과 경험들이 다양하기 때문에 그런 규정을 만드는 것부터 너무 어렵지 않았나 생각이 듭니다.

박재만: 민선 6기에 의료원 건립, 100만 시민주치의제, 시민행복병원, 공공산후조리원 건립, 이런 굵직굵직한 공약들을 제시했어요. 중반을 넘어가면서 성남시 내에서 이에 대한 컨트롤 타워가 부재하다는 걸 저희가 계속 실감하게 된 거예요.

조승연: 제가 성남시의료원장으로 오면서 세 가지를 하겠다고 약속했어요. 첫 번째가 시민거버넌스 해 가지고 시민위원회를 내실 있게 운영하겠다, 시민들의 의견을 들을 구조를 만들겠다는 거. 그리고 두 번째는 임금인사보수체계를 바꾸겠다. 기존 공공병원 운영 자체가 엉망진창이었는데 그 기본이 임금인사보수체계 문제예요. 세 번째가 의료전달체계, 지역사회에서 의료전달체계 역할 분담을 분명히 하겠다. 직무급제는 열심히 하려는 직원들한테는 굉장한 동기부여도 되면서 연봉제같이 사람 죽이는 그런 제도도 아닐뿐더러 이미 선진국에선 다 쓰고 있는 제도인데, 그것 때문에 보건의료계나 정부에서도 성남시의료원을 굉장히 주의 깊게 바라보고 있었어요. 직무급제 도입이 한번 성공하면 정말 모델이 될 텐데 하고요. 건강보험공단에서는 성남시의료원 때문에 용역까지 했다니까요. 처음에 보고했을 때 이재명 경기도지사도 좋다고 그랬어요. 하라고 해 놓고는, 그날 밤에 전화가 왔는데 잠깐 보류시키라는 거예요. 노동조합 간부가 반대한다고 거부를 한 거죠. 정신들 잘 차리지 않으면 배가 산으로 가는 정도가 아니라 진짜 위탁한다는 말이 더

힘을 얻을 가능성이 있어요.

박재만: 시민들의 입장과 의료 공급자 입장은 상반될 수밖에 없어요. 시민이사들, 이런 사람들은 의료원 운영에 대해 잘 모를 수도 있고, 또 어떤 사람들은 아주 잘 알 수도 있거든요. 그러면 이사회 내에서 그것을 어떻게 조정하고 어떻게 보다 나은 방향으로 결론을 도출할 것인가, 이건 매우 중요한 문제라고 생각해요.

김용진: 기존의 공공병원에 대한 안 좋은 인식들이 있잖아요. 별로 일도 안 하면서 월급만 많이 받아먹는다, 서비스가 안 좋다, 이런 평을 듣는 것 중 하나가 사실은 임금체계 때문이었어요. 우리가 공공병원을 제대로 지어서 운영한다면 그런 것들이 극복되는 병원이어야 한다는 생각을 갖고 있었기 때문에 임금체계 문제를 깊이 있게 논의하고 고민을 하고 토론회도 열었어요. 시의 시각과 공공의료의 시각, 아는 만큼 보이는 것이기 때문에 그걸 종합해서 결정할 수 있는 결정권은 사실 의료원이 갖는다기보다는 시장이 갖는 거죠.

4. 개원 준비

박재만: 시민위원회도 여러 차례 논의했지만 완결되진 못했고, 의료원 건립 과정에서 구매부터 시작해서 장비, 인력 등 여러 가지 문제가 있었고, 곧 네 번째 개원 연기 발표가 있을 걸로 예정되어 있습니다. 또 최근에 쟁점이 됐던 수익성 논란들까지 의료원의 개원 준비 과정에서 너무 많은 이야기들이 나오고 있습니다.

○ 네 번의 개원 연기

김용진: 시민위원회 구성은 저희가 계속 요구했던 부분이었어요. 다른 의료원보다는 규정이 조금 진일보한 측면이 있고요. 감시 역할보다는 개원이나 운영에 힘이 되는 역할을 해야 한다고 생각하고 있습니다. 적어도 성남시의료원이 만들어진 역사성의 가치를 대변할 수 있고, 또 해야 하는 부분이라고 생각합니다.

조승연: 의료전달체계라든지, 공공의료를 실현하는 것을 비전으로 가져가야 하는데 현 성남시장은 전혀 납득 안 하고 있고, 이재명 전 시장도 끝까지 결정 못 하고 갔어요. 의료장비도 연기할 때는 유지보수비(보관료)를 줘야 하잖아요. 병원이 개원 못 하는 가장 큰 이유 중 하나가 전산입니다. 그나마 이것도 이지케어텍이라는, 우리나라에서 제일 큰 회사죠. 이지케어텍이랑 계약을 했다고 저를 그렇게 못 잡아먹어서 안달을 했는데, 거꾸로 말하면 그때 중소기업이랑 계약했으면 이미 다 손 떼고 떠났습니다.

이형석: 제가 우려하는 건 이게 신상진 의원 같은 정치인들에게 딱 공격당하기 좋은 상황으로 가는 거예요. 내가 그래서 대학병원에 위탁하는 게 더 낫다고 하지 않았냐 하고.

○ 수익성 논란

박재만: 최근에 성남시의료원이 한동안 수익성 논란으로 시끄러웠죠.

김용진: 작년에 은수미 성남시장이 팟캐스트에 나와서 한 얘기로는 모든 관점이 어떡하면 적자를 덜 볼까, 여기에만 집중돼 있어요. 적자를 덜 보려면 고급 의료, 비싼 의료, 돈 되는 의료를 해야 한다는 생각을 가진 것으로 들렸고, 사업계획서도 그렇게 변형된 게 이사회 워크숍에서 나왔는데, 저희 입장이랑 완전히 반대되면서 붙었었죠. 적자는 필연적이에요. 성남시의료원은 다른 공공병원보다는 입지가 아주 좋아서, 시스템만 일정하게 완비된다면 생각보다 상당히 잘될 겁니다.

이하나: 결국은 민주주의와 공공의료가 어떻게 공존할 것인가라는 생각이 드는데요.

김용진: 특히나 정치인들은 공공의료에 대해서 공부를 하고 건드려야 해요. 모르면서 접근을 하면 망치는 길로 가기 십상이거든요. 공공의료가 우리나라에서는 워낙 열악한 상황이고 인식이 안 좋은 상황이라, 은 시장도 잘 모르고 얕은 귀로 듣고 그래서 잘못을 저지른 게 아닌가 싶어요.

박재만: 시민참여형 공공병원을 어떻게 장착하고 어떻게 작동하게 할 것인가에 대한 고민이 계속 있었어요.

조승연: 필수의료서비스를 충분히 제공할 만한 인력과 규모와 시설을 갖춰야 된다는 점, 그런 면에 있어서 성남시의료원은 상당히 좋은 위치를 차지하고 있어요. 정부에서는 그것을 충실히 이행할 때 소위 공익적 적자 부분은 어떻게 해서라도 메꿔 주겠다, 이것이 현 정부의 공공의료 방향이란 말이에요. 거기에 어떤 지역 보건의료체계의 중심인 의료전달지가 굉장히 중요한 겁니다. 옛날같이 돈 벌려고 아웅다웅하는 공공병원은 이제 필요가 없어요. 그러려면 위탁하는 게 낫지 뭐 하러 직영을 해요.

박재만: 시민의 힘으로 공공병원을 짓자. 그런데 민선 5기로 들어가면서 이 활동들이 스톱돼 버리거든요. 저희 단체가 전환을 하게 된 이유도 일단 의료원이 지어지고 있으니까 저것이 어떤 병원이 될 것인가에 대한 고민을 좀 하자, 그런 고민을 하면서 건강권, 시민참여 공공병원, 교육, 이런 게 들어왔다고 봐요. 의료원 설립운동에 시민의 역할 비중은 조례 제정 운동할 때 거의 100에 가까웠어요. 그런데 조례가 개정되면서 시민 역할이 급강하해 버리는 거예요. 권한이 저쪽으로 다 넘어가 버리니까요. 시장의 의지로만 할 게 아니라 그 의지를 담을 수 있는 구조를 만들었다면 어땠을까. 지자체장의 권한, 법인의 권한이기 때문에 이걸 조금 더 단계를 높여서 했더라면 어땠을까, 그런 아쉬움이 좀 들어요.

이형석: 권한이나 기구들은 다 충분했다고 봐요. 혼신을 다하지 못한 거죠.

5. 총평 및 소감

김용진: 사실 공사가 시작되면 뭘 만드는 추진단, 시민추진위원회 그런 건 싹 없어지거든요. 그러다 보니까 시민들의 활동이 중단됐었고요. 그래도 다시 할 일을 찾고 우리도 공부하고 있어요. 지역의 민원, 의료원 설립운동은 어떻게 보면 민원 해결 운동이었잖아요. 의료원 설립 이후에 운영위원회에서 시민들이 어떤 역할을 할까 고민할 단계예요. 권리를 갖는다기보다 어떻게 해야 성남시의료원이 잘되고, 거기에 도움이 되는 활동을 할까 하는 생

각을 갖고 다른 지역에서도 그런 활동들을 할 때 선례가 돼서 잘 갔으면 좋겠어요. 이 단체가 주민발의조례부터 지금까지 계속 해 왔고, 여전히 존재하는 자체가 상당히 의미가 있는 게 아닌가 하는 생각이에요.

이하나: 의료는 우리나라에서는 대체적으로 위에서 아래로 시혜처럼 베푸는 복지 중 하나이고 사람들은 질병을 천벌이라고 생각하고 있잖아요. 이 의료 전반에 대한 개념 자체를 전복시킨 시도라고도 보입니다. 돈이 없어서 병원을 못 간다, 이 개념을 떠나서 그러면 우리에게 필요한 의료란 무엇인가를 시민 스스로도 고민할 수 있는 그런 체제라고 보죠.

박재만: 의료원을 잘 지어 주는 것도 있지만, 지역에서 이런 운동을 하고 시민들이 모이고 이걸 계속할 수 있는 것, 지금 시민행동 같은 단체가 존재한다는 것 자체도 저는 평가의 의미가 있다고 생각해요.

조승연: 시민들이 주체가 돼서 만든 의료기관이라는 것은 대한민국에 생겨 본 적이 없잖아요. 서구는 어쨌든 그런 개념으로 병원들이 많이 지어졌는데. 성남시의료원이 실패도 많이 겪었지만 아직 끝난 건 아니니까 좋은 결과를 만들었으면 좋겠어요. 현재 상황이 좀 답답하긴 하지만, 저도 초대 원장으로서 일말의 책임감을 느끼고 있고요. 잘되기를 바라겠습니다.

이형석: 이재명 전 시장이 시립병원 때문에 정치를 하게 됐고, 또 한나라당 반대 속에서 결국은 설립을 하게 됐다고 했는데, 그 인터뷰가 유효하려면 경기도지사로서라도 관심을 가지고 마무리를 잘하셔야 하지 않을까 그런 생각이 드네요.

김용진: 시민운동이 성남이라서 가능하지 않았나 생각해요. 성남에는 실패했다고 포기하지 않고 끝까지 하는 분위기가 있는 거 같아요. 우리 성남시민들은 그동안 많은 어려움을 겪어 왔고, 지금도 겪고 있지만, 끝나지 않았다, 끝까지 하지 않을까 하는 분위기요. 전국의 기대치는 지금 많이 떨어졌는데, 기대에 어긋나지 않도록 성남시민들이 계속 노력할 걸로 저는 믿습니다.

박재만: 성남시의료원 설립 과정이 16년 정도 되는데, 이것이 성남시민들한테 굉장히 자긍이 되기도 하고 소중한 과정이라고 생각해요. 촛불 후에 사람들이 어떤 주장을 직접 나서서 말하고 표현하는 게 많잖아요. 촛불 이전이었다면 병원을 지어 달라고 시청 앞에서 시위를 했을 거예요. 그렇지만 시민들이 그걸 선택하지 않고, 스스로 나서서 서명하고 표현하고 법의 한도 내에서 운동을 해 가지고 드러내서 할 수밖에 없게끔 만들었다고 생각하거든요. 근데 이것을 해 나가는 과정이 현실적인 벽에 부딪힐 때가 많이 있는 거 같아요. 법령이 해결하지 못하는 어떤 것이 있어요. 저는 이 촛불이 새로운 사회로 나아가는 군중의 행동이었다면, 성남에는 그 훨씬 이전부터 어떤 맹아 같은 것이 싹트지 않았을까 싶어요. 그래서 저는 이런 운동들이 더 많은 지역에서 벌어지면 벌어질수록 이전 사회에서 하지 못한 새로운 해결 방식들을 찾고, 그런 것을 나아가게 하는 작은 징표들처럼 기록될 수 있을 거라고 생각해요.

3차 집담회

- 주제: 성남시의료원에 바란다
- 일시: 2019년 8월 5일
- 참가: 신옥희(전 성남시립병원설립운동본부 집행위원,
  성남시의료원 1기 이사, 2018~2019 공공의료성남시민행동 공동대표),
  김종명(성남시의료원 공공의료정책연구소장),
  이하나(《성남시의료원 설립운동사》 집필자)
- 진행: 정인열(공공의료성남시민행동 홍보국장)

정인열: 성남시의료원이 개원을 앞두고 있습니다. 최초의 주민발의조례 제정 운동으로 설립됐다는 역사적·민주적 의의가 있는 특별한 병원이라고 할 수 있는데요, 어떻게 하면 설립 의도에 맞게 성남시의료원이 제 역할을 할 수 있을까요? 각자 몸담고 있는 자리에서 생각해 두신 바람들을 얘기해 보는 시간을 갖고자 합니다.

먼저 성남시민에게 성남시의료원은 어떤 병원이면 좋을까요? 각자의 위치에서 생각하는 성남시의료원에 대해 말씀해 주세요.

김종명: 첫째, 기본적으로 진료 기능에 아주 충실해야 합니다. 1차적으로 지역주민들에게 필요한 의료서비스를 제공해야 하죠.

둘째, 연구 기능이 들어가야 합니다. 가만히 앉아서 환자가 찾아오기를 기다리기만 하는 병원은 좋은 병원이 아니에요. 의사들도 의료원 밖으로 나가야 해요. 선제적으로 지역주민의 건강문제들을 파악하고 좀 더 선도적으로 대응을 하는 공공의료, 지역책임의료기관이 되어야 한다고 봅니다.

셋째, 보건소, 지역 의료기관들, 복지관, 돌봄 쪽 주체들과 연계해야 합니다. 그래야 지역주민의 건강문제를 제대로 파악하고 해결할 수 있어요. 그런데 이런 연계 기능을 갖고, 병원을 제대로 운영하는 곳이 지방의료원 포함해서 거의 없다고 봐요. 예를 들어 노숙자 문제는 노숙자 쉼터와 연계하면 되죠. 어느 정도는 인적사항을 파악하고 있기 때문에 쉽게 파악되기 때문이에요. 그러면 인천의료원 같은 사건*이 안 터집니다.

또 의료와 복지가 맞물려야 합니다. 주거, 소득 문제까지 다 연계돼야 하고요. 커뮤니티 케어가 아무리 잘된다고 하더라도 거기서는 위급한 환자, 중한 환자들은 겁나서 못 봐요. 의료원이 이걸 명확하게 파악하고 백업 기능을 해 준다면 부담 없이 볼 수 있겠죠. 기본은 보편주의로 깔아 놓고 그 이외의 취약계층들은 추가적으로 배려가 필요합니다. 유럽의 복지국가들이 다 이런 시스템이에요.

*경찰에 따르면 A(62) 씨는 2019년 1월 20일 오후 5시께 만취한 상태로 병원에 이송됐다. 이후 병원은 귀가 조치를 했고 결국 A 씨는 다음 날 아침 공원 벤치에서 저체온증으로 숨진 채 발견됐다. (《데일리메디》 2019. 5. 18.) http://www.dailymedi.com/detail.php?number=843170)

좌담회

집담회 I

집담회 II

집담회 III

만약 누군가가 공공의 이익을 위해서 존재하는, 그 역할을 하는 병원을 없애려고 한다면 임직원들(의사, 간호사, 노조 등)이 안 나서도 상관없어요. 지역주민들이 보호해 줄 거니까. 정말 좋은 병원은 그 지역주민들의 자부심이 되어 주어야 해요. 그냥 땅값만 올리고 임대료 올리는 기능이 중요한 게 아니고, 지역주민들이 '아, 우리 지역에는 성남시의료원이 있어서 나는 정말 안심이 돼. 내 건강은 걱정 없을 거 같아. 저 병원은 꼭 있어야 돼.' 하는 시민들의 프라이드까지 됐을 때 진정한 공공의료라고 봅니다.

정인열: 신옥희 대표님은 성남시립병원설립운동본부 집행위원과 성남시의료원 1기 이사를 맡으면서 성남시의료원 건립에 많은 참여를 하셨어요. 시민의 눈높이에서 어떤 성남시의료원이 되면 좋을까요?

신옥희: 처음 시작할 때는 중원·수정구에 종합병원이 하나도 없는 것, 그리고 가깝게 응급의료를 할 수 있는 곳이 없다는 불안감이 굉장히 컸죠. 분당구와의 차별이 병원을 통해서 극복이 되어야 한다는 요구가 컸고요. 우리 시민들은 전문가들은 아니니까, 일단 치료받기 좋은 병원에 공공성을 담으면 좋겠다고 생각한 거예요. 좋은 병원인데 돈이 없어도 갈 수 있고 필요 이상의 진료를 강요하지 않는 병원, 적어도 의사들이 우리를 돈벌이 수단으로 보고 뒤통수는 안 치겠구나 하는 믿음이 가는 병원으로 만들어 가면 좋겠어요.
성남은 시민들이 스스로 단체나 조직들을 많이 만들고 활동을 해 왔어요. 그런 조직과 연계만 잘해도 큰 힘을 들이지 않고 의료원이 그 기능을 충분히 할 수 있다고 생각합니다.

정인열: 주민 주도 설립 취지에 맞게 의료원이 운영되려면 시민위원회의 역할이 꼭 들어가야 할 것 같은데요. 시민위원회가 할 수 있는 역할은 무엇이며 어느 정도까지 구현 가능할까요? 현실적으로 솔직히 말씀해 주세요.

김종명: 제대로 된 공공의료를 실현하고 있는 공공병원은 현재 없다고 봅니다. 우리나라 의사들은 자영업자 마인드가 굉장히 강해서 병원이 망하면 안 돼요. 공공의료 실현은 구성원들인 경영진, 의사, 간호사, 직원들이 해 줘야 합니다. 그런데 다 자기중심적으로 이익을 생각하는 경향들이 있어요. 사회운동을 하면서 노조의 이해관계와 공공병원(공공의료) 이

해관계는 다르다는 걸 체험했어요.

결국은 지배구조 자체가 공공화되어야 합니다. 그러려면 다수의 공공 주체들이 참여해야 해요. 우리 지방의료는 형식적으로는 갖춰져 있지만 실질적으로는 전혀 안 되고 있어요. 1차적으로는 이사회가 조금 더 투명하고 실질적으로 운영될 필요가 있지만 여전히 한계가 있지요. 이사회가 지역주민들의 의견을 받아 안아서 논의할 수 있는 구조는 아니기 때문이에요. 물론 이사회 지배구조는 굉장히 중요하죠. 이사회가 좀 더 다양하고 막강한 권한이 있어야 하고 투명하게 운영이 되고 상시적으로 논의가 되는 구조가 되어야 가능할 거예요. 다른 지방의료원들 대부분 예·결산 할 때나 불러서 통과의례 형태로만 활용하고 있는 실정이죠.

그래서 처음부터 시민위원회가 논의됐던 거예요. 시민위원회와 이사회는 그 기능이 전혀 달라요. 지역주민들이 의료원에 바라는 점들을 잘 집어내고 다수의 지역주민, 특히 취약계층 주민들의 요구를 적극적으로 의료원에 제안·반영하는 기능이 필요하다고 봅니다. 시나 의료원, 경영진 입장에서는 시민위원회를 기본적으로 부담스러워할 수밖에 없어요. 노사협상, 이사회 등 설득해야 하니까 간섭으로 생각하기 쉬운 측면이 있죠.

시민위원회가 이사회 같은 중요한 결정을 할 수는 없지만 의료원과 지역주민들 사이에서의 중요한 가교 역할을 하면 좋겠습니다. 의료원도 시민위원회를 활용해 필요한 부분(예산 등)을 시로부터 얻어 내야 하고요. 시민위원회는 시민들의 조직이에요. 시의회도 시민을 동원해서 조례 통과시키는 역할들은 못 해요. 시민위원회가 그런 역할을 해 주면 좋겠습니다.

주변의 보건의료 주체들과 연계해야 지역주민들의 건강을 책임질 수 있는데 그런 역할들을 시민위원회가 많이 해 줬으면 좋겠다는 생각이에요. 성남시의료원이 공공성, 공공의료를 실현하는 데 가장 중요한 견제자 역할을 할 수 있지 않을까 싶어요. 시와 시의회, 의료원 간에 공공의료를 끌고 나가는 역할을 해 주면 좋겠지요.

정인열: 시민위원회에 각계 현장 담당자들이 들어오면 지역주민들이 원하는 안건이 나올 수 있겠어요.

김종명 : 맞습니다. 시민위원회를 구성하면 단체 할당이 있어요. 일반 시민 20명은 추첨, 시민단

좌
담
회

집
담
회
I

집
담
회
II

집
담
회
III

체 10개에 대해서는 주로 보건과 복지 분야(노숙자, 장애인, 학교밖청소년, 지역아동센터 등)에서 활동하고 있는 단체인데 그중 일부는 의료 취약계층을 대변하는 단체로 구성하는 거예요.

시민위원들이 제안한 주제는 의료원에서 구체적인 정책 자료를 만들고, 실제 가능한지 판단하기 위해 정식 회의 자료로 올려요. 그 다음 시민위원회와 소통해야 할 부분에 대해 설명할 수 있도록 더 구체화시키는 거죠. 물론 의료원도 관련 안건에 대해 제안을 할 수 있어요. 시의 장애인 공약 같은 경우 현실적으로 실행하기 어렵거든요. 장애인 치과를 예로 들면, 치과의사뿐만 아니라 마취과 의사 및 추가적 인력이 필요해요. 그러면 의료원 입장에선 형식적으로밖에 못하죠. 따라서 의료원이 시민위원회에 어떻게 해야 제대로 실행할 수 있는지 설명을 해 주고, 시민위원회에서 안을 만들면 의료원 입장에서는 시에 요구하기가 수월해지는 거예요.

신옥희: 이사회 대부분이 의료 전문직이에요. 시민의 목소리라고 할 수 있는 저 같은 사람들은 소수라 이사회에서 말할 수 있는 기회는 아예 없었던 적도 있어요. 보건·복지·시민단체 등과 연계되어야 한다고 설득해 봐도 아무도 공감을 못 했죠, 그런 사례가 없었기 때문에. 병원은 진료 잘하는 게 가장 우선이고 연계는 그 다음 문제라면서요.

저는 처음 의료원이 만들어지는 과정, 의료원 이사회가 구성될 때부터 시민위원회가 꼭 필요하고 먼저 만들어져야 한다고 주장했어요. 의료원이 오랫동안 난항을 겪어 왔는데, 시민위원회가 미리 구성되어 있었으면 주민들이 궁금해하는 것에 대해 의료원 상황이 어떤지 알려 줄 수 있었겠죠. 또 주민들과의 소통에 필요한 역할을 할 수 있었을 거예요. 그런데 의료원이 시민위원회 자체를 뽑지 않으니까 이런 통로 자체가 없어진 거죠. 우리는 의료원이 만들어지는 걸 너무 자랑스럽게 생각하는데 홍보가 제대로 안 되어 많이 아쉬워요.

이 책을 출간하는 데 후원해 주신 분들

개인(131)

가로등/ 경희제일한의원 황지식/ 계란만두/ 권혁용/ 김경년/ 김경락/ 김경석/ 김경선/ 김경일/ 김기태/ 김기현/ 김나연/ 김남희/ 김동수(경희동은한의원)/ 김동은/ 김락중(성남투데이 전 대표기자)/ 김미라/ 김민우/ 김병조/ 김보미/ 김상준/ 김새롬/ 김선희(대경인의협)/ 김소희/ 김영수/ 김영표/ 김용진/ 김은희/ 김정우/ 김종욱(경희총민주동문회)/ 김주연/ 김지영/ 김진환/ 김찬기/ 김충태/ 김현숙말량/ 김현정/ 김혜인/ 김효정/ 남서울치과친우/ 노혁/ 달에서화성까지/ 달팽이/ 도촌동 910동 3총사/ 류재인/ 문정주/ 밀알치과 김병무/ 박건희/ 박경남/ 박상태(새론서울치과)/ 박연하/ 박일성/ 박재만(길벗한의원)/ 박주석/ 박준철/ 박현숙/ 백영경/ 백재중/ 서알안/ 성남고교총동문회연합회 김정주, 김쌍기/ 송용기/ 송현석/ 신동호/ 신엘라/ 신옥희(성남시의료원 1기 이사)/ 신우용/ 신의철/ 신태석/ 안재범(진보당 김포)/ 안준상/ 양미화/ 오경균/ 우석균/ 원형석/ 유이분/ 윤다현/ 윤창근/ 이광섭/ 이금호/ 이미라/ 이상복/ 이선장/ 이아슬라/ 이영/ 이원재/ 이점도/ 이정옥/ 이창엽/ 이창욱/ 이한결/ 이현중/ 이희봉 & 김제익/ 인천건치 김영환/ 임현묵/ 장재혁/ 장진/ 장효경/ 전양호/ 전영규/ 전효정/ 정민주/ 정원규/ 정인열/ 정태환(광주시민센터)/ 정형준/ 조경애/ 조남억/ 조승연/ 조연숙(진화혜윤엄마)/ 조영옥/ 조은화/ 조정현/ 주상현/ 진보당 김미희(성남시립병원설립운동본부 고문)/ 차민정/ 천지성/ 최규진/ 최석곤/ 최선임/ 최지선(건치)/ 최지원/ 킴도/ 파란무지개송어/ 하동근/ 하워드 웨이츠킨/ 한지원/ 함진숙/ 홍수연/ 홍승권(록항의료재단)/ 황지민/ 흐름 김미나

단체(26)

건강사회를 위한 치과의사회/ 경기도치과의사회/ (주)나눔환경/ 대구경북인도주의실천의사협의회/ 대전의료원설립시민운동본부/ 대전청년한의사회/ 대전충남보건의료단체/ (주)도서출판 작은책/ 리더스치과기공소/ 모두의공공병원설립부천시민행동(준)/ 민주노총 대구지역본부/ 민주노총 성남하남광주지부/ 뷔엘의집 새로운공공병원설립 대구시민행동/ 성남여성회/ 성남주민연대/ 성남한의원/ 성남환경운동연합/ 안양나눔여성회/ 연구공동체 건강과 대안/ 올바른광주의료원설립시민운동본부/ 울산건강연대/ 지역교육네트워크 이룸/ 진보당 중원구위원회/ 한국노총 성남지역지부/ 한국사회적의료기관연합회

사진을 제공해 주신 《민중의소리》, 《성남투데이》, 《우리뉴스》에 감사드립니다.